河南省"十四五"普通高等教育规划教材

小学班队管理

主　编　荆怀福　张浩正
副主编　陈晓康
参　编　谢山莉　张　焕　高瑞芳

南京大学出版社

图书在版编目(CIP)数据

小学班队管理 / 荆怀福，张浩正主编. — 南京：
南京大学出版社，2021.1（2025.8 重印）
ISBN 978-7-305-24240-3

Ⅰ. ①小… Ⅱ. ①荆… ②张… Ⅲ. ①小学—班级—
学校管理 Ⅳ. ①G622.421

中国版本图书馆 CIP 数据核字（2021）第 025870 号

出版发行	南京大学出版社
社　　址	南京市汉口路 22 号　　邮　编　210093

书　名　小学班队管理
　　　　XIAOXUE BANDUI GUANLI
主　编　荆怀福　张浩正
责任编辑　曹　森　　　　　　　　编辑热线　025-83686756
照　排　南京南琳图文制作有限公司
印　刷　南京百花彩色印刷广告制作有限责任公司
开　本　787 mm×1092 mm　1/16 开　印张 17　字数 410 千
版　次　2021 年 1 月第 1 版　2025 年 8 月第 5 次印刷
ISBN 978-7-305-24240-3
定　价　48.00 元

网址：http://www.njupco.com
官方微博：http://weibo.com/njupco
微信服务号：NJUyuexue
销售咨询热线：(025) 83594756

* 版权所有，侵权必究
* 凡购买南大版图书，如有印装质量问题，请与所购
　图书销售部门联系调换

编 委 会

编委会主任 刘济良（郑州师范学院）

总 主 编 陈冬花（郑州师范学院） 李跃进（郑州师范学院）
　　　　　　 刘会强（河南财政金融学院） 李社亮（河南师范大学）

副总主编 段宝霞（河南师范大学） 李文田（信阳师范大学）
　　　　　　 晋银峰（洛阳师范学院） 郭翠菊（安阳师范学院）
　　　　　　 井祥贵（商丘师范学院） 丁新胜（南阳师范学院）
　　　　　　 田学岭（周口师范学院） 侯宏业（郑州师范学院）
　　　　　　 聂慧丽（焦作师范高等专科学校）

编　　委（以姓氏笔画为序）

丁青山	马福全	王　立	王　娜	王铭礼
王德才	王　璟	田建伟	冯建瑞	权玉萍
刘雨燕	闫　冉	李文田	肖国刚	吴　宏
宋光辉	张杨阳	张厚萍	张浩正	张海芹
张鸿军	周硕林	房艳梅	孟宪乐	赵丹妮
赵文霞	赵玉青	荆怀福	袁洪哲	贾海婷
徐艳伟	郭利强	郭　玲	黄宝权	黄思记
董建春	薛微微			

前　言

小学阶段的学生正处于思想观念、价值观念成型的关键时期，需要进入学校接受教育，需要教师的指导和引领。班级是学校教育和教学工作的基本单位，少先队是对少年儿童进行思想意识教育的重要组织，班队是对小学生进行教育教学和价值引领不可或缺的组织。而班集体和少先队并不是两个并行不悖的组织，它们既平行又交叉，平行表现在二者是两个性质和功能不同的组织，交叉体现在二者拥有共同的群体和载体，这也使得班队管理工作艰巨又繁杂。

深入到小学基层工作时，我们发现小学教师任务繁重。很多教师不仅仅是班主任，还兼任中队辅导员一职，甚至还担任一门学科教学工作。教师在实际工作中出现了角色模糊，角色转变困难，将班级活动和少先队活动混为一谈，不会处理班队工作等问题。改变现实中教师在班队管理中遇到的困境，提升教师的专业化水平，是本教材编写的一个重要目标。为此，我们以班队管理内容为主线，突出应用性和实践性，将全书设置为十章内容。

第一章和第二章是对班队、班队管理以及班队工作者进行概述；第三章至第六章是班队管理的具体工作，包括准备工作、日常管理、组织管理、活动管理等；第七章是班队文化建设；第八章至第十章是班队工作的智慧管理，包括个别教育、家校合作、突发事件等。

本教材在内容选择上，遵循理论与实际相结合的原则，侧重选取在班队管理中能实际运用的知识，并对每一类管理中容易出现的问题进行深入地分析。有些章节内容可能从理论结构上来看系统性不强，但其本意是突出功用性，目的是让学习者能够学以致用，帮助解决班队管理中的实际问题。

在每章的框架设计上，本教材力求突出以目标和问题为导向。每章文前设置了学习目标，目的是帮助学习者确立学习目标；文中穿插了知识链接、案例等，目的是丰富学习者的感性体验，让学习者更好地理解文中的知识点；文后安排了课后思考题，目的是让学习者巩固所学内容并获得相应拓展。同时全书还提供了二

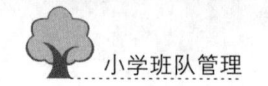

维码资源,包括但不限于文本资料,学习者可以微信扫码获取。

　　本教材由安阳师范学院荆怀福、河南师范大学张浩正设计全书体系、拟定大纲并统稿。第一章、第二章由高瑞芳(安阳师范学院)编写;第三章和第七章由谢山莉(洛阳师范学院)编写;第四章、第五章由陈晓康(南阳师范学院)编写;第六章和第八章由张焕(商丘师范学院)编写;第九章、第十章由张浩正(河南师范大学)编写。附录由张浩正(附录1)和荆怀福(其他部分)收集整理。

　　本教材在编写过程中,始终得到了河南省教育厅、河南省地方公费师范生培养项目执行办公室的大力支持,在此深表感谢!也始终得到了南京大学出版社的大力支持,正是他们探索支持教师引导下学生自主学习的新形态教材,才使得本教材有了现在的面貌,在此对他们给予本教材编写的帮助表示衷心的感谢!

　　在编写过程中,我们也参阅了大量已有的研究成果,在此一并向作者表示诚挚的感谢。在引文出处方面,如有疏漏之处,恳请作者能予以反馈,以便在修订时补充。尽管我们力求尽善尽美,但限于水平和客观条件,书中仍有许多疏漏和不妥之处,请广大同行和读者批评指正。

目 录

第一章　绪　论 1
　第一节　小学班队概述 1
　第二节　小学班队管理概述 5
第二章　小学班队工作者 14
　第一节　小学班队工作者的工作职责 14
　第二节　小学班队工作者的角色定位 19
　第三节　小学班队工作者的素养 21
　第四节　小学班队工作者的专业发展 26
第三章　小学班队管理的准备工作 33
　第一节　了解和研究学生 35
　第二节　小学班队管理的理念指导 40
　第三节　利用首因效应,设计好"第一次" 48
　第四节　制订班队工作计划 52
第四章　小学班队日常管理 60
　第一节　小学班队日常管理概述 60
　第二节　小学班队规范的制定和实施 66
　第三节　小学生发展指导 81
第五章　小学班队组织管理 98
　第一节　班集体概述 98
　第二节　小学班队组织结构 101
　第三节　培养正确的班集体舆论 108
　第四节　班级非正式群体及教育 115
第六章　小学班队活动管理 121
　第一节　小学班队活动概述 121
　第二节　小学班队活动的类型与组织形式 127
　第三节　小学班队活动的设计与实施 132
第七章　小学班队文化建设 144
　第一节　教室环境布置 144
　第二节　小学班队人际互动和沟通 155
　第三节　小学班队精神文化的创建 166

第八章 个别教育 · · · · · · 172
第一节 个别教育的意义、策略 · · · · · · 172
第二节 优秀生、中等生和后进生的教育 · · · · · · 177
第三节 学生问题行为的甄别与教育 · · · · · · 190

第九章 小学班队教育力量的协调与管理 · · · · · · 201
第一节 班主任和校内教育力量的协调 · · · · · · 201
第二节 班主任和家庭教育力量的协调 · · · · · · 210

第十章 小学班级管理突发事件的处理 · · · · · · 226
第一节 突发事件的类型与特点 · · · · · · 226
第二节 突发事件的处理原则 · · · · · · 239
第三节 突发事件的处理方法 · · · · · · 245

附录 · · · · · · 251
附录1 学生伤害事故处理办法 · · · · · · 251
附录2 中小学教育惩戒规则(试行) · · · · · · 256
附录3 教育部关于印发《中小学班主任工作规定》的通知 · · · · · · 259
附录4 关于印发《少先队活动课程指导纲要(试行)》的通知 · · · · · · 261

第一章 绪 论

学习目标

1. 了解班队的由来。
2. 掌握班级和少先队的概念。
3. 理解班队管理的内涵。
4. 了解班队管理的意义、目标和内容。

第一节 小学班队概述

一、小学班级

(一) 班级的由来

班级是学校的基本单位,也是学校行政管理的最基层组织。班级是班级授课制的产物,而班级授课制是在特定历史条件下的产物。一般认为,在 15 至 16 世纪时,西方一些古典中学里出现了一种新的教学组织形式,这是班级教学的早期尝试。最早使用"班级"一词的是文艺复兴时期的著名教育家伊拉斯谟。他在 1519 年的一份书简中描述了伦敦保罗大教堂的学校情形:在一间圆形的教室里,将学生分成几组,分别安排在阶梯式座位上。① 而现代意义上的班级授课制约产生于 17 世纪。捷克教育家夸美纽斯(1592—1670)在总结前人和自己教育实践的基础上,于 1632 年发表了《大教学论》,对班级教学法进行了理论阐述,为班级授课制的发展奠定了理论基础。

我国最早采用班级授课制上课方式的是清政府在 1862 年设立的"京师同文馆"。班级授课制在清政府废除科举制度之后得以推广,随后逐渐被人接受和认可。随着社会的不断发展和历史的进步,班级授课制的教育意义和优势也在不断突显,班级逐渐成为学校的主体形式。新中国成立后,我们学习了苏联的教育模式,在全国中小学实行分班教学,并给每一个班级配备专门的班主任。至此,班级才逐渐形成并完善。

---

① 金含芬.学校教育管理系统分析[M].西安:陕西人民出版社,1993:300 - 301.

（二）班级的特点

班级是学校为了顺利开展教育教学活动、确保学生全面发展目标的实现而划分出的学习单元，以及与为其配备的相关教师所共同构成的一种组织。

1. 班级是一种教育性组织

班级并不只是许多个体的简单集合，它建立伊始便作为一种教育影响因素而存在。也就是说，很多学生在一起听课，并不简单地只是一个教师同时对许多学生发生了影响，而是教师的影响必须通过班级环境对学生发生作用。班级本身也成了影响学生发展的因素，故班级也就作为一种教育组织存在了。

2. 班级的目的是培养人

同其他组织不同，班级是为实现教育目的而形成的组织，是一种教育性组织。班级组织的目的是为了教师更顺利地从事教育活动，培养在"德、智、体、美等方面全面发展的社会主义建设者或接班人"。因此，学生的发展是其重要的目标。

3. 班级是学校的"细胞"

班级是学校的教学班或班级群体。它是学校的基层组织，是学校根据一定的任务、按照一定的规章制度组织起来的学生群体。也就是说，学校是由许多班级组织构成，教育活动是在具体的班组织中开展，班级是学校的基层教育组织或细胞。

（三）小学班级的特点

小学班级具有学校班级的一般特点，但由于小学的教育性质、教育目的和教育任务不同于其他层次的学校，因而小学班级有自己的组织特点。

1. 小学班级是少年儿童的学习组织

小学班级是根据我国学校制度的规定，为实现一定的教育目的，按照学生的年龄和发展水平在小学里建立起来的。目前在我国的小学里，班级的组成成员一般都在6～12岁左右，年级一般为1～6年级。故组成班级的学生的年龄特征决定了班级的组织特征。这种组织的建立，其目的是满足少年儿童的学习需要，因而它是少年儿童的学习组织。

2. 小学班级是在成年人指导下的学习组织

以6～12岁左右的少年儿童为主体组成的班级，是他们走出家庭初步参与社会生活的组织，他们在这个组织中得到社会生活的初步训练。由于这个组织的主体组成成员年龄小，在生理和心理性发展上还未成熟，自主性发展还存在不足，组织成员在这样一种状况下，会影响小学班级的组织行为，因此，必须接受成年人的指导。

3. 小学班级中存在着平行的中国少年先锋队组织

在我国，每个小学班级中存在着一个平行的政治组织——中国少年先锋队（简称少先队）的中队组织。根据现行《中国少年先锋队章程》（2020）的规定，凡是6周岁到14周岁的少年儿童，愿意参加少先队，愿意遵守队章，向所在学校少先队组织提出申请，达到入队要求后，经批准，就成为队员；在学校和社区、青少年宫等校外场所建立大队或中队，中队下设小队。根据2017年2月下发的《少先队改革方案》中的有关规定，坚持全童入队，在小学把全体适龄儿童组织起来。因此,从小学一年级开始,班级就逐步地同时成为少先队中队组织。

4. 小学班级是一种班队合一的组织①

由于小学的班级里存在着由同样的成员组成的班级行政组织和少先队这两个平行的组织,所以小学班级实际上是一个班队合一的组织,或者说是具有双重性质的组织。同一群人两个组织,两者既有联系,又有区别。前者是小学开展教育教学活动的基层组织,其目的是培养合格的公民;后者是少先队组织,其目的是培养共产主义事业的接班人。

二、少先队

(一) 少先队的含义及历程

1. 少先队的含义

少先队,全称为中国少年先锋队,是中国共产党创立和领导的,并委托中国共产主义青年团直接领导的中国少年儿童的群团组织,是少年儿童学习中国特色社会主义和共产主义的学校,是建设社会主义和共产主义的预备队。1949年10月13日,中国少年儿童队成立。1953年6月,中国新民主主义青年团第二次全国代表大会关于修改团章的报告中指出:"为了更确切地反映少年儿童的性质、任务和适应儿童们的愿望,有必要将队的名称修改为'中国少年先锋队'。"大会一致通过把"中国少年儿童队"改名为"中国少年先锋队",并于1954年5月28日正式颁布了《中国少年先锋队队章》。用"先锋"命名少年儿童的组织,主要是为了"教育少年儿童学习先锋们的榜样,继承他们的事业"。

2. 少先队队史②

中国少年先锋队前身为中国少年儿童队,成立于1949年10月13日。但中国少年儿童的革命组织,从20世纪初的劳动童子团算起,已有90多年的历史了。少年儿童革命组织的发展随着中国革命形势的发展而发展,大体上可以分为五个阶段:即1924年到1927年北伐战争时期的劳动童子军;1927年到1936年土地革命战争时期的共产主义儿童团;1937年到1945年抗日战争时期的抗日儿童团;1946年到1949年建立的少年先锋队;1949年新中国成立后建立了全国统一的组织——中国少年儿童队,后改名为中国少年先锋队。

(二) 中国少年先锋队标志礼仪基本规范

1. 少先队员

凡是6周岁至14周岁的少年儿童,愿意加入少先队,愿意遵守《队章》,向学校少先队组织提出申请,经批准,就成为队员。队员入队要为人民做一件好事,要举行入队仪式。队员是少先队组织的主人,在队里享有选举权、被选举权和表决、建议权。队员在享有《队章》规定权利的同时,还要履行应尽的义务。每个队员都要遵守队的纪律,服从队的决议,积极参加队的活动,做好队交给的工作,热心为大家服务。队员入队后要填写队员登记

---

① 李学农. 班级管理[M]. 北京:高等教育出版社,2004:7.
② 具体内容可参照,中国少年先锋队官网,http://61.gqt.org.cn/? 173edu.org.

表,队员由一个大队转到另一个大队,要带上队员登记表,到新的大队报到。超龄队员离队后,红领巾和队员登记表可由本人保存,以资留念。

2. 红领巾

(1) 含义

红领巾是少先队员的标志。它代表红旗的一角,是革命先烈的鲜血染成。每个队员都应该佩戴它和爱护它,为它增添新的荣誉。

(2) 规格和材质

红领巾分为小号、大号两个规格,分别是:

小号:底边长 100 厘米、腰边长 60 厘米。

大号:底边长 120 厘米、腰边长 72 厘米。

红领巾颜色采用国旗红,可用布、绸、缎等材料按照标准制作。

(3) 佩戴和使用

a. 少先队组织要教育队员爱护红领巾,保持红领巾干净、平整,佩戴时服装规整。

b. 小学低、中年级队员佩戴小号红领巾,小学高年级和初中队员佩戴大号红领巾。小学低、中年级身高较高的队员,可佩戴大号红领巾。少先队员离队时应珍藏红领巾和队徽徽章。

c. 少先队员参加校内外少先队集会、活动,参加升国旗仪式、开学典礼、毕业典礼等重要仪式活动,须佩戴红领巾。参加体育活动、生产劳动或在家里休息时,可以不佩戴红领巾。天气炎热时可暂不佩戴红领巾,但应佩戴队徽徽章。

d. 少先队辅导员在参加少先队集会、活动时,应佩戴大号红领巾。少先队活动邀请有关领导、来宾等成年人参加时,领导、来宾佩戴大号红领巾。

e. 红领巾及其名义不得用于商标、商业广告以及商业活动。

f. 各级少先队组织、少先队员、少先队辅导员不得购买、使用不合规定的红领巾。

(4) 佩戴方法

a. 将红领巾披在肩上,钝角对准脊椎骨,右角放在左角下面,两角交叉;

b. 将右角经过左角前面拉到右边,左角不动;

c. 右角经左右两角交叉的空隙中拉出,右角恰绕过左角一圈;

d. 将右角从此圈中拉出,抽紧。

3. 少先队的队礼

(1) 含义

右手五指并拢,高举头上。它表示人民的利益高于一切。

(2) 行礼场合

少先队员在升降国旗时、在队旗出场和离场时、在烈士墓前、在参与队活动仪式时都要敬队礼。在其他场合中,如遇到师长等,队员也可行队礼。

少先队集会报告和列队、行进、检阅时,只由小队长、中队长、大队长敬队礼,其他队员注目致敬。

少先队辅导员和少先队工作者在参加少先队的集会和活动时,应同少先队员一并行礼。受邀参加少先队活动的领导、来宾可行注目礼,在接受少先队员敬礼、献红领巾时应回敬队礼。

(3) 动作

立正,右手五指并拢,手掌与小臂成直线,自下至上经胸前高举头上约5厘米(约一拳),动作自然流畅,掌心朝向左前下方。

4. 少先队的呼号

(1) 内容

呼号:"准备着:为共产主义事业而奋斗!"

回答:"时刻准备着!"

(2) 领呼人

在队会仪式中,应由辅导员带领队员呼号,也可由党组织、团组织的代表,或拥护党的领导、对祖国有特殊贡献、可以作为少先队员表率的人领呼。

(3) 动作

呼号时,领呼人面向队员,在"呼号"动令后,领呼人和队员举右拳至肩上,拳于耳侧,拳心向左前方,进行呼号。呼号完毕,领呼人落下右拳,全体队员随之落下右拳。

5. 入队誓词

(1) 内容

我是中国少年先锋队队员。我在队旗下宣誓:我热爱中国共产党,热爱祖国,热爱人民,好好学习,好好锻炼,准备着:为共产主义事业贡献力量!

(2) 动作

宣誓时,少先队员面向大队旗,跟随领誓人右手举拳至肩上,拳于耳侧,拳心向左前方。旗手执大队旗倾斜,旗面朝向队员,护旗手执旗帜两角展开旗面。

6. 队歌

《我们是共产主义接班人》(周郁辉作词、寄明作曲)

在少先队集会或活动时唱完整队歌(两段歌词)。少先队队室要陈列队歌曲谱和歌词。

▶ 扫目录处学生服务入口二维码查看:《我们是共产主义接班人》曲谱

第二节　小学班队管理概述

一、小学班队管理的职能

班队管理是指班队管理主体在班队教育管理实践活动中发挥班队管理职能,促进班队管理客体向班队管理目标变化发展的过程。因此,班队管理体系中包括四个要素,即班队管理主体、班队管理客体、班队管理职能和班队管理目标。班队管理职能是班队管理主

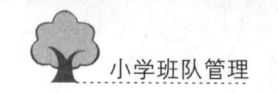

体赖以实现班队管理目标的策略、措施。它使班队教育管理实践活动得以持续进行和有序运转,实现动态活动过程。

班队管理职能依其职责可分为基本职能和专门职能:基本职能回答了怎样进行教育管理,如科学决策、组织实施、检查评估、总结提高等程序及其环节,它使班队教育管理实践活动呈现出连续性和阶段性,因此班队管理的基本职能具有客观普适性和相对独立性;班队管理专门职能回答了教育管理什么,包括对学生活动的管理和对学生素质的管理,如教育管理学生的文体活动、学习活动、劳动活动、知识技能素质、心理素质等,旨在使学生在积极健康的各类活动中形成优良、合理的人格素质和相对发展健全的人格结构。总之,班队管理职能既能使班队管理主体促进班队教育管理实践活动连续有序地进行,有效、最佳地实现班队管理目标,又能使班队管理客体达到设计的质量标准,满足学校的期望,符合社会的要求。

(一)对班队教育教学管理的功能

班队是学校的"细胞",是学校管理的最小单位。学校教育教学管理的功能作用主要是:

1. 确保学校教育管理目标的实现

学校教育管理目标,通过层层分解展开后,最终落实到各个班队,即从上到下层层保证。学校教育效益、教育质量和管理绩效的提高,是以各个班队完成学校赋予的任务,实现学校分解的目标开始的,即从下到上层层保证。也就是说,学校教育教学的起点和终点都是班队管理。只有实现班队管理目标,才能确保学校管理目标的实现。如低年级不能按时且保质保量地实现学校组织分解到班队的教育管理目标,就会影响学校创造培养过程的连续性和衔接性,使学校整体教育、教学和管理目标的实现无法得到保证。班队管理主体必须树立系统、全局观点,立足于搞好班队管理,完成或超额完成班队的教育管理任务,为学校全面实现教育管理目标提供可靠的保证。

2. 增强学校教育管理的活力

学校教育管理的活力取决于各个班队的积极主动性和创造开拓性。班队与学校组织之间的关系,犹如生物细胞和生物机体之间的关系。如果班队是有生命的"活细胞",学校组织就会生机盎然,充满活力。然而,各个班队的积极性、主动性、创造性、开拓性不是自发产生的,而是对班队进行目标管理、科学管理、民主管理、制度管理和质量管理的结果。概而言之,只有激活各个班级的活力,学校教育管理才会富有活力,进而呈现出勃勃生机。

3. 提高学校教育管理水平

学校教育管理水平有赖于班队管理的高水平和现代化水平。也就是说,提高班队管理水平是提高学校管理水平的基础。因而加强班队管理,就是使班队教育管理实现活动目标化、科学化、民主化、制度化、质量化即现代化,如此也能使学校管理上升到一个新的水平。

(二)促进学生身心全面发展的功能

高度和谐的人格是结构相对健全、素质优良合理的人格。它是班队教育管理实践活动追求的总目标,是进行班队管理活动的出发点和归宿。学生身心全面发展是指学生德、智、体、美、劳的全面和谐发展,它们高度和谐发展的整体效应就是学生人格结构的相对健全化和人格素质的优良合理化。发挥班队管理的专门职能,是依据学生身心的发展特点及社会发展对人才素质的期望要求,促使学生人格素质的各个方面有机整合,以达到规定的质量标准。例如:使学生心理结构相对健全,心理素质优良合理,能辩证认识且具有创造性思维,具有高尚的情感,形成良好的意志风格;有机调控自我和环境的能力,保持自我与环境的动态平衡;使学生的力量素质、速度素质、耐力素质、灵敏素质和柔韧素质得以增强,等等。概而言之,班队管理专门职能可以促进学生人格素质的各个方面、各个层次有机整合,和谐发展,均衡统一,即逐步达到设计的质量标准。这是班队管理的追求目标,又是班队管理的价值所在。比如,参加班队管理实践活动的学生,在积极踊跃改造"班队客观世界"的同时,又在自主改造自己的"主观世界",以求得自我和班队客观环境之间保持动态的平衡。

二、小学班队管理的目标

班队管理目标的类别,从层次上分,可以分为总目标和分目标。

(一) 班队管理的总目标

班队管理的总目标应当是:班队管理人员根据"教育要面向现代化,面向世界,面向未来"的指导方针,通过执行一系列管理职能,实行对人、财、物、事、时间、信息等的有效管理,创造性地建设班集体。促使全班学生在德、智、体、美、劳诸方面全面发展,成为有理想、有道德、有文化、有纪律的社会主义建设者和接班人。

(二) 班队管理的分目标

分目标的制定是围绕班队管理的总目标进行的。它主要包括认知目标、情感目标和行为目标。

1. 认知目标

思想品德方面,要求学生做到:

第一,爱家乡,爱祖国,爱中国共产党。关心家乡建设,有民族自豪感和自尊心。

第二,有基本的民主与法制的观念;知法、遵法、守纪。

第三,相信科学,反对封建迷信和陈规陋习,能够运用马克思主义观点和方法观察分析社会现象。

学习方面,要求学生做到:

第一,学习态度端正,学习目的明确,学习兴趣浓厚。

第二,学习方法科学,学习习惯正确,有一定的自学能力。

第三,有刻苦学习的意志和克服困难的毅力。

2. 情感目标

理想方面,要求学生做到:

第一,从小学习立志,树立人民利益高于一切的思想,将自己的小梦想融入伟大的中

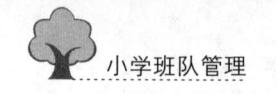

国梦征程中。

第二,有建设家乡的事业心和责任感,能够把个人前途与社会主义建设的需要联系起来。

个性心理素质和能力方面,要求学生做到:

第一,养成诚实正直、积极向上、自尊自强的品质,形成坚毅勇敢、不怕困难、敢于创新的性格品质。

第二,具有初步分辨是非的能力;对不良影响有一定识别能力和相抵制能力,并具有一定的自我教育和自我管理等能力。

3. 行为目标

纪律方面,要求学生做到:

第一,养成自觉遵守社会公德的良好品质。

第二,遵守公民道德,懂得现代文明的生活方式和交往礼仪。

个人修养方面,要求学生做到:

第一,尊重、关心他人,爱护、帮助他人。

第二,热爱班级和学校集体,爱护集体荣誉;具有把国家利益、集体利益和个人利益结合起来的社会主义集体主义精神。

第三,积极参加劳动,有良好的劳动习惯,较强的生活自理能力和艰苦奋斗的思想作风。

三、小学班队管理的内容

(一) 班队管理的主要内容

学校的各种教育活动的开展,大部分都是以班队为单位进行的,班队是学校的基层组织。班主任和中队辅导员作为班集体的直接管理者和负责人对学生进行教育。班队管理的内容主要包括以下六个方面:班队建设管理、班队活动管理、班队课堂管理、班队学习管理、班队情绪管理、班队日常生活管理。

1. 班队建设管理

在集体教育的背景下,学校把年龄大体相当、身心发展水平接近、来自不同家庭背景的孩子集中到一起组成一个教学班队。班队是学校教学的基层单位,一个良好的班集体,往往会使各项教育教学活动的开展事半功倍。但是,一个教学班级的形成往往带有许多随机性和偶然因素。因此,开学之初所组成的班队往往还只能叫作一个群体,只是有一群成员、一个代号、一个领导者。这样的一个群体还不能很好地发挥一个组织所应有的作用,因此,在班队管理中必须首先着手进行班队组织建设。

一个教学班队的组成,是一群人按照一定的规则,同时带有一定随机性地组合到一起。此时,班队虽然有了组织的形式,但是这样的一个群体还不是一个真正的组织。一个真正能发挥作用的组织,第一,应当有清晰明确的目标,必须加强班队目标建设;第二,还有班队领导核心建设,即还必须有完整的组织机构;第三,还要有一套所有成员共同认可的组织规范,并且所有成员一般能够在组织规范内行动,去实现组织的共同目标,完成组织的共同任务;第四,要加强班队文化建设,即班队价值观、班风学习建设,把班队同学个人的利益和班队的利益联系起来,从而把一个松散的群体凝聚成一个牢固的整体,促使班队中的所有成员对班队产生认同感、归属感。

2. 班队活动管理

班队活动是在班队工作者的指导下,有目的、有计划地为实现班队教育目标而举行的各种教育教学实践活动。开展班队活动有利于学生培养良好的品德,发展个性特长,锻炼意志品质,使行为习惯得到培养。班队活动是联系学生与学生、学生与老师之间的纽带,密切了班队人与人之间的联系。班队活动还为学生提供了展示自己的舞台,使更多的学生找到自己的优势,满足学生追求成功的愿望。活泼有趣的活动往往深受学生的喜爱,在班队活动中进行教育,效果往往比单纯的说教好得多。一次好的班队活动往往会给学生留下非常深刻的印象,对于他们的成长和发展起到很大的影响作用。所以,班级管理者要利用好班队活动这一重要的教育途径,实现班队的教育目标。

小学班队活动是班队工作者指导学生依据一定的教育目标所设计的,组织班队所有成员共同参与的教育活动。这些班队活动有:常规班队活动,包括晨会、班队例会、课间活动等;主题班队活动,包括主题班会、少先队活动等;实践性活动,包括科技创新活动、社区服务活动和参观访问等;课外活动,包括文艺活动、体育活动、游戏活动等;心理辅导活动,主要包括学习辅导、人格辅导、生活辅导等。总之,在实际操作中,班队工作者应该根据不同的需要,决定举行何种形式的班队活动。

3. 班队课堂管理

在课堂教学中,教师除了"教"的任务外,还有一个"管"的任务,也就是协调、控制课堂中各种教学因素及其关系,使之形成一个有序的整体,以保证教学活动的顺利进行。这一活动即为通常所说的课堂管理。课堂管理是教师为了完成教学任务,调控人际关系,和谐教学环境,引导学生学习的一系列教学行为方式。管理好课堂是开展教学活动的基石,教师必须不断地提高课堂教学管理技能。良好的课堂管理不仅能建构良好的师生关系,维持课堂教学的顺利进行,还能激发学生学习的兴趣与动机,培养其良好的学习习惯,还能促进学生在课堂中的积极情感体验,推动学生的全面发展。

教师与学生置身于一定的课堂之中进行活动,首先要保证课堂的表层实体,即课堂物理环境的舒适与合理。课堂的物理环境为课堂管理的运行提供了一个外在的物质基础,同时,课堂管理活动也需要制度规范作为其运行的前提。在课堂管理的过程中,教师要把教学目标中提出的对学生的期待转变为课堂活动的程序和常规,并将一部分程序和常规制订为课堂规则,以便于指导学生的行为,促使学生积极主动地学习。为了保证课堂管理的良好运行,我们还需要在师生之间营造良好的课堂气氛。课堂气氛是班集体在课堂上所表现出来的心理气氛,通常是指课堂里某些占优势的态度与情感的综合状态。

4. 班队学习管理

学生的主要任务是学习,因此,班队学习管理是班队管理的中心内容之一。小学阶段正是学习知识、发展能力的重要阶段。由于现代社会科学技术迅猛发展,信息科学和信息传播手段日益提高,知识量急剧膨胀,班主任若能给学生以有效的学习指导,培养学生良好的学习习惯,使其形成"学习型社会"所需要的学习方法,则是给他们的未来奠定了扎实的基础。小学生的学习能力还不完善,主要体现在学习方法上,因此,班级管理者要多给予学习方法的指导。班队工作者要注意保护和激发学生的学习动机,以免因为教学活动的安排不当而降低或阻碍了学生的学习动机。

人天生有求知的需要,由此而产生学习动机。首先,班队工作者要让小学生在认识上明确学习的重要性,懂得进行学习的一些途径,培养学生良好的学习习惯;其次,成功的经验对学生的学习行为是一种强化,要让每个学生都在学习中有成功的经验,激发出更大的学习动力;再次,要培养学生坚强的意志,付出努力,学有所得;最后,培养学生的学习行为。学生的学习活动主要是在课堂上展开的,具体知识的学习主要由任课教师负责,课程学习方法的指导主要是对学习的计划和安排,比如预习、听课、复习、完成作业、考试等。另外,还要指导学生进行课外的学习活动,以及指导学生养成进行实践活动的习惯。

5. 班队情绪管理

情绪、情感是人对客观事物与人的需要之间关系的反映。如果某事物能满足需要,人会产生积极、肯定的情绪情感,否则就会产生否定的负面情绪情感。小学生正处于人生的春天,这是从童年走向独立人生的起点。这个时期在人生中起着特殊作用,处于特殊的地位,也存在着特殊的问题。他们的心中充满希望和抱负,他们的自我意识正在加强,却不知何去何从;他们热情,却又情绪动荡。21世纪是一个高速发展和变化的时代,社会要求我们必须具备较强的应变能力和承受压力的能力。然而,令人叹息的是小学生的情绪健康往往易被忽略,至今尚未成为家长、教育工作者关注的重点。因此,作为21世纪的班队工作者,必须加强对小学生的情绪管理与指导。

《小学教师专业标准(试行)》指出:要尊重个体差异,主动了解和满足有益于小学生身心发展的不同需求。因此,小学班队工作者首先要掌握班队同学的个性差异,特别是情绪上的差异;其次,由于情绪的发展与情绪的调控并不是同步的,情绪的调控是必须经过学习和训练才能获得的,因此,小学班队工作者必须加强对影响小学生情绪的因素和小学生情绪的指导方法的学习;最后,班队是由个性迥异的不同个体组成的,班队工作者要加强对学生进行个别教育指导,特别是对情绪有问题的学生进行个别指导。

6. 班队日常生活管理

人的素质很大部分是在闲暇时间内形成的,因此,人的全面发展主要是在闲暇时间实现的。目前,某些小学生存在的素质缺陷,在一定程度上与学校剥夺了学生的闲暇时间有着很大的关系。学生吸收文化知识不仅仅是在课堂,从发展学生丰富多彩的个性来讲,闲暇时的活动也许更重要、更积极。因此,我们的育人观念要全面,不能狭义地理解只要按教育常规上好文化课就完成任务了,而忽视了另一种课堂,即小学生的闲暇时间教育。具有较大时空自由度的闲暇时间,为真正实现由应试教育向素质教育转交提供了契机。学校、社会、家庭应充分发挥主导作用,找到休闲与素质教育的切合点,把养成教育、规范教育延伸到社会和家庭,使素质教育更全面、更丰富。

闲暇时间的增多,一方面给班队工作者提出挑战(怎样面对教学时间缩短的现实,运用科学的教学方法,提高时间利用率,完成教学任务;如何指导学生珍惜时间,科学利用时间,发展兴趣特长;怎样引导学生在闲暇时间内正确认识社会,抵制社会上不良习气的侵袭等问题)。另一方面,闲暇时间增多也给班队工作者提供了新的契机。对于如何把握好这一契机,切实抓好小学生的闲暇时间教育,班主任应有一个清醒的认识,并有志于为此努力。

(二) 少先队阵地管理[①]

2000年5月30日团中央、教育部等八部委《关于进一步加强少先队工作的意见》中指出:"少先队阵地教育是对少先队员进行组织教育、自我教育和实践教育的一种重要形式和有效手段。教育行政部门要大力支持学校少先队阵地建设。学校要将少先队阵地建设纳入学校整体建设规划之中,有计划、有步骤地建立和完善少先队组织教育阵地、宣传教育阵地、兴趣教育阵地、劳动实践教育阵地和综合教育阵地。"

少先队阵地是开展少先队工作,组织少先队活动,处理少先队事务的场所和方式,是少先队物质环境和物化景观的综合。少先队阵地的性质和少先队阵地建设的目的是对少先队员进行教育影响实践体验,其中包括组织生活教育、思想道德教育、文化品质教育、行为习惯教育的影响和劳动实践、科技实践、艺术实践、日常生活实践、亲近大自然的体验等。

少先队阵地从性质上可以分为物质阵地和非物质阵地。物质阵地由实物构成,如队室、队角、展厅、队报、雕塑、宣传栏等;非物质阵地又称物化方式,是由活动方式构成的非物质环境和景观,如兴趣小组、科技、艺术、体育以及团体活动的方式等。少先队阵地从内容上可以分为组织教育阵地、宣传教育阵地、兴趣体验阵地、劳动实践体验阵地和综合教育阵地。组织教育阵地如队室、队角、展厅、队报、队长学校等。宣传教育阵地包括板报、墙报、宣传栏、广播站、电视台、网站等。兴趣体验阵地如文学社、艺术团、体育(项目)队、陶艺坊以及少年科学院、科技试验田等。劳动实践体验阵地包括养殖园、种植园、红领巾气象站、家庭劳动岗、社区服务站等。综合教育阵地如烈士陵园、名胜古迹、革命遗址、红领巾一条街、博物馆等。少先队阵地从地域上还可以分为校内阵地和社区阵地两类。

在进行少先队阵地建设时要注意以下一些问题:

1. 处理好与校园文化的关系

少先队阵地建设要与校园文化相联系,融入校园文化之中,同时也要把少先队阵地文化与校园文化区别开来。所谓融入就是要在不断更新、完善和美化校园环境和景观中有机地加入少先队特定的内容,如在美丽的草坪上设立星星火炬的雕塑,在宣传栏上有醒目的少先队标志或文字,在广播节目中能常常听到《中国少年先锋队队歌》。所谓区别就是不要把校园文化建设作为少先队文化建设的内容。

---

① 俞永一. 新编少先队辅导员工作指南[M]. 天津:新蕾出版社,2009.

2. 配合少先队活动和教育加强阵地建设

少先队阵地建设不是孤立的建设行为，一定要结合少先队的主题活动，配合少先队教育任务来创建、丰富和更新。当前就是要加强队员的体验，把阵地建设作为体验活动、体验教育来进行，让阵地的作用发挥得更充分，使阵地内涵更充实。

3. 让更多的队员参与到阵地建设和阵地活动中来

少先队阵地本身具有团结教育队员的功能，不能把少先队阵地仅作为少数"尖子"的舞台，要设法让全体队员都有参与阵地活动的机会。和少先队干部轮换制一样，让队员轮流到他喜欢、愿意去服务的阵地展示才能，没有"才能"也可以接受锻炼从而培养才能。

4. 重在体验，重视过程

让队员在实践中体验是少先队教育的重要途径，少先队阵地就是为队员提供更多的实践体验的场所。少先队教育并不过分注重既定的目标，它是在培养社会主义和共产主义合格建设者和接班人的总目标下进行的过程性教育，即把教育过程作为具体目标来看待的过程即目的，这是少先队阵地教育乃至少先队教育的重要原则。

四、小学班队管理的基本原则

1. 正面教育和启发诱导原则

这条原则指的是在班级管理中要坚持用科学的道理和正面的、先进的事例进行启发诱导，使学生的思想品德和行为习惯沿着正确的方向发展，让学生明辨是非，接受教育。坚持正面教育和启发诱导原则主要有两方面的依据：① 学生认知和品德发展的规律。一般来说，小学阶段的学生的评价能力还相对落后，认知发展也不成熟，道德判断能力相对不完善。他们的模仿能力强，可塑性大，喜欢接受新鲜事物。这就决定了班级管理者一定要通过正面的教育和启发诱导，帮助学生分辨是非，并且能够初步领悟评价善恶是非的标准。② 教育的性质决定了班级管理中要采取正面教育、耐心说服、循循善诱的方法，而不能实行粗暴、强制、压服的方法。[①]

2. 尊重与平等对待学生的原则

这条原则指的是班级管理者在教育过程中，要尊重学生的心理需求，要把学生看成自由、独立、完整的有其独特天性、独立人格和尊严的人，并以此为前提接纳、理解他们，宽容地对待他们。[②]

（1）坚持尊重学生

尊重的需要是人的正常需要，尊重人、尊重个性就是尊重创造力，尊重社会生活和社会文化的多样性。实践证明，尊重儿童的天性与自由，平等地对待儿童，有利于儿童潜能的形成，有利于儿童幸福感的形成，有利于受教育者能力和人格的发展。因此，班级管理

---

① 古人伏. 小学班队工作原理与实践[M]. 上海：华东师范大学出版社，2010.
② 陈会昌. 理解"尊重学生"的内涵，学会尊重学生[J]. 河南教育，2007(2).

者要做到:一是尊重学生的心灵。每个教师都应该做到尊重学生的兴趣、爱好,尊重学生的情绪和情感,尊重学生的个性差异,尊重学生的抱负和志向,尊重学生的选择和判断,尊重学生的个人意愿。二是尊重全体学生。教师不仅应该尊重优秀的和一般的学生,而且应该尊重智力发育迟缓的学生,尊重被孤立、被拒绝的学生,尊重有过错的学生,尊重有严重缺点和缺陷的学生,尊重和教师意见不一致的学生。三是尊重学生的人格和隐私。《未成年人保护法》规定:"学校、幼儿园的教职员应当尊重未成年人的人格尊严,不得对未成年学生和儿童实施体罚、变相体罚或者其他侮辱人格尊严的行为;任何组织和个人不得披露未成年人的个人隐私。"可见,国家以法律的形式为学生受尊重的权利提供了保障。简言之,就是不体罚学生,不辱骂学生,不大声训斥学生,不羞辱嘲笑学生,不当众批评学生,不随意向家长告状等。①

(2)坚持平等地对待学生

平等对待学生要求班级管理者与学生建立和谐的、朋友式的新型师生关系。平等地对待学生,要注重与学生交流沟通的方式,做学生人生路上的良师益友。我国的教育改革十分重视建立师生之间民主、平等的关系。平等对待学生要求:一是平等对待不同类型的学生,即平等地对待智力和能力不同的学生,平等对待学习成绩不同的学生,平等对待男生和女生,平等对待个性特点不同的学生,平等对待不同家庭背景的学生,平等对待自己喜爱和不喜爱的学生。二是给予所有学生平等的机会,即给予所有学生担任班干部的机会,给予所有学生进行各种选拔、安排座位、上课提问的机会以及处理学生矛盾冲突时平等。三是公平地评价学生,即在公布成绩时平等(就是鼓励学生平等竞争,不特别表扬那些排在前面的学生,也不批评排在后面的学生,鼓励每个人自己和自己进行纵向比较),在评价学生时平等(不以成败论英雄,也不把学习成绩作为衡量学生的唯一重要的指标,肯定每个学生身上的"闪光点")。②

课后思考题

1. 什么是班级,什么是少先队?二者有何联系与区别?
2. 班队管理的内涵是什么?
3. 班队管理的原则有哪些?
4. 少先队阵地管理包括哪些方面?

---

① 陈会昌.从"尊师爱生"走向"尊重和平等"[J].河南教育,2007(1).
② 张春兴.教育心理学[M].杭州:浙江教育出版社,1998.

第二章 小学班队工作者

学习目标

1. 了解班主任和中队辅导员的历史由来。
2. 会区分班主任和中队辅导员的职责。
3. 掌握班队工作者的角色定位,会灵活转换角色。
4. 掌握班队工作者的专业发展的内涵和途径。

第一节 小学班队工作者的工作职责

一、班队工作者的历史沿革

(一)班主任的发展

1. 国外班主任概念的发展[①]

班主任是随着班级授课制的产生而产生的。从班级授课制开始以来,许多国家实行了班主任这一制度,但不是所有采取班级教学的国家都设置了班主任,这只是一部分国家的做法,如中国、俄罗斯和日本等。在国外,夸美纽斯在他的《泛智学校》中设想每个班"指派固定的教师"。可见,这时对班主任的认识是一种特殊的教师角色。在19世纪,俄罗斯有了"班级"和"教师"合成的"级任教师"一词,以后又有了"班主任"一词。20世纪40年代,苏联教育家凯洛夫编的《教育学》中有关于班主任的专门论述。此外,还有恩·伊·包德列夫有关班主任的理论专著《班主任》,此书中译本于1956年由人民教育出版社在国内出版。1979年,苏联教育部组织编写了《中小学班主任手册》,1982年在国内出版了中译本。

[①] 薛忠英,马凌涛.小学班主任工作[M].北京:开明出版社,2006.

2. 国内班主任概念的发展

在中国,班主任工作算来已经有一百多年的历史了。1904年,清政府颁布的《奏定学校章程》中规定,小学各学级设置正教员一人,通过教授各科目,任教学生之功课,且掌握所属之职务。这种由一个教师负责担任一个学级的全部学科或主要学科的教学制度,称为级任制。这可以看作是我国最早的班主任制度。到1932年,当时的国民政府规定在中学实行级任制,1938年又把级任制改为导师制,负责班级组织的教育工作的教师称为级任导师,这一角色相当于班主任。后来,认识到班级管理者并不只是一种教师角色,还具有管理角色,就把"班级"与"主任"联系到一起,形成了"班主任"。20世纪30年代,在中国共产党领导的解放区开办的小学、中学、师范学校和抗日军政大学,每个班率先设有班主任。1952年,教育部颁发的《中学暂行规程(草案)》规定,班主任在教导主任、副主任的领导下,负责联系本班各科教员,指导学生的生活和学习,对班主任角色与工作都进行了明确的规定。1963年和1978的《全日制中学暂行工作条例(试行草案)》指出"学校应加强对班主任工作的领导,选派政治觉悟较高和较有教学经验的教师担任班主任",对班主任的素质进行了要求。1988年,原国家教委颁布了《中学班主任工作的暂行规定》,对中学班主任的地位、作用、任务、职责等都做了明确的阐述和规定。1998年,原国家教委又制定了《中小学班主任工作暂行条例》,对班主任的素质和工作提出了具体要求.并提出给班主任的劳动以一定的经济报酬。1979年,教育部颁布了《关于普通中学和小学班主任津贴试行办法》,首次对班主任的劳动报酬做出了明确规定。2009年,教育部颁布了《中小学班主任工作规定》,对中小学班主任的性质、角色与地位、配备与选聘、职责与任务、待遇与权利、培养与培训、考核与奖惩等方面做了明确的规定。

(二) 辅导员的发展[①]

辅导一词是由辅与导两个单字组成,顾名思义,辅导就是辅助与引导。辅导这一教育与服务的活动,作为一种运动,它的产生与发展已有百年左右的历史。辅导运动发源于美国。1908年,美国波士顿开设专门为学生进行就业辅导的职业局,以后转入学校内部,设立专门人员为学生进行心理治疗、心理咨商、生活指导、升学指导和人事辅导,成为学校教育的一个独特的专业,从大学、中学直至小学都有。从20世纪70年代起,在美国已有多数的教育机构专门培养小学辅导员,许多学区在小学增加辅导人员的编制,设立专门的"辅导室"、开设"辅导学"系,创办"辅导研究所",等等。美国学校辅导偏重于个别化辅导与心理咨询、就业指导。而在日本,随着20世纪40年代末至50年代美国学校辅导的流入促进了战后日本的教育民主化改革。日本各所学校辅导运动发展的新特点是扩展至团体辅导,即对学生组织——学生会、班会和儿童会的辅导,以及对"教科外活动"(课外活动)的辅导,乃至通过PTA组织(家长与教师联合会),延伸至少年儿童社区活动的辅导。日本学校的辅导员,称作"生徒指导",辅导活动称作"特别教育活动",以示同一般教师的教学、教育活动的区别。

---

① 段镇.少先队学[M].上海:上海人民出版社,2008.

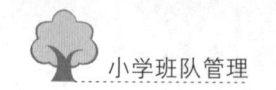

与学校辅导运动同步发展的还有自1910年起,发源于英国童子军的辅导运动。在第一次世界大战期间,童子军设"教官"(适应军训需要),以后称"教练",负责传授各种活动技能,并接受童军奖章的考核申请,审批颁发各种奖章。随着教育民主化进程,"教练"日益具有辅导性质,并改称"童军指导""教导员"。童军创始人贝登堡在"忠告童军教导员二十条"中特别强调"童军体制的特点是直接发挥每个队员的主动性,启发引导孩子自己管理自己,让孩子自己思考,自己动手","童军教导员只是起指导作用,用不着事事包办,使孩子丧失独立性"。

在苏联,十月革命胜利后,列宁少年先锋队取代了原来的童子军(1922年)。共青团为每个大队选派了辅导员,辅导大队和中队的活动,并担负直接教育(协助校长、配合教师)队员的职责。

在我国,辅导制正式引进始于1949年10月建立少年儿童队之时(此前,童子军与少先队、儿童团并存;之后,童子军辅导制仅存在于我国港台地区,大陆均为少先队辅导制)。建队来的少先队史,同时就是一部辅导史。

二、班队工作者的地位和作用

(一) 班主任的地位和作用

随着科教兴国、人才强国战略的实施,人们对教育越来越关注,对优质教育资源的需求越来越强烈和迫切。在现实生活中我们注意到,许多家长不仅要选择好学校,而且要选择好班主任。这种现象也说明了社会对班主任在学生成长发展中的地位和作用的认同。从班主任工作的性质和特点来看,班主任的地位、作用大致可分为四个方面:从班主任与班级的关系看,班主任是班集体的组织者、教育者和管理者;从班主任与学生的关系看,班主任是学生健康成长的引路人;从班主任与学校教育的关系看,班主任是学校管理的中坚力量;从班主任与各方面教育力量的关系看,班主任是协调者。

(二) 中队辅导员的地位和作用

少先队是中国共产党领导下的少年儿童的群众组织,在这个组织中辅导员是少年儿童的亲密朋友和指导者,由于少年儿童身心发展的未成熟性,以及少先队员和中队辅导员的和谐关系,决定了中队辅导员在少年儿童成长道路上的指导、引路和辅导作用。中队辅导员一方面要通过组织教育的途径带领少先队员认识自然、认识社会、认识自我,增长知识和才干,教队员们学会做人,服务集体;另一方面要维护少年儿童的合法权益,保护少先队员的身心健康。

辅导员的地位同少先队的地位相辅相成,少先队组织在学校必须积极配合学校的教育工作。少先队是学校教育少年儿童的有益补充,辅导员是少先队的指导者,应当摆正少先队工作的地位与学校工作的关系。在进行队活动时,辅导员应当了解学校教育的情况和要求,认真听取学校领导和班主任的意见,争取他们的支持和帮助。

校长和教师也应该认识到少先队是共青团领导下的少年儿童自己的组织,不是学校的附属机构,应当善于根据少年儿童组织的特点,指导和帮助少先队开展工作,尊重少先队辅导员的辛勤劳动。总之,有作为才会有地位。只有充分发挥少先队组织的作用,辅导员才会受到各方面的尊重,少先队的工作才会左右逢源,得到多方面的支持。

三、小学班主任和中队辅导员的比较

(一) 小学班主任

班主任是学校中全面负责一个教学班学生的思想、学习、健康和生活等工作的教师,是一个教学班的组织者、领导者与教育者,也是一个班级全体任课教师教学、教育工作的协调者。2009年,教育部在《中小学班主任工作规定》序言中指出:"班主任是中小学日常思想道德教育和学生管理工作的主要实施者,是中小学生健康成长的引领者,班主任要努力成为中小学生的人生导师。班主任是中小学的重要岗位,从事班主任工作是中小学教师的重要职责。教师担任班主任期间应将班主任工作作为主业。"

小学班主任是在小学中全面负责一个小学班级学生的思想、学习、健康和生活等工作的教师,是一个小学教学班的组织者、领导者与教育者。

(二) 中队辅导员

少先队辅导员是我国未成年人思想道德建设队伍的重要组成部分,是实施少年儿童素质教育的重要力量。《中国少年先锋队章程》中第十六条规定:少先队辅导员是"由共青团选派优秀团员或聘请政治素质过硬、思想进步、作风正派、知识丰富、热爱少年儿童的教师以及各条战线的先进人物来担任。他们是党的少年儿童思想政治工作者,是少先队员亲密的朋友和指导者,帮助中队或大队委员会进行工作,组织活动。"中队辅导员是由各学校少工委推荐、考核、聘任的少先队工作者,是少先队工作队伍中的基础力量,一般由班主任或其他教师兼任。

(三) 班主任和中队辅导员的关系

小学的中队辅导员一般都由班主任老师兼任。因为班主任老师与本中队的队员接触最多,了解最深,由他(她)兼任中队辅导员,可以结合本中队队员的实际,有的放矢地进行教育。

班主任有责任与每一个任课老师联系,因此也有利于运用教师集体的力量做好辅导工作。但是,班主任与辅导员的工作角度是不同的。对孩子们来说,进学校所接触的第一个老师就是班主任,平时相处时间最多的也是班主任,所以,在孩子们的心目中,班主任的威信是很高的。孩子们在学校中,无论在学习知识方面还是在遵守校规、学生守则方面,班主任有责任耐心细致地教育他们,必要时还可以提出一些指令性的意见,要求学生执行。在班级里建立中队以后,孩子们有了自己的组织。由于他们年龄小,需要成年人帮助他们开展少先队的活动,班主任受团组织的聘任又兼任他们的中队辅导员。这样,班主任的双重身份与学生形成了双重关系:既是本班学生的领导者、组织者,又是本中队队员的指导者,是同志和朋友关系。

班主任与辅导员,由于工作角度不同,工作的内容也是有所侧重的。例如班务工作、与各科老师的联系工作,以及日常与家长的联系工作等,这些都属于班主任的工作。而各

种中小队的活动,队委会的建设,中队集体的培养,就是辅导员的工作内容了。班主任应以中队辅导员的身份,辅导队员组织好这些活动,从而培养少先队员的主人翁精神和工作能力,建设团结友爱的中小队集体。中队辅导员应是少先队教育工作的指导者,具体工作应通过中队委员会放手发动队员们自己去做。

由于班主任工作与中队辅导员工作的内容差异明显,工作方法自然也有所不同了。班主任是自上而下地完成学校行政布置的各项任务,辅导员则是通过少先队组织自下而上地引导队员进行自我教育活动。班主任兼任中队辅导员,既能当孩子们的良师又是他们的益友。充分运用两种有利的条件,从两个不同的角度,可以使自上而下的教育和自下而上的教育妥善地结合起来,做好培养新一代的工作。如果班主任与中队辅导员分别由两个人担任,则要特别注意相互间的密切合作。由学生团员担任的中队指导员,除了定期向团组织汇报工作外,更应该尊重班主任的指导意见,在班主任的支持帮助下,做好少先队的教育工作。

四、班队工作者的工作职责

(一) 小学班主任的工作职责

对于小学班主任的基本职责,教育部颁布的《中小学班主任工作规定》第八条至十二条有明确的规定。班主任的基本职责有如下几点:

(1) 全面了解班级内每一个学生,深入分析学生思想、心理、学习、生活状况。关心爱护全体学生,平等对待每一个学生,尊重学生人格。采取多种方式与学生沟通,有针对性地进行思想道德教育,促进学生德、智、体、美全面发展。

(2) 认真做好班级的日常管理工作,维护班级良好秩序,培养学生的规则意识、责任意识和集体荣誉感,营造民主和谐、团结互助、健康向上的集体氛围,指导班委会和团队会工作。

(3) 组织、指导开展班会、团队会(日)、文体娱乐、社会实践、春(秋)游等形式多样的班级活动,注重调动学生的积极性和主动性,并做好安全防护工作。

(4) 组织做好学生的综合素质评价工作,指导学生认真做好成长记录,实事求是地评定学生操行,向学校提出奖惩建议。

(5) 经常与任课教师和其他教职员工沟通,主动与学生家长、学生所在社区联系,努力形成教育合力。

(二) 中队辅导员的工作职责

(1) 在大队辅导员的领导下,按照党团组织的要求,指导中队委员会制定计划、开展工作、组织活动。

(2) 指导中队集体生活,搞好中队集体建设。

(3) 做好队干部的培养,帮助他们学会当家做主。

(4) 关注队员的身心健康,反映他们的意见和成长中的需求,争取学校、家长和社会的支持和配合。

(5) 维护少年儿童的合法权益,促进他们全面发展、健康成长。

第二节 小学班队工作者的角色定位

班队工作者是学校中全面负责一个班队学生的思想、学习、健康和生活等工作的教师,在整个班级的管理、教学和工作中,扮演着十分重要的角色。班队工作者的工作方式和效果,在很大程度上来源于班主任对自己所扮演的角色的正确认识。二者的角色定位,直接决定着班级的精神面貌和发展方向,深刻影响着学生德、智、体、美、劳等方面的全面与充分发展。在实践过程中,角色认识模糊的现象比较普遍,不少班队工作者陷入了角色认识的误区,以致常常发生角色错位倾向。管理者的角色定位问题不解决,或者解决得不大好,必然会影响到管理者的工作方式和效果。因此,作为班队工作者,要正确认识自身角色,做好角色的定位和转换。

一、小学班队工作者的角色定位

班队是一个复杂的"小社会",班队工作者是班队的中心和灵魂,每天要面对各种各样的教育问题,其角色内涵是丰富多样的。因此,作为班队工作者,要明确自己的角色意识,科学定位,扮演好多重角色。

1. 班队管理的设计师

班主任对班级的管理需要通过培养坚强的班级核心,组织井然有序的课堂教学和开展丰富多彩的课外活动。班主任工作的这些特点,决定了班级管理不能采用"事无巨细,一概包揽",或者"头痛医头,脚痛治脚"的直接管理方式,而应注重精心策划,周密设计,调动和发挥各个方面的积极性,与班干部一起做好班级工作。这就要求班主任要扮演一种班级管理的设计师的角色,把立足点从直接管理转移到设计管理上来。

2. 学生健康成长的守护者

班主任面对的教育对象是青少年,他们处在一生中成长发展的关键时期,特别需要教育和引导。班主任的特殊身份使其容易成为青少年学校生活中的主要依靠对象。因此,班主任是学生学习、生活、心灵的导师,是学生全面和谐发展的引路人,也是学生健康成长的守护者。

3. 优良班风的培育者

班风是指一个班级的风气。优良班风能起到春风化雨、润物无声的特殊教育作用。它既可以激励先进、扶植正气,也可以带动落后、抑制不良。因此,班主任的工作目标之一就是培育优良班风,他们自然也就肩负着优良班风培养者的重任。班主任既要通过各种有效教育途径教育和引导学生,又要通过优良的班风建设来影响和感染学生。

4. 学生的良师益友

对班主任来说,主要是与学生打交道。班主任要正确处理好与班级学生的关系。班主任既不能将自己凌驾于班级学生之上,也不能同他们对立起来,而应该将自己置身在班级集体之中,成为集体中的一员。在师生关系的定位中,班主任应有意识地树立起一种既是学生的良师,更是学生的诤友的形象。教育家孔子说:"予师之正,孰敢不正?""其身正,不令而行,其身不正,虽令不从。"可见良师的榜样作用是巨大的。一名优秀的班主任,不仅要具备丰富的专业知识,更要拥有高尚的人品;既要用渊博、幽默、风趣、理性的素养去征服学生,更要用正直、善良、宽厚的品格去震撼学生。

5. 学生的心理医生

青少年在成长过程中同时受到家庭、社会、学校各方压力的影响,从而引起多种心理障碍和心理疾病,主要表现为神经衰弱、抑郁症、精神分裂等。而这些心理问题一般都是深藏在心底,不易察觉。这就要求班主任时时处处做有心人,要善于从学生的眼神、表情、姿态、行为、兴趣甚至衣着等外在表现,去透视其内心秘密和个性特征。特别要能及时发现班级中个别学生身上出现的典型,从而摸清他们的心理状况,及时加以疏导。可采用谈心、笔谈、网上交流等方式和有"问题"的学生进行沟通,做值得学生信赖的心理医生。

6. 学生言行的楷模

由于班主任是和学生们接触最多的教师,他的一言一行、一举一动都会对学生有着潜移默化的作用,对规范学生的言行、举止及人生追求等都将产生直接的影响。班主任对学生的教育影响,实质上也是教师人格影响学生人格的教育过程,这就要求班主任在新时期不断加强自身师德修养,努力锤炼自己,使自己逐渐成为一个真正的"人类灵魂的工程师",以自身高尚的人格魅力与良好的师表形象去陶冶学生的心灵,做学生言行的楷模。

二、小学班队工作者角色观念的转变

新课程改革对班主任提出了新的要求,班主任要树立以生为本的教育理念,要根据学生的不同情况适时适地转换自己的角色。

1. 由"偏爱型"走向"博爱型"

这里的"偏爱型",意指传统班级管理中,班主任只喜欢学习成绩好的"优等生"。其实,学习成绩也是相对的,因为学生个体存在差异。对于某位学生来说,90分是成绩好的标志;而对另一个学生来说,60分可能就是最大的成功。因而在新课程理念下,做好班主任工作的前提条件是班主任必须转变观念,深入班级,了解每一个学生,相信每个学生都有"才",善于挖掘学生的潜能,通过良好的教育和培养,使每个学生都能成才、成功,把爱播撒到全体学生身上。这是新课程理念下做好班主任工作的基础。

2. 由"专制型"走向"民主平等型"

传统意义上的师生关系,是一种不平等的关系,教师是绝对权威,高高在上,学生对教师必须绝对服从。专制型班主任培养出来的学生固然守纪、顺从。但他们亦步亦趋,依赖性强、独立性差,缺乏主动性、创造性,更谈不上具备信息时代所要求的创新精神。新时代呼唤新型的民主平等的师生关系,班主任要树立班级的主体是学生、师生共同管理班级、尊重学生等基本理念。比如,在班干部的选择上,要多听学生的意见,进行民主选举,相对于班主任自己定夺的方式,这种民主式的管理方式更受学生的青睐。

3. 由"简单粗暴型"走向"细致耐心型"

在班级管理中,班主任要主动了解学生,了解学生所想、所做,要真诚地走进学生的内心世界,要尊重、爱护学生的自尊心。在没有了解事情的真相前,不要武断地下结论,尤其忌讳当着全体同学的面否定、数落学生,这样做会引发学生内心的极大不适。班主任要关心、爱护每一个学生,主动与学生交流,在交流时要多一些亲和、少一些冷漠,多一些换位思考、少一些严厉指责;班主任的言行,要时刻考虑学生的心理特征和行为水平,考虑学生的想法和感受;在班级管理中要多表扬、少训斥,在鼓励与指导中培养学生的自我意识,增强学生的自信心,使每个学生都轻松愉快地成长。这些是新课程理念下做好班主任工作的必备素质。

4. 由"限制型"走向"开放型"

在传统教育的班级管理中,班主任要求学生这个"不能"、那个"不准",经常用条条框框去限制学生。这种做法对于学生形成良好行为与矫正不良习惯起到一定的积极作用,但有悖于新课改的理念,有悖于培养学生创造能力的宗旨。现代的学生,独立意识、自主意识、叛逆精神都很强。班主任要善于从学生实际出发,着眼于未来,着眼于发展,善于挖掘学生的潜能。对学生要宽容,不要把学生的失误看得太重,不要怕学生犯错,要放手让学生去做,只有在实践中锻炼,学生才会成才。比如,学校召开运动会,一部分准备工作可以让学生去做,这既能培养学生的工作能力,又能培养学生的主人翁意识。

第三节　小学班队工作者的素养

一、道德素养

教师,为人师表。表者,榜样之谓也。一个优秀的班主任,应具有崇高的理想、高尚的品德、高雅的举止,并以此影响学生,感染学生,促进学生良好道德品质的形成。

(一) 热爱祖国

热爱祖国,忠诚于党,是每个中国公民最基本的人生准则和政治道德准则;而作为承担特殊教育任务的班主任,就更应以奋发图强的精神、脚踏实地的作风、严肃认真的态度,担负起对祖国应尽的义务和责任,为建设一个富强的现代化中国而奉献自己的一生。具体地说,班主任应以浓厚的爱国之情去影响教育学生,以自己的爱国行动为学生做出表

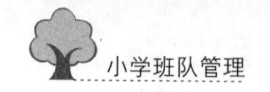

率,不仅热爱祖国辉煌的昨天,也热爱祖国充满希望的今天,更热爱并努力创造祖国美好的明天。

(二) 热爱学生

尊师爱生,是当今学校的新型师生关系表现。爱学生是教师的本职,教师只有爱学生,才能更好地实现教书育人的任务;只有爱学生,才能唤起学生尊敬教师的感情,学生才能听从教师的教导,按照教师的要求去做。教师应关心、热爱班里的每一名学生。教育是一种极富于情感的事业,教师应该满怀激情,满怀对事业、对学生真挚的爱,去工作,去奋斗。

(三) 正确的政治立场

社会主义时期的教育决定了班队工作者在班队管理中必须以马克思主义为指导,以社会主义初级阶段的理论和基本路线为依据,始终把坚定正确的政治方向放在首位。因此,加强班主任的政治素质,在现阶段,就是要坚持中国特色社会主义方向,保证班级各项工作紧密围绕党的教育方针政策,为培养社会主义建设者和接班人服务。在平时工作中要积极引导学生对党的方针等各项政策坚决拥护和执行,自觉抵制各种非无产阶级思想的侵蚀,力争做一个政治头脑清醒的人。

(四) 作风正派

班主任对自己要高标准、严要求,要经常认真地运用自省、自勉的方式预防和克服各种不良的思想和行为;要求学生有文明行为,自己就要做到言行和举止文明;要求学生遵纪守法,自己就要带头遵纪守法。班主任只有言行一致,表里如一,才能说服学生,感染学生。只有具有这样的正派作风,才能做学生的楷模,才能真正做到为人师表。

二、知识素养

(一) 基本的政治理论知识

古今中外的政治家都特别关注教育,总是首先对教师提出较高的政治素质要求。这是一条永恒不变的规则。毛泽东曾教导我们:"不论是知识分子,还是青年学生,都应该努力学习。除了学习专业之外,在思想上要有所进步,政治上也要有所进步,这就需要学习马克思主义,学习时事政治。没有正确的政治观点,就等于没有灵魂。"这是由社会主义学校的性质、任务所决定的。班队工作者应努力学习马克思主义理论、毛泽东思想、邓小平理论和习近平新时代中国特色社会主义思想。只有掌握了这些基本理论,才能把自己的工作同共产主义的远大目标联系起来,树立为共产主义奋斗终生的远大理想;才能指导、帮助学生运用辩证唯物主义的方法科学地认识客观世界,确定正确的世界观、人生观和共产主义坚定信念;才能更好地学习、理解新时期党的方针、路线和政策,积极参与改革,推动教育事业的发展。

(二) 精深的专业知识

班主任一般都承担一定的教学任务,因此在专业知识方面要有很好的基础,有真才实学,真正做到全面、系统掌握所教学科的知识。正如苏霍姆林斯基所说的:"应当在你所教的那门学科领域里,使学校教科书里包含的那点科学基础知识,对你来说只是入门知识。"

在全面系统地掌握本专业的知识时,要做到三点:一是"实"。这指的是在专业知识上要有扎实的功底,在治学态度上要有实实在在的踏实精神。二是"深"。对教材及相关的知识,不仅要广泛涉猎,而且还要深入研究。不但要知其然,而且要知其所以然。只有"深入",才能把握科学知识的内在体系和必然规律,才能将深奥的抽象知识通俗而又形象地教给学生,将吸收知识的技能传授给学生。三是"活"。只有真正理解、掌握了的知识,才能成为教师自己的知识储备,在课堂上才能得心应手,左右逢源。

(三) 广博的各科知识

为促进学生素质的全面发展,班主任不仅要具有精深的专业知识,而且还应该具备广博的其他各门学科的知识,具有广泛的文化素质和兴趣爱好。马卡连柯曾经说过:"学生可以原谅教师的严厉、刻板甚至吹毛求疵,但不能原谅他的不学无术。"新时代的学生,思维活跃,求知欲强,接受新事物速度特别快,班主任如果能在专业以外的其他方面给他们以指导、影响或鼓励、支持,就更能沟通彼此之间的心灵,从而赢得学生的信赖和敬爱。从某种意义上可以这样说:没有全面发展的班主任,就很难培养出全面发展的学生。

总的来说,班主任要做到"专博相济",建立起既精湛又深奥、既宽广又厚实的知识结构,这样才能在现代教育中真正担负起自己的责任。

(四) 切实的管理科学知识

班级是现代化学校开展教育、教学和管理活动的基层组织,班级管理工作是学校管理工作的基础。班级管理得如何,对于贯彻国家教育方针、落实学校教育计划、实现培养目标,起着关键性的作用。班主任是学校班级的直接管理者,要做好这项工作,丰富的班级管理经验是很重要的,但还必须掌握一定的管理学知识,并把它们切实地用在班级管理上,这样就可以加强班级管理的主动性、科学性,克服盲目性,少走弯路,少犯错误。

三、能力素养

(一) 敏锐的观察力

敏锐的观察力是班主任所必须具备的能力素质之一。班主任要善于从学生的外部表现了解学生的内心世界和个性特点,经过分析和研究,找出其产生的原因及发展过程,从而探索教育的特点与规律。班主任只有具备敏锐的观察力,才能全面、深入、迅速地了解学生,做好教育工作。

班主任观察学生的主要目的是了解学生,研究学生,更加有针对性地去教导学生。班主任要善于通过现象看到本质,准确地判断学生的内心活动,捕捉他们的真实思想。而心灵的外在表现有时含而不露,有时稍纵即逝,很难捉摸。班主任必须练就一双慧眼,根据学生一时的面部表情、某一姿态、某一突然动作、某句话语、某个眼神,甚至某个不寻常的笑声、叫声来迅速捕捉到心灵的电波,把学生此时此刻的思想情绪和内心情感看个清清楚楚、明明白白,以便抓住最佳时机,运用最佳的教育方法,对学生进行教育和引导,从而达到最佳教育效果。

（二）较强的应变能力

班主任作为班级的直接管理者，既要认真贯彻好学校的各项规章制度，及时领会和执行学校领导的任务，也要针对学生情况开展各种工作。在这项工作过程中，经常会出现一些来自上层或下层的意外事件，而这些事件又必须及时解决。这就要求教师要具有较强的应变能力，即随机应变地对教育过程中的突发事件进行迅速巧妙且正确处理的心理能力。优秀的班主任，对突发的问题一般都能沉着应对，巧妙处理，收到良好的教育效果。因此，班主任必须注意培养训练自己的应变能力，创造性地开展班队工作。

（三）优秀的教学和科研能力

班主任都要承担一定的教学任务，但只有广博的基础理论、专业知识，还不能把课教好。班主任还必须具备优秀的教学能力，即引导学生学习、把握现代科学基础理论及基本技能。它是班主任树立和提高自己在学生中威望与信誉，提高教育工作效能的决定性条件之一。教师是教育活动的组织者和指导者，他们必须具备组织好教学的能力。要全面把握和驾驭教材，能灵活地运用教学方法，还要增强科研意识，开展教育研究。

（四）良好的组织管理能力

班主任的主要工作是组织和培养班集体，这要求班主任在组织和管理集体方面应具有很强的能力，组织管理能力是指在教育过程中表现出来的组织、培养、教育学生集体和统率学生的综合教育才能。它主要包括计划能力、组织实施能力、常规管理能力、思想工作能力、协调能力等。

班主任组织管理和驾驭班级的能力，是在实践中不断提高的。班主任在实践中一方面要注意学习运用现代管理科学的理论知识，一方面要重视学生的反馈，要善于从学生反馈中得到纠正偏差的信息，从而不断提高自己组织和管理班集体的水平。

四、个性心理素养

班队工作者心理素质的内容包括许多方面，这里主要从情感、意志、兴趣爱好和性格四个方面予以分析。

（一）丰富、高尚的情感

列宁曾经说道："没有'人的情感'，就从来没有，也不可能有对于真理的追求。"情感是推动人们前进的巨大动力；为了造就未来新人，班主任应该有丰富而高尚的情感。班主任的情感对学生的各个方面都有影响。首先班主任提出的要求容易转化为学生的迫切需要，成为推动他们前进的动力。因为班主任的感染力是以自己的个性去影响学生所表现的情绪力量，所以，班主任积极的情感有助于形成学生良好的个性品质。另外，教学过程既是认知性的学习过程，又是情感交流的学习过程，班主任的情感应能够激发学生学习的兴趣，使学生认真听讲，积极思考，提高学习效率，同时还有利于学生的身体健康。总之，有感染力的班主任好像一团火，给学生以温暖和力量；冷冰冰的法官式的班主任犹如灭火剂，会扑灭学生的热情、天真和求知欲。

（二）坚强的意志力

班主任在实现各种预定目标的过程中会遇到各种各样的困难,来自外部的主要有工作条件差,情况复杂多变,校领导不支持,学生不配合,等等;来自内部的主要有知识、经验不足,家务缠身,懒散好玩,疲劳,生病,等等。要想克服这些困难,只凭盲目的冲动是不行的,必须具有坚强的意志力。意志力是人们为达到一定的目的自觉地组织自己的行动,并与克服困难相联系的心理过程。班主任的意志力要具有自觉性、坚定性、果断性、自控性的良好品质。要对学生充满信心,不怕困难,不怕失败,勇往直前,坚决地执行规定。实践证明,盲目、迟疑、动摇、退缩都是意志力薄弱的表现。坚定的意志力首先与有意义的目标密切关联。班主任要树立远大的奋斗目标,如果胸无大志,得过且过,当遇到困难时,就会失去力量的来源而胆怯、退缩。坚定的意志力与情感的关系也相当密切。高尚的、积极的情感对意志力起着强大的推动作用;相反则起着破坏、阻挠作用。班主任要善于控制、克服消极的情感和激情;班主任意志力的强弱不但影响班级工作的效率,而且还会影响学生良好意志力的形成和提高。班主任要把自己锻炼成目光远大、意志坚定的人,用自身意志品质去影响学生。

（三）广泛的兴趣爱好

为了对全体学生进行全面的教育,班主任应该具有广泛的兴趣爱好。兴趣爱好从一个侧面体现了班主任的知识素质和能力倾向,它不仅是班主任自身发展的需要,也是班主任教育教学工作的需要。首先,广泛的兴趣爱好,可使班主任不断发现新的知识,有利于教育教学工作的开展。其次,它可使班主任在娱乐之中陶冶自己的情操,逐步形成和完善自己的个性品质,有利于引导和激发出有益于学生娱乐生活的广阔天地。再者,它对学生具有榜样示范和潜移默化作用。班主任是喜爱摄影,还是酷爱文学,以及生活方面的衣、食、住、行,都会对学生产生一定的影响。学生的兴趣爱好广泛多样,有积极的,也有消极的,有的持久稳定,有的"见异思迁",班主任在这方面应起到正面示范和积极引导作用,以使学生的兴趣爱好健康地发展。总的来说,一个具有广泛兴趣爱好的班主任,很容易与各种学生找到共同语从而成为学生的忠实朋友。学生也愿意接受这样的班主任的指导和帮助。

（四）良好的性格

所谓性格是指人们对客观现实比较稳定的态度和行为方式的心理特征。它是个性的核心,与人的先天素质有一定的关系,但主要是社会实践活动的产物。班主任的性格特征对学生有着重大的影响。正如乌申斯基所说,在教育中一切都应该以教育者的个性为基础,没有教育者个人对受教育者的直接影响,就不可能有深入内心的真正教育。只有个性才能影响个性的发展和定型,只有性格才能养成性格。班主任应该注意陶冶自己的情操,使其达到至善至美的境地。

班主任的性格应具有以下特征:

1. **真诚、坦率**

班主任要向学生敞开心扉,真心实意地爱护、关心他们,这样学生才会相信你,愿意和你亲近,如果走形式、虚假、故意整治学生,不仅得不到学生的信任,还会把学生推到自己的对立面,使他们陷入恐惧、绝望的泥坑。

2. 热情、活泼

热情、活泼的班主任具有吸引力、感染力,能使师生心情愉悦,心理相融,关系和谐。抑郁、呆板、孤僻的班主任具有抑制力和伤害性,易使师生关系紧张,学生出现反感、惧怕心理,这极不利于学生身心健康的发展。班主任应永葆一颗童心,使自己的心理年龄永远年轻。

3. 心地善良

班主任要时时、处处、事事关心爱护学生,与学生为友,特别是当学生遇到困难、挫折和不幸的时候,更应该伸出温暖的手,抚平他们心中的伤痕,鼓励他们战胜困难。

4. 沉着、冷静

在教学过程中,有些学生身上会出现令人气愤的突发事件。青少年学生具有一定的独立性、批判性,又常常好质疑问题、标新立异。当班主任遇到这些问题时不可大声训斥,而应该沉着、冷静,迅拟对策,化险为夷,这样既能保护班主任的形象,又能展现出班主任的教育才能。

第四节 小学班队工作者的专业发展

一、专业发展的内涵

专业是专门从事某种学业或职业的专门的学问。本文所讨论的专业是个社会学术用语,有别于教育学的"学科专业"中的概念,它是在社会分工、职业分化中形成的一类特殊的职业,它以有生命的人或无生命的物为对象,以特有的知识技能进行专门化的处理活动,从而解决人生和社会问题,促进社会全面进步。因此,专业是指一群人在从事一种必须经过专门教育或训练,具有较高深和独特的专门知识和技术,按照一定的专业标准进行的活动,通过这种活动将解决人生和社会问题,促进社会进步并获得相应的报酬待遇和社会地位。专业化是指一个职业经过一段时间后不断成熟,逐渐获得鲜明的专业标准,并获得相应的专业地位的过程。[1]

二、专业发展的内容

(一)专业信念的确立[2]

专业信念是一项事业、一个专业岗位要求从业者信奉或坚守的理念,起着为专业指导

---

[1] 盛天和.班主任的专业化发展[M].上海:上海教育出版社,2005.
[2] 熊华生.班主任专业发展理论阐释——班主任专业发展:概念、内容和保障制度[J].班主任之友(中学版),2011(7).

方向、提升层次和提供动力的作用。班主任的专业信念是指班主任自己认可并坚信的、指导自己班级管理和教育实践的理念。班主任信奉和坚守的理念，是班主任自觉行动的指南，也是克服职业倦怠、进行专业发展自我修炼的动力。班主任选定自己的信念并长期坚守信念的过程，就是专业发展的过程。班主任的工作信念是一个比较完整的体系：

1."管理育人"的理念

班级管理与教育并不冲突，相信能够在班级管理中促进学生的发展，提升学生的生命质量，让学生感受生活的幸福。立志做一名教育型的管理者，这一信念决定着班主任工作追求的目标和达到的境界，它是班主任专业发展的基础。管理育人与教书育人并列，是一种公认的说法。它与"新基础教育"提倡的"生命教育"和班级建设中的"教育学立场"相通。

2."学生为本"的理念

要真正做到以学生为本，需要给学生自由、自主学习的时间与空间。要让他们自由、自主地发展，形成自己的个性。因此，班主任要在工作中树立一切为了学生，学生利益摆在第一位，全心全意为学生服务的职业信念。这是以人为本的科学发展观对班级管理的要求，也是众多优秀班主任坚守的理念。

3."民主管理"的理念

肯定民主管理的正当性，并在班级管理中坚持民主管理。魏书生老师视民主管理为班主任工作基本的两项原则之一，"民主就是大家的事大家商量，班级怎么管？知识怎样教？能力怎样练？作业怎么留？班会怎样开？都和同学们商量"。李镇西老师提出"没有民主，便没有创造；没有民主的教育，便没有民主的未来"。坚持民主管理，不仅仅是因为民主管理有效，还因为它是未来成人社会民主政治的预演，可以培养学生的民主意识和能力。

4."自主管理"的理念

班主任要变教师保姆式管理为学生自主式管理，变班级管理一手抓为学生全员多手抓。班主任要相信学生的潜能，学生能做的事，尽可能让学生去做，这不仅有助于管理班级，还可以锻炼学生的能力。这也就是魏书生老师讲的"班级的事，事事有人干，班级的人，人人有事干"。

5."精神关怀"的理念

班主任专业化的主要倡导者和研究者班华教授认为，班主任最根本的教育理念、最重要的教育品质就是对学生的精神关怀。精神关怀主要是关怀学生的心理生活、道德情操、审美情趣等方面的成长与发展，即关心他们的精神生活质量和精神成长。精神关怀最基本的表现是关心、理解、尊重、信任学生，学会精神关怀是班主任专业化的必然要求。

（二）专业态度和人格的完善

班主任的专业态度与动机是指班主任对班主任工作出于自我实现需要的热爱程度和

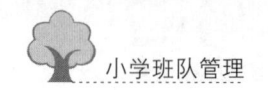

积极性。它是班主任专业发展的内在动力,也制约着班主任的专业发展。

1. 班主任专业态度的形成

班主任的专业态度是班主任专业发展的核心构成内容之一,是完成班主任工作的保障。

(1) 爱心。关爱学生是班主任最宝贵的职业情感。只有当班主任真正从内心热爱学生,才会潜移默化地影响学生、感染学生,从而形成有效的教育。无论有多丰富的知识,多么强的能力,没有爱心,一切都是空的。

(2) 责任感。责任感是班主任对社会、对他人应承担的义务和应尽职责的内心体验。班主任工作非常细致、琐碎、复杂,难以在各个方面规定详细的操作规程,难以对工作的数量、质量提出额定的要求,工作做多做少,工作绩效如何,往往取决于班主任的责任心。因此,教育从本质上说是一种需要有高度责任感的活动。

(3) 公正感。公正就是班主任在教育教学过程中,公平合理地对待和评价每一个学生。具体地讲,就是要求班主任在教育和评价学生的态度和行为上,应公正平等,正直无私,不偏袒,对待不同智力、不同性别、不同个性、不同亲疏关系的学生,都一视同仁,公平相待,满腔热忱地去关心热爱每一个学生,从每个学生的不同特点出发,因材施教。

2. 班主任的专业人格

"为人师表"是社会对教师的基本要求,也是教师的基本素养。作为班主任,他的言行举止应该成为学生的楷模,这样的班主任才能成为学生的灵魂工程师。因此,班主任要有良好的人格特质。班主任人格与个性修养涉及的内容较多,在这里,只选择了三项最能影响班主任专业品质的内容分别阐述:

(1) 善良宽容。善良,与人为善、时时处处为学生着想;宽容,能够容纳与自己不同的看法与见解,从成长的角度看待和处理学生问题。宽容不是纵容,在宽容基础上的严格,体现班级管理者的专业品质。

(2) 为人正派。正直,诚实,正派,为人师表,学生才会在内心真正佩服。

(3) 乐观幽默。班主任乐观向上,笑对生活,班级才会充满阳光;有幽默感,能营造轻松气氛,进而化解班级管理中的许多矛盾,更显智慧;有童心的老师更受欢迎,更能走进学生的心灵。

(三) 专业知识的拓展与深化

班主任的专业知识是指班主任以"精神关怀"为核心的专业理论体系和经验系统,是班主任专业发展的主要内容。班主任只有构建了合理且完善的知识结构,才能锻炼出过硬的育人本领,为做好班级工作打下坚实的基础。

1. 对专业理论知识的学习

班主任作为一个人类文明的传播者和知识学习的引导者,不仅应该拥有深厚的学科知识,也应该具备相关的班主任专业知识。班主任必须了解和学习管理学、统计学等相关知识,尤其是教育学、心理学、管理学等专业知识更是班主任专业化所不可缺少的。也就是说,教育学、管理学和心理学这三类知识是班主任工作的学科基础。毫无疑义,教育学是基础。班级管理也属于管理范畴,管理学知识丰富了,才会吸收先进的适合班级管理的知识,放弃粗暴的"管理主义"倾向。心理学是前两个学科的基础,更是班主任专业化的基础,了解与理解学生、开展心理咨询等都必须掌握心理学知识。这三门学科知识繁多,而班主任学习时间总是有限的,要择其相关的精华而学习。

2. 对实践知识的探究

班主任的实践性知识是班主任在实践中反思和总结出来的知识,是其专业发展的主要知识基础,在工作中发探着不可替代的作用。这类知识极为丰富,也最有价值,是班主任专业知识的主体。教师专业的本质特性是实践,也就是说,教师所有的知识要最终服务于实践。因此教师必须具备这种知识,开展这类知识的学习。

(1) 通过各种著作、论文和各种讲演进行学习。近些年来,随着班主任工作越来越受重视和班主任培训的开展,一线优秀班主任纷纷著书立说。这类知识来自实践,贴近实际,最受班主任老师的欢迎。

(2) 向其他班主任学习日常经验。班主任的日常实践具有明显的场景性特点,需要班主任在毫无准备的状态下对课堂事件进行快速判断和果断决策。向其他班主任学习日常经验,能帮助班主任在面临教学情境中的特定问题时,运用科学方法,探求问题的可能成因,了解问题的真相,并且进一步研究解决的策略和采取合适的行动。

(3) 对人文和科学知识的学习。人文知识、科学知识是通用知识,是现代社会成员都应当掌握的知识,它广博,漫无边际,似乎不能称作专业知识,但它确实是班主任专业发展所需要的。班主任专业发展建立在广博深厚的人文、科学知识基础之上,这正是它的魅力所在,也是其难度所在。

(四) 专业能力的提高

和其他任课教师相比,班主任主要是依托班级开展工作,有效地解决班级教育工作中的班级目标、班级管理、班级文化、班级活动、班级教育合力、学生发展评价等问题,要建立正常的班级秩序,形成良好的班集体,顺利完成育人的工作任务。

1. 形成班级教育合力的能力

班主任对内与班级、学生相联系,对外与任课教师、学校、家长、社会相沟通。班主任要善于拓展班级育人空间,依靠学校领导、社区领导,使班级教育与学校教育、家庭教育、社会教育形成整合一致的教育合力。

(1) 了解、研究学生的能力。班主任必须具备敏锐的观察力,要有善于通过各种渠道调查、了解学生情况的能力,还要有对信息进行分析、判断的能力。

(2) 交往与沟通的能力。班主任必须具有协调教师和学生、联系家长和社会的能力,使家庭、学校、社会彼此配合,形成教育合力。学生的思想变化很大,经常会发生各种意想不到的问题,要想解决这些问题就需要很强的协调能力。

2. 班级建设的能力

(1) 形成适宜的班级教育目标的能力。善于调动学生的积极性,共同讨论、制订班级教育目标:目标应始终定位在学生的发展上,要有针对性,体现班级特色、发展性要求。

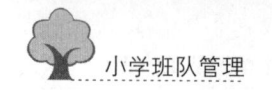

（2）建设真的学生集体，促进学生个性发展的能力。真的学生集体应是一种学习共同体，它具有平等合作的结构关系、相互信赖的情感关系、共同的目标和利益关系，能尊重和促进学生个性发展。

（3）优化班级文化的能力。具有建设富有生命活力的班级文化的能力，发展积极的班级精神，形成有特色的班级文化。学会在班级文化创造中发展学生的能力。

3. 人性化班级管理能力

班级教育管理的特点是教育性，管理的过程应是教育的过程，应是为育人服务的，最重要的是具有以人为本的教育理念，能充分发挥人的积极性，为学生的发展创造良好的条件。

（1）发展性评价的能力。发展性评价的目的是引导、激励、促进学生发展。发展性评价内容主要是对学生德行发展、心理发展、能力发展的评价。班主任要善于根据不同的情境、不同的学生，运用多种方式（包括奖惩等方式）进行评价。给学生的操行下评语是制度化了的评价方式，宜人性化、个性化、审美化。

（2）组织管理能力。班级管理是一项艰巨、复杂、专业性很强的工作，班主任作为班集体的组织者和管理者，必须具有较强的组织管理能力。要善于调动学生主动参与班级活动的积极性，让他们成为活动的真正主人。

（3）组织班级教育活动的能力。班主任要善于组织多种多样的班级教育活动，切实提高教育活动的实效性，防止形式主义，善于让学生在活动中展示自我、发展自我、实现自我。

4. 管理机智与研究能力

（1）管理机智。在班级管理中，班主任经常会遇到种种突发事件，这就需要班主任具备很强的管理机智，即应变能力。要时刻保持冷静，使自己处于清醒、理智的状态，并且能迅速而准确地做出判断，然后选择正确的方法予以解决。

（2）科研能力。班主任还要善于在日常教育教学工作中发现问题、解决问题，并且对班级管理有自己的独立思考和创新，经常反思、总结自己在班级工作中的得失。

三、专业发展的途径[①]

"教师成为研究者"是伴随班主任专业发展的一大倡议，也是班主任作为专业人员的发展方向和生活方式。

1. 自我发展

成人学习理论的研究证明，成人学习的一大特征就是通过自主学习实现自我发展。班主任作为成人学习者，往往会根据自身的工作经验、工作需要以及遇到的问题进行自主学习。自主学习是一种基于自我需要的积极、主动的学习。

班主任在自己的工作中经常会遇到一些意想不到的突发事件，遇到一些具体的、特

---

① 盛天和.班主任的专业化发展[M].上海：上海教育出版社，2005.

殊的问题,这就需要教师自己随时通过学习、交流来自觉地分析问题、寻求解决策略。围绕一些具体问题,教师有针对性的通过读书、上网了解信息以及与身边的同事、朋友的交流,不断丰富自己的教育经验与实践知识,不断适应班主任工作的新要求与新挑战。

2. 自我反思

"学而不思则罔,思而不学则殆",早在两千多年前,我国古代思想家、教育家孔子就为我们留下了这句哲言。同样,在学校班主任工作中,也要把"教育"和"反思"结合起来。

反思是指班主任对自己的教育行为、教育结果进行审视和分析,从而改进自己的工作,使其更具合理性的过程。有这样一个公式:"教师的成长＝经验反思"。显而易见,班主任只有经历了综合、总结、分析、提炼的过程,才能成长。

因此,班主任在忙碌的工作之余,应该让反思成为一种习惯。重新审视一下自我、认清自我,不断完善自我、升华自我,尽可能减少工作中的盲目性,增强自觉性,取得工作的主动权,更出色地把班级管理工作做好。杜威把这种反省称作反省思维,它是指教育者对某个问题进行反复的、严肃的、持续不断的深思。

杜威认为"反省思维的各个连续的部分相因而生,相辅相成,它们之间来往有序而非混杂并存"。反省思维的各个部分有机结合构成思想的一系列链条,向着一个共同的目标持续不断地运动。具有反省特点的教育者是不轻易接受任何理论的,他敢于怀疑,大胆探索,对于任何观点和知识,在接受前都按其所依据的基础和事实进行反复分析推理,经过主动的、持续的和周密的思考。

根据杜威的理论,反思有五个阶段:① 暗示。情境中出现需要解决的疑难。② 理智化。对疑难进行分析,明确其包含的问题是什么、在哪儿。③ 假设。即提出各种可能的解决方案。④ 推理。教育者依据所具有的知识和观察的事实进行初步推断。⑤ 用行动检验假设。这样能够使教育者的反思常规化。

当然反思的这五个阶段的顺序并不是固定不变的,教育者可根据具体的情况具体操作。但反思的最终目的是一致的,通过反省自我,班主任的育人水平可以不断提升。

3. 同伴互助

在针对教师专业发展的研究中,人们发现,拥有并善于利用同伴关系的教师,通过与同伴共同研讨教育教学,共同设计、反思与分享教育经验,能够更适当地改善教育的策略并获得较好的教育成效。由此,加强教师之间的合作、形成同伴互助团队促进教师专业发展,成为一种现实、可行的教师发展途径。在班主任专业发展中,同伴互助已经成为不少学校引导班主任学习、加强团队建设、开展校本培训的基本形式。

4. 专业研修

在教师专业发展中,具有教育理论、研究与实践专长的人员通过他们的教育理念、思想、方法和经验来引导和带动学校教师开展教育实践探索和研究,促进教师专业发展,促进学校内涵发展的专业生活形态。专业引领的实质,是理论、经验对实践的指导,理论、经验与实践的对话,理论、经验与实践关系的重建。

专业引领并不是指导者一方的单向信息传输,而是与教师双向信息的传递和共振。学校教师主动地投入研究和实践,发挥每个人的创造性;指导者适时点拨,即兴发挥,充分施展其聪明才智。这种建立在平等合作、民主对话基础上的优势互补,通过互相交流、互相启发、互相碰撞产生火花,促进双方的共同成长。专业引领主要表现形式有学术报告、现场对话、专题研修班、课题论证合作研究等,应运用现代信息技术助推班主任专业化发展。

课后思考题

1. 小学班主任和中队辅导员的工作职责有什么不同?
2. 小学班队工作者的角色定位是什么?
3. 小学班队工作者的专业发展途径有哪些?

第三章
小学班队管理的准备工作

学习目标

1. 熟悉了解和研究学生的意义,掌握了解和研究学生的内容、途径与方法。
2. 掌握小学教育的性质,认识和理解现代小学生的特点,以及小学各阶段学生身心发展的一般特征。
3. 树立班队管理工作的新理念,初步形成在新理念指导下开展班级管理工作的基本技能。
4. 充分认识和了解首因效应,把握班队管理工作的"第一次"。
5. 理解制订班队工作计划的重要意义与要求,掌握班队工作计划基本结构、形式,学会编制科学合理的小学班队工作计划。

【案例 3-1】

网络"家访"的兴起[①]

"一封新邮件!"

"邮件发送成功!"

音箱里不断传出清脆的声音,对雪凝的"家访"就在网络的传输中进行着。

学生雪凝——学校大队主席,平时成绩优秀,能力出众,是老师心目中的小能人,同伴心中的小偶像。临近毕业,要举行"区优秀少先队员候选人"的竞选了,她似乎有点一反常态,没有以前那么活跃了,显得有些心事重重,焦躁不安,和她聊天,她也总是以复杂的神情相对。

针对学生雪凝的实际情况,马老师对她进行了 E-mail 家访。E-mail 是网络时代的一个标志,通过这种网上途径进行交流,不仅可以让学生参与到家访中来,还避免了直面有些问题的尴尬,更避免了措辞的不婉转(书面语言较之口头语言更客气)。为此,马老师、雪凝和雪凝母亲(某中学骨干教师)三人通过 Email 进行了一次网上交流。

---

① 马新国.中小学班主任工作案例评析[M].北京:中央民族大学出版社,2007:111.

约好时间后,马老师的邮件还未发出,她妈妈率先发话了:"近来我家雪凝心事重重,问她怎么回事,她也吞吞吐吐,说不出个所以然。"

"是啊,我在学校也察觉到了。她一般不是这样的,估计和竞选'区优秀少先队员候选人'有关。"马老师在回复中这样写道。

"我看在眼里,急在心里。老师你说说,作为家长,我应该怎么帮助她呢?"

"你是个很有意识的家长。孩子出现了这种状况,需要我们共同努力,单靠老师的疏导是不够的。现在让我和雪凝交流一下,好吗?

"老师,我虽然各方面都不错,但我仍然害怕失败。这不仅很丢面子,而且……"

她没把话说完,但寥寥数语还是让马老师了解到她目前最需要的是什么,是自信和战胜自我的勇气。平日的接触让马老师知道她的偶像是柯南,于是在网上交流的过程中,马老师发了一张柯南的图片给她,告诉她:"柯南是你的偶像,面对每一个棘手的案子,他都那样自信,那样从容,那样果断,你也应该拥有这份自信。同时,你还和柯南有个共同的的特点——富有智慧。记得在班中初选时,同学们把信任的选票都投给了你,说明他们觉得你一定行。如果我可以投票的话,我也一定会写上你的名字。学校的评选马上就要开始了,你应该以积极的心态去准备,将自己最灿烂的一面展示给大家看;无论最终的结果如何,你都是一个成功者,是我们班的骄傲。

一席话让家长十分感动,于是她在邮件中键入了以下几行字:"老师,你真了解我的孩子!由于平日工作忙,说实话,我只知道她喜欢看动画片,至于偶像是柯南,我今天刚知道,看来我们家庭中的交流还是不够啊!"

"现在意识到也不晚啊!的确,要帮助孩子解决问题,前提条件就是深入了解和频繁沟通,只有这样,才能对症下药,药到病除。"

母亲感动的同时,雪凝也很兴奋(事后,她妈妈告诉马老师的),因为她知道了老师很关注她,也了解了自己在老师心目中的位置,这为她树立自信,勇于挑战自我奠定了厚实的基础。整个过程中,虽然受到网速的影响有短暂的中断,但推心置腹的对话打开了雪凝的心结。

不久,"区优秀少先队员候选人"的竞选揭晓了,雪凝以她自信的微笑、独特的介绍、精彩的表现赢得了现场所有老师和同学的掌声,最终成了区优秀少先队员,被推荐至风华初级中学就读。

试想,如果马老师是登门拜访的话,可能就不会在极短的时间内知道焦躁的原因(学生和老师,哪怕是家长和老师,面对面说话总会有所顾忌),更不会有送柯南图片这么一回事,更多的可能是按常规办事,给她打打气,大谈一番自信的重要性。这样或许也能起到一定的效果,但马老师肯定这种效果是表面的,而如果柯南的"偶像效应"一旦起效,那就会激起孩子如火的热情和发自内心的勇毅。

"孩提时代,我曾经也渴求得到老师的关注。

作为老师,

我应竭尽全力,

> 成为孩子们的知心人。
> 读懂每一个学生,
> 他们回报的一定是一个绚烂的自我!"

班队工作者要教育管理好学生,必须先做好小学班队管理的准备工作。小学班队管理准备工作的首要任务就是要了解和研究学生,它是顺利进行班队教育与管理工作的前提条件,是班队工作者的一项重要技能。本章主要从了解和研究学生的意义、内容、途径与方法展开,探讨小学班队管理的准备工作。

第一节 了解和研究学生

苏霍姆林斯基说:"教师的职责就是要研究人,长期不断地深入人的复杂精神世界。每个儿童就是一个完整地世界,没有重复,各有特色。因此在班级管理工作中首先就是要认识人、了解人,对人的多面性和无穷尽性感到惊奇。"

小学班队工作者的工作主要聚焦于学生的个人发展,了解和研究学生作为班队工作者走进学生领地的第一步,是班主任带班育人、实现教育目标的基本功和必备能力。作为班队工作者做好班队教育与管理工作的重要内容,了解和研究学生也是班主任顺利开展班级教育工作和建设良好班集体的重要前提条件,是理解学生、建立新型师生关系的关键环节。班队工作者如果对班级学生的情况缺乏了解,那么工作便会事倍功半,难以推进。因此,一位优秀的班队工作者必定能够认真地了解和研究学生。

一、了解和研究学生的意义

(一)了解和研究学生是做好班队教育与管理工作的重要前提

了解和研究学生是教育学生的先决条件和重要前提,其根本目的在于贯彻和落实"以生为本"的教育理念。《国家中长期教育改革和发展规划纲要(2010—2020年)》中指出:"关心每个学生,促进每个学生主动地、生动活泼地发展,尊重教育规律和学生身心发展规律,为每个学生提供适合的教育。"班队工作者只有真正全面地了解和研究学生,对学生情况了如指掌,才能在班队教育与管理工作中做到心中有数,进而调动学生的主动性与积极性,最大限度地发挥学生的潜能与优势,取得良好的教育效果。班队工作者应本着对学生全面负责的态度与精神,将了解和研究学生与教育学生紧密结合起来,经常及时而全面地了解和研究学生的情况,依据学生身心发展特点,发挥班主任的教育与管理作用。

(二)了解和研究学生是教育学生的重要手段

俄国教育家乌申斯基曾说:"如果教育家希望从一切方面去教育人,那么就必须从一切方面去了解人。"我国最早的教育专著《学记》中也提到"知其心,然后能救其失也"。了解和研究学生是班队工作者管理与教育学生的重要手段之一。所谓"知己知彼,百战不殆",班队工作者的管理与教育面对的是全体学生,每个学生个性特征、生活环境、兴趣爱好等千差万别,作为班队工作者只有科学、全面地认识和了解自身教育对象,对学生情况掌握得越清楚,教育才越能有的放矢,才越能依据学生个体自身的特点与优势,采取科学的管理与教育手段,充分发挥学生积极性、主动性和创造性,以达到良好的教育与管理效果。

(三) 了解和研究学生是提高教育有效性的重要基础

追求有效、高效的教育是每个班队工作者的价值取向。《小学教师专业标准(试行)》基本理念第一条指出:"遵循小学生身心发展特点和教育教学规律,提供适合的教育,促进小学生生动活泼学习、健康快乐成长。"教育的有效性需要基于教师对教学内容的理性把握与对学生学习心理的研究。如果班队工作者没有深入了解学生的特点,不能全面把握班级的情况,就难以做好班队教育与管理工作。了解和研究学生的主要目的是为了运用有效教学影响提高教育与管理的有效性,只有基于学生的学习起点、遵循学生的认知规律、满足学生的发展需求的教育教学才是有效的。对于教师而言首要任务应该是了解和研究学生,只有真正深入了解学生,班队教育与管理才有生命与活力,才会焕发智慧的光芒。

二、了解和研究学生的内容

了解和研究学生,首先需要明确作为班队工作者我们应该了解学生什么,也就是了解和研究学生的具体内容是什么。作为班队工作者,了解和研究学生的内容应该是多方面的,既要考虑了解范围的广度,也要注重了解内容的深度。班队工作者了解和研究学生的内容主要包括以下几个方面:

(一) 了解学生的家庭情况

人的一生会经历三个重要的场所,分别是家庭、学校和职场。家庭作为人出生的第一环境,对孩子成长发展而言至关重要,学生的许多品质是在家庭环境的影响下形成的,学生身上的坏习惯和不良思想也与家长长期潜移默化的影响密切相关。学生来自不同的家庭,家庭环境各不相同,父母对子女的要求及教育方法也各异。只有深入了解学生的家庭情况,班主任才能根据不同的情况,分别做好学生和家长的工作,协调学校教育与家庭教育的步调,统一学校与家庭教育对学生的要求,以便促进学生的健康发展。班主任要了解学生家庭的基本状况,包括:学生家庭的政治、经济状况;家庭主要成员的职业、文化水平、兴趣、爱好和特长;家庭的教育理念;学生生活学习的环境条件;学生在家庭中的情况和成长历史;学生在家庭中所表现的个性特征、兴趣、爱好。同时,了解和分析学生的家庭气氛是否有利于学习,有无可利用的学习物质环境,是否有效地利用等。对学生家庭情况的全面把握有助于班主任分析学生现有发展水平及其制约因素,寻找适用于不同学生的教育方法与手段,同时有助于班主任在家访时找到交流的切入点,拉近家校之间的距离,提高家校共育效果。

（二）了解学生的年龄、身体、生理和心理发展状况

不同成长阶段的学生身体发育水平、心理特点及认识规律和能力有很大的不同。班主任要明确学生的身体发育情况与运动能力，包括学生身高、健康情况，患病、残疾学生的比例，近视眼的发病率，体育达标情况及班级传统体育项目等。了解学生的心理健康状况，包括了解个别学生可能存在的紧张、烦躁、忧郁、恐慌、消沉等心理问题，对社会、学校、家庭、班级、老师等存在的逆反心理等。针对不同学生的心理和个性特点以及存在的思想问题，本着以生为本的教育理念进行教育管理，运用教育教学的艺术，采用正确的教育手段和方法，这样能最大限度地唤起学生的学习兴趣，调动学生积极性，师生配合，使教育管理达到事半功倍的效果。

（三）了解学生的现有知识水平

班主任要全面了解学生的知识基础和认识能力，明晰学生对各个学科课程的掌握程度，以及各学科发展是否均衡。同时了解学生对即将学习的新内容已具备何种知识，哪些是清晰的，哪些是模糊的；了解学生的知识基础，据此对学生的准备状况进行分类，摸清学生学习新教材的难点；了解不同类别学生的起点行为与教学目标的差距，增强教学的预见性与针对性。与任课老师进行及时沟通，判断学生的能力基础和经验基础与教材对能力的要求是否契合，以便其他科任老师能够设计恰当合理的教学方案，有的放矢地进行教学，才能避免教育教学的盲目性，收到最佳的学习效果。

（四）了解学生的学习兴趣与学习态度

作为班主任，应该及时了解学生的学习兴趣。学生的爱好和特长可能成为学生未来发展的方向，班主任要积极、正确地引导，关注学生个性发展与全面发展。同时，班主任还应经常了解学生的学习态度及努力程度，学生对学习是否具有独立完成的信心，对学习困难所持的态度，在学习中的毅力表现，在学习中成功的愿望和要求等。弄清楚班级学生的学习成绩、学习优势及弱点，把学生的学习成绩和他的兴趣爱好相比较，以此来了解学生的学习愿望和学科特长，并结合学生的兴趣和需要进行教学与管理，调动学生的学习积极性，挖掘其学习潜力。

（五）了解学生的思想情况

作为班队工作者，要了解少先队员或共青团员人数占全班总人数的百分比，优秀生、中等生和后进生人数所占比例，以及形成原因，班级同学的是非观念、人际关系、行为习惯及其表现层次，掌握班级舆论倾向和课堂纪律等情况。着重了解学生对人生观、世界观和价值观的认识，对国家和班集体的关心程度，遵纪守法、礼貌待人、文明习惯以及要求进步的情况等，帮助教师准确地了解学生的某些行为、心理产生的原因，并进行适切的教育。

三、了解和研究学生的途径

（一）学生的成长背景

新时期的"00"后一代，出生在互联网时代，大多为独生子女。学生的家庭背景、成长

经历对于学生思想品德、个性特征的形成与发展有着重要的影响。作为班队工作者,不仅要了解学生是来自农村还是城市,是否为独生子女等情况,还要考虑学生的成长过程,包括家庭环境在内的纵向的变化,通过对学生成长背景的考察,全方位地把握学生的整体情况。

(二)学生的课程学习活动

第一,预习和复习。预习中,教师可以通过布置预习方法,观察学生利用旧知识和接受新知识的基本情况,便于加强教育的针对性。复习中,可以了解学生学懂了哪些内容,没学懂哪些内容,还存在哪些问题等。教师通过了解和掌握学生这些情况,有利于对教学进程、方法、手段、侧重点等进行调控,以便取得最佳教学效果。

第二,课堂教学活动。在课堂上,教师指导学生答问、演示、讨论等活动,观察和了解学生的各种情况。教师要注意学生的听课状态:注意力是否集中,态度是否积极,是否真正领会了学习的内容等,通过反馈,及时把握学生学习动态。

第三,批改作业和课下辅导答疑。作业反映学生学习态度和学习成绩的基本情况,是了解学生最直接的途径。教师通过批改作业可以了解学生什么知识和技能掌握了,什么知识和技能还没有掌握,错误的原因是什么。在辅导答疑时,教师随时可以发现学生多方面的情况,为教学提供依据。

第四,考试考查。考试考查是检查教学质量、获取教学反馈信息的重要手段。教师要认真进行试卷分析,以此了解学生知识和能力各方面的综合情况。

(三)学生的校内外活动

相对于课堂学习生活来说,校内外活动较为丰富多彩,学生参加各种校内外活动,包括社团活动等,大多从个人兴趣爱好出发,并在活动中展示其才能。教师要留心学生在活动中的表现,注意观察、了解学生的兴趣、爱好、能力等。这是对课堂内容的有效补充。

(四)建立学生档案

学生档案是学生在学校学习生活中留下的痕迹和成长记录,也是学校档案和校史的重要组成部分,学生档案能综合反映学生在校期间德、智、体、美、劳诸方面发展的情况。作为班主任,可以通过建立学生情况资料,定期填写有关项目,研究学生个人成长发展状况。

(五)网络平台

现代社会是信息化快速发展的社会,信息技术渗透在生活的方方面面。作为新时代的学生更加热衷于通过网络进行人际交往,记录生活状态,抒发心情等。作为班队工作者也可以利用信息手段,如微博、QQ、博客、微信等平台,走进学生内心,加深对学生的了解。

四、了解和研究学生的方法

(一)观察法

观察法是班队工作者了解学生最常用的方法之一。观察法是指班队工作者从一定的目的和任务出发,在学生毫无察觉的情况下,对学生的行为表现进行观察与分析,从而了解学生基本情况的一种方法。为使观察客观、真实,在运用观察法了解和研究学生的过程中,班队工作者应注意观察的全面性、客观公正性和观察的经常性。

根据观察场所的不同,班主任对学生的观察可以分为两种形式,即日常观察和活动观察。日常观察是指班队工作者在日常生活中对学生的观察了解。在日常生活中,班主任可以随时随地观察到学生的举止言谈、感情变化。这种日常情况下的观察了解最直接也最真实,因为它是在学生不知不觉中进行的。学生的各种表现都是其自然地流露,不含虚假成分,所以最容易发现学生的个性差异,发现他们的闪光点,发现他们的一贯品质,发现他们的细微变化。活动观察则是班队工作者了解学生有力手段。首先,班队工作者可以在教学活动过程中观察学生的行为表现,包括学生课堂学习表现,如注意力集中情况、遵守纪律情况、完成作业情况、知识掌握情况、课堂发言情况,以及对学习成绩的态度等。其次,班队工作者也可以通过班队活动,如班级例会、主题班会、少先队活动、社会实践等形式,在活动中重点观察学生的思想品行和行为作风,发现学生个性特征。

(二)调查法

调查法是指班队工作者借助一定的方法和手段,通过对学生情况知情者的调查访问,对学生课内外生活环境和各种表现,进行有计划的考察,从侧面间接了解学生的一种方法。首先,从调查对象来看,在调查法使用过程中,班队工作者的调查对象十分广泛,任何了解学生的人,如学生的老师、同学、家长、朋友、邻居、社会群众等都可以作为调查对象。其次,从调查方式来看,调查的方式多种多样,例如开调查会、个别访问、书面问卷等。大体上可分为两种形式,即书面调查和访谈调查。书面调查包括各种问卷、民意测验和投票等;访谈调查包括家访和对其他相关人员的访谈。家访法可以使教师掌握许多在学校里无法掌握的学生情况,有利于班队工作者全面了解学生的生长环境和过程、身心健康、性格和情感、家庭教育、家庭表现以及家庭成员的情况等。当然,家访不仅是为了了解和研究学生,也是为了协调家庭和学校在学生教育中的关系,互通信息,进行家校共育的重要手段。家访应当是教师的一项经常性的工作,不应当只在学生出了问题、犯了错误时才家访,在日常教学工作中应及时与家长保持联系,全面、客观地反映学生的整体状况。对学生周边相关人员的访谈要尽量采取个别访问,以免调查对象因人多怕泄密而不敢说真话,应尽量选择能够客观反映情况的人进行调查,一般不宜选择与调查对象关系最好或最差的学生做调查,同时要为反映情况的人保密,以免造成学生之间的矛盾。

(三)谈话法

谈话法,是班主任通过与学生直接对话,深入了解学生的一种方法,它具有直接、主动、真实等优点,是了解和研究学生最为直接的手段。根据谈话方式的不同,可以分为笔谈和面谈。笔谈主要通过书面交流进行,可以通过学生周记的批改以及传统书信和网络沟通等形式展开。面谈也可以分为主动式谈话和参与式谈话两种形式。主动式谈话法是指主动与被了解对象进行谈话的方法。这种谈话可以面对一名学生或多名学生。用主动式谈话方法应注意时间、场合等因素,根据需要也可采用个别谈话的方式。参与式谈话方法是一种主动参与到学生学习和活动中,通过活动与学生进行随机性谈话,了解学生各方面情况的方法。

采用谈话法了解和研究学生。首先,要注意谈话时机的选择。例如当学生取得成绩或犯错误时,当学生遭受挫折或故步自封时,当学生迷失方向或有良好表现时,当新学期开始或结束时,当考试之前或考试结束之后,都是与学生谈话的最好时机。其次,要注意地点的选择,谈话场景直接影响谈话效果。再次,要注意谈话方式。班主任必须尊重和信任学生,平等对待,态度要亲切自然,使学生感到易于接近,同时要注重倾听学生的意见,启发学生说出心里话,这样才能较好地了解到真实的情况。在谈话中还要针对不同性格、不同性别、不同年龄的学生,选择不同的谈话方式,要讲究谈话艺术。

(四) 资料分析法

资料分析法是班队工作者间接了解学生的一种方法,它可以了解学生的过去、现在以及将来的发展意愿。了解和研究学生的资料来源大致可以分为以下四种:一是学生的档案资料,如学生入学登记表、学籍卡片、历年的学习成绩、操行评语、奖惩记载、体检表等。这些材料记录了学生的成长历程,通过分析可以了解学生过去的表现。二是学生个人的文字资料,如日记、作文、学习笔记、作业、个人总结、思想汇报等。很多学生的心扉不愿为别人敞开,他们以日记、作文、思想汇报等形式予以倾诉。班主任通过阅读这些资料,可以了解学生的内心世界,从而有针对性地对学生进行教育和培养。三是学生个人作品分析。这主要包括学生的艺术作品呈现以及网络空间等。学生的作品是学生心理活动的结果,是反映学生才能最具体的材料之一,通过学生的作品,不仅可以看到学生的各种能力发展的水平,而且通过其数量与质量,还可以看到学生才能的倾向及其发展水平。通过网络空间也可以了解学生的心理发展特点以及个性特点。四是班级各种活动的记录,如班级日志、团队活动和班级活动的记录等。班主任通过阅读这些资料,可以了解学生在活动中的表现。

总之,了解和研究学生是一个长期的过程。教师在了解和研究学生的过程中要注意全面性、及时性、经常性和客观性,要以发展的眼光看待学生,不能有偏见或成见,要有的放矢地进行教学与管理。

第二节 小学班队管理的理念指导

一、小学教育的性质

小学教育是国民教育体系中的重要环节,它在整个国民教育体系中具有主导的作用。厘清小学教育性质,从整体上把握小学教育的实质,对于班队工作的开展具有积极意义。

(一) 基础性

首先,小学教育是各级各类教育的基础。小学教育作为国民教育体系中的重要环节,属于国民教育体系的基础阶段。同时也是我们国家义务教育的起始阶段,它的任务是培养全体学生的基本素质,为他们学习做人和进一步接受专业教育打好基础,为提升民族素质打好基础。在小学教育中必须使学生把基础打好,不仅要打好文化科学知识方面的基础,而且也应该打好思想品德方面的基础。

其次,小学教育是学生成长和发展的基础。小学教育对象是少年儿童,他们正处在由社会意识薄弱的未成年者转化为社会主体的初期阶段。他们未来的生活道路广阔,有无限可能,但是他们必须在成长初期为将来的发展做好准备,即掌握科学文化基础知识和基本技能,发展思维能力和表达能力,形成良好的思想品德,有健康的身体,具有自学能力和自我完善能力。只有这样,他们才能有广泛的适应性和广阔的选择空间,成长为社会生活的新生力量。由于小学的基本任务就在于促进少年儿童的这种发展,它是基础性的、全面性的,由于每一个青少年儿童都需要得到这种发展,所以小学教育具有基础性特点。

(二)全体性

小学教育的全体性是指小学教育面向全体儿童。儿童出生之后,作为一个人,作为一个未成年的公民,拥有许多权利。1989年联合国《儿童权利公约》规定,儿童享有四种最基本的权利即生存权、受保护权、发展权和参与权。在儿童的众多权利之中,接受教育是最重要、最根本的权利之一,它既不可剥夺,也不应让与。每一个儿童都有权利受到最初步、最起码的教育。1948年联合国《世界人权宣言》和1959年《儿童权利宣言》都把"儿童享受教育"或"人人都受教育"作为基本的人权加以确认,这是现代社会进步的一个最重要标志。在今天,接受教育的权利已被看作有关一个人的生存权的一部分了。同时,接受教育也是一个人对国家、对社会所承担的不可推卸的义务或责任。1986年《中华人民共和国教育法》明确规定"国家实行九年义务教育",从法律上明确规定初中和小学教育的义务性。义务教育的免费性、公益性、强制性的特点,为小学教育的全面普及起到重要的推动作用。

(三)全面性

小学教育应贯彻落实德、智、体、美、劳全面发展的基本要求。全面发展,不应该为某一方面的发展,或者成为某一方面的人才打基础。我国义务教育法规定,义务教育必须使全体少年儿童在品德、智力、体质等方面获得全面发展。小学教育的全面性正是义务教育法要求的反映。当前小学教育必须全面发展儿童的各方面素质和个性,为他们进一步地发展和成长打下宽厚的基础。

(四)综合性

2001年我国《基础教育课程改革纲要》提出要"改变课程结构过于强调学科本位、科目过多和缺乏整合的现状,整体设置九年一贯的课程门类和课时比例,并设置综合课程,以适应不同地区和学生发展的需求,体现课程结构的均衡性、综合性和选择性"。新课程改革打破了原有的以学科为中心的知识体系,倡导知识的整体性,强调小学阶段的课程以综合课程为主。同时,人类对自然和社会的了解与认识经历了综合—分化—再综合的路径。同样,每个人对世界的了解与认识也要经历综合—分化—再综合的路径,小学生无疑处于认识的第一个综合阶段。小学生由于年龄小,思维处于发展早期,所见事物又是如此丰富多彩,所以他们对事物的认识大多是综合性的、整体性的。由此可见,小学教育具有综合性的特点。

(五)启蒙性

小学教育的启蒙性主要体现在以下几个方面:

首先,小学教育阶段属于儿童在身体素质发展的启蒙阶段。小学是儿童身体迅速发展的时期,教师应该关心儿童的身心健康,增强儿童的体质。对儿童健康的关注、保护以及增强儿童体质的意识与措施应贯穿于小学教育的始终乃至各级教育的全过程。其次,小学教育阶段属于儿童学习文化知识的启蒙阶段。小学时期的儿童正处于智慧潜力逐步显现并迅速发展的时期,小学教育的一个重要任务就是促进儿童智力的发展。最后,小学阶段是儿童思想品德发展的启蒙阶段。进入小学的儿童,随着生活范围的不断扩大,会遇到越来越多的道德问题。小学生道德品质的发展关键是要认真做到言行一致、校内外一致。小学生思想品德教育的重点是培养小学生良好的道德观念和行为习惯。

二、现代小学生的特点

【案例 3-2】

五年级学生的种种变化[①]

我不知道,是否所有教过五年级的老师都有这样一个感受:学生怎么变得越来越不听话了?

我非常深切地感受到了这学期的变化,学生不再像以前那样和我拉拉家常,谈谈心里话了。他们喜欢和自己的好朋友窃窃私语,有好几次,当我走进教室,他们正说着的话便戛然而止。

"一个老师如果对这些细微的表现熟视无睹,他就很难成为学生的良师益友。"我细心观察,深入了解儿童的内心世界,用自己的心灵去体会儿童世界,努力了解情况,以便开展工作。

有一次,我批改作业时,赫然发现学生的作业本里夹着好多有关《还珠格格》的资料。当时,我若无其事地把资料收下。有几次下课后,我有意走到学生中间,发现学生谈的是《还珠格格》的内容,而且为数不少。随着时间的推移,势态有些不受控制:女同学向男同学推荐这部"非常好看"的电视剧,并建议男同学看;不仅下课谈,而且上课也受到了影响。在一节语文课上,有一个不专心听的女同学正在摆弄什么,我走过去一看,是一本装帧非常考究的有关《还珠格格》的书。许多家长反映是孩子一定要买这类磁带,还说同学中有很多人都有。真是一群追星族,学习都已排到了第二位了。针对

[①] 张延权.21世纪班主任工作案例[M].杭州:杭州出版社,2001:27.

这些情况,我召开了一节班会课,内容是:为什么喜欢这样的电视？你认为它对你帮助大吗？也许,学生口是心非,嘴上说这类电视对我们帮助不大,以后再也不看了,可能还会有部分人偷偷地看。但起码通过班会课,学生不再把有关《还珠格格》的东西带到学校来,也就没有到泛滥成灾的地步。

这时候的女孩子生理、心理起了变化,而且是非常微妙的。她们或两人或三人待在一起窃窃私语,不愿让别人听到。偶尔有个别女孩子犯错误或表现不好,被批评时,她们会傻傻地看着你,有几个女孩甚至表现出不屑一顾的神态,不知道是愿意接受老师的意见,还是心里在想别的什么。我也时常追问自己:我是单独找她谈的呀,而且语气也十分委婉,怎么会这样？我是不是批评太重了？

有一阵子,总是见几个六年级的男孩有意无意到我班门口来玩,次数多了,我也疑惑,问他们:你们在这里干什么？他们有的说找表弟,有的则说玩玩。私下里我悄悄地问班里的几个同学,他们说好像找班里的几个女同学。这时,也有好几位老师见到过我班的几个女孩放学后不按时回家,在校门口或小店门口滞留,有时还和几个高年级男生在一起。我自言自语地说:"不会是早恋吧!"平时也没观察到她们有什么异常现象,只是学习成绩都不同程度下降了。或许是我多疑了！但是为了学生的学习,以及正常的择友,我还是准备找她们谈一谈。当然,谨慎起见,我先单独与女孩交流,问她们最近有什么烦恼？与哪些同学交往？了解她们的真实想法后,我以一个朋友的身份,谈了我的看法:现在,这个阶段最重要的是学习,与人交往这是非常正常的,但应以学习为重。她们点点头,似懂非懂的。在家长会上,我非常委婉地把这个年龄阶段的女孩的微妙的心理与家长讲了,并希望家长抽空多了解孩子的想法,正确引导孩子,千万不要采取粗暴的举动,家长也非常配合。

至于男孩子,只觉得越大越贪玩。在校内,因在老师的眼皮底还不敢怎么放肆,但也抽一切可以玩的时间疯一下,有时"嘿嘿"地喊几下,有时来几个空手道,有时玩塑料片,这时作业什么都抛到九霄云外去了。

这时的男孩特"傻",净做"傻"事。虽然一个个竖向横向都在使劲儿地长,可脑袋里的内容似乎没按比例长。一开学,五(4)班两个男生,应该说还是比较好的学生,在校外为了一句玩笑话大打出手。事后他们都认为自己错了,不该打架,可就是刚才一股无名火上来了,身体就不听使唤,出手了。

不久,又是一个男生做傻事,他不想吃点心,但老师要求除身体原因外,都要吃,因为两节课下来,需要补充能量。可他乘职务之便,在还点心盆时,把吃了一半的饼,当"铁饼"飞出墙外,等待他的当然是批评。事后,我也调查一下,发现现在的学生确实不喜欢吃那又硬又大的饼,他们爱吃那种松软的精致小饼。

这就是五年级老师的烦恼！五年级孩子的生理、心理都发生了微妙的变化,变得不太让人理解了,但我总是努力地想办法,尽可能做得完善一些！

随着年龄的增长,学生的身心也在发生着变化,作为班队工作者如果不能及时发现,依旧按部就班地教育,这种教育就不可能深入人心。案例中的班队工作者对学生的表现观察得细致入微,在了解学生生理心理特点的基础上准确把握,开展教育活动,并且循循善诱。而教师的工作就是这样润物细无声的。许多优秀班队工作者的成功之处,往往也就在于他们注意了教育对象的心理特征与心理活动。

（一）小学生的总体特点

1. 自主意识增强

社会主义市场经济条件下,随着社会的进步,传媒工具增加,学生接收到的信息越来越丰富,学生的信息量与教师信息量之间的差距缩小了。随之而来的是学生的民主、平等、自主意识增强。尽管学生的自主意识增强,但正确的人生观尚未形成,是非观念不强,缺乏自我克制的能力,在处理学业、情感、人际关系、生活等许多方面,还不可能把握好尺寸。这就要求班队工作者要细心观察学生的思想动态,根据学生性格、爱好等,有针对性地采取措施,培养学生提升分辨是非的能力,树立正确的人生观和价值观,使学生在学习和生活中把握自己的思维、行为,规范自己的品德和人格,学会如何去辨别朋友、增进友谊、处理矛盾。

2. 民主参与意识增强

改革开放带来了我国社会主义商品经济的空前繁荣。商品经济的迅猛发展,以及现代信息网络的日益普及,冲破了长期以来在自然经济条件下形成的社会心理、生活习惯、思维方式、价值观念等。这种因市场经济发展而形成的文化背景促进了学生民主参与意识的增强。当代小学生思维活跃,接受新事物能力强,个性较鲜明,思想多元化,民主参与意识增强,他们很少被动地接受知识和对权威盲目崇拜,更倾向于通过学习提出质疑,勇于突破旧识,渴望得到社会的认可,更渴望展示能力和实现自我价值。

3. 传统价值观念受到冲击

社会的现代化节奏会导致学生价值观的变化。传统的价值观渐渐失去市场,而新的价值观正逐步形成。一方面,小学生金钱意识增强,功利心态产生。如许多小学生并不接受中国传统的重义轻利的价值观,相反,他们清楚地意识到了金钱的作用。另一方面,互联网的飞速发展,大众传媒对学生心理发展的产生了不可忽视的影响。现代小学生对个人的利益、价值和尊严开始普遍关注,集体感淡化,更注重个性的培养与张扬,他们敢于穿奇装异服,标新立异,追求"另类"刺激等。电脑和互联网既会带来对学业的冲击,使学生对文字的兴趣及识别能力下降,语言成人化、知识掌握不系统,也可能使学生人际关系淡化。

4. 挫折耐受力较低

现代的小学生大多数都是独生子女,父母望子成龙心切,许多家长不从孩子的实际能力出发,盲目追求、任意拔高期望目标,父母过高的期望、繁重的课业负担给孩子造成了沉重的思想压力,加重了孩子的紧张焦虑心态。同时现代小学生从小受到溺爱和过度保护,一直生活在顺境中,心理承受能力较弱,挫折的耐受力低,一旦遭遇挫折就很容易受到严重打击,产生心理问题。

(二) 小学低、中、高不同年级学生的特点

美国教育学家杜威认为,不具备一定的心理学知识,没有对儿童的心理结构与活动进行过深入观察的人,是没有资格当班主任的。小学生身心发展的特点是小学教育与教学工作的重要依据,也是班队工作者对小学生进行教育与管理所必须考虑的重要因素。小学生一般指6~12岁的在校儿童,其中一至二年级(6~7、8岁)可称为小学低年级,三至四年级(8~9、10岁)可称为小学中年级,五至六年级(10~11、12岁)可称为小学高年级。各阶段儿童身心发展既有其共同性,又有其特殊性。

1. 小学低年级学生身心发展的一般特征

(1) 生理特点

童年期是儿童的生理发展比较平稳的时期,身高平均每年约增加4.5~5厘米,体重平均每年约增加2~2.5千克,内部各种器官在不断地成长发育。低年级的儿童骨骼发育较快,易弯曲,虽然大肌肉动作的协调性比幼儿期有很大的提高,但肌肉发育尚不完全,小肌肉动作的协调性较差,因而缺乏耐力、易疲劳。

(2) 心理特点

首先,在认知方面,小学低年级学生心理水平还停留在不随意性和具体形象阶段,具有模仿和简单再现的能力,思维发展呈现直观性、具体性、形象性的特点,抽象概括能力差,其高级神经系统发育不完备,以无意注意为主,且注意力稳定性差,容易被外部环境干扰而分心。其次,在情感与社会性方面,小学低年级时,大多数儿童只能够正确地认识以及理解较为积极的自我情绪状态,比如自豪等,但对于感知到的情绪不能很好地把握,容易被外在环境干扰和影响,易激动,喜怒哀乐常常是外露的。他们的独立性较差,在行为中易受暗示,爱模仿,做事缺乏明确的目的性,参加集体活动时的集体意识比较模糊,还不能清楚地意识到自己和集体的关系。再次,在自我评价方面,低年级小学生还不具备自我评价能力,对活动的成功与失败不会放到心上,但喜欢听表扬的话,对批评的话语不放在心里,一会儿就恢复到之前的状态。

2. 小学中年级学生身心发展的一般特征

(1) 生理特点

小学中年级学生力量及身体动作的敏捷性大大提升,而且提高了善于掌握各种运动的能力。这一时期的学生浑身充满着活力,活泼好动,能参与的游戏活动越来越多,但臂力和耐力还不够发达,如果做剧烈运动会给心脏带来很大负荷,反而有害于身体,所以如长距离的跑步等运动,必须控制在力所能及的范围之内。而这一时期儿童脑重量已接近成人水平,其神经系统的发展为儿童高级心理活动的发展提供了生理物质基础。

(2) 心理特点

这个年龄段的儿童,感知的无意性和情绪性比较明显,注意力大有提高,有意识的注意虽相对有所改善,但还很不完善,集中注意力的能力较差,无意记忆还占相当优势,容易

被新颖的内容所吸引。观察力已具有系统性,思维虽以具体形象为主,但抽象概括能力已有了进一步发展,独立性、自觉性也较低年级时强。孩子自我意识也有了新的发展,情感容易外露,自制力较差,男女生在一起活动慢慢开始受性别的限制,自我评价意识开始形成,他们已开始对自己及他人的能力做评价,要求老师采取公平态度,开始能分辨同学中能力的高低及学习态度的好坏。集体意识开始形成,其兴趣由个人活动逐渐转至集体且有组织的活动。

3. 小学高年级学生身心发展的一般特征

(1) 生理特点

儿童到了11、12岁时身体各器官迅速发展,许多女孩逐步开始进入青春前期——第二性征出现。小学高年级学生的视觉、听觉、嗅觉、运动觉等器官的发展已接近成人,大、小肌肉活动协调良好,奔跑速度、跳跃能力也有了明显的提升,对速度和方向有了一定的判断,骨骼与韧带发展不完全,不宜过分劳累。此时,男孩的体力与耐力逐渐超过女孩,这个时期的儿童已经可以在了解规则的情况下参与更多的正式竞技运动了。

(2) 心理特点

小学高年级的学生开始向以抽象思维为主的方向发展,开始能够依靠运用一些关系词语来进行抽象描述,但形象思维仍占上风。在注意力方面,注意分配能力得到提升,能有意识地调节自己的注意,注意的稳定性可保持30~40分钟。这一时期的儿童自主意识增强,自尊心和自信心开始发展,开始迷恋和崇拜"偶像",独立性和叛逆性增加,由完全依赖成人向完全独立自主过渡,常常表现出对成人管理的逆反,更加适应同龄人的社交群体。在情绪和社会性发展方面,高年级儿童不仅能够正确地认识积极的自我情绪状态,而且能够理解消极的自我情绪状态如惭愧等,对情绪的控制也有了稳步的提升,道德感、荣誉感逐渐增强,集体意识显得强烈,团体心理开始占优势,与其他集体的对抗意识越来越强。在自我评价方面,自我评价意识逐步得到发展,愿意摆事实讲道理,对老师的行为敢提出批评意见,对老师不公正的处理会有不满的表现。不愿违反规则,十分重视约定事项。

三、班队管理工作的理念

(一) 学生本位的教育观

学生本位教育观要求班队工作者要"以生为本",在班队教育与管理过程中相信学生、尊重学生、依靠学生、发展学生,尊重学生生命成长的规律和合理的需要,考虑到学生的年龄特征,从学生的内在需要出发,引导学生把个人的成才目标与学校的教育目标统一起来,帮助和引导学生积极愉快地进行学习,实现学生的全面发展。小学班队工作者需要最大限度地为学生的发展创造条件,最大限度地激发学生的内在学习动机,把班队管理工作实实在在放到育人为本的目标上来。班队教育与管理工作要面向每个学生,尊重、关心、教育、引导好每一个学生,理解每一个学生的思想和行为,相信每一个学生的力量和价值。改变过去将学生视为被管制的客体、"修剪"的个体的观念,真正关注学生的全面发展,尊重学生的主体地位。同时,班队管理工作中要改变传统的说教、灌输式的教育手段,在学生本位教育观的指导下,教育与管理手段要体现人性化。要晓之以理、动之以情、导之以行,要尽可能地关注学生的内心世界,贴近思想实际、生活实际、学习实际,最大限度地满足每一个学生成长成才的需要,尊重学生个性的张扬与优化。

(二) 全面发展的教育观

夸美纽斯说:"教育在于发展健全的个人。"在新时期,学生本位的教育理念越来越得到人们的认可。"一切为了每一个学生的发展"作为新时代教育的核心理念,它对班队工作提出了新的更高的要求。班主任作为影响小学生成长的重要他人,需要树立以学生为本的教育理念,成为学生全面发展的引领者,在班队管理工作中践行全面发展的教育观。因此,作为小学班队工作者,班主任不仅要应对班级的日常管理事务,还应该在教育实践中处理好德、智、体、美、劳五育的关系,关注学生的身心健康,利用和创造条件促进小学生整体素质的全面提升。践行全面发展的教育观是新时期教育赋予小学班队工作者的重要职责。

践行全面发展的教育观,要求班队工作者在认真领会我国教育方针的基本要求,认真研读理解我国的教育目的,在深刻理解自己的工作职能的基础上,加强教育理论的学习,正确理解人的全面发展的内涵,在实践中深化、升华,不断改进自身工作方法,最终内化为班队工作者的工作理念和指导思想,提高班队管理水平。

(三) 可持续的发展观

泰戈尔说过:"人是一个初生的孩子,他的力量就是生长的力量。"人是未完成的存在,也是非特定化的存在。人的"非特定化"意味着人具有无限发展的可能性。以人为本的教育理念要求教育不是以学生知识经验的增长为核心,而是要关注师生的可持续发展。班队管理工作中树立可持续的发展观一方面要求班队工作者正确认识学生,将学生看成是一个不断发展变化的个体,肯定学生自我发展的愿望,将学生看作正在成长过程中的人,具有生命的生长性;另一方面要求班队工作者树立终身学习理念,不断提升自身专业水平,促进自身专业发展。

联合国教科文组织公开报告《教育——财富蕴藏其中》中强调,"教育在人和社会的持续发展中起着重要的作用",并将教育作为"人的持续协调发展"的条件。所谓人的可持续发展,意指个体的成长与开发需要关注长度、深度与广度的多维发展。长期以来,教育工作中经常忽视学生个体的可持续发展,忽略个体蕴藏的智慧与发展潜能。现代教育观要求班主任要将学生看作正在发展的个体,关注学生个体的可持续发展。虽然小学生年龄小,知识经验匮乏,身心发育不完善,但是每一位小学生都具有独立的人格,并在各个方面蕴藏着巨大的发展潜力。从教育的角度看,要正确看待小学生的发展,树立儿童发展观,积极引导儿童,使他的身心健康全面发展。

当前,许多班主任由于种种原因忽视自身专业发展,固守老旧的教育理念、死板的教育方法、僵化的管理模式,制约班主任班队管理水平的提升。现代教育理念要求班主任要树立终身学习与终身发展意识,关注自身的可持续发展,通过参加培训、自我反思、同伴互助、专业研修等方式,提高教师专业水平,为班队管理与教育工作提供持续发展的动力。

(四) 生命教育观

生命教育,就是对人们直面生与死及其历程的教育,使受教育者能认清生命的本质、理解生命的意义、追求生命的价值、绽放生命的光彩。

人的生命是特殊存在的,具有特殊的价值。真正的教育要"以人为本",应该关注个体生命的存在与发展。学生是一个完整的生命体,教育的本质实际上是一种"全人"的教育。教育过程中,人不仅有认知,还有情感、态度与信念。生命教育观指导下的班级管理工作,一方面要求班级工作者提升生命意识,培养生命情怀,从而热爱学生、关怀学生和赏识学生,创造一个温馨、和谐、充满生命活力的学生成长和发展的良好环境;另一方面要求班级工作者应该帮助学生认清生命的本质、理解生命的意义、追求生命的价值,引导学生自识、自省、自励、自律,将认知、情感、态度等都参与到学习生活中来,使学生在认知的同时感受和理解知识的内在意义,获得精神的丰富和完整生命的成长。同时引导学生树立远大的理想,理想教育的过程中尊重学生的差异,通过理想教育认识自我、发展自我,最终走向自我发展。不断提升学生个体生命成长的质量意识,使其体悟人生的意义,追求生命的价值,从而更加热爱生命、热爱生活、追求理想、实现理想。

第三节 利用首因效应,设计好"第一次"

首因效应即第一印象效应,指的是人们在第一次接触某个人或者某个事物时所形成的印象,它对我们以后的行为和活动会产生一定的影响。1957 年,美国心理学家卢钦斯(A. Ladins)做了一个实验。他编辑了关于吉姆的好坏殊异的两段文字,把实验对象分成几个组,在各组把吉姆材料按不同组合读给大家听。然后调查大家对吉姆的印象。实验结果显示:信息呈现的顺序影响了对人的整体看法。由此可见,尽管产生的第一印象的信息量是有限的,但人们经常会对首次印象中获得的信息更加重视,第一印象良好对以后的交往产生正向优先的效应,相反,第一印象不好也会在随后的交往过程中让人更多地联想到他的缺点,甚至将某些优点也看成缺点,产生负向优先效应。在班队管理工作中,班队工作者应该注意在学生教育、组织与管理过程中善于利用首因效应,认真对待每一个"第一次",如"第一次见面""第一次谈话""第一次活动""第一堂课"等,尽力向学生展示最优秀的一面,初步建立班队工作者的形象与威信,让其产生积极的正面效应,以便于班队管理与教育工作的顺利开展。

一、第一次见面

班队工作者与学生的初次见面极其重要,关系着班队工作者能否初步取得学生的认同,能否进入预定的良好师生交往的轨道。首先,班队工作者应在初次见面前对学生有一定的了解。小学生正处于崇拜老师的时期,初次见面,老师准确地称呼学生的名字,不经意地说出某个孩子的兴趣爱好或特点,亲昵地摸摸他的小脑袋,这会令学生备感亲切和神秘,可以调动学生自觉接受管理与教育的内动因。其次,班队工作者首先作为审美对象进入学生的视野,最主要的是仪表神态,它是无声的语言,是班主任内在思想品德、性格、修养、气质、经验以及个人爱好方面的重要依据。因此班队工作者要注重自己的仪表形象,给学生以美感,振奋学生精神,让学生从心里喜欢。

二、第一次谈话

班队工作者与学生进行第一次谈话时要事先做好充分准备。在与学生交谈中应尽量放松自己的情绪,在集体谈话中,要有效地利用目光接触,频频环视所有同学,在个别谈话中,应目光温和,注视对方。同时要精心创设谈话时的和谐气氛,说话要有分寸,语速适中,表情应亲切、真诚、自然,语言要尽可能有针对性和艺术性。用形象、语言等向学生传达出热诚、亲切的信息,为树立教师威信、建立良好师生关系奠定基础。

三、第一次班队活动

第一次班队活动是对班队工作者综合能力,尤其是组织与管理能力的展现和检阅。班队工作者应把第一次活动当作自己树立形象、威信和展示才华的机会,在开展第一次活动时应巧妙策划、精心组织、周密安排,做到内容丰富、措施得力,事先确定活动内容、活动时间和活动地点。在第一次班队活动中,准备好班级目标、班级公约和班干部竞聘预案等,利用合适的开场白活跃课堂气氛,谈谈自己曾经带过的优秀班级实例,同时谈谈自己对于学生的期望与要求,让学生交流自己在新学期的打算等,从而增强师生间的相互了解。在第一次户外活动中,应注重培养班级荣誉感和凝聚力,让学生真正体会班级的向心力,让学生认识到自己的班级是一个团结战斗的班级,个人的行动会牵扯到整个集体,让学生感受到班级的集体荣誉感和凝聚力,从而培养学生热爱班集体、关心班集体之情。

四、第一堂课

班队工作者往往也承担着学生学科课程的教学工作,教师给学生上的第一节课往往会给学生留下深刻的印象。小学生好奇心较强,作为新学期开学第一次课,往往会出于好奇,兴趣较浓。因此,教师对第一节课不能掉以轻心,而应充分展示自己的教学水平和教学艺术。课前应精心准备,要根据学生的心理状态和教学内容,对教案进行仔细推敲和打磨,课中应注意引导学生学习兴趣,适时提出经过设计、目的明确的问题,启发学生的积极思维,以此激发学生的好奇心,从而培养学生学习的兴趣和热情。只有这样学生才会尊敬和爱戴教师,教师威信才能树立起来。班队工作者一旦被学生认为是一位优秀的任课教师,对其日后的班级教育与管理工作大有裨益。

【案例 3-3】

第一堂班会课[①]

有一位班主任接手新班级后的第一堂班会课是这样上的:他走进教室,将手中一张八开的白纸扬了扬,转身用透明胶将它固定在黑板上,学生们好奇地看着,猜测着——这个新班主任要干什么?

他先简单地做了自我介绍,然后对学生们说:"现在你们已经知道我是谁了,但是我还不认识你们,请你们用你们手中的笔——钢笔或者彩笔,甚至毛笔,在这张白纸上写下你们的名字,无论用什么字体,只要让我知道你的名字就行,下面请按组的顺序一个个来。"

班主任始终微笑着,不做任何提示。还未写到一半出现问题了:白纸要往下掉。但这个问题很快得到了解决,几个学生飞快地用透明胶重新加以固定。但是八开的纸已经差不多写满了,后来的学生很难再找到空白的地方写下自己的名字,只好写在其他人的名字上面。

有学生提议,再用一张白纸,班主任既未肯定,也未否定。有位学生将自己的名字分三处塞进了缝里,引得下面一阵哄笑。最后实在没办法添加了,剩下的几个同学只好用粉笔将名字写在黑板上。

等都坐好后,班主任示意安静,然后说:"同学们,很高兴认识你们,现在让我们来看这张白纸。"

班主任说:"五颜六色,美丽极了——但是,是不是有些凌乱?再有,你们每一个人都写下了名字,可为什么现在许多人的名字反倒看不清了呢?在白纸上写下名字很容易,但是大家在写的时候,是否考虑到了其他的一些问题?"

同学们面面相觑,不知班主任的用意。

班主任继续说道:"这张白纸就像我们的班集体,这一个个名字代表着我们每一个人,我们每一个人无论做什么,是不是都要替别人想想呢?"

班主任又指向白纸:"开始写的同学,想到为后面的同学留下空白了吗?显然,你们没有!大家知道,用通常的方式来写,这张白纸能写下几百个名字!但如果只用自己的方式,而不考虑整体,那这张白纸又能容纳几个名字呢?"

同学们似乎有些明白班主任的意思了。

班主任继续说:"刚才有的同学提议再增加一张白纸,这是有道理的,但是否可行?很多时候,机会提供给我们的舞台能有多大呢?增添一张白纸太容易,但是适合我们生存发展的空间是不能无限制地扩展的。我们必须学会在狭窄中创造空间,在拥挤中谋取机会!我们可以寻求独立,但独立从来脱离不了各种各样的联系:与他人的联系,与社会的联系,与环境的联系。一味要求独行,结果只有一片混乱!"

---

① 赵桂红.班主任对学生的谈心与心理健康教育(修订版)[M].长春:吉林大学出版社,2010:55.

"可喜的是大家并未忘记协作,走上讲台时大家井然有序,白纸要往下掉时,几位同学冲上前来,加以补救。大家都想把自己的名字写在最显眼的位置上,但当没有空处时,没有人刻意将别人的名字涂掉,还有几位同学还委屈地将自己的名字写在白纸的外面……"

这时同学们会心地笑了,紧接着响起了热烈的掌声。好一会掌声才停止。

班主任又问:"现在,谁能在这张纸上画一朵花出来?"

没有一个学生站出来,他们也许在想:写满字的纸怎么能再画出花来?

于是班主任把纸揭了下来,铺在讲桌上,拿起一支彩笔,三下五除二画了一朵,再画了一朵。第一朵开在正面,第二朵开在反面。然后,高高举起:"同学们,请看,刚才还凌乱不堪的纸面现在是不是焕然一新了?这花蕊、这花瓣将每个名字连在了一起,如此绚丽,如此精彩,我们每个人不都可以成为这朵花的组成部分吗?只要齐心,只要我们努力,这朵花一定会常开不谢!"

"再看,"班主任调转纸面,"不要被眼前的混乱复杂迷惑了眼睛,机会是创造出来的,美丽也是创造出来的,在看似不可能中,我们也能有新的发现。很多的时候,我们需要调转思维的方向!当纸的正面写不下时,为什么没有人想到在纸的反面写?原来这张纸的容量是可以很大的!正如我们这个班集体,如果分散,只是一些零碎的名字,但是如果团结起来,它的力量将是惊人的!"

"同学们,从今天开始,我们就要过一种全新的生活,无论以前怎么样,关键是要把握现在。只要用心我们就能拥有馨香芬芳,只要用心,就能创造平凡之中的奇迹,只要用心,就能收获人生道路上完美的风景!"

教室里掌声经久不息。

案例评析:这个故事非常生动,启人深思。作为一个接手新班级的班队工作者,怎样获得学生的认同,融入这个集体并使这个集体具有凝聚力;怎样在同学们中间树立威信,并将自己对学生的要求与期望恰当地表述出来,从而鼓励、激发同学们的学习热情与参与感,这可不是一件容易的事。案例中的班队工作者利用第一次与同学见面的机会,展开了一堂别开生面的班会课,在此过程中收获了全班同学的掌声与信任。

思考:我们作为未来的班队工作者,该如何利用好"第一次"赢得学生的尊重与信任,从而创建良好的班级文化呢?

第四节 制订班队工作计划

班队工作计划，即班级与少先队管理计划，主要用于记录班队活动的计划整体安排，是对某一时期内班队工作的目标、工作任务和具体措施等预先做出的设想和安排。对班队进行教育与管理，必须有明确的工作计划。班队工作计划是指根据现代小学生培养需要和身心发展特点而制定的关于促进小学生身心健康发展与全面素质提高的班级和少先队工作行动方案。

一、制订班队工作计划的意义

"凡事预则立，不预则废"，班队工作计划是班队教育与管理的第一步，科学合理的班队工作计划对于科学规范地进行小学班队教育与管理具有重要的意义。

（一）班队工作计划是进行班级教育与管理的指导方案

班队工作计划是开展班队各项工作的开端。小学班队教育管理及活动安排，都在这一计划的前提下进行。它能体现国家、学校对小学生管理的基本要求，保障小学生在班级及少先队组织中正常的生活和活动。在班队教育与管理中，如果班队工作者没有制订班队工作计划，其班队管理就会显得杂乱无章、支离破碎，这对小学生的全面发展十分不利。

（二）班队工作计划能够帮助协调各方教育力量

作为落实教育与管理目标的重要行动方案之一，科学合理的班队工作计划能够协调教育行政部门上级指示、学校要求与班队任务之间的关系，使学校培养目标具体化、阶段化和层次化；协调班队工作者与学科任课老师、学生、家长等教育力量之间的关系，形成教育合力；协调班队工作任务、人力、物力、财力、时间、场所等因素之间的关系，做到统筹规划、合理安排、井然有序地开展班队工作，避免工作的盲目、随意与杂乱无章。

（三）班队工作计划有助于班队工作者正常有序地开展工作

科学合理的班队工作计划来源于班队工作者对以往教育与管理工作的总结反思，对当前学校实际与学生情况的缜密分析，对未来班队管理工作的科学预测，其中包含着班队工作者对自身工作目标、工作任务、工作内容、工作对象、工作条件等的深刻认识与了解。它能够确保班队工作有目的、有计划、有步骤、有系统地进行，是保证班队管理工作有条不紊开展的前提条件。

（四）班队工作计划有助于师生统一行动方向

班队工作计划在班级教育与管理中具有规划、导向和激励的作用，是开展班队教育与管理工作的行动方案。班队工作计划能够使师生明确班级奋斗目标，统一行动方向，提高班级凝聚力。

（五）班队工作计划有助于班队工作者的适时调控

明确、详细的班队工作计划是开展班队教育与管理工作的路线图。有了班队工作计划，管理人员的调控就会有章可循，在管理过程中的反馈和调控就有了同一目标和方向，可以减少工作中可能出现的偏差和混乱。

二、制订班队工作计划的主要依据

班队工作必须按计划开展，班队管理工作必须有计划。班队工作计划是班队教育与管理工作的基本思路、是班队工作者开展工作的蓝图。班队工作者必须重视班队工作计划，力求使班队计划科学、完整和易于操作。为此，班队工作者必须在正确教育理念指导下，以国家教育方针为指向，把握一定的依据来制订班队工作计划。

（一）依据国家相关文件的基本要求

小学教育是国家基础教育的重要组成部分，是国家基础教育管理的题中之义。小学班队教育与管理作为小学教育的组成部分，要坚决执行国家对小学教育的基本要求，特别是要贯彻执行国家关于小学教育工作的法律法规及相关要求。比如《中华人民共和国教育法》《义务教育法》《小学管理规程》《中小学班主任工作规定》等。贯彻执行国家关于小学教育的法律法规，具体来说就是要贯彻执行国家对小学教育的目标和任务，遵循小学教育的基本原则。班队工作计划不允许与国家相关规定相违背和相矛盾，更不容许背离国家相关规定另搞一套。这样，小学班队管理才能走上规范化和科学化的轨道。

（二）依据学校工作目标和内容

班队教育与管理工作是学校工作的组成部分，学校工作计划有对班队工作的基本要求。依据学校工作计划制订班队工作计划要深刻理解学校工作的主题，切实贯彻学校工作计划的要求，把学校工作计划的精神容纳在班队工作计划内。要利用班队工作计划落实学校工作目标和内容，助推学校培养目标的达成。

（三）依据小学生身心发展的特点

小学生在不同的年级阶段，具有不同的身心发展特点，小学生身心发展的阶段性要求班队教育与管理内容应考虑学生不同阶段的接受度，班队教育与管理内容应具有阶段性与层次性。比如，对小学生自主学习能力的培养，在低、中、高年级应该有不同的任务内容、层次、范围和难度的管理。如此，班队工作计划才具有可行性，班队活动的开展才能适应小学生身心发展的需要。

（四）依据班级实际情况

制订班队工作计划要依据本班的实际情况，首先，需要考虑班级学生的构成情况、年龄特征、个性特点、优势及不足以及班集体的特点等，根据本班学生不同特点制订班队工作计划，增强班队工作计划的适切性与可行性。其次，制订班队工作计划要考虑到与班集体相关的因素，它必须依托与班集体相关的条件，包括班集体所处的社区条件、学校基础设施条件、班级学生的家长条件以及能够促进班集体发展或制约班级活动的其他条件等。

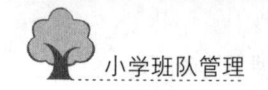

三、班队工作计划的类型

班队工作计划根据不同的划分标准，具有不同的类型。

依据班队工作计划时限划分，班队工作计划可分为学段工作计划（如小学六年整个阶段）、学年工作计划（如小学二年级）、学期工作计划（如小学二年级第一学期），也有月工作计划、周工作计划等。

根据班队工作计划范围划分，可分为全班工作计划、小组工作计划、小队工作计划等。

根据班队工作目标，可划分为德育工作计划、劳育工作计划等。

根据班队工作内容，可分为班级工作计划和少先队工作计划，其中班级工作计划可分为班干部培养计划、班会活动计划等，少先队工作计划可分为主题活动计划、阵地活动计划和队务活动计划等。

通常情况下，班队工作计划一般以制订学期工作计划为宜。

四、班队工作计划的结构和形式

班队工作计划是指班队成员在一定时间内要完成特定工作的安排和打算，一个完整的班队工作计划，从结构和形式上说，一般包括标题、正文和结尾三个部分，正文由班级基本情况分析、工作目标、具体工作、活动安排、检查与评估等部分构成。

（一）标题

班队工作计划的标题，主要是列出计划的单位、时间、内容，如《××小学××年级（×）班××××—××××学年度第×学期德育工作计划》，其中"××小学××年级（×）班"是班级工作计划的单位名称，"××××—××××学年度第×学期"属于班级工作计划的时间年限，"德育工作计划"是班级工作计划内容。

（二）班级基本情况分析

正文第一部分主要是对班级基本情况进行分析，包括班级的自然状况、现实和历史状况的分析。班级的自然状况，如：班级总人数、男女生性别比例、年龄、团员、队员、班干部、学优生和学困生的情况、班级学生身体素质等。班级现状分析，如：班级舆论导向、班级学生的思想品德状况、学习情况分析、学生个性状况、班干部的能力素质、班级学生中的人际关系、班级学生发展的优势与弱项等。班级的历史状况主要包括对上学期班级工作的概述，总结本班的主要成绩、班风、学风、遵守组织纪律的情况以及存在的问题，并在此基础上提出本学期的总体任务。对班级的基本情况分析是确立教育任务的基本依据。

（三）工作目标

确定明确的班队工作目标，是制订班队工作计划的核心步骤。有了这一目标，制订班队工作计划才有一个明确的方向。班队工作目标主要包括班级总目标、各层次具体目标等。制定工作目标应切合实际，不同时期应有不同的侧重点，并说明达到预期目标的可能性和有利条件，使其产生"跳起来，够得着"的牵引效应，以利于调动各方面的积极因素。同时，班队工作目标应尽可能得到全体师生的认同与支持，要使集体目标与个人目标紧密联系起来,发扬民主,发动师生广泛参与,反复讨论,多方论证,切不可仅凭班队工作者自身的主观意愿。

(四) 具体工作

具体工作主要指为完成任务、实现目标的手段、方法和途径等具体措施,这是对班队工作目标的展开和分解,是班队工作计划落实的基础和关键。制订班队工作计划要明确班队工作计划具体工作内容,如为了实现班队工作目标,准备组织哪些班队教育活动,怎样制订和落实班级班规,如何协调各科老师和家长等多方教育力量,如何选拔和培养班干部等。由于一个学期内班队工作者工作较为繁多复杂,因而在具体计划中不可能也不必要写出所有方面工作的措施。通常在计划中要反映以下几方面的措施:一是开展大型活动如运动会、春游、主题班会等方面的措施;二是开展经常性和制度化活动如课堂教学、落实常规、家校共育等方面的措施;三是开展党团活动如少先队主题教育活动、阵地活动等方面的措施;四是根据班队特点开展有针对性活动的措施。

(五) 活动安排

班队工作计划活动安排是完成具体工作的步骤,是班队工作计划的施工图。班队活动安排主要包括为了完成班队工作目标与任务,班队开展各种教育活动的形式及时间顺序、场所、方法步骤、活动组织具体分工以及开展活动应注意的事项等,由于班队工作计划属于具体活动规划,必须具有实操性,所以,班队工作计划中要将班队活动、人物、时间、地点等因素落到实处,要明确实施的内容、责任、范围和时限,使之便于明确任务,便于上级检查和自我检查。

(六) 检查与评估

检查与评估的要求和措施也应是班队工作计划的有机部分,需要明确地写在班队工作计划之中。班队工作计划是具体的工作计划,涉及的工作内容与措施往往是微观、具体、可操作的。为了保障班队工作计划能够贯彻落实,并达到预期工作目标,班队应该做什么,由谁来做,做的得失,谁的责任,孰优孰劣,都应该有检查与评估的办法。因此,班级工作计划应落实检查与评估内容,包括检查与评估的要求、手段、方式、时间,以及如何根据检查与评估情况进行奖惩等。只有这样,才能使班队工作计划真正地落到实处,切实可行。

(七) 结尾

结尾即计划的落款部分,主要交代计划的具体制订人,以及计划通过或制订时间,要由主管人员签字,以示负责。

五、制订班队工作计划的基本要求

(一) 主题鲜明,服从整体

班队工作计划往往要规定班队教育与管理活动所达到的预期目标,明确集体和个人在某一时期的努力方向。班队工作计划作为落实国家教育方针政策,实现学校工作计划的重要环节,它的制订要遵循国家的教育政策、法规和学校的各项培养计划,同时,作为班队工作的整体设计与安排,它要与学生的培养任务结合起来,引导学生的发展方向。因此,班队工作计划的主题必须是鲜明的,主旨必须是健康的,学生成长发展的方向必须是符合社会和教育方针要求的。班队工作计划需要服从于促进学生全面发展的教育目的,服从于整个学校教育的目标,围绕学校的中心议题来完成。从整体上要体现促进学生全面素质发展的精神,从具体工作上又要体现出正面、积极、有利于学生健康和谐发展的内容。

(二) 目标明确,内容具体

班队工作目标是班队工作计划的灵魂和生命,是制订班队工作计划的出发点,有了目标,计划才有方向。因此,在制订班队工作目标时,要确保目标具体、可衡量,切忌大话和空话。一般来说,目标值的表述有定量和定性两种方法。定量表述标准明确,易于操作,实施中也便于考核和控制。学生巩固率、及格率、优秀率、体育达标率等具体数值,均为定量目标值,例如,"我班本学期目标如下:学习方面,70%的学生考试成绩达到优秀,及格率95%以上;纪律方面,迟到和早退学生控制在5人以下;主题活动方面,本学期预计开展5次主题班会活动,4次少先队主题教育活动等"。但班队教育与管理工作有很多方面或在很多问题上都有很大的模糊性,不宜量化,有的也不能量化,适用于定性目标表述方式。定性目标值是对事物质的规定性的描述,它显示的是事物发展一定阶段或程度上的具体状态。因此,定性目标值必须有具体描述,显示出人们可以理解的程度或状态,以利于考核与控制。

(三) 立足实际,切实可行

制订班队工作计划一定要从实际出发,考虑学生实际状况、班级条件、环境等因素,确保计划切实可行,避免形式主义。在不同的条件和环境下,不同层次的班级,同样的工作,会有不同的计划内容。因此,班队工作计划要结合实际,因地制宜,这样的计划才可行,才能行之有效。比如,小学生社区教育活动,城市和农村实际状况有较大的差异,明白了这一点,我们的班队工作计划才有实用价值。其次,班队工作计划要切实可行。例如,有一个后进班,新任班主任在制订班队工作计划时,要求期末结束全班同学及格率达到100%,由于要求过高,又没有其他保障措施,结果成了空头计划。由此可以看出,班级计划要有针对性,所提出的要求一定要切实可行,工作计划内容应符合本班的实际情况,具有一定的难度,但是经过全班同学的努力可以实现。班队工作计划目标与内容过高难以达到,过低难以激发学生的学习动机。为此,在制订班队工作计划时,一要内容完整,顾及班队工作的各个方面;二要内容充实,措施具体,可操作性强;三要责任清楚,落实到人;四要有检查、督导、评价的方法和措施。除此之外,班队工作计划为了做到切实可行,还必须主次分明,强化班队工作的主攻方向,同时协调和顾及其他方面。

(四) 以生为本,集思广益

学生既是教育的对象,同时也是教育的力量,班队工作计划的实施,需要班队工作者与全体学生共同努力。所以,在制订工作计划时,既要保证与上级教育部门指导思想的一致性,又要注意反映本班学生的要求和愿望,使学生在班队工作计划中看到自己的利益,或使他们了解达到班队工作目标对于满足个人需要的价值。因为制订班级工作计划不只是班队工作者个人的事,而是所有执行计划的人共同的事。班队工作者不能"闭门造车",也不能在制订计划时把学生放在一种被动的位置上,而要广泛征求学生的意见,与学生进行集体讨论,同时征求任课老师意见,由多方共同参与决策,制订出师生共同认可的班级工作计划,这既是使师生深入和正确了解班队工作要求的重要一步,也是对学生的一种动员,更重要的是这样做能增强学生的主人翁责任感,能够增强学生对班队工作的参与意识和责任感,使全体学生自觉围绕班队工作目标去努力。

(五)计划严密,机动灵活

班队工作计划的制订不是一蹴而就的,需要经过反复的论证与修改,制订出的计划需要严密周到,具有系统性。班队工作计划制订与实施都会对班队的整体建设和发展产生影响,因此,在制订班队工作计划时,要认真总结以往工作计划的执行情况,对尚未完成的任务要继续抓紧落实,对完成不好的工作要积极采取补救措施,在此基础上不断提出新的工作任务。在计划中要体现出不同内容工作的"过程"和向深入发展的安排,体现出对不同学生教育的逐步深入,使班队工作前后连接、纵横协调、循序渐进。同时,班队工作计划也需要具有灵活性,在实施中进行修正落实。班队工作计划是班级为了达到目的、工作任务要求的预先设想,不可能和未来的实际情况完全一致。这就需要在班队计划实施中进行修正,修正时需要根据实施过程中的实际情况,经过各方意见的取舍,对班队工作计划进行调整、删减与补充。

【案例 3-4】

教育学生憧憬充满希望的明天[①]

"丁零零……"上课铃声响了,又是周一的早读。同学们像往常一样安静地坐在自己的座位上,拿出自己的课本,开始了早读。忽然,教室门外传来一声清脆的"报告"声。我仔细看了看教室里,学生到齐了,心想:"没有迟到的学生,会是谁呢?"接着,又响起了一声响亮的"报告"。此刻,同学们不约而同地停止了朗读,朝教室门口看去。我急忙走过去,打开教室门,原来是校少先队大队部的宣传委员——六年级(1)班的刘如同学。她很有礼貌地告诉我,大队辅导员刘老师让杨子健同学在升旗仪式结束后,上主席台领奖,现在就让他去做准备。顿时,教室里显得异常安静,同学们都感到莫名其妙,惊奇地看看杨子健,又看看我。我也是丈二和尚摸不着头脑。

对杨子健同学来说,他平时毛病不少,最大的毛病是管不住自己。在课堂上,一般要求不能随便说话,可他常常不自觉地与其他同学搭话,影响这些同学的听讲;对各科作业,老师都要求认真细心、按时完成,可他的作业总是写得毛毛糙糙、丢三落四;他也

[①] 王克锋.中小学班级管理问题分析[M].兰州:甘肃教育出版社,2008:27-29.

知道不能因一点儿小事与同学发脾气,可一遇到具体情况,总是控制不住自己。对于他的不良表现,老师常常因势利导进行纠正,他要么找各种理由掩饰或为自己的行为辩解,要么即改即犯。总之,在他的心目中只有他自己……在同学们的心目中,他能不惹事就算谢天谢地了。

由此,今天,同学们怎么也不会想到杨子健同学会得奖,我也有些纳闷儿,便问刘如同学:"去领什么奖?"她说:"上周杨子健在操场捡了100元钱,交到了大队部,学校要表彰奖励呢。"话音刚落,教室里举座哗然,有的学生说:"不可能!"有的说:"不会弄错吧!"有的直接问刘如同学:"这是真的吗?"还有的干脆表现出不满。

刘如同学走后,教室里已经"吵"得沸沸扬扬了。为了让教室里恢复正常,我只好敲了敲讲桌。在同学们安静之后,我试探地问杨子健同学:"这是真的吗?"杨子健自信地点点头,说:"老师,是真的!"我将信将疑地说:"你快到大队部去吧!刘老师还等你呢。"

由于杨子健同学平时走路没个好的姿势,同时,上小学五年以来,从来都没有上台领过奖,这是第一次领奖,并且是在全校师生升旗仪式后的大场合领奖,我真担心他上台领奖时因激动而走不好,会闹出什么笑话。于是,临出教室前,我对一同派去为我班领流动红旗的赵亦葭同学说:"你下去以后,好好教教他上台的一些礼貌动作。"同学们听了,嘻嘻地笑着,杨子健同学却不好意思地用手挠了挠头,跟着赵亦葭同学走出了教室。

不一会儿,下自习课的铃响了。同学们都来到操场,排成整齐的队伍,参加升国旗仪式。随着国旗的冉冉升起,升旗仪式结束了。按惯例下项活动该是通报上周各班级的综合考评结果,为成绩突出的班级颁发流动红旗。可是今天有所不同,教务处的李老师从教师队伍中走出来,对着话筒首先讲述了我班杨子健同学拾金不昧的事迹,接着说:"学校决定对这一拾金不昧的事迹进行表彰奖励。下面,请五年级(3)班的杨子健同学上台领奖。"此刻,台下响起了一阵阵热烈的掌声。杨子健同学在响亮的掌声中走上了主席台,从王校长的手中接过了两张珍贵的"阳光卡"(本学期学校开展星级好少年评选活动,"阳光卡"是学校在这次活动中为激励各方面有进步和表现优秀的学生特设的奖品)。

"丁零零……"上第一节课的铃响了。在我拿着课本走到教室门口的时候,感到教室里格外地安静,似乎同学们都在有意地期待着老师的到来。在我就要踏进教室门的瞬间,突然意识到,今天是对学生进行思想品德教育的绝好机会,必须抓住这个机会。

我便在教室门口停留了几分钟,进行一番思考准备之后,快步走进了教室。这时,我看到孩子们个个都忽闪着一双双明亮的眼睛望着老师,好像企盼着什么。于是,在课前师生问候完毕后,我对学生说:"同学们,今天,因为杨子健同学,老师十分高兴,上课前,我们首先对他出色的表现,再次致以热烈的鼓掌好不好?"

同学们异口同声地回答:"好!"一阵掌声过后,我又说:"同学们,你们想听听杨子健同学此时此刻的想法吗?"同学们一听,都来了兴趣。

班级的小记者王如月第一个走出座位,开始了采访:

"请问杨子健同学,此时此刻你心情如何?"

杨子健同学摸着脑袋,从座位上站了起来。结结巴巴地说:"我,我很高兴,也很激动!"

王如月又问:"此时,你最想说的是什么?最想做的是什么?"

杨子健说:"我想以后好好表现,我还想得到一张'阳光卡'。"

同学们听了都哈哈大笑起来(按照学校星级好少年评比规定,得三张"阳光卡"就可以换一张"一星级好少年卡"),他却不好意思地低下了头。

这时,我替他解围:"同学们,你们今天有什么想法?"

许多同学都举起了手,我选择了最淘气的龚邦伟同学,他站起来说:"他不应该得'阳光卡',因为他平时表现得不好。"

我还没有来得及发话,活泼可爱的党毅伟同学就笑眯眯地从座位上直接站起来说:"我觉得他有一颗美好的心灵,可以得'阳光卡'。"

最爱较真的孙文琪也慢吞吞地站了起来,细声细气地说:"我认为,杨子健同学虽然平时有很多的缺点,但今天的做法却值得我们学习。"

最有见解的张旭哲也坐不住了,站起来大声说:"我认为杨子健同学的这种做法是拾金不昧,这种高尚的品德值得我们学习,他应该得'阳光卡'。"

此时,不用我多说,教室里响起了长时间的掌声。对学生进行品德教育目的达到后,我开始了课堂教学,这节课,杨子健同学仿佛变了个人似的,表现得格外出色。

请对本案例中班主任的做法谈一谈你的看法,结合案例,说一说班队管理工作的理念是什么?在实际班队管理过程中,我们又该如何践行?

课后思考题

1. 了解和研究学生的基本内容有哪些?

2. 了解和研究学生的途径与方法有哪些?请以一种途径或方法为例,并结合小学教育实践,说一说该怎样运用。

3. 请结合本节所学内容谈一谈,作为一名班队工作者应该树立什么样的班队管理工作理念?

4. 小学不同阶段学生的身心发展特点是什么?如何根据小学生身心发展特点制订班队工作计划?

5. 设想一下,你刚接手一个新班级,请为自己第一次与学生见面撰写一份发言稿。

6. 请结合本节课内容,草拟一份小学班队工作计划,并与其他同学相互交流学习。

第四章
小学班队日常管理

学习目标

1. 领会小学班队日常管理的重要作用和主要内容。
2. 理解和掌握制定小学班队规范的基本要求。
3. 掌握小学生日常行为规范训练的方法。
4. 掌握正确使用惩罚的注意事项。

第一节 小学班队日常管理概述

班队管理工作千头万绪,班队工作者,尤其是新入职的班队工作者应从何入手进行工作呢?这时班队日常管理恰恰可以成为其"入手处"。小学阶段不仅是学生学习文化知识的重要阶段,也是对他们进行德育熏陶和行为塑造的关键阶段。小学生往往具有注意力不集中、好奇多动等特征,他们的生理、心理都在发生着巨大的变化。班队是对小学生进行教育的最直接的环境,对小学生的行为具有重要的塑造、激励和约束作用。班队管理首先面对的是日常管理,这是整个班队管理工作的基础。在班队管理中,应加强对小学生行为规范的教育和训练,进行良好行为规范的养成教育。

一、小学班队日常管理的地位和作用

小学班队日常管理是指按照教育目标和班队工作的基本要求,对小学生的日常行为与班级组织面貌进行的经常性管理。日常行为是指小学生在班级环境中的一般性行为表现,如到校出勤、课堂学习、同学交往等,班队日常面貌是指动态的班队管理过程中班队面貌的静态表现,如班队纪律面貌、环境卫生状况、学习风气等。班队组织的日常面貌是由班队中学生的日常行为来建构的。

班队日常管理是班队管理中一种经常性、基础性的管理活动,起着规范班队基本面貌的作用,贯穿于班集体建设的全过程。班队日常管理处于班队管理的基础性地位,是班

工作者首先要抓和经常要做的"基础课"和"必修课"。班级管理的核心任务是班队组织建设,班集体建设等都必须依托班队日常管理来展开,在班队日常管理中实现。

(一)班队日常管理有利于教育教学目标的实现

班队日常管理优良的班级,学生学业成绩相对比较高。小学教育实践表明,班队常规面貌与教学效果的关系十分密切,二者具有相辅相成的关系。开展班队日常管理,可以规范学生的基本行为,为教育教学活动的有序开展提供良好的环境。

(二)班队日常管理有利于班集体建设

班队日常管理是班集体建设的基本途径,是班集体建设的起点,规定了班集体建设的基础性内容。

(三)班队日常管理有利于班队工作者系统全面地开展工作

班队日常管理为班队工作者系统全面地开展工作提供了着力点和工作平台。

(四)班队日常管理有利于小学生的全面发展

进行班队日常管理,有利于培养小学生遵守规则的道德意识、集体意识,促使其养成良好的行为习惯,学会自律,增强责任感,发展小学生的基本技能。

二、小学班队日常管理的主要内容

一个优秀班队的打造有其至关重要的时期。班队管理的关键期是小学生刚入学和每学期刚开始的时候。这时小学生的学习、生活、活动都要靠班队工作者的直接组织和指导,容易受外界的影响而形成某种行为习惯,如果错过这个时期就很难形成某行为习惯。这一阶段班队中如果没有严明的规章制度和组织纪律,就很容易出现松弛、涣散现象。班队工作者刚接手一个新班,务必在第一个学期内尤其是第一个月内,抓住关键期训练全班学生,对学生的学习、生活提出切实可行的要求,并对学生的表现进行严格的检查、评比、总结,进而形成井然有序的班级秩序,也才能把班队工作者从烦琐的班级事务中解放出来。

班队日常管理的内容应反映小学生班队生活的各方面,主要分为以下几个部分:

(一)道德常规管理

道德常规管理应具有科学性、计划性、系统性,表现为德育内容的系列化、德育方法的多样化、德育主体的多元化等。通过各科教学、主题班会、小学生一日常规学习、节日活动、社会实践活动等途径对小学生进行正确的道德观念、良好的行为习惯的培养,注重引导小学生养成诚信友爱、善良宽厚、热爱劳动、勤俭自律等道德品质。

(二)行为常规管理

1. 安全常规管理

包括对小学生进行交通安全教育、交通行为的管理,课间行为的管理等。

2. 交往常规管理

对小学生进行人际交往的常规教育,约束、规范、指导其行为,促进小学生交往能力和社会性的发展。

3. 卫生、健康常规管理

培养良好的集体卫生和个人卫生习惯,对小学生仪容仪表、着装、眼保健操和课间操、体育锻炼、饮食等方面的管理。

> **【案例 4-1】**
>
> 开学时接任一个新班没几天,阎老师无意中发现不少男生头发很长。过去他遇到这种情况时,常常是当面指出,但效果往往不佳。现在,阎老师琢磨用什么办法劝告他们,帮助他们真正从思想上提高认识。终于,阎老师想出了一种合适而又有效的教育方法。在一天中午,阎老师特意去了理发店,把自己不长的头发又精心地理了一次。
>
> 下午上课前,阎老师不露声色地来到班里,召集全班同学开了个五分钟交流会。阎老师首先问:"看谁最先发现班中有哪些新变化?包括我和你们。"当学生发现并说出老师理发了,阎老师话锋一转"现在,我很想知道老师理发之后你们的感觉怎样?这样好吗?"于是阎老师听到了一片赞扬声。最后阎老师说:"有位名家说得好:'真心诚意地赞美别人一句,就能让人多活20分钟!'因此,我感谢同学们今天对我真心诚意地夸奖!"5分钟交流会在愉快的氛围中结束了。阎老师没点任何一个留长发的男生姓名。第二天阎老师再去上课时,欣喜地发现那几个男生的长发变短了,有的还剪成了小平头。
>
> (来源:2017年教师资格考试笔试材料)

4. 公物常规管理

包括对教学设施、桌椅门窗、劳动工具、图书等公物的爱护和管理等。

(三) **教学常规管理**

教学常规管理是班级日常管理的重要内容,建立正常、稳定的教学秩序是保证教学活动顺利开展的重要条件。包括按时到校到课、课前准备、课堂听讲常规、作业管理、自习课管理、考试常规要求及作弊处罚等。

(四) **纪律常规管理**

包括考勤和请假制度、路队和升旗仪式的纪律、班会、集会纪律等。

(五) **活动常规管理**

包括班会校会、志愿服务、全校活动、校外实践活动等的管理。

(六) **信息常规管理**

包括班史、班级日志、班级大事记、班级总结、班级生活叙事、操行评语、学生案例库、德育故事库等文书资料的保存和管理。

三、小学班队日常管理的基本模式

第一问:为什么班主任眼里只有制度、规范、章程、条例、准则、细则,而缺少关爱?
第二问:为什么班主任给予我们的总是"北国之冬",而不是"江南之春"?
第三问:为什么班主任只强调我们统一、整齐、规范,而不张扬我们的个性?
第四问:为什么班主任更多的是管、训、吆喝,而不是导、疏,用心管理,用情管理?
第五问:为什么班主任喜欢把我们划分为三六九等,而不对我们一视同仁?

——摘自学生的开放式问话[①]

(一)刚性管理

刚性管理是以"规章制度为中心",凭借制度约束、纪律监督、奖惩规则等手段对管理对象进行的管理。刚性管理的基础是组织权威,它所依靠的主要是组织制度和职责权力,管理者的作用主要在于命令、监督与控制。刚性管理以规章制度为本,是一种机械的、非人性化的管理模式。随着社会的不断进步发展,刚性管理过分强调制度执行,忽视人文教育和情感引导,不能充分发挥人的能动性和创造性,可谓积弊甚多,已然不能完全适应21世纪的教育管理需要。

刚性管理的主要模式有:权威管理模式、目标管理模式、制度管理模式、量化管理模式等。

(二)柔性管理

1. 柔性管理的含义

班队"柔性管理"模式是相对于"刚性管理"而言的。柔性管理是"以人为中心",依据班队的共同价值观和文化、精神氛围进行的人性化管理。其最大特点在于不是依靠外力,而是充分尊重学生的需要,依靠人性解放、权利平等、民主管理,通过尊重人、肯定人、激励人、鞭策人,激发每个学生的内在激情和潜能,迸发其主动性和创造精神,从内心深处激发学生对班级的向心力、凝聚力和归属感,从而把组织意志转变为个人的自觉行动。由此可见,柔性管理主要调动的是人的无意识心理和情感因素的作用,注重采用暗示、熏陶、激励、宽容、示范、潜移默化等方式来开展工作。班主任的作用主要在于启发、引导和支持。柔性管理的主要模式有:自主管理模式、民主管理模式等。

班队工作者应当从文化建设的视角审视一下案头的规章制度,不妨做到四个"一点":"柔"一点,少一些掷地有声,多一些春风化雨;"文"一点,少一些生冷僵硬,多一些生命关怀;"粗"一点,少一些面面俱到,多一些个性张扬;"活"一点,少一些生搬硬套,多一些宽容理解。

---

① 李晓明.班主任工作总结[EB/OL]. http://www.doc88.com/p-7788001516794.html.

2. 柔性管理的特征

（1）人本性

柔性管理的最大特点是"以人为本"，它摒弃了以教师为中心的传统管理思想，充分尊重学生的需要和人格，这是柔性管理的核心特征。

（2）情感性

班队工作者在实施班队管理的过程中，要尊重、理解、信任、宽容学生，与学生一起学习成长，分享快乐，承担责任，建立亦师、亦友、亦亲的关系。柔性管理以班集体为依托，加强对学生的情感引领，以期师生在心理上形成相互认同，使学生在和谐的环境中感受到班集体的温暖，找到情感归属。当然，情感原则也强调适度，否则容易走向另一个极端。

（3）民主性

班队管理应该体现学生集体意愿，而非班队工作者的个人意志。班队工作者的角色应该从管理"最高统帅"的主角地位退居到管理"辅政谋士"的幕后配角地位。只有充分发扬民主，真正把班队还给学生，班队管理才能不脱离班队实际，有的放矢，因地制宜，充分激发学生参与班队管理的积极性，得到学生的支持和拥护。

（4）权变性

柔性管理因人因事因地而异，忌千篇一律、程序化和公式化。处在成长过程中的小学生，个性差异很大，这就要求班队工作者做有心人，细心观察、了解学生，对不同个性的学生采取不同的方法，根据变化着的班级软环境，对管理措施、手段等做出相应的调整。

（5）创新性

柔性管理追求以新奇制胜，以巧妙攻心，关注小学生日常学习、生活等细枝末节，创造性地挖掘看似与管理制度、小学生道德品质的培养无关的事情，抓住有利时机进行"小题大做"，对小学生心理、思想、行为施加积极的影响。

【案例 4-2】

马厉害还是知了厉害[①]

我担任"小水滴"班的班主任已一个月，孩子们一直喜欢说小话。我一再强调和训练，虽有所改善，但仍不能彻底根除。这是一直困扰我的难题。怎么办呢？

某天我翻阅报刊，猛然看到这么一段文字：人们为什么不喜欢知了？我顿时灵感迸发，眼前似有一道白光闪过。

第二天，铃声响了，我站在教室门口，教室里窸窸窣窣的，我一声不吭，拿起粉笔，在黑板上写下了大大的"知了""马"几个字。我问孩子们："知了、马这两种动物，你喜欢哪一种？"

短暂的安静之后，小手林立，不出所料，百分之百的孩子都选择了马。

"英雄所见略同嘛！大家来说说看，为什么？"我边笑边说。

---

① 许丹红.打造小学卓越班级的38个策略[M].北京:中国轻工业出版社,2017:38-39.

> 有同学说,马奔跑起来很快。有同学说,知了叫起来很烦人。
>
> 我一字一顿告诉孩子们:"马是用脚说话的,脚踏实地走好每一步,以此赢得了人们的喜欢。知了是用嘴说话的,让人觉得烦躁。你选择做马还是知了呢?"听我这么一说,孩子们马上挺胸,坐端正,教室里静得连针掉到地上都能听到。
>
> 以后,但凡上课时窸窣的声音响起,我只需说一声"又有人选择做知了了吗?"教室里立马就安静了。
>
> 原本爱说话的几个孩子告诉我,从没想过在不该说话的地方说话,会如知了一般讨人烦呢。

3. 班队管理中柔性管理的运用

柔性管理是对传统班队管理的一种革命,给班队工作者提供了实践和反思的广阔空间,为班队管理带来生机,柔性管理成为班队工作者提高管理效能的增长点。在班队管理中应该如何运用柔性管理呢?

(1) 尊重和依靠学生。柔性管理把人看作管理的起点和终点。被尊重和依靠是人们普遍的心理需求,班队工作者要发扬民主,平等待人,充分发挥小学生在班队管理中的主体作用。

(2) 关注和服务学生。"关注"一是融入,二是发现,三是期待,四是关怀。在一定意义上讲,"关注"就是"服务","服务"就是"关注"的物化和践行。

(3) 激励与引领学生。人需要激励,作为小学生更需要来自班队工作者的激励和支持。

(4) 创设人文环境。营造宽松和谐、协作进取的人文环境是激励小学生发挥主体作用的有效措施。

(三) 刚性管理和柔性管理的关系

刚性管理和柔性管理这两种管理模式尽管在外部特征上有所区别,但二者在实现管理目标的本质上是一致的。刚性管理是管理工作的前提和基础,缺少规章制度约束的班级必然是无序的、混乱的,柔性管理也必然丧失其立足点;柔性管理是管理工作的"润滑剂",柔性管理强调情感、无意识、个性化、愉悦等软性因素,是对刚性管理的完善补充、升华,缺乏一定的柔性管理,刚性管理亦难以深入。

在实际管理中,如果班队工作者过于注重刚性管理,过分强调制度、规范、条例、准则等,而忽视柔性管理,势必导致管理方法的机械被动和简单呆板。班队管理如果只钟情于刚性管理,把小学生视为木头、机器,忽略了人的情感等方面的需求,就会违背人的天性,使之缺乏生机,就算取得理想的管理效果,那也必定是压制了学生的个性,没有弘扬主体精神。还容易造成沉闷、压抑的心理氛围,压制个性、缺少活力等内在矛盾的积累,显然也不利于班级管理。

但是,柔性管理也绝对不是万能的,更不是对刚性管理的排斥和否定。相反,恰当的刚性管理是完全正确和必要的,柔性管理的情感因素若得不到刚性管理的控制,有可能成为"脱缰之野马"。我们倡导班队柔性管理是为了避免走入刚性管理理念的垄断误区。班队管理要刚柔并济,双管齐下,相得益彰,才能实现高效管理,更好地保证小学生的健康成长,而这也恰恰是新时期班队工作者需要研究和探索的方向。

第二节 小学班队规范的制定和实施

【案例 4-3】

我该怎么办[①]

刚走上教师岗位,一切都是那么美好,令人期待,望着孩子们一双双稚嫩的眼睛,我充满了热情,心里默念:我一定要带好这群孩子!做一个让学生喜欢的班主任。

可是事与愿违,一开始就出师不利。先是班里小麻烦、小错误接连不断。我刚解决了这个学生的迟到问题,那个学生课上用电子词典打游戏又被发现了……随着时间的流逝,各个孩子的本性也开始暴露出来。上课开始说悄悄话,有了不和谐的声音,这种不和谐的声音不断蔓延,影响了班级的正常教学。直到其他老师提醒我,我才知道,我不在的时候,学生们有多么"欢快"!虽然我为此也对他们进行过教育,晓之以理,动之以情。说真的,小学生还是非常容易受感染的。但是感动过后,用不了两天,各类违纪情况又出现了。他们把老师的话当成耳旁风,左耳朵进,右耳朵出!

每天早晨到校,学生不知道该干什么事情,只要老师不来,很少学生能自觉地早读,无论班干部怎样组织,多数学生照样不听,教室里乱哄哄的,只有我进了教室,班级才能安静下来。

课间常有学生前来告状:"×××同学打我,还抢走了我的东西!""×××同学搞恶作剧,在门上放了一个易拉罐,砸中我了!"×××同学……"总之,我感到自己每天就像一个消防队员,不断地在灭"火"。

看着其他班级有序地开展教学,再反观自己的班级,我真的十分苦恼。我反思过,是我的管理有问题,还是我们班的学生特别难管?虽然我做了很多尝试,想了很多办法,可是问题依然如故。我痛苦了,难道真的是我不适合当老师?

怎么办?我有点儿灰心。

---

① 沈嘉祺.小学班队管理[M].北京:高等教育出版社,2014:69.

一、小学班队规范的概述

(一) 班规的含义

我们把以规章制度、公约、纪律等为内容,班队全体成员共同认可并自觉遵守的行为准则称为班队规范,简称班规。一份完整的班规应涉及学习检查、纪律监督、体育锻炼、劳动卫生等各个方面。一份完整的班规,既有对学生思想行为的正面引导,也有对教师的要求。班规是对师生行为进行有效约束的班级制度。

(二) 班规的意义

1. 班规是班队工作者管理班级的依据

好的班规是对《小学生守则》和校规校纪的补充或具体化。依照班规实行班级管理,可以使班级各项工作有章可循,有条不紊。合理的班规是班队工作者管理教育的有力工具。

2. 班规可以确保教学活动顺利进行

研究发现,班队常规面貌优良的班级,学生学业成绩相对比较高。班队常规与教学效果的关系极为密切,二者具有相辅相成的关系。班规能够引领班队走上健康、正常的发展轨道。

3. 班规是促进学生全面发展的有效手段

小学生活泼好动,自制力差,价值观不定型,更需要对他们进行规则意识的教育。良好行为习惯的养成,对小学生一生的发展至关重要,班规具有特定的教育价值,对小学生的思想意识、价值观念起导向作用。班队工作者要把小学生的思想和行为引导到社会主流的价值观中,培养小学生良好的习惯、规则意识和自律能力,帮助小学生完成初步的社会化。班规是完善学生生活、提升小学生核心素养、促进小学生全面发展的有效手段。

4. 班规是形成良好班风、培养优秀班集体的保障

在同一所学校,各个班队的规范不同,从而形成不同的班风。班规融入了班队工作者特有的教育理念、教育理论素养、对教育问题的看法等,它们渗透到班队制度建设中,形成不同的班队文化和特色。

5. 好的班规有利于培养小学生的民主精神

正如哈佛大学校长霍里厄克说过的一句话:哈佛大学的理念是"让校规看守哈佛的一切,比让道德看守哈佛更安全有效"。班规作为一个理性约定的产物,是培养学生理性思维、健全人格等的载体,可以规避教师由于主观情绪导致管理尺度不一的"人治"现象。班规的实施过程也是潜移默化地对学生进行民主、法治精神教育的过程。

二、小学班队规范的制定

【案例4-4】

班规究竟谁说了算?[①]

刚被委任为班主任后,李老师头脑中马上想到的就是"没有规矩不成方圆"的古训,他决定以制度建设为抓手,来促进学生行为习惯和良好风气的形成。经过几天的深思熟虑和明察暗访,考虑到班级生活所涉及的方方面面,李老师煞费苦心拟制的一份长达60条近3 000多字的班规终于出炉了。它内容详尽——学习、纪律、劳动、卫生等无所不包,而且措辞严密,没有漏洞,这应该是一份不错的制度吧?李老师暗自想到。

为保证制度落实,李老师给每个同学都复印了一份班规,要求学生首先自学,又利用班会课时间集中学习了两次。两三个礼拜过去了,按说学生应该接受得差不多了,班级面貌也该焕然一新了吧!可结果却令李老师大跌眼镜,不仅没有出现想象中的大好局面,就连常规的仪表检查都接连遭到扣分,其余的如自行车摆放、值日卫生、课堂纪律等就更不用提了,在年级都倒数了。

为什么有了规矩之后反倒还不如从前?究竟是哪里出了问题?李老师拿出班规反复琢磨,虽然都是"七不准、八禁止"之类的条条框框,但每一条都要求到位呀!再说了,学生的行为如果不被规范,课堂和学习的秩序如何保证?学生之所以不接纳,是因为他们还小,认识不到制度的重要性,应该加强教育。苦苦思索之后,李老师似乎找到了问题的答案。定下基调之后,李老师开始了下一步的工作。利用晨会时间让学生拿出班规,李老师亲自做了解读,并再三强调其意义和重要性,进行了苦口婆心的劝导。但效果并不好,许多学生明显心不在焉,有的脸上写着无可奈何,还有的更是把抵触和厌烦明白无误地表达出来。晨会结束后的当天,李老师就收到了一张匿名的纸条,上面写着几个疑问:(1)谁的班规?谁说了算?老师在定规矩时,考虑过同学们的心愿吗?(2)班规内容太多,谁能全部记得住?难道还要天天随身携带来对照自己的一言一行?(3)班规全部是不准、不许之类的条款,显得冷冰冰的不近人情。而且有些要求过高,普通同学难以做到,怎么办?看到纸条,李老师陷入了深深的沉思。

班队工作者组织小学生制定班规看似一件麻烦事,但是应该看到,这种由全体学生认同、具有约束力的"法",是班队工作者开展工作的有效工具,是班队工作成功的基础。班规具有管理、控制和教育的作用。制定和实施班规应该不但能使班队工作者从繁杂的班级事务中解脱出来,而且有利于吸引更多的小学生参与班队管理,促进小学生综合素质的提升。班规的制定是一项极具挑战性的工作,需要调动班队工作者和全班学生的智慧。

[①] 陈爱蕊.春华秋实每一年:班主任的每一学年[M].北京:教育科学出版社,2009.

(一) 制定班规的两种价值取向

班规作为班队文化建设的重要组成部分,能够体现出班队工作者对利用班级日常生活提升学生核心素养的理念。班规的价值定位究竟应该是基于管理还是基于教育呢?

如果基于管理目的制定班规,那么整齐划一、标准执行、效率第一就是其主要运作模式,这种模式以军事化管理班级为典型代表。这种管理模式把乖孩子作为评判学生的标准,以班级平稳无事作为评判好班级的标准,企图把学生生活扁平化、条框化,看似管理精细,却消解了学生对丰富生活的个性化体验,进而使班级日常生活单调,不但不能反映和满足学生的成长需求,反而使规则成为学生的精神枷锁,抹杀了儿童的天性。但这种管理模式因其高效而被部分教师推崇。

基于教育目的制定班规,在基于规范性文化的基础上更突出价值性文化的引领。在这种价值目的引领下,教师在重视规则和制度的基础上,更重视借助班规的产生和运作过程,让学生理解班规背后的价值期待,把学生看作有主体性、能动性和发展性的人。比如,在制定班规之前,教师通常与学生一起讨论"期待的班级生活是什么""希望在班级里成长为怎样的人"等。为了实现上述目标,大家一起制定班规,借以规范学生的言行和思想,帮助其成为社会合格公民。但由于价值教育是一个相对漫长的过程,教师往往因短期看不到效果而对其产生怀疑。在"成绩至上"思想的指导下,教师极易形成急功近利的心态,忽视学生正在成长中的人的特质,用"短平快"的管理思维治理班级,使班级氛围缺乏人文精神,削减了班级日常生活的教育意义。①

(二) 制定班规的原则

1. 教育性原则

班队管理是一种教育管理,因此班规要基于教育目的来制定,要符合国家的教育方针和各项法律法规,还要遵循教育规律和人的身心发展规律。班规具有一定的约束力和强制性,但它并不是国法、校纪,其出发点仍然是教育和自省。因此,班规在内容和执行中,要有一定的宽容性和弹性,要人性化,要留有余地,要成为道德公约性质的约束力量而不是法律纪律性质的强制力量。班队生活基于班规却又不能被班规所禁锢,因此规则的制定并不妨碍我们满足小学生合理的需要,鼓励小学生个性的自由发展。班规更多面向的是行为,但不应也不能成为钳制小学生思想的工具。

2. 民主性原则

让小学生参与班规的制定,班规更容易被学生认可,便于实施。让小学生参与制定班规的意义绝不仅仅是治理班级本身,从长远的教育目的来看,可以让小学生受到真正的民主启蒙教育。著名教师李镇西曾说过,制定班规"不仅仅是出台一纸班规,而更着眼于学生自我教育和自我管理意识的唤醒和能力的培养;不仅仅让学生遵规守纪,更着眼于教师和学生的共同成长;不仅仅达到民主管理的结果,更着眼于民主教育。把班规制定过程同

---

① 李秀萍.班级日常制度生活的构建[J].教学与管理,2019(19):24-27.

时变成对学生进行民主精神启蒙和民主实践训练的过程"。真正优秀的班队工作者,应当是"法治者",而非"人治者"。班规可由学生自己讨论制定,班委会最后定稿后,交由班级学生会议表决通过。这里的表决,更重要的意义在于把它转化成学生集体的意志,变成学生人人必须遵守的"法规",开始具有普遍的约束力。班队里的每一个人,包括班队工作者,必须全力保障其严格执行。面对班规,人人有权利,同时人人都没有特权,班队管理也就从"人治"走向了"法治"。

3. 可行性原则

班规制定出来,不能是一纸空文,要明确具体能落实,具有可操作性,班规是对师生言行的约束,不是思想道德层面的提倡。诸如"热爱集体、尊敬老师"这样的表述就因为不具体而缺乏可操作性。

4. 激励性原则

"教育的的全部秘密就在于如何爱护学生",热爱学生是教师教书育人的第一准则。有的班规中处罚很严,动辄扣分、罚款、罚站、叫家长,甚至有的规定了停课等内容,超出了班规的处罚范围。在班规执行的过程中,突出惩罚的力度,缺少与学生谈话、教育的环节,以罚代教,一罚了之,没有使学生认识到错误和错误的原因,更谈不上学生的积极性和主动性。班规中可以多一些鼓励和奖励的措施,少一些惩罚的措施。换一种思维,变一种方式,可能会出现意想不到的效果。

5. 发展性原则

班队的面貌是在不断变化中的,小学生也在不断成长和进步,所以班规不是一成不变的,也需要在不断的调整中完善和发展。班规草稿在试运行过程中,需要不断地修改、完善,班队工作者可以发动小学生广泛参与协商,或者在班队中建立相应的监督和反馈机制,或定期进行民主评议,对于实行班规过程中出现的问题及时调整或修正,发现班规中有不妥之处或有争议的条款要组织学生再讨论,统一认识,进行修改、补充、删减。这样既可以使班规内容更为丰富、健全,也充分尊重小学生的权利,使其更好地体现学生集体的意愿和制度的人文特点。

6. 互制性原则

为了发挥班规的有效性,应建立有效机制确保班规具有普遍的约束力。如设立学生监督员监督执行情况,对执行不力或徇私情者及时提醒或监督执行。定期进行民主评议,评议执行者或监督员的表现,以及班规的执行情况。

(三)制定班规的基本要求

1. 制定班规要合法、合理、合情

班规一定要符合国家法律、学校规章制度的要求,不能背离它们的精神。不要给小学生造成太大的心理压力,根据小学生的年龄和个性特点,提出的要求不能太高,要适中。班规的语气忌生硬,在班规中尽量少出现"不能"和"不准"等禁止性条文。

2. 制定班规应师生共同参与

一个好的班规只有被学生认同、接受并内化为学生自我的愿望和要求时,才具有积极的意义。只有让小学生参与制定的班规,学生自主做出的选择,学生才会负责,才能促使学生自觉自愿地遵守。因此,让小学生参与班规的制定,是班规得以有效实施的保证。制定班规前,班队工作者要引导学生认识到班级要靠制度来管理,认识制定班规的重要性和必要性,认识到班规要由全班师生共同制定。要充分发扬民主,广泛征求学生的意见,指导学生归纳汇总形成班规条款,让全班学生表决通过后,把班规这种传统意义上认为是班主任的"个人意志"的产物转化为全体学生的"集体意志",让所有学生参与其中,真正成为班级的主人。

3. 制定班规要切合班级实际

制定班规要从班队实际情况出发,针对班队日常出现的问题来制定班规,这样的班规才有可行性和操作性。班规不是空洞的口号,应有明确的目的,能规范学生的日常行为。

4. 制定班规要得到家长支持

班规尽管调整的是班队中学生的行为,但是其实施往往延伸到班级之外的时空,如家庭中。家庭是承担学生"日常生活习惯——基本生活方式"的自然教育单位,如健康、卫生、礼貌、生活习惯、时间安排等。在小学生自我教育、自我管理过程中,有一部分内容是学生在家庭中完成的,比如家庭作业的完成、孩子的消费行为、假期里的作息时间安排等,都需要家长的配合才能顺利实施,也只有家长才能对小学生在部分时空的表现进行客观真实的评价。

5. 班规要简洁明了,通俗易懂

班规的内容不宜太多,要言简意赅,通俗易懂。也不要一次定太多班规。过于详尽繁杂的班规,会让小学生因空间和自由受限而心生怨言,甚至使学生成为各项制度的奴隶,不利于小学生的身心健康发展。

(四) 不同年级小学生制定班规的要求

1. 低年级小学生

低年级小学生活泼好动,喜欢形象生动的事物,为了使他们对规则有形象的感知,班队工作者可以用充满童趣的故事,朗朗上口的儿歌,甚至是一些好玩的游戏来引导他们树立规则意识。

2. 中年级小学生

中年级小学生对学校生活已逐渐适应,刚入学时对学校的那种充满希望、憧憬与不安的心态逐渐消除,同时又不像高年级学生那样具有较强的责任心和自觉性。这个阶段的小学生处于贪玩的高峰期,好动、容易惹事。因此作为养成教育中极为重要的一个环节,必须抓好中年级这个"关键期"的教育,对学生各种良好行为习惯进行培养,为他们日后的工作和学习打下坚实的基础。

3. 高年级小学生

高年级小学生相对中低年级学生有了一定明辨是非能力,班队工作者可以发挥学生的主体作用,鼓励他们"自定班规",自己制定的各种规范往往比较容易实施。学生既是管理者,又是参与者,通过班规,使班级中的每一位成员都成为管理者,同时又都是被管理者,他们在集体中找到自己的位置,感受自己的角色和责任,这样既可以增强学生的自我约束力和主人翁意识,又锻炼了学生的能力。

三、小学班队规范的实施

要维护班规的严肃性。制定了班规之后,关键在于落实。班队工作者不依据规范要求学生,学生不依据规范要求去做,班规就失去了意义,最终成为一纸空文。班规要长期执行,使每一项制度都得到落实,必须加强班队常规教育,提高小学生遵守纪律的自觉性和主动性。

(一)小学班队常规教育

1. 小学班队常规教育的含义

小学班队常规教育是通过制定班规,对班队中所有小学生的日常学习和生活提出要求和期望,并结合监督机制达到班队管理目标的一种管理活动。

2. 小学班队常规教育的实施步骤

(1)解释班规

理解班规是班规发挥作用的前提。学生参与制定班规的过程本身就是一个学习班规的过程,提高了小学生的参与性和主动性。班队工作者要解读班规,清楚地解释每一条班规的内涵,引领小学生学习班规,加深他们对班规的理解和认识。要让学生认识到,班规不是用来约束学生的,而是为每一个人创造良好的学习和生活环境的需要。全班同学对班规的意义取得共识后,做到每个人心中有班规,班规才能发挥其特有的价值导向作用,内化为每个学生的自觉行为。

(2)提供样例

有些班规,小学生能理解和接受,但在具体的情境中却不知如何去做。班主任不妨开展多种形式的活动,如小品、讲故事、情景剧等让小学生展开讨论,或请行为规范标兵甚至班主任自己给全班同学做示范,给学生以明确的指导。

有一位班队工作者发现,有的同学不认真做值日,通过在班上公开批评和惩罚他继续做值日,值日问题只是在短期内有一些变化,时间不长又恢复原状了。后来请教了老教师之后才明白这是独生子女的通病。多数孩子并不是故意偷懒,而是家长溺爱孩子,孩子在家里根本不干活,没有机会锻炼,他们不知道怎样做才算是做好了。后来班队工作者几乎每天都和同学们一起做值日,教孩子怎么扫地、抹窗户,给孩子们示范怎样做得又快又好,后来班里的值日问题基本解决了。

(3)反复操练

班队工作者有目的、有计划、有组织地对小学生的行为举止进行专门训练,通过不断地模仿、重复、纠正错误行为,使小学生的相关行为规范化、习惯化。

（4）检查评比

及时检查和评比是班规发挥作用的关键。可以采取自检、同桌互检、班干部检查、班主任抽查等形式监督班规的执行。

（5）反馈总结

及时公布评比结果，运用奖励和惩罚是班规发挥作用的手段。班队工作者必须有目的、有计划地制定有关制度，创造性地开展各种活动，依靠评比、表彰等手段，发挥评价的导向作用，保证行为常规教育的有效进行。

（二）小学生日常行为规范的训练

马卡连柯说："教育无非就是练习正确的行为，练习使他们习惯于遵守社会公认的行为标准和准则。"要使小学生形成良好的行为习惯，必须经过长期坚持不懈的训练，用一种细致的积累式的教育，积累日常行为的涓涓"细流"，汇成良好行为习惯的"大海"。行为规范的训练是一个循序渐进的过程，切不可操之过急，也不可"三天打鱼，两天晒网"。在训练的过程中，一是要遵循小学生的身心发展，二是要符合教育科学原理。具体做法如下：

1. 通过榜样示范行为规范

爱听表扬是儿童心理特点，表扬运用得恰当，学生的积极因素就会像原子裂变一样发生连锁反应。在班级生活中班队工作者可以为学生提供各方面的榜样，以良好的典型去感染学生，影响学生的行为。小学生的模仿性、可塑性极强，在进行训练时，可以先培训部分基础较好的同学，成立"行为示范队"，引导学生在学习榜样、争做榜样的过程中，使自己的日常行为日趋规范。"桃李不言，下自成蹊"，作为一个教育者，班队工作者自身就是榜样和楷模，其思想、行为都会受到学生的关注和模仿。因此，班队工作者要严于律己，模范遵守师德规范，不断提高自身修养，用自己的言行影响和教育学生。

2. 通过活动养成行为规范

各种活动本身都包含着教育的内容，如班会、文娱活动、体育活动等包含遵守规则的教育内容；军训、参观、调查、公益劳动、社会实践活动包含遵守公德、严于律己、吃苦耐劳等教育内容。班队工作者可以根据训练内容，精心地创设各种活动，对小学生进行行为规范的教育，使小学生在活动中规范日常行为，养成良好的行为习惯。

【案例4-5】

每日宣誓[①]

宣誓是许多学校都有的活动，但一般只有在举行重大活动时才进行。我们却把它纳入了班级的日常管理规范中。曾看到过一个真实的故事：美国科学家把许多犯人关到军营中，让他们每天都抄写信，信的内容就是向父母表示自己要怎样怎样改过自新。一段时间后，他们发现，这些原本行为放荡顽劣的犯人大变模样——竟真的逐渐模仿着信中的要求来生活了。

---

① 郑立平.把班级还给学生:班集体建设与管理的创新艺术[M].北京:中国轻工业出版社,2010.

> 每天早饭后,学生们来到教室的第一件事,就是宣誓。这时,所有学生高举右拳,整齐站好,跟着轮流值日的主持人高声宣誓。
>
> 班级誓言
> 我是世纪学子,
> 要有良好的修养和丰富的知识;
> 我是世纪学子,
> 要有健康的体魄和高雅的气度;
> 我是世纪学子,
> 要懂得感恩和诚信;
> 我是世纪学子,
> 要做到文明和勤奋!
> 我是五(2)班的一员,
> 我爱同学,我爱班级,
> 我爱运动,我爱学习,
> 我爱节俭,我爱刻苦,
> 同学是缘,相聚是福,
> 我的一言一行要给班级增添美丽!
> 我爱老师的表扬,
> 也爱优异的成绩,
> 我要成为父母、老师的骄傲,
> 我要让大家因为我的存在而感到幸福!
> 我要让大家因为我的存在而感到幸福!

3. 通过训练强化行为规范

行为习惯一般是通过模仿,经常重复某一行为或通过反复联结(强化)后形成的。要注意对学生进行行为指导,并伴之以严格的训练。如:学校每周一举行升旗仪式时,要求小学生认真严肃,肃立,行注目礼。指导小学生上下楼梯怎样才能做好,对小学生在课堂、课间、集会的活动要求明确,反复训练,及时指导。行为规范的养成教育只有坚持不懈,持之以恒,从小处入手,抓细抓实,才能逐步形成良好班风班貌。要做到行为规范教育制度化、内容系统化、训练经常化。

4. 通过环境陶冶行为规范

小学生良好品德和习惯的形成,必须进行道德情感的渗透,班队工作者要有目的、有计划地创设优化的教育"硬环境"和"软环境",对小学生进行潜移默化的熏陶和感化。教育"硬环境"即校园和教室的硬件设施、绿化等,班队工作者要在力所能及的范围内,尽可能使校园和教室的整洁、美观、舒适,使小学生在美的环境里生活,学生自然而然地就会做到讲究卫生、爱护公物。同时,要注意"软环境"的优化,即在班级里建立起良好的人际关系,形成优良的学习风气和道德舆论,营造"人人讲文明、守规范"的氛围。这样,可以形成一种无形的力量,使良好的行为习惯得到陶冶、熏染。此外,行为规范的教育和训练可联合家庭、社会,形成合力。要加强与家长的联系,利用家长会、班级群、微信、电话等机会,取得家长的配合与支持,争取更好的教育生态环境。

5. 通过考核强化行为规范

班队工作者应通过奖惩评价来强化学生的行为规范。可根据《小学生日常行为规范》和班级规范的要求,对小学生的各方面遵规守纪情况进行考核,由师生共同评选出先进个人和集体,通过周会、黑板报、红花榜等形式予以表扬,给予适当的奖励,考核结果作为小学生操行评定和班队工作者撰写评语的主要依据。通常的做法是:把《小学生日常行为规范》的40条和班级规范归纳为几大项,分为基本分、奖励分、惩罚分。每月底对班级每一个学生进行综合评比,评选尊敬师长的小模范、关心集体的小主人、文明守纪的小标兵、热爱劳动的小能手、勤俭节约的小明星、刻苦学习的小博士、助人为乐的小天使、保护环境的小卫士等。这种激励先进、鞭策后进所传递的正能量,会使班级形成"比、学、赶、帮、超"的良好氛围。考核也可以以小组为单位进行,组与组之间可以开展竞争,以增强集体荣誉感,也使学生的个人行为受到集体舆论的制约。

6. 通过教学渗透行为规范

小学生的大部分时间是在课堂中度过的,各科教学内容中也都包含了行为规范的教育内容。班队工作者要善于调动任课教师的积极性,请任课教师结合教学内容渗透行为规范教育,适时对学生进行品德行为训练和指导,对课堂中出现的不良行为习惯及时纠正,对好的行为表现及时表扬,通过长期的训练,使之自然形成良好的行为习惯。

四、学生违规行为的处理——惩罚

对于自制力弱的小学生而言,单纯地运用说服教育,有时很难做到"一说即服",有些学生会做出带有试探性质的"冒险"违规,如果班队工作者不加以干预和制止的话,学生会产生侥幸心理,随即就可能会成为一种习惯,对其他学生也会产生不良的示范和影响。所以,教育惩罚作为一种强制性措施,是管理和教育学生的一种方式。在班规执行中,班队工作者应合理地使用惩罚教育。

(一)教育惩罚与体罚

教育惩罚与体罚从本质上来说,是两个不同的概念,教育惩罚是以批评教育为主,对学生不恰当的行为和思想进行劝诫,使其认识到自身的错误。现实教育中,某些老师把体罚作为约束学生、管理班级的手段,通过让学生皮肉受苦来抑制错误行为,其根本目的已发生了偏差。体罚是非教育性、反教育性的,与现代教育理念和教育精神背道而驰。在我国,体罚学生或变相体罚学生,早已为教育部明令禁止,教师以教育惩罚为幌子,对学生实施体罚,掺杂了很多个人情绪,掩盖了教师教育方法、修养上的问题,是学校管理不力和教师素质不高的表现。体罚不仅无法取得令人满意的成效,甚至还会适得其反,对学生造成不可挽回的伤害,造成严重的后果,这种影响甚至是终身性的。

(二)教育惩罚的作用及负效应

苏联教育家马卡连柯说:"合理的惩罚制度不仅是合法的,而且是必要的。这种合理的惩罚制度有助于形成学生的坚强性格,能培养学生的责任感,能锻炼学生的意志和人的尊严感,能培养学生抵抗引诱和战胜引诱的能力。"惩罚权在许多国家的法律上往往被认为是教师的专业权力之一。合理的惩罚具有教育意义,没有惩罚的教育是残缺的教育。檀传宝认为,"教育惩罚实施中出现的诸多问题往往是惩罚的不当使用,而不是惩罚本身的问题",不能犯以偏概全和因噎废食的不理智的错误。正确地认识教育惩罚的作用和负效应,是教师合理运用惩罚的前提。

1. 教育惩罚的作用

（1）矫正作用

教育惩罚是对学生不良行为的否定，适度的处罚可以让学生懂得规矩，辨明是非，认识行为边界，记住什么可以做，什么不可以做，能够进行自我约束。学生能够对自己不正确的行为进行反省，认识到自己的错误，承担自己所犯过错的责任并改正错误，养成良好的品质和行为习惯。檀传宝认为，合理的惩罚是"对学生的尊重"，"比那种无条件放任学生的抽象的人道主义更加'人道'"。

（2）威慑作用

班杜拉的观察学习理论告诉我们，仅仅通过观察别人的行为就能学习到复杂的行为，经由观察他人行为受到惩罚而获得的这种间接的替代经验，就会使学生受到警示，减少做出这种不良行为的倾向。当某个学生因为某种违规行为受到老师的惩罚时，其他学生为了避免受罚的不良体验，就会引以为戒，不敢犯同样的错误。惩罚维护了班级规范的威严，也在很大程度上维持了班级秩序。

（3）激励作用

心理学实验研究表明，表扬和奖励会促进学生的成长，但批评和惩罚也同样能起到促进学生进步的效果。如果说表扬和赏识教育对学生发展起到正面引导的拉动作用，那么惩罚教育起到的就是鞭策的推动作用。对学生的错误行为进行适当的惩罚，能唤起学生的羞耻心，促使学生知耻而后勇，奋发向上，抗拒诱惑，坚持正确的行为。一名优秀的教师不能只用一种方法来教育学生，而是会以对学生深沉的爱合理地运用惩罚，利用惩罚的艺术激励学生。

2. 教育惩罚的负效应

惩罚的对象应该是学生的违规行为，而不是学生本身。任何指向学生的身体、尊严、人格的惩罚都是反教育的、不人道的。班队工作者要尽量避免不当的惩罚所带来的负效应：

（1）过多的惩罚会让学生产生恐惧、焦虑心理，导致退缩、逃避、说谎行为的发生。

（2）惩罚只能抑制不期望行为，不能指引正确的行为。从行为矫正的目标上看，形成良好行为与矫正问题行为同等重要，但惩罚只能降低不期望行为出现的概率，而到底哪些行为是社会赞许的却没有给予学生明确的指导。例如，单纯地惩罚儿童的欺负行为，并不能教会他应如何与同伴相处以及处理矛盾、冲突的技巧。

（3）容易产生条件惩罚物。条件惩罚物是指环境中一些中性刺激物常常与无条件刺激物配对使用，就具有了惩罚的性质。惩罚的实施者、实施惩罚的环境本来是中性刺激物，但是因为和惩罚的不愉快体验联系在一起，老师、某门课程、学校都可能成为条件惩罚物，引起儿童产生害怕、厌恶等情绪反应，导致学生逃学、不爱上某一门课、讨厌某位教师。

（4）惩罚容易一步步升级。惩罚一般立竿见影，但维持效果不佳，学生很容易再犯，通常会再次被惩罚。教育者只看到惩罚的即时效果，倾向于更多地选择惩罚措施，这就使部分教师习惯于使用惩罚，导致惩罚的滥用。

（5）不当的惩罚尤其是体罚容易使儿童模仿。班杜拉的观察学习理论告诉我们，被惩罚者和旁观惩罚的学生都可能模仿到体罚这种做法，把体罚看作快速解决问题的方法。

（三）教育惩罚的有效性

惩罚虽然能给人带来痛苦，但并非所有的痛苦都具有教育意义。一般的管理活动追求的是效率和秩序，而教育活动的目的是塑造和培养人。判断惩罚是否有效，不能单纯以学生是否抑制、改正了不期望行为作为标准，因为学生有可能只是为了逃避惩罚而变得顺从，但并不是出于内心需要自觉地遵守规范。班主任在实施惩罚时，应考虑以下问题：惩罚的目的是"罚"还是"帮助"？结果是否合理？结果会有助于学生改变行为吗？结果会促进学生对自我行为的反思吗？

【案例4-6】

"无为"的艺术①

有一天，唐小成和她的同桌林琪琪闹矛盾了，唐小成把林琪琪的笔记本涂得乱七八糟，林琪琪哭哭啼啼地把笔记本交到我手里，要我"缉拿凶犯"，我该怎么处理这件事情呢？是对唐小成进行深入的思想教育？还是狠狠批评？甚至处罚？我以为都不必要，我深信没有天生喜欢做坏事的学生，我决定暂时冷处理，静看事态发展。于是我让林琪琪先回教室，却没有马上寻找唐小成。第二天，林琪琪又找我，却请我不要追究唐小成的责任，因为唐小成写了一封道歉书偷偷放在她的抽屉里，并买了新的笔记本赔偿她。我读了道歉书，看到其中语言很诚恳，反思了自己的无理之处和冲动的性格，真挚地恳请林琪琪原谅他。我庆幸自己没有盲动：我的"无为"让一个学生会自我反思和自我批评，让另一个学生能宽容和谅解。这些多么可贵的品质，在老师的"平静"中，彰显出来了。

有效的惩罚应该是学生对所犯错误有了深刻的反省，理解了自己错误的危害而产生羞愧、自责、悔恨等感受，这种有意义的痛苦才能真正引起学生态度和行为的改变。苏霍姆林斯基曾经说过："只有能够激发孩子去进行自我教育的教育，才是真正的教育。"外在的惩罚必须转换为学生自我心灵上的惩罚，才能化为学生调控自己的行为、促进学生改过迁善的内在动力。惩罚的目的不在于罚本身，而在于教育，惩罚的最终目的是引导学生从他律走向自律，具有自我教育的能力。

（四）运用惩罚的注意事项

正确运用惩罚才可能具有教育意义，惩罚的教育意义在实现时需要一定的条件。

1. 惩罚的目的是教育

惩罚的目的是教育，不能为惩罚而惩罚。必须让小学生认识到问题所在，认识到惩罚

---

① 章晓慧. 道常无为而无不为：我的班主任工作艺术[J]. 基础教育，2007(6)：40.

手段所实际包含的教师的爱心、善意与尊重,感化学生,让小学生产生内疚、羞愧、自责的体验,领会到教师的用意、对自己的殷切希望,才能让他们打心眼里反省自己的错误,认同惩罚。在学生已经认识错误并决心不再重犯时应免于或者减轻处罚。惩戒的措施应突出学生对自己违纪行为的自我体验和感悟。

英国科学家麦克劳德上小学的时候曾偷偷地杀死了校长家的狗,这在西方国家显然是难以原谅的错误。幸运的是麦克劳德遇到了一位高明的校长,校长的惩罚是要麦克劳德画两张解剖图:狗的血液循环图和骨骼结构图。正是这个包含理解、宽容和善待学生的"惩罚",使小麦克劳德爱上了生物学;并最终因他发现胰岛素在治疗糖尿病中的作用而走上了诺贝尔奖的领奖台。

2. 惩罚应体现尊重与关爱

教师的惩罚手段应饱含善意与尊重,对小学生的惩罚要以关爱为出发点,一方面惩罚强度必须足以警醒学生;另一方面,惩罚应避免伤害学生的自尊,造成学生精神或身体上的伤害,这样才能把惩罚的负面效应降到最低。

3. 惩罚应合情合理、客观、公平、公正

合理的惩罚应符合法律规范、道德规范且带有教育性,应在法律允许的范围内对小学生进行适当的惩罚,同时能被学生、家长认可和接受。惩罚不应该以教师个人好恶来定,惩罚标准要前后一致,不应该有特例或下不为例。在对小学生实施惩罚之前,要用"空杯心态"进行深入的调查研究,了解事实真相和学生犯错的原因,根据错误的性质和动机,确定惩罚与否以及惩罚的轻和重,要避免那种主观、武断和随意的惩罚,以免造成"冤假错案"。

4. 惩罚要适度

应合理掌握惩罚的力度、次数和时机。惩罚的力度要适当,要与小学生行为的后果、付出的代价相一致。惩罚过重会造成难以弥补的后果,惩罚过轻又起不到应有的作用。惩罚要让小学生能够接受,乐于接受,要考虑小学生身心的承受能力,还要考虑到小学生的性别和年级。惩罚的次数要适当,不滥用批评和惩罚,防止学生产生厌倦、对抗心理。

5. 惩罚要有灵活性,形式多样,因人而异

惩罚的灵活性一是指惩罚的形式应当多样化,二是指应该因人而异。惩罚方式不能一成不变,如"一刀切"地写检查、抄课文等。有些同学自习课上常常爱说话,影响他人,就罚他静坐十分钟,不准说话;对于乱扔垃圾的同学就可以罚他打扫教室卫生,并且负责卫生角的整理;损害班级利益、影响班级荣誉的,罚他为别人或集体做一件好事,取消某权益或剥夺某权利;不遵守纪律的,写自我警策的座右铭等。对于不同个性、性别、年龄的小学生也要因人而异,采取不同的惩罚方式。比如对于感受性较强、自信心不足的学生,应少用或减轻惩罚的强度,相反,则应当加大惩罚的力度。对开朗、坦率的学生惩罚应直截了当;对于聪明、爱面子的学生,则要通过暗示,使其默默改正错误。惩罚条目也可以不是只有生硬的一条,而是有相对并列的若干条,尊重学生的个性选择和人格尊严。

拓展资料

弹性惩戒通知单[①]

学年初,我和学生们共同制定班级管理细则,详细规定了各种违纪行为和落后表现应该受到的惩罚。和其他班级管理细则不同,这些违纪行为所对应的惩罚措施并不只有一条,而是有相对并列的多条。如果学生违纪,他可以从相应的惩戒措施中进行选择,并认真执行。例如,某学生上自习时和同桌吵闹,扰乱课堂纪律,值日班长根据班规,很快就会开出"弹性惩戒通知单"。

弹性惩戒通知单
(年 月 日)

××同学:今晚自习上课时,你和××大声吵闹,不仅耽误了自己学习,而且严重影响了课堂秩序。你的行为已经违反了我们的班规第20条。为使你进一步认识自己的错误,养成良好的学习习惯,请从以下几条惩戒方式中选择一条,并在学生纪律检查委员会的监督下认真接受惩戒。

(1) 说明情况,向大家公开道歉,争取同学们的原谅。
(2) 写一份呼吁"认真读书学习"的倡议书,张贴宣传。
(3) 完成一份违纪心理剖析,并在同学中宣读。
(4) 为同学们唱首歌,活跃一下班级气氛。
(5) 到操场自我锻炼5圈,强化认识。
(6) 自我申请的其他惩戒方式:_____

惩戒执行情况:

监督人: 值日班长: 班主任签字:

6. 惩罚注意场合、时机

班队工作者不要轻易在全班同学面前批评和惩罚学生,这会伤害学生的自尊心,造成学生的压力和精神负担,使其不能冷静客观地检讨自己和虚心接受意见。适合公开进行的惩罚应当充分发扬民主,获得学生群体的道德支持,也扩大惩罚的教育面。如果一定要在全班同学面前批评或惩罚学生,一方面可以征询被批评同学的意见,另一方面,用表扬中批评的方式告诉全班同学,这位同学已经认识到了自己的错误,并下决心改正自己的错误。这样做不仅告诉全体同学哪些是错误的行为,保护了犯错同学的自尊心,同时也给犯错同学以群体压力,促进他们改正自己的错误。

7. 惩罚要及时

一旦要对学生实施惩罚,就要及时实施,在第一时间做出。拖的时间过久,过后算账,

[①] 郑立平. 教育惩戒的思考与探索[J]. 教书育人,2010(08):62.

会让学生认为老师心胸狭窄,斤斤计较,易产生逆反心理,同时,学生也不能更深刻地认识到产生问题的严重性。

8. 做好善后工作

班队工作者批评惩罚完学生之后,一定要补做善后工作。惩罚不是终结,惩罚完后,还要及时教育,对被惩罚的学生进行安慰。无论多么正确的惩罚都会带来不良的情绪反应,善后工作就是要消除学生的不良情绪。老师不能因为都是为学生好而低估了批评带来的不良情绪对学生的影响,因为成长中的小学生还没有那么理性。所以批评过后老师要主动找学生谈心,接纳学生的情绪,部分认可学生行为的合理之处,甚至找出学生的正面动机,表扬学生勇于认错的态度,顺便多肯定一下学生其他的优点。如果学生能认识到自己的错误,并及时改正,还可以给予适当的鼓励和奖赏。经过这种善后处理之后,学生内心的不愉快才会消除,才会更亲近老师,配合老师的教育。

五、班级管理的奖励制度[①]

班级需要建立一套奖励制度去强化学生合乎班级常规的行为,以引导小学生养成良好的生活习惯,启发学生的自律自治精神,把外在的奖励诱导转化为内在的自我实现的动力。

(一) 奖励的含义及分类

1. 奖励的含义

奖励指向那些被认为是正确的、积极的、带来正价值的行为,是为了确保行为重复出现而进行的强化。

2. 奖励的分类

(1) 依据奖励的性质可分为两类:物质奖励和精神奖励。

(2) 依据奖励指向的内容,主要分为三类:道德方面的奖励、智力方面的奖励、特长方面的奖励。

(3) 依据奖励的方法可分为三种:赞许、表扬和奖赏。

(二) 奖励的功能

奖励的意义在于培养小学生的自律能力,自己管理自己、评价自己、校正自己、酬赏自己。奖励具有多样化的意义,奖励制度的实施应和班级常规一并实行。

1. 强化功能

行为主义心理学认为,行为是由强化所塑造的。奖励能带给学生精神满足,增强其保持优良思想和行为的信心,把良好的行为固化为习惯。

2. 引导功能

观察学习理论告诉我们,替代经验也具有强化意义。在观察到他人行为受到奖励而自己又向往这种奖励时,他们就会采取与他人同样的行为。

---

① 程晋宽.班级管理理论与实务[M].北京:高等教育出版社,2016:56-59.

3. 激励功能

每个人都有内隐的自我激励的潜质，都希望充分表现自己，发挥自己的潜能，完善自我。教师通过奖励给予学生充分的肯定，让他们看到自己的进步，增强自信心和进取心，激励他们形成不断发展自己、超越自己、追求更高目标的强烈愿望。

（三）奖励的注意事项

奖励作为一种管理手段，固然能提高学生的自觉性、主动性和积极性，但奖励并不都是有效的，很少有人能注意到其负面作用。班队管理者需要对奖励进行系统而深入的思考，实施奖励须注意以下问题：

第一，教育小学生认清奖励的宗旨。奖励是实现教育目标和班级管理目标的手段，不是目的，要引导小学生注重奖励的象征意义，而不能只注重奖励的象征形式。不要使奖励成为激发小学生良好表现的唯一动机。

第二，奖励的指向不仅是成功的结果，而且要指向追求成功的过程。

第三，制定科学的奖励标准。定班级奖励标准，要注意以下两种情况：一是奖励不能高不可攀，二是奖励标准要因人而异。要针对不同学生制定不同的奖励标准，否则就难以调动大多数学生的积极性，使奖励失去其原有的威力。

第四，奖励要灵活运用，形式多样。小学生好奇心强，如果班队工作者经常用一成不变的奖励方法和内容，学生就会厌倦。因此，应根据小学生不同的年龄特点，以及任务难度的增加、小学生的发展改进奖励的方法，制定有趣的奖励形式。强化物具有多样性和适宜性才能发挥强化和奖励的作用。用体态语言等非语言交流形式配合言语表扬，也是比较适合中低年级小学生特点的奖励形式。

第五，慎用物质奖励，要重视精神上的鼓励。

第六，运用奖励要恰当适度。奖励的适度性主要表现在频率和程度两个方面，不能过频地、无原则地滥用奖励；奖励的级别要和学生的成就相当，小学生所获得的奖励要和他们的付出相对等，过高或过低的奖励都会降低奖励的功效。

第七，奖励要具体而简明，说明奖励的具体原因。

第三节　小学生发展指导

一、小学生生活指导

（一）小学生人际交往指导

人际交往是人们生存和发展的基本条件。小学阶段是儿童身心发展的重要阶段，良好的人际交往有助于小学生形成健康的自我意识和健全人格，为未来适应社会打下基础。因此，引导小学生建立良好的人际关系，提高其人际交往能力，具有十分重要的意义。

小学生的人际交往主要包括和同伴的交往、和老师的交往以及和家长的交往。同伴关系是小学儿童重要的一种人际关系,同伴关系不良的小学生会因为在群体中较低的社交和友谊地位的自我知觉而产生失落、孤单、疏离等负面情绪,这样将不利于儿童自我概念及健全人格的发展。接下来将重点分析小学生与同伴交往过程中的问题。

1. 小学生同伴交往中的问题表现及引导

(1) 冷漠和孤僻

有的小学生在同伴交往中表现得较孤僻、不合群,对他人怀有戒心,喜欢一个人待在一边,不愿让别人接近自己,不愿意和同伴一起游戏,不喜欢参加集体活动,无法融入集体生活,压抑自己的需要和热情,内心深处充满孤寂、空虚,严重危害其身心健康的发展。克服冷漠和孤僻的方法有:提高对冷漠孤僻性格危害的认识,培养对生活的热爱之情;敞开心扉,热情待人;积极参加活动,培养情趣。

(2) 自我中心

自我中心是当前小学生同伴交往中存在的一个突出问题,主要表现为以自己的兴趣和需要为出发点,不顾及他人感受,不能与他人和睦相处。固执己见、任性,很少关心他人,不愿与他人分享。在自身的兴趣或需要受到影响时,他们往往情绪过激或情绪变化极快。现在的小学生大多是在家中享有特殊地位的独生子女,自我中心是大多数独生子女的通病。要克服自我中心,首先,要改变观念,充分认识到自我中心意识的不合理性及危害性。其次,从自我的圈子中跳出来,多设身处地替他人着想,理解他人。学会尊重、关心、帮助他人,这样才可获得别人的认可、收获友谊。最后,加强自我修养,学会控制自我的欲望与言行,把自我利益的满足建立在合情合理、不损害他人的基础上。

(3) 自卑和敏感

自卑通常是因过多的自我否定而产生的自惭形秽的情绪体验。自卑最明显的表现是:对他人评价过于敏感,小心眼,爱钻牛角尖;自我评价消极,退缩或过分争强好胜,等等。自卑会妨碍一个人正常地与他人交往。消除学生自卑心理的方式主要有:引导学生正确认识和评价自己;指导社交技巧,增加成功的经验以提高自信;鼓励学生对前途充满信心,乐观向上,积极进取;从名人的成长经历中获得克服困难的经验和精神力量。

敏感的学生感知丰富、觉察力强,但更容易体验到孤独;对他人情绪状态敏感,因而容易受他人情绪或评价的影响,且容易关注负面信息;思虑过多,因而比常人感受到更强烈的情绪波动。生活在缺乏温暖的环境中的孩子从小就习得了要察言观色,用敏感来保护自己;缺乏自信的人更有可能多观察环境和他人,以避免出错或引起他人不满。班队工作者对敏感学生的指导策略主要有:关爱和呵护学生,理解和包容他们;多给予他们表扬和夸赞,增强其自信心和动力,帮助学生建立积极的自我概念;鼓励其他学生与敏感学生主动、热情交往,让他们感受到来自集体的温暖。

(4) 嫉妒

嫉妒是由于别人胜过自己而引起抵触的消极的情绪体验。黑格尔说过,嫉妒是"平庸的情调对于卓越才能的反感"。嫉妒会引发人际关系疏离、紧张、冲突,影响学生的身心健康、学习和社会交往。嫉妒心理往往和个体心胸狭隘、认知偏差、自我价值确认方式倾向于社会标准、被嫉妒者过于张扬等有关。班队工作者可以从以下几个方面引导有嫉妒心理的学生：培养豁达的人生态度；正确认识自己；升华嫉妒情感，化嫉妒为自我发展的动力；建立自我定向的内在标准来确认自我价值。另外班队工作者还要引导学生在交往中不但要减少自己的嫉妒心，还应学会消解他人对自己的嫉妒，如保持谦逊，真诚帮助他人，适当暴露自己的不足等，往往更能赢得朋友。

(5) 怯懦

怯懦是胆小怕事、懦弱、拘谨的人格表现障碍。他们遇事退缩，胆小怕事；性格软弱，逆来顺受；害怕困难，意志薄弱；害怕交际，手足无措；处理事务没有主见；害怕挫折，受挫后极易自暴自弃。引导小学生克服怯懦的个性可以从以下两个方面进行：一是强化学生具有作为一个人的权利和尊严的观念和意识；二是引导学生积极行动，改变自己的行事风格，列出自己不恰当的行为情境并想出对策，运用这些对策来应对现实人际交往。

(6) 攻击

部分小学生在同伴交往中往往表现出明显的攻击性，如踢人、骂人、推人、对别人吐口水、叫别人绰号、争抢玩具等。如果不能及时矫正这些行为，久而久之他们就会逐渐形成暴躁、傲慢、蛮横、冷酷等不良情绪和性格。对学生的攻击性行为，班队工作者可以从以下几方面进行引导教育：提高学生对攻击危害的认识；加强道德和法治教育；引导学生体验被攻击者的感受；帮助小学生用建设性的方式应对挫折；家长和老师要做孩子的榜样，避免小学生观察学习暴力行为；分析攻击行为的原因，采取不同的处理方式。

(7) 焦虑和恐惧

焦虑是对人际交往感到紧张、担心、害怕，表现为出汗、脸红、手足无措、说不出话、语无伦次等。出现焦虑和恐惧，往往是因为曾经有过失败的经历或缺乏社交技巧。班队工作者可以采取创设交往情境和机会、指导社交技巧、增加成功体验和自信、接受心理咨询等方法加以引导。

2. 人际交往指导的内容

(1) 认知指导

正确的认知是人际交往的基础，班队工作者要教育小学生克服认知偏差。要引导小学生认识到人际交往具有传递信息、调节行为、心理保健、完善自我认识、促进社会化等多种功能，深刻认识人际交往的意义；掌握人际交往的黄金法则：即想要让别人怎么对自己，自己就要首先怎么对待别人；理解人际交往的基本原则如自我价值保护、交互原则的含义；克服首因效应、光环效应等主观认知偏差。

(2) 基本态度的指导

引导小学生在交往中秉持真诚、主动、热情、尊重、理解、宽容的基本态度，以促进人际交往的顺利进行。

真诚：真诚是人际交往的最基本要求，是人与人之间沟通的桥梁，所有的人际交往的手段、技巧都应该建立在真诚交往的基础之上。真心帮助他人不求回报，以诚待人，胸怀坦荡，对朋友的缺点能诚恳批评，心口一致。

尊重：承认别人的价值、人格和尊严，承认别人的独特性和唯一性，不把自己的意志、

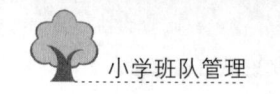

观点强加于他人,避免无谓的争辩。多肯定别人,提升对方的自我价值感。

理解:站在对方角度考虑问题,体恤别人。

宽容:不苛求他人,求同存异,心理相容。

主动、热情:对别人感兴趣,真心喜欢别人。主动和同学交往,主动表达友好和善意能够使人产生受重视的感觉,令人心生好感。

(3) 社交技能的指导

班队工作者可以通过讲解、示范、反馈、角色扮演、小组讨论、家庭作业练习等方式有选择地对小学生进行相关社交技能的训练。

情绪识别能力:觉察自己和他人情绪的能力,即通过面部表情、姿态表情和言语表情来觉察、识别自己和他人情绪。

情绪理解能力:理解情绪所传达的意义、理解自己和他人情绪产生的原因等的能力。情绪理解为情绪交流和社会交往奠定基础,有助于促进儿童之间的社会互动,是个体发展和社会适应的敏感反应指标。能够表现和判断较多表情的儿童更受人欢迎。提高小学生情绪理解能力的常用方法主要有提高情绪词汇的辨识度、记录情绪体验(如写心情日记)等。

情绪管理能力:调节、转换自己和他人情绪的能力。班队工作者可以指导小学生通过合理宣泄、注意转移、改变认知、音乐调节、升华、放松等方式调节、转换情绪,及时从负面情绪中摆脱出来。

沟通的技能:善于倾听、共情、回应、表达,学会运用微笑、体态语等言语、非言语沟通方式与人交流。

批评和拒绝的艺术:学会表达对别人的批评或拒绝。对于批评他人,可以采取先表扬后批评;批评别人之前先做自我检讨;点到为止,给人台阶。掌握拒绝的艺术,尝试给予其他建议的补偿式拒绝、爱护性拒绝、先肯定后拒绝等。

处理冲突的技能:对于人际冲突班主任首先应立足于积极预防,防患于未然,尽量避免同学之间矛盾、冲突的发生。同学之间发生矛盾、冲突一般主要是猜忌和态度问题,其他引发因素其实只是个导火索。班主任要教导小学生平时与同学和平相处,保持友好的态度,时常与同学们交流沟通,增进了解,加深情感,避免误会,往往可以化解潜在的矛盾。一旦矛盾、冲突已经发生了,班主任要指导小学生:保持冷静、暂时搁置;理性分析,认清根源;坦诚以待、及时沟通;换位思考、宽容大度;自我反省、真诚道歉;友好协商、合理让步;巧用幽默、暂时回避等。

肯定技能:对别人引起自己共鸣的观点坦率而真诚地给予肯定,学会赞美、欣赏、肯定别人。

交友技能:寻找共同点、谈论他人感兴趣的话题、增强交往意愿、增加交往频率等。

3. 人际交往指导的方法

(1) 利用认知改变策略

认知改变策略所采取的主要方法有以下几种:说明讲解、情境讨论、阅读辅导。

(2) 进行行为指导

行为指导策略一般要抓住以下几个环节来进行:目标分解、榜样示范、行为演练、反馈调节。

(3) 加强体验学习

人际交往指导仅仅做单纯的行为练习是不够的,必须重视"情感—体验型"学习方式,促进人际情感由消极转化为积极。通常人际情感体验的诱发方式主要有:审美指导、情境诱导、以情激情。

(4) 运用角色扮演

让学生扮演不同的社会角色,学会站在不同的角色中分析处理问题,了解他人需求,体验他人的感受,学会待人接物,达到改善交往的目的。角色扮演活动需要进行精心设计,才能取得好的效果。如,创设学生感兴趣的问题情境,有意识地让某些学生扮演特定角色,进行表演、讨论、评价、再表演,在过程中获得特定的社会行为技能。

(二) 小学生消费指导

随着社会的发展,家庭生活水平不断提高,现代家庭的实际情况,多数情形是对孩子是有求必应,竭尽全力满足孩子的需求。社会不良的消费风气也深深地影响着小学生的消费观念和消费心理。随着小学儿童的自我意识逐渐增强,他们在消费上已开始要求独立。但是小学生的消费观念尚未形成,其间受到各种不良因素影响,形成了许多消费误区:服装消费跟着名牌走,零食消费跟着广告走,人情消费跟着成人走,同学之间相互攀比,相互模仿。不良消费心理,如好奇、摆阔、攀比、从众、享乐、追求时尚、过度消费等心理悄然兴起。如果不加以正确引导,小学生就会逐步养成好逸恶劳、乱花钱、摆阔气的习惯,不懂得感恩父母、勤俭节约,甚至滋生拜金主义思想。

1. 小学生不良消费心理形成的原因

(1) 不良社会风气的侵蚀

当今社会中充斥着许多不良的消费现象,如买名牌、开豪车,享乐主义和奢靡之风,这些都可能成为孩子不良消费观的温床。在商品经济的大潮中,儿童商品与活动场所像雨后春笋涌现而且竞争越演越烈,许多广告以及一些不健康的游乐活动也趁机诱惑学生,这无疑会影响到小学生的心理,误导他们的消费行为。

(2) 家庭环境潜移默化的影响

家庭成员之间的相互影响是最为深刻和持久的。父母的消费观念直接或间接地影响孩子的消费观念。部分家长秉持"再苦不能苦孩子"观念",无原则地满足孩子的需求。有些父母自己就喜欢攀比,追求奢华,从而给孩子造成了不良的示范。

(3) 学校重智轻德教育体制的弊端

学校教育对于小学生的身心发展至关重要,但当前重智轻德的教育体制对于小学生消费观念的培养比较薄弱。

(4) 小学生自身心理不成熟导致的消费心理偏差

小学生身心发展不成熟,辨别力差,人生观、价值观很容易发生偏移。他们的消费观念极易被误导,受模仿心理、从众心理、攀比心理、虚荣心理等种种不良的消费心理的驱使,导致消费行为很容易陷入误区。

2. 小学生消费指导的措施

学会合理消费是一个人必备的生活技能,对小学生进行消费辅导,帮助他们形成正确的消费观念和消费行为势在必行。

(1) 教育小学生要适度消费,不超前消费

教育小学生消费要与家庭经济条件和自身的正常需要相适应。不炫耀、不攀比、不跟风,不过度追求享受。班队工作者要指导家长关注孩子零用钱的支出情况,不要过分满足孩子的物质需要。

(2) 引导小学生合理消费,不盲目消费

大众传媒从不同角度把各种消费信息传递给小学生,铺天盖地的广告直接刺激着儿童被广告裹挟而盲目进行消费。班队工作者要引导小学生遵循健康、实用、适宜等原则合理消费。

(3) 培养小学生勤俭节约的美德,不奢侈浪费

有些父母认为"再穷不能穷孩子",自己勒紧裤带也要满足孩子的每种要求,这种做法是非常错误的。要教育小学生感恩父母,体谅父母的辛苦,珍惜每一分钱,养成勤俭节约的好习惯。

3. 小学生消费指导的途径

(1) 思想品德课程

通过思想品德等课程,加强对小学生消费理念、行为的正确引导。

(2) 第二课堂

课余时间是孩子的第二课堂,可以通过开展生动活泼、形式多样的课余活动,如跳蚤市场、主题班会、辩论会,设立"理财小账本"等,树立正确的消费理念,培养小学生良好的消费习惯。

(3) 家校联合

通过开展家长会、家长学校等,帮助家长提高认识,转变教育观念,合理管理孩子的消费。

(4) 隐性课程

班队工作者和家长都要发挥自己对小学生的表率作用,营造良好的班风。

(三) 小学生休闲指导

休闲是一个人对闲暇时间的利用方式,小学生休闲活动是指学校课程计划以外的全部课余生活。目前,不少学生与家长尚缺乏休闲意识从小培养的观念。家长把孩子的周末用辅导班填充得满满的,学生不能也不会休闲。休闲作为一种基本需求得不到满足,学生只能"忙中偷闲",进而可能引发不专注、拖延等一系列低效学习行为。受小学生的心理发展水平的制约,小学生的休闲活动存在以下问题:不能合理安排休闲时间;迷恋电子游戏、电视、手机等;盲目崇拜影视歌明星;休闲活动消遣娱乐型多,学习发展型少等。

法国喜剧作家莫里哀说:"我们的心智需要松弛,倘若不进行一些休闲活动,精神就会垮掉。"健康而适宜的休闲活动对于小学生具有重要的心理保健作用,如放松身心、调节情

绪、满足需求、增强自信、丰富生活、完善个性等。科学、合理的休闲生活让人充实而有节制,而低质的休闲会虚耗精力,影响学习。因此,对小学生进行休闲指导,就是要培养小学生科学的休闲观,为形成高质量的生活和完美人格打基础。

1. 教育小学生形成正确的休闲观念和态度

班队工作者自己首先应树立正确看待小学生闲暇活动的态度,才能更好地指导小学生的休闲生活。要引导小学生正确认识休闲与生活、健康、学习、发展的关系,认识到休闲是关乎生活质量和生命价值的活动。

2. 教育小学生充分有效地利用闲暇时间,唤醒小学生自主休闲的规划意识

指导小学生学会鉴别健康和不健康的休闲活动,选择与自己年龄、角色相适宜的休闲活动,合理安排闲暇生活,提高休闲生活质量。例如:可开展"假期生活计划""我的周末生活"等内容的设计与讨论。

3. 发展小学生合理的休闲需要,抑制其不合理的需要

休闲的本质是自由,但休闲绝不意味着放纵,不能无视自己所应负地对自己、对他人和对社会的责任。学校和班级可组织形成学生休闲团体,如书法小组、足球俱乐部等,通过活动发展小学生合理的休闲需要。对于小学生休闲活动中出现的问题如沉湎于看电视、玩电脑游戏,班队工作者及家长要及时给予指导,可以提醒他们在完成学习任务后可以看电视或玩电脑游戏,但时间不宜过长,内容要有选择性,引导小学生形成积极的生活态度和主动的创造精神。

4. 引导小学生体验休闲所带来的深刻快乐的感受

引导小学生体验自由选择的、高质量的休闲活动给自己带来的深刻的快乐和满足,促进小学生的全面发展和个性的成熟,培养他们享受丰富的精神生活和陶冶性情的能力,使小学生真正走向自我实现的自由。

5. 帮助小学生形成自己的个人休闲风格

休闲是一个人生活方式的重要组成部分,在丰富多彩的休闲活动中,小学生找到自己的兴趣所在,实现技能的提升、自我的成长,确立、张扬自己的个性,而这些休闲活动也将成为小学生个人隐形的名片。

二、小学生发展指导

(一) 培养小学生独立性的指导

目前,受家庭和学校教育的影响,我国小学生独立性差、依赖性强,尤其是小学低年级学生和城市小学生尤为突出。独立性是健全人格的重要构成,是人具有良好社会适应性的重要特征,也是人立足社会、发展潜能的基础。从国家创新驱动发展战略来看,独立性的培养是创新型人才培养的重要基础之一。美国当代人本主义心理学家马斯洛指出:"那些在这方面或那方面具有某些独到之处的创造力或创造性的自我实现者,其人格上的突出特点是都具有超然独立的特性。"有效的班级管理、学科教学、家庭生活、实践活动是培

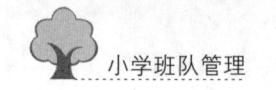

养小学生独立性的有效途径。

1. 培养小学生的生活独立性

第一,引导小学生做自己力所能及的事情。小学低年级学生可从自我服务做起,穿衣叠被、系鞋带、做值日生;中年级可以洗衣服、拖地,在学校布置教室、美化校园等;高年级学生可以做简单的饭菜,修理桌椅,参加简单的生产劳动等。第二,指导小学生学做不会做的事情。引导儿童第一次系红领巾、第一次刷鞋,这些在成人看来微不足道的事,却对儿童独立意识和能力发展有非常重要的意义。老师、家长要鼓励儿童,绝不能急功近利,打击儿童独立的愿望,或包办代替,剥夺他们锻炼的机会。第三,鼓励小学生试着做想做的事情。父母和老师要顺应儿童随着年龄增长独立意识增强的这种心理变化,鼓励他们大胆尝试,积极探索,让儿童获得劳动的乐趣和成功的体验。第四,督促小学生坚持做能做的事情。意志的培养与独立性密切相关,是一个长期的、不断内化的过程,需要对儿童进行反复的强化和引导。因此,要不断磨炼儿童克服困难、获取成功的意志,督促儿童不断坚持,最后养成习惯。

2. 培养小学生的心理独立性

心理独立性是独立性培养的核心。心理独立意味着思维或行为上的主体性,心理上不依赖他人,遇事自己思考、选择并做出决定,能独立自主地处理事情,自己可以决定的事情自己决定,自己可以解决的问题自己解决;有主见,不盲从,充分相信自己的能力,主动地从事活动,体会自我决定的力量。心理学者们认为,缺乏自主性的人通常在情绪情感上高度依赖别人。教师要鼓励小学生积极参与多种活动,在活动中多给儿童自由和选择,少让儿童服从和依赖,培养他们的独立思考能力、解决问题能力和自我控制感。

3. 培养小学生的学习独立性

培养小学生的学习独立性,要更新教育观念改革传统的教育教学方法。受传统文化的影响,我国的教育比较注重教师的权威作用,忽视了培养青少年的独立精神和创造性,容易墨守成规,缺乏主见,遇事总希望老师或家长告诉怎么做。因此,班队工作者在教育教学中应尊重学生主体性、积极性和创造性,鼓励小学生大胆怀疑、大胆创新,在课堂上不用标准答案限制学生的思考,而是让学生发表自己的见解。改革教学方式,鼓励小学生学会探究和发现,适时引导小学生走出课堂,走入社会,培养他们解决问题的能力。

(二) 小学生时间管理指导

小学阶段是养成良好生活、学习习惯的关键期,也是时间管理能力培养的黄金时期。许多小学生都存在拖延、迟到、散漫的情况,时间观念模糊,不论在学习还是生活上,条理性都十分欠缺,做事效率低,学习成绩欠佳。可见,培养小学生的时间观念和时间管理能力十分重要,班队工作者应指导学生科学有效地安排和使用时间,尤其是小学生的自由时间是管理的重点和难点。

1. 培养小学生的时间观念,引导小学生树立"合理利用时间"的意识

小学生在时间管理上一般具有"他管倾向",他们往往以学校或是家长规定的时间表

进行活动,各种补习班和课外作业占据了他们的课余生活。儿童的时间被安排得满满的,根本没有自己的时间来管理,时间并没有在儿童的心中留下独有的个人概念,它仅仅是以制度的"规训工具"的形式出现。因此帮助学生转换长期以来固化的时间概念,引导他们真正理解时间对自己及社会的意义,树立时间价值感,他们才会产生自我管理意识,才会有自我约束与自我提高的内驱力。

2. 点燃小学生时间管理的渴望,激发其管理时间的动力

我们常常责怪孩子时间观念不强、不会管理时间等,但实际这只是问题的表象,根本的问题是孩子没有管理时间的动力。在进行时间管理时,首先,尊重和培养小学生的自主性是时间管理能力培养的本质要求和核心。班队工作者和家长要给小学生留点自由度,除认真完成作业和必要的学习活动外,让他们可以按照自己的意愿去支配时间,成为自己时间支配的主人,培养其掌控感和责任感。其次,要尊重儿童的兴趣,在儿童可选择的活动中,要有让他为之期盼的事情,兴趣驱动会促进小学生提高做事情的效率,进行自我管理、学习与成长。

3. 练习做计划表,对学习和生活制订计划,并认真按计划执行

班队工作者可以引导家长和孩子一起共同制定和执行时间表,自己管理时间,提高做事效率。刚开始计划可以粗略、有弹性一点,确认每天回家的功课或需准备的事项,然后让孩子自己安排花多少时间做功课或做其他活动,引导家长给孩子一些简单的提示。告诫学生做事不可拖拉,今天的问题今天解决。从计划一日任务开始,慢慢可以让孩子安排一周、一月甚至一学期的计划,让孩子走上自我管理之路。

4. 教给小学生掌握时间管理的"二八原则"

一件事情什么时候去做取决于两个维度:事情的重要性和紧急性。优先顺序=重要性＊紧急性,进行时间安排时,要按照事情的"重要程度"排列优先顺序,这是建立在"重要的少数与琐碎的多数"的原理基础上。巴列特定律告诉我们:"总结果的80%是由总消耗时间中的20%所形成的。"合理安排时间,即优先去做重要且紧急的事情,如明天要交的作业;其次是做重要但不紧急的事情,如为三天后的考试做复习;再次去做紧急但不重要的事情,如看正在直播的足球赛;最后去做既不重要也不紧急的事情,如玩电子游戏。

5. 引导小学生学会利用闲暇时间和"零碎时间"

引导小学生处理好休闲与学习的关系,给自己制定完成任务的时间期限,提高小学生时间管理的效能感。

6. 教育小学生学会区分"必须"和"想要"

如按时上学、写作业,完成这些必须要做的事情,就是履行自己的责任;画画、踢球是自己喜欢做的事情,它们能使人快乐,并有机会发展自己的爱好和专长。但是做事情并不能完全取决于自己喜欢与否。

7. 学会做时间分析

找出哪些事在浪费自己的时间。做时间记录和分析,自我反省,发现浪费自己时间

的、无效的事情,分析哪些是自己造成的,哪些是外界原因造成的,找出改进的办法。

【案例4-7】

我的时间馅饼

教师:(播放背景音乐)现在,先请同学们闭上眼睛,找一个舒服的姿势坐好、放松,静静地回顾自己周末的一天。早上,闹钟响了,起床了,然后整理床铺、洗漱,吃早饭。吃完早饭后,做了什么呢?是早读学习,还是看电视,或者带着宠物出去走走,还是做其他的事呢?接着到了吃午饭的时候,午饭吃了多久呢?吃饭的时候是专心吃,还是一边看电视一边吃呢?吃完午饭到了下午,下午又做了什么呢?是和朋友出去玩,还是在家写作业,或者和爸爸妈妈出去?接着到了晚上,吃完晚饭后是休息了呢,还是做了别的什么事?接着到了睡觉的时间,是几点上的床呢?时间越来越晚,同学们慢慢进入了梦乡。然后又是新的一天。现在,慢慢睁开你们的双眼。

教师:同学们都回忆起来你们周末做什么了吗?现在,将刚才回忆的周末的一天,按照时间分配的多少在"时间馅饼"上画出来。这一个圆就代表一天,可以涂上不同颜色,或者用不同标志加以区分,要实事求是,越详细越好。

学生们分享交流自己的"时间馅饼"。

教师:大家的"时间馅饼"都各不相同,同学们有没有在"时间馅饼"上发现自己哪些时间被浪费掉了,哪些时间安排得比较合理呢?你们有什么想法吗?

8. 班队工作者及家长要以身作则,给小学生树立科学的时间管理的榜样

小学生处于皮亚杰认知发展阶段的"具体运算期",他们的思维以形象思维为主,需要借助具体的操作经验才能做简单的逻辑思考。因此,指导小学生掌握一些具体的时间管理技术也是十分有必要的。"番茄钟技术"、对时间进行"加减乘除"的时间运算、使用特制日历都是很有效的方法。

三、小学生学习指导[①]

(一) 学习兴趣的激发

第一、激发小学生的学习动机,激发学生的求知欲。

第二、帮助小学生树立理想、确立合适的目标,提高小学生学习积极性。

第三、创设问题情境进行合作学习、研究性学习。

第四、营造民主平等的教学氛围。

第五、开放的教学时空,课内外相结合,促进兴趣生成。

第六、开展适当的学习竞赛活动。

---

① 秦启轩.小学班队管理实务与案例分析[M].南京:南京大学出版社,2018:92-100.

第七、把小学生其他方面的兴趣迁移到学习上来。

第八、建立和谐的、多重角色的师生关系。

第九、进行发展性、激励性的评价，关注小学生的进步。

(二) 学习习惯的培养

1. 良好的学习习惯的内容

(1) 制订计划

善于制订科学合理的学习计划并严格执行，这对于小学生学习目标的实现具有重要的影响作用。小学生的学习有无计划，学习效果大不相同。

(2) 质疑问难

课前预习可以培养和提高自学能力，质疑问难，发现问题，可以提高听课的针对性和学习效率，弥补知识缺漏。预习常用的方式有：鸟瞰式、阅读式、试答式、笔记式。

(3) 学思结合

课堂上不仅要积极地思考，而且还要善于思考。培养小学生独立思考的习惯，要引导他们积极发言，敢于提问，大胆质疑，培养他们思维的独立性、深刻性、广阔性和批判性、创造性品质。

(4) 温故知新

根据艾宾浩斯遗忘曲线揭示的规律——遗忘的进程是不均衡的，呈现"先快后慢"的特点。学得的知识，在一天之后如果不及时复习，就只剩下原来的25％。所以，要指导学生及时复习，最好在学习新知识后遗忘尚未开始之前进行复习强化，并养成习惯。复习要突出重点，掌握科学的复习方法如复习形式多样化、多种感官协同记忆、分散复习、整体识记和部分识记相结合。

(5) 认真作业

引导小学生养成以下几个小习惯：不依赖别人独立完成作业的习惯，做作业前先复习看书的习惯，当天作业当天完成的习惯，正确对待已经批改过发回来的作业的习惯。

(6) 专心致志

对小学生加强督促和监控，使他们养成心无旁骛、专心致志的习惯，提高学习效率。

(7) 业精于勤

引导小学生树立勤学、刻苦的学习态度。谦虚谨慎，戒骄戒躁，学业必有所进步；贪玩不努力，便会荒废学业，一事无成。

2. 良好的学习习惯的培养措施

(1) 越早越好，贵在坚持

小学生可塑性强，习惯的培养越早越容易塑造。不良习惯一旦形成，纠正起来就比较困难，所以一定要常抓不懈。

(2) 严格要求，反复强化

良好学习习惯的养成是一个不断反复的过程。一方面班队工作者和家长要晓之以理，让小学生深刻理解良好的学习习惯的重要性；另一方面，要不断给他们提出严格的要求,并且要有赏罚分明的措施,常抓不懈,通过反复练习和不断强化,建立稳固的条件反射,直至形成自动化的习惯。

(3) 激发欲望,磨炼意志

良好的学习习惯的养成不是一朝一夕的事情,是一个从简单到复杂的渐进的过程。所以班队工作者和家长要激发小学生的成就动机,鼓励他们克服困难,抗拒诱惑,培养他们的自制力、自觉性、坚韧性等。

(4) 整体培养,相互促进

小学生的学习习惯的培养始于日常生活。学习习惯和生活习惯、学习兴趣、意志品质等都是密不可分的。所以,培养小学生良好的学习习惯要有整体思维,要全方位培养小学生的生活素质、心理素质和学习素质。

(5) 消除恶习,破旧立新

要教育小学生认清自己身上认真学习的"敌人",下定决心改掉拖沓、懒散、怕苦怕累、不珍惜时间等不良习惯,树立一个崭新的"自我"和过去的"自我"告别。

(6) 家校联动,以身作则

家长和学校密切配合,形成合力,共同督促。在学业和生活中,班队工作者和家长都要率先垂范,以身作则,才能产生最佳的教育效果。

(三) 学习方法的指导

1. 指导学生合理地组织复习活动

孔子曰:"温故而知新。"班队工作者要指导学生做好课后复习。指导学生复习时应注意的事项:① 复习时机要恰当。复习要及时,针对遗忘的进程和规律,最好在学习新知识后遗忘尚未开始之前。低年级学生间隔的时间更要短些。② 复习方法要合理。如分散复习与集中复习相结合、复习方法多样化、多种感官参与复习等。③ 复习次数要适宜,提倡适度的过度学习,150%的学习可以提高记忆效果。

2. 指导学生掌握具体的学习方法

如预习的常用方式:鸟瞰式、阅读式、试答式、笔记式;常用的记忆方法:札记法、歌诀记忆法、特征记忆法、谐音法、联想记忆法、图表记忆法等。

(四) 专注力的培养

苏联教育家乌申斯基说:"注意是心灵的门户。"人的心理过程一旦离开注意,就无法正常进行。良好的注意是小学生进行各种认知活动的基础,是保证学习质量的必要条件,也是衡量小学生心理素质发展水平的基本标尺。

1. 小学生注意力的特点

(1) 无意注意为主向有意注意为主发展

低年级小学生仍处于以无意注意为主的阶段,小学高年级学生的有意注意有了长足的发展,在认知活动中,有意注意已取代无意注意而占主导地位。

(2) 注意的稳定性品质逐渐发展

心理学实验表明,7~10岁儿童注意保持稳定的时间约为20分钟,10~12岁儿童提高到25分钟左右,12岁以上儿童提高到30分钟左右,若教育得当,小学高年级学生甚至可以保持稳定的注意40分钟。

(3) 小学生的注意带有情绪色彩

凡是能激发他们情绪反应的活动或事物,就容易引起他们的注意。

(4) 注意的分配能力有所发展

研究发现,小学二年级和五年级学生的注意的分配能力基本差别不大,说明小学生注意的分配能力发展比较缓慢,他们很难同时注意多个对象。

2. 培养小学生学习专注力的方法

教师运用有意注意与无意注意相互转化的规律,并教会小学生运用。

帮助小学生运用一定的方法和技巧抵抗外界干扰,加强意志锻炼与自制力的培养。如苏联心理学家马努依连科著名的"哨兵持枪姿势"实验,就是运用角色扮演的方法锻炼儿童的意志,训练他们坚持性的意志品质。

加强小学生注意的分配能力的训练。

环境管理策略。排除学习环境中的无关干扰因素,如零食、漫画书、手机、玩具等不能出现在学习的时间和空间中。

引导小学生学会自我激励。树立正确的学习信念,在达到自我设定的目标时学会自我奖赏,自我强化,把外部动机转化为内部动机。

(五) 班集体学习指导的方法

1. 专题讲座法

专题讲座法就是班队工作者根据小学生学习的需要,采取专题形式定期或不定期地举办学习指导讲座,讲座的内容可以围绕学习方法,也可以围绕学习能力等进行。

2. 经验交流法

班队工作者组织学生们现身说法,在同学之间相互进行学习方面的心得交流。常用的形式有:主题班会、座谈交流会、优秀学习方法报告、作品展览等。

3. 诊断治疗法

这是一种个别指导的方法。班队工作者通过问卷、谈话、观察、提问、改作业等形式对学生的学习动机、学习兴趣、学习方法、学习效果等方面进行全面的了解,进行认真分析,从而诊断出小学生在学习上存在的主要问题及原因,然后有针对性地加以指导。

课后思考题

1. 小学班队日常管理的两种基本模式是什么?它们是怎样的关系?
2. 制定小学班队规范的基本原则有哪些?

3. 制定小学班队规范有哪些基本要求?
4. 小学班队常规教育的实施步骤是什么?
5. 小学生日常行为规范训练的方法有哪些?
6. 惩罚有什么作用?
7. 如何正确地使用惩罚?
8. 如何指导小学生进行时间管理?
9. 如何对小学生进行学习指导?

实践探索

试比较以下列举的6种班规的表述形式,你最欣赏哪一种(或哪几种)?

(1) 普通型

负责任、做好分内工作。

按时完成功课并马上订正错误。

听从各组组长的指导。

维护校园和教室整洁。

(2) 强制型

男生一律理平头。不能随地吐痰。女生头发不可以奇形怪状。

(3) 规整型

尊师重道,有礼貌;

友爱同学,相扶持;

上课专心,守秩序;

搭车用餐,要排队。

(4) 押韵型

积极锻炼身体好,楼道里面不乱跑;

见到垃圾弯弯腰,环境卫生人人保。

(5) 正反型

课上要专心,不叽叽喳喳;

发言要响亮,不说半截话;

作业要认真,不要总拖拉;

工作要负责,不要马大哈;

游戏要安全,不把栏杆滑……

(6) 快板型

早上穿衣快一点儿,刷牙洗脸干净点儿。擦桌扫地彻底点,饭菜可得节约点儿。熄灯以后安静点儿,上楼下楼悠着点儿。游戏安全注意点儿,锻炼身体用力点。读写坐姿直一点儿,回答问题踊跃点儿……

案例探究

案例 1

我向同学鞠一躬

都五年级了,我们班同学还是改不了做事马马虎虎的毛病,值日时将扫除工具随手乱丢,为此,我专门召开了"爱护公物"的班会,在会上,同学们也表示"爱护公物,不随意乱丢公物",我也一再强调以加深他们的印象。可是晚上放学时,我就在班上的卫生区内拾到了一个被丢弃的簸箕和一把笤帚,仔细一看,竟然有五年级(1)班的"记号"。顿时,一股怒火"腾"地窜上脑门,好啊,简直把我的话当成耳旁风了!为了维护老师的尊严,我决定明天给他们点颜色看看,于是,我把簸箕和笤帚拿到了办公室。

第二天早上,我迫不及待地来到了班级,假装拿笤帚扫地的样子。"哎,咱班怎么缺了一把笤帚?值日组长,站起来!怎么回事?"值日组长在班内找了一会儿没找到,我大声说:"昨天班会上我讲了什么?扫帚到底放哪了?"他无言以对。

"去找!"我大喝一声,手指着教室外,"马上给我出去找"。他出去转了一圈——当然找不到,又胆怯地回到我面前,小声说:"老师,我买去,我赔,行吗?"

我声色俱厉地呵斥道:"不行,就要原来的,我要治一治你们这种坏习惯,找不着,不准上课,中午不准回家吃饭!"

他只得出去找,望着他战战兢兢、畏畏缩缩的身影,我心中升起一股莫名的快意。

下午,上课铃刚响,值日组长拿着一把笤帚跑到我面前:"找到了,老师。"

我一看,确实是学校统一发放的那种笤帚,马上意识到其中有假,心想:"竟敢这么骗我,太不尊重我了,看我怎么揭穿你的伎俩。"我歇斯底里地吼道:"你从哪里弄来的?别以为我不知道,说!"

他的眼泪吧嗒吧嗒地掉了下来,一边哭一边说:"怕你不让我进教室上课,只好偷了别班的笤帚和簸箕。"

他这么一回答,好像从头上泼下一盆冷水浇灭了我的怒火,也让我彻底冷静下来。我本想让他改正错误,却逼得他犯了更大的错误。我突然意识到自己犯了一个多么大的错误,我是多么残忍啊!为了我那点可怜的尊严,竟如此无理地对待一个学生,我能想象出他是经过怎样的煎熬才做出了这样的选择!于是,我决定做深刻的自我批评。

下午的自习课上,我首先向同学们说明了笤帚事件的原委:"同学们,今天老师犯了一个很大的错误,表面上是为了惩罚值日生乱丢班级公物的不良行为,实际上是为了维护我的尊严而导致值日同学犯了错误,我郑重地向同学们道歉!"说完,我深深地向值日组长鞠了一躬。我亲眼看到:同学们的眼神由惊诧变成敬佩,随后班内响起了雷鸣般的掌声。这时,值日组长也激动地站起来向大家承认了错误:"老师,同学们,是我不好,昨天把扫帚忘在了咱们班的卫生区了,今后一定改正!"并且主动把那把偷来的笤帚送还原主。

阅读上面的案例,思考并回答:

(1) 班主任为什么会犯错?结合班级日常管理的模式谈一谈自己的观点。

(2) 班主任应该怎样正确地使用惩罚？

案例 2

针对学生上学迟到现象，请看以下两个班主任不同的处理方式：

学生迟到，低着头默默地站在教室门口。

老师：看看表都几点了，还来上学干嘛，还不如在家养着呢！

学生：老师，公共汽车半路坏了，我是跑着来的。

老师：公共汽车坏了，别人坐的车怎么不坏，单单你坐的坏？我看你还是跑着回家吧！

再看同样的事情，另一位班主任不同的处理：

老师看到学生气喘吁吁地走进教室，问：看你满头大汗，出了什么事？

学生：半路公共汽车坏了，没办法，我是跑着来的。

老师：为了学习，为了班级荣誉，你能跑着来上学，这种精神非常好，希望你在各方面都像这样严格要求自己。

请你结合案例中两位班主任的做法进行点评。

案例 3

记得担任一年级班主任的下学期开学初，为鼓励学生认真完成作业，每次作业完成好的都盖上一个红花印章，学校给每位班主任发了几个图案十分漂亮的印章。同学们个个对待作业的态度是来了个一百八十度的大转变，作业排列整齐，字迹工整，收到了十分理想的效果。

不料好景不长，仅过了几天，放在盒子里的印章居然不见了，而我清清楚楚地记得就一个晚上让这个盒子在教室里过夜，没有拿到办公室去。我暗暗思忖，一定是哪个同学觉得好玩悄悄地"顺手牵羊"了，我想，或许是这个同学羡慕其他同学得到老师的特别奖赏，他却因为作业习惯不太好，字体不理想，得不到老师的这个奖赏，出发点应该没有多大的主观恶意，但是，如果我再麻痹大意的话，会纵容同学走向不诚实的道路，我得留意了。不过，这个拿了印章的同学，知道老师已经发现印章不见了，一定是忐忑不安的，如果我再在班级中把事情扩大，可能达不到教育的效果。于是，我只是轻描淡写地扔下一句："我本来想给那些作业写得好的同学印一鲜艳的小红花，但是现在红花印章不见了，算了，不印了。"

过了一段时间，我改给同学印五星时，无意间发现有个同学在自己本上印了好几个红花。我一下子愣住了，难不成这印章是他"顺手牵羊"的？我顺势问了一句："这究竟是怎么回事？"他来不及反应："是我自己印的。""你这印章哪儿来的？"一时他支支吾吾起来，说不清楚。我心中怒火一下子烧了起来。可理智告诉我，还得强压心头怒火，于是不露声色地对他说："你走吧。"又过了一天，我抽空让这个同学跟我到办公室去。在走廊上，我边走边和颜悦色地问他："今天放学后，谁来接你？"当他告诉我说是他奶奶接时，我又对他说："我想让你妈妈来接你，我想跟你妈妈聊聊。"然后，一路到办公室没有说话。走进办公室，或许是事隔了一天，我一点火气都没有了，只问了他一句："你的红花本子究竟是怎么回事?"他就告诉了我,印章是他拿的,并且承认了错误,并保证下次再也不做这样的错事了。从这以后,这个同学真的不再犯这样的错误,而且在其他方面的表现进步也很大。回首对这同学的教育历程,我陷入了深深的思索中。现在的学生,自我意识很强,如果一味地居高临下的说教或训斥,反而会引起同学们的反感,收不到教育的效果。如果你为该同学留有空间去思考,在同学面前为他保留一点面子,让他自己去认识到自己的错误,这样教育就像春风细雨滋润着同学们的心田,会得到意想不到的效果。

请运用班级日常管理的知识评价这位老师的做法。

案例4

由于学校小卖部的成立,孩子们下课都去那里"光顾"。有一天张芷维委屈地说:"老师,我的一元钱丢了。"一元钱,对于孩子来说,那可是他一天的花销啊!我对他说:"你别急,这钱老师一定会帮你找到的。"听后,他便满怀希望地等待。

一元钱是小事,孩子的行为习惯是大事啊!为此,我对一元钱进行了"侦破"。下课时,我故意找了几个学生了解情况。上课了,我平静地说:"×××同学,请你来一下!"孩子慢吞吞地走出教室,我问他:"知道老师叫你干什么吗?"他立刻争辩道:"老师,钱不是我偷的!"一下子我全明白了。我接下来说:"老师知道你是个好孩子,不会偷拿别人钱的,你捡到了钱,应该交给失主啊!"他说:"老师,我错了,钱让我花了,明天我还他行吗?""老师相信你一定能还他,以后再捡到钱要想着还给失主啊!"一个"偷"和一个"捡"字,只要教师换个说法,既能让孩子认识到自己的错误,又保护了孩子的自尊心,我们何乐而不为呢?

请说明上例中这位老师运用的是什么管理模式?结合案例谈谈这种模式的优缺点。

第五章 小学班队组织管理

学习目标

1. 理解班集体的内涵及形成过程。
2. 认识和理解班集体的特征及教育功能。
3. 掌握班干部选拔和培养的技能。
4. 掌握形成正确的集体舆论的策略和方法。
5. 认识和理解非正式群体的成因及特点。
6. 掌握对非正式群体的教育策略。

第一节 班集体概述

班集体是学生学习、生活、发展的直接环境，一个优秀的班集体对学生的健康发展会产生深刻的影响。马克思说过："只有在集体中，个人才能获得全面发展其才能的手段。"学校教育的特点是在集体中进行教育，通过集体教育学生，在集体中影响学生。班集体是促进小学生德、智、体全面发展以及个性化的一个理想的环境。优秀的班集体并不是自发形成的，它是班队工作者、科任老师和全体学生共同努力逐步形成的。班队工作者作为班级的组织者和领导者，在培养班集体的过程中担负着重大的责任。建设班集体是班队工作者面临的重大课题，也是班级工作的中心环节，班级管理的核心任务是班级组织建设。

一、班集体的内涵

（一）班级和班集体

班集体不同于班级。班级作为学校教育教学和管理的基本单位，是相对于个别教学而言的。班级组织是随着班级教学的产生而形成的。"班集体"概念的出现晚于"班级"概念，有了班级的形式才有了班集体的产生，班级是班集体建设的起点和前提，班集体是班级发展的产物。班级组织发展到现在已经不是单纯的一种教学组织形式，而是教育性的学习集体和生活集体。

(二) 班集体的内涵

群体是个体的集合。在群体中,个体的心理和行为会因为受到他人的影响而发生变化,群体发展的高级阶段就是集体。班集体不是几十名学生的简单组合,而是相互间的融合,在此基础上形成的不可分割的整体,好比是"由成千上万条溪流汇合成的江河"。苏霍姆林斯基认为"集体"是一种"精神共同体"。

国内对"班集体"有不同程度的界定,主要有以下两种不同表达:① 班集体是按照班级授课制的培养目标和教育规范组织起来的,以共同学习活动和直接性人际交往为特征的社会心理共同体;② 班集体是指有一个领导核心的,已经形成自觉纪律的,正确舆论和团结友爱、勤奋好学班风的,能以集体主义价值观为导向的,为着班集体目标的实现而共同活动着的集合体,是班级群体发展到高级阶段的表现形式。

成熟的班集体具有以下基本特征:有集体成员认同的共同的奋斗目标;有健全的组织机构和坚强的领导核心;有健全的规章制度和严格的组织纪律;有正确的集体舆论和良好的班风;有平等和谐、互敬互爱的人际关系;有丰富多彩的集体活动。

二、班集体发展的阶段

班集体不是自然而然形成的,任何一个班集体的形成,都会经历组建、形成、发展、成熟的过程,这实际上也是一个教育培养和社会化的过程。

(一) 组建阶段——松散型班级群体

在组建阶段,学生们尽管形式上同属一个班级,实际上都是一个个孤立的个体,群体成员彼此之间缺乏充分交往,彼此处于陌生状态,班级的核心和动力是班主任。班级对班主任有很大的依赖性,班集体的目的任务都来自班队工作者的要求,任何活动也都需要依靠班队工作者组织指挥,靠行政手段组织班级,群体没有形成大家认同并愿意遵守的行为规范,群体意识差,聚合力弱。因此这一阶段是班队工作者最繁忙的时期,也叫松散群体阶段。这一阶段主要由班队工作者引导班级前进,在这一时期,班队工作者必须对学生提出明确的目标和要遵守的规章制度,并引导学生积极参与班级活动。

(二) 形成阶段——合作型班级群体

师生之间、学生之间都有了一定的交往和了解,学生之间的交往不再局限于以个人情感为纽带,而是逐步建立在集体意识之上。学生群体开始分化,涌现出一批表现活跃、受关注的积极分子。在班队工作者的引导培养下,班级中各种组织机构逐渐健全完善,班规班纪慢慢健全,班集体的核心初步形成,班委会在同学中威信逐步提高,各种教育功能开始发挥,骨干力量的作用日益显现出来,协助班主任开展各项工作。这个阶段由班队工作者与班干部共同管理班级,班队工作者从直接组织逐渐过渡到培养和指导班干部组织开展集体活动。但是,正确的班级舆论与良好班风尚未形成。

(三) 发展阶段——自治型班级群体

这一阶段班集体已成为教育主体。不仅学生干部,多数学生也能互相严格要求。教育要求已转化为集体成员的自觉需要,也无须外在监督,已经能自己管理和教育自己。同学之间团结友爱,形成强有力的舆论与良好的班风,勤奋学习,各项活动表现良好。此阶段的主要标志是:由班队工作者担任组织者过渡到由班集体的各种自我管理机构担任组织者。

(四) 成熟阶段——自我更新的民主群体

这是班级群体发展的最高、最完善的阶段,是班集体趋向成熟的时期。这一阶段,集体的特征得到充分的体现,并为集体成员所内化,大多数学生能用班集体的奋斗目标指导自己的行动,学生有较强的归属感、荣誉感和集体主义观念,学生普遍能进行自我管理,积极参加集体活动,并主动维护班集体的荣誉,形成正确的舆论与良好的班风,整个班级洋溢着平等、和谐、积极、进取的心理氛围,班级能够高度自主地进行运转。各种权威逐渐淡化,班队工作者成为学生的顾问、参谋,民主平等关系中的"首席"。此时,班集体已然成为教育的主体,学生的主动性、创造性、个性特长得到了充分的发挥,并能不断自我超越、自我更新,每个人都能找到适合自己的位置。

三、班集体的功能

苏霍姆林斯基说:"集体是教育的工具。"优秀的班集体会对学生个体的发展起到潜移默化的教育作用。班集体是感染、熏陶学生的主要环境。马卡连柯说:"即使是最好的儿童,如果生活在组织不好的集体里,也会很快变成一群小野兽。"马卡连柯还说过:"教育了集体,团结了集体,加强了集体,以后,集体自身就能成为很大的教育力量了。"班集体一旦形成,就成为教育的主体,成为巨大的教育力量。班集体的功能主要表现为以下几方面:

(一) 社会化功能

在良好班集体的形成过程中,学生的集体意识、社会角色意识、责任感都会得到很大的发展。学生在集体中,学习社会的价值观,掌握社会生活规范,习得社会行为方式,扮演社会角色。在共同的学习、生活、劳动过程中,学生们逐渐认识到个人和集体的关系,自觉按照集体的目标、价值标准和行为规范要求自己,处理个人与集体、个人与社会的关系。

(二) 发展功能

班集体是训练学生自我管理、自我教育的最好载体。集体成员在评价他人以及与他人比较的过程中,学会认识自己和评价自己,从而提高自我教育的能力。一个良好的班集体为学生的健康成长提供了良好的自我教育环境,它犹如一个巨大的熔炉,不仅能焕发出学生的各种才能,而且使他们的精神面貌更加高尚纯洁。学生通过集体活动与同学之间的交往,学会交往与合作,适应集体生活,锻炼了社交能力,为适应未来的社会生活打下基础。

(三) 个性化功能

班集体是锤炼并完善一个人性格的熔炉。学生个性的发展离不开班集体相互比较、竞争、激励、学习的动力作用。在班集体中,共同的学习、生活,为每个人个性全面而自由地发展创造了机会和条件。班集体的活动有助于学生开发自己的潜能,发展自己的兴趣、特长,展示自己的才能,形成自己独特的个性品质。班集体的教育和陶冶,可以促进学生进行自我认识、自我调控,改变自己的个性,养成积极的品质。一个学生在班集体中的表现,为他在未来社会生活中的表现奠定了基础。

第二节　小学班队组织结构

一、小学班队组织结构

在小学,发挥组织结构功能的有两条主线:班级委员会和少先队。

(一)小学班级组织结构

班委会是班级委员会的简称,是协助班队工作者开展班级工作的得力助手,在学生中起模范带头和管理的作用。

班委会这条主线的组织结构主要是职能式结构,即班主任—班长—班委—组长—学生。职能式结构是在直线式结构(班主任—班长—组长—学生)的基础上发展起来的,它是根据班级管理目标、管理内容及分工的需要,在班长和组长之间设立了中层职能管理人员,进行直线职能分工管理。设立中层职能人员,缩小了管理跨度,有助于班主任从繁忙的班级事务中解脱出来,提高管理效率。

班委会的组成及成员的职责:

班长:全面负责组织和管理本班的各项工作,主持班委会日常工作、主题班会以及班级活动;制定班委会学期工作计划;进行班务管理,督促班委会成员做好本职工作;定期召集班委会议,检查班委员工作情况;定期向班队工作者反映同学们的意见和要求;在老师不在时及时处理班级中的突发事件;检查班级上课、活动的出勤情况;向班队工作者提议本班重大事宜等。

副班长:协助班长进行班级的考勤、操行评定和其他职责,当班长不在时代理其工作。

学习委员:组织全班同学的学习;监督科代表的工作;负责领取教材、收发作业;和老师的沟通、反映班级学习中存在的问题;督促同学认真学习,纠正学习中的不良现象,管理班级学风;负责学习园地的建设,交流学习经验;帮助同学解答学习上的问题。

纪律委员:负责维护、监督本班的日常纪律,以及协调午餐、午休纪律。

劳动委员:负责班级教室、清洁区的卫生安排与考勤等。

生活委员:负责班级的生活管理以及班费的开支等。

文娱委员:负责组织班级文娱活动,如班级活动、文娱联欢、郊游等。

体育委员:负责班级早操、课间操的组织和考勤、体育器材的借还,积极配合学校开展各种体育活动,如运动会、广播操比赛等。

宣传委员:负责班级宣传工作,主要包括编制黑板报、手抄报、宣传栏等。

班委会下设小组长,小组长的职责是负责预习、背诵等任务的检查、维持小组的活动纪律和正常秩序；组织小组的学习讨论；按时收发作业，协助老师完成日常教学工作；协助班干部做好班级管理工作。

日本当代著名教育社会学者片冈德雄提出"一人一个角色的全体参与"的班级组织形式，即"班级中的全体成员在集体中各自获得一个适当的位置，分担一个角色"。管理者可以采取这种班级组织形式，打破科层制的管理体系，把班级的组织结构由纵向变为横向，即淡化职位概念，强化岗位概念①，本着"班级的人，人人有事干；班级的事，事事有人干"的原则配备班干部，让班级每个成员找到自己能发挥作用的岗位，以一个主体身份参与到班级建设中，获得"存在感"，形成对班级的归属感和认同感。

教育实践中有一些班主任参照魏书生老师的一些做法，在班内实行"分级管理制"。一级管理：各个班委，负责全班各大项工作的监督执行。二级管理：大组长和小组长，分管各组的学习和卫生。三级管理：科代表，负责各学科的学习情况，及时辅助任课教师的工作。四级管理：职责长，负责班内各项小范围工作，如"灯长""盒长""桌长""门长""窗长"等，把班内大小而琐碎的工作分配到个人，使每个人都是"官"，都是班级小主人，产生了很好的激励效应。

【案例 5-1】

进行"头衔变更"②

俗话说得好，"人往高处走，水往低处流"。在一个班里，有时课代表忙不过来，其他学生帮助收发作业也觉得是件很光荣的事情；同样，在上课和下课时，值日班长（我班设立了常务班长和轮流值日班长）喊"起立"也觉得很自豪。由此我想到，班内不论大小干部还是一般同学，如果没有一定的职责作为学生努力的诱因，是无法鼓舞学生积极追求上进的。

于是，我进行了干部"头衔"变更。首先，我在班委成员的设立上，实行"头衔轮流转，今天到我家"的大胆做法，使每个学生都能有机会当一回"班长"或"学习委员"，参政议政。其次是在班内设立了很多新的"头衔"，如纪律标兵、数学明珠、领头雁、小小播音员、××小能手、故事王、小诸葛、百灵鸟、小博士、画王等。从学期初到学期末，这些好听的"头衔"都被我颁发给我班的学生，有的一人可摘取好几项"头衔"。每过两周，我都会与这些得到"头衔"的学生合个影，贴在我班的"橱窗"内，让他们在感受荣誉的同时，获得自信和成功的喜悦。

（二）少先队组织结构

少先队一般以学校为单位建立大队，大队下设中队，中队下设小队。大队领导中队，中队领导小队。少先队中队成员包括中队辅导员、中队长、小队长、少先队员。由班主任担任中队辅导员，班长担任中队长。

---

① 张鲁川.班主任在班干部培养上要体现专业敏锐性[J].江苏教育，2019(11)：73.
② 马肃霜.走活班级管理六步棋[J].班主任，2005(05).

中队辅导员的职责：

第一，协助学校做好少先队员的思想品德教育工作。

第二，根据少先队计划按期开展中队活动。

第三，抓好班队干部的培养，充分调动少先队员的积极性、主动性、创造性。

第四，协助学校积极开展课外文娱、体育、科技等活动。

第五，组织、管理好学生的安全。

二、班干部的选拔和培养

一个优秀的班集体，必须有一批团结在班队工作者周围的积极分子，并由他们担任班干部，组成班集体核心，才能带动全班为实现共同目标而努力。魏书生老师说过："学生干部是形成班集体的核心力量，是正确舆论的实践者，是班级行为规范的示范者，是各项活动的带头人。"班干部是班队工作者、任课教师和学生之间重要的沟通桥梁，是班队工作者的得力助手，是班级的骨干和核心。因此，班干部的选拔和培养教育不仅关系到班级的管理、班集体建设的质量，也是班队工作者工作艺术的一个重要标志。班队工作者要高度重视班干部的选拔和培养工作。

【案例 5-2】

狮羊效应[①]

"狮羊效应"源于拿破仑的一句名言：一只狮子带领的九十九只绵羊可以打败一只绵羊带领的九十九只狮子。这句名言说明了主帅或者是领导人的重要性。选好领导者，是一个集体不断发展和获得胜利的根本所在。班主任一方面要加强自身素质的建设，积极参加切实可行的培训活动，使自身的整体素质不断上新的台阶；另一方面必须认真而科学地选好班干部。让我们的管理工作有好的"领头雁"，具有"狮子"一样的领导力。

（一）班干部的选拔

班队工作者、班干部及学生三者之间的关系如同船舵、风帆和船的关系，如果没有风帆的支持，再好的舵手也是无法驾驭帆船的。班干部的选拔是一门艺术。班干部选拔好了，班级管理工作就会事半功倍。教育实践也充分证明了那些班队管理比较出色的管理者，都有比较得力的班干部作为助手。

1. 转变传统观念，树立正确认识

目前，我国有部分班队工作者还是以学习成绩作为评判能否成为班干部的标准之一，这和全面发展的教育方针以及素质教育的理念背道而驰，而且对学生有失公平，挫伤了学习成绩中下的学生的积极性。因此，在班干部选拔中，班队工作者要转变传统思想，树立

---

① 周洪利，刘永习.十种动物效应对班级管理的启示[J].云南教育·中学教师，2007(07).

平等对待学生、"以人为本"的理念,不能单纯以成绩论高下,要关注学生为集体付出的态度、能力,吸纳更适合当班干部的同学参与到班级管理中来。这不仅有利于班干部队伍的建设,也有利于营造团结和谐的班级氛围。

2. 充分发扬民主,确定选拔方式

在小学中,班干部产生的方式主要有四种:任命制、选举制、竞选(聘)制、轮换制。

(1) 任命制

任命制是由班队工作者及科任老师通过短期观察分析和研究学生的情况,直接任命某些学生担任不同职务的一种方法。适用于新组建的、学生之间了解较少的班级。这种做法有其合理性,如比较高效和适用,但弊端是班队工作者往往按照自己的喜好直接任命,班干部由于缺乏群众基础而得不到同学的配合和支持。

(2) 选举制

选举制是由学生通过民主投票或举手等方式选举班干部的一种方法(可分为有候选人与无候选人两类)。适用于班集体已初步形成且学生间互相较为了解的情况,教师还需给予适当的指导。在选举之前,要向学生阐明选举的严肃性,要求学生正确行使自己手中的权力,强调选举的程序与纪律。要防止出现拉票贿选现象,也要警惕借用民主的形式来实现班队工作者自己选拔意图的"伪民主"。

(3) 竞选(聘)制

竞选(聘)制是让学生根据自己的能力和兴趣,采取自我介绍、推荐、发表竞职演说的方式竞争各个岗位的班干部,适用于班级中有一批热情高、能力强的学生。这种选拔方式有利于学生认识自我,以及增进学生之间的了解,有利于激发小学生的民主、竞争意识,调动其积极性,提升小学生对班级的参与感和归属感,为更多同学参与班级事务搭建了平台,让全体学生获得锻炼和成长。

在竞选开始之前,班队工作者要对每位参加竞选的学生进行鼓励,强调他们身上的勇敢与优秀,同时也讲明竞选的职位有限,必然会有学生竞选结果不理想,让学生做好心理准备。在竞选结束之后,班队工作者不仅要对竞选上的班干部进行合理的工作分配,还要注意安抚竞选失败的学生,防止他们产生羞愧、抵触等负面情绪,影响其身心健康发展,并对班级管理造成冲击。要与他们倾心交谈,让他们正确看待自己,教育他们积极面对失败,重拾信心。

(4) 轮换制

轮换制是按照某种序列,由全班学生或大部分学生轮流担任班干部的一种组建班委会的方法。"轮换制"打破了干部的"终身制",让所有学生都有机会当班干部,都能进行班级管理角色的换位体验,从而提高了小学生接受班干部管理的自觉性,给更多的同学(包括后进生)提供参与班级管理、锻炼自己的机会,增强了学生的"主人翁"意识,有利于全班学生的共同发展。要注意先形成一个比较完备的轮换制度,避免由于频繁更换班干部带来的班级管理的不连续性。

近些年,在一些地方的学校里还出现了"组阁制"的有益尝试。组阁制是指在主要干部(一般指正、副班长)已经明确的情况下,由担任主要干部的学生选择合适的同学组建班委的一种方法。适用于小学高年级学生,而且担任主要干部的学生能力强、威信高、作风正派,且能知人善任。这是一种创新的方法,其经验值得借鉴。但要注意防止非正式群体的负面影响,班队工作者要加以正确引导。

考虑到小学生不同学段的特点,班队工作者要灵活确定选拔班干部的方式。低年级小学生自我认识有限,能力不足,可以采取个人自荐、投票选举和班队工作者任命相结合的方式;而对于已有自主意识和能力的高年级小学生,则可以通过竞选制和选举制相结合的方式来选拔班干部。

3. 明确选拔标准,严格选拔程序

班队工作者应广开言路,充分听取同学们的意见,做到全面了解学生,暗中物色班干部人选,做到心中有数。在选拔班干部之前,班队工作者要把每个干部岗位的具体职责要求张贴出来,并向学生进行解释,以便于学生根据自身能力和兴趣量体裁衣,选择自己适合的岗位。班队工作者选拔班干部应坚持素质标准,合格班干部的共性应该是具备良好的思想素质、较强的领导能力和组织能力、热爱班级工作,能团结同学,愿意为同学服务,能起模范带头作用,并在同学中有一定威信的全面发展的好学生。遵循公平、公正、公开的原则,严格执行选拔程序,以选拔出一个最佳的班干部队伍。

4. 建立岗位评价,实行动态管理

班干部是班级整个群体的共享资源,班干部的成员不应该只固定在少数几个学生中,而应给予其他学生参与班级管理的机会,否则会打击其他学生参与班级管理的积极性,同时也会造成班干部与其他学生之间产生矛盾,不利于班级管理和学生的身心发展。因此,班干部不能实行终身制度,班队工作者要采取合理的评价方式,实行优胜劣汰的动态管理,实行班干部任期制或轮换制。

加强班干部任职期间的监督和考评。在班干部评价中,可以实行岗位述职和评议制度,也可以通过设置意见箱、召开班会等方式广泛征集学生的意见,对于那些责任心不强、能力不足的班干部要及时进行撤换,实施动态管理,增强班干部的危机与竞争意识。这有助于每个学生认识自己,学会反求诸己、见贤思齐,对学生也是很好的体验民主、平等、公正等价值的契机,有利于学生的全面发展。

5. 创新选拔理念,优化干部队伍

班队工作者对班干部队伍建设要具有全局、全面的意识,树立以学生为本的理念,创新班干部选拔工作,使班级管理工作面向全体学生、面向学生的全面发展。如有的班队工作者通过常务岗位+轮换制,适当增加班干部名额、扩大小岗位设置和定期轮换的形式,让更多的学生有当班干部的机会,让面向全体的教育理念得以在班级日常管理中实现;有的班队工作者把当干部作为激励和鞭策后进学生的手段,实现班干部队伍的"黑白配";有的班队工作者运用逆向思维,把做得好的干部换下来,做不好的干部继续上,直至做好为止。

【案例 5-3】

双班委制[①]

忽然,一个大胆的念头从脑际闪过:如果增设一个班委,变成两个班委,那么就有16位学生当选,那些有个性、有特长的、长期游离于"管理层"外的学生就有机会进入他们神往的"组织",一展他们的风采,实现他们演讲中的设想与承诺了!"双班委"能使更多的学生参与班级管理,使传统的班级管理模式,由一成不变向动态发展,真可谓一举两得。于是,我当即宣布:"组建两个班委,选出16位小干部。"真是"一石激起千层浪",教室里沸腾了。在征求了各任课教师的意见后,我索性放手,只指定了两个班长,其他人员,分工由班长们自己协商、组建。由此,"双班委"正式诞生。

竞选选出的16位小干部,组成两个班委。再各增加一个宣传小组(4人),一个策划小组(4人),分别由各班委自己组建,小干部不能兼职。这样每个班委就由16人组成,全班共有32位小干部。其中的宣传小组负责班级的宣传(黑板报、学习园地、英语天地)、布置(生物角、争章园地等),策划小组负责午间俱乐部、十分钟队会、新闻发布会等。

所选的两个班委按月管理班级,互相竞争,互相协助。每月的月尾召开一次小干部会议(两个班委同时召开),对自己的工作开展批评与自我批评。班主任则对大家的工作进行总结、评价(以鼓励为主),同时又对下一轮小干部提出相应的要求。

双班委制的实施,营造出一种既竞争又合作的班内人际关系,让更多的孩子得到了展示自我、锻炼自我的机会,激发出他们强烈的集体责任感,也营造出更为积极、和谐的班级氛围。

(二) 班干部的培养

班队工作者要结合学生的自身特点,以民主、公平、公正、公开的选拔原则,运用合理的选拔模式,建立一支符合班级需要的班干部队伍。但是要想培养一支优秀的班干部队伍,还需要对选拔出的班干部队伍进行培养与锻炼。

1. 转变干部观念,确立工作意识

在班干部培养中首要的并非工作方法的指导,而是正确的工作意识的确立。班干部要具备"七种意识":服务、责任、表率、奉献、主动、协作、平等意识。受传统"官本位"思想的影响,不少小学生在担任班干部的动机上有偏差,觉得当班干部很荣耀,在其他学生面前颐指气使,容易激化班干部与学生之间的矛盾,不利于班级的建设。班队工作者要让他们明白:班干部不仅仅是管理者,更是服务者;不是仅仅拥有权力,更意味着对同学、对班级的责任。班队工作者要引导班干部淡化"官本"意识,强调班干部的职责是为班集体服务,增强班干部的服务意识、奉献意识和平等意识。班干部要起到模范带头作用,以身作

---

① 陈伶俐."双班委"诞生记[J].班主任之友,2011(02):19.

则,严于律己,要有表率意识。在思想上,班队工作者要引导班干部认识到班干部是一个团体,树立团队协作精神,相互尊重,相互支持。班干部要充当师生之间的沟通窗口,发挥自身的管理潜能,要有"主动"意识。

2. 加强具体指导,提升工作能力

要使班干部更快地成长,就要大胆放手让班干部在实际工作中经受锻炼。对班干部的培养不要空泛地提要求,而要对班干部进行具体的指导。在班干部队伍成长的每个阶段,要当好班干部的"观察员"和"参谋",留心观察他们所遇到的困难并悉心指导、点拨,教给他们工作方法,培养其组织能力、管理能力、决策能力等,帮助他们迅速成长为班级的中流砥柱。在班干部任职初期,班队工作者可带领班干部开展工作,设计活动计划,活动后一起进行经验反思与总结,帮助班干部快速适应工作要求,提高工作能力;在班干部已经能够比较熟练地处理简单的工作时,可以适当放手让班干部自行组织班级活动,并进行适当指导,培养他们独当一面的能力。最后,在班干部已经基本具备完成工作的能力时,大力扶持班干部按照他们自己的想法开展工作,提高班干部参与班级管理的积极性与创造性。

3. 提出严格要求,树立干部威信

无论班干部个人还是班干部群体都对全班有着"以点带面"和"以面带面"的作用,也就是说班干部要靠自己的实际行动来树立个人形象和群体形象。因此班队工作者对班干部要严格要求,切实提高每个班干部的思想觉悟和工作能力,在知识经验、能力作风上都要有更大的进步,在纪律上以身作则,处处起模范带头作用,帮助他们不断完善自己,树立威信。通过班干部这个小集体来建立正确的舆论,带动整个班集体,从而达到"以面带面"的效果。班主任也应注意加强引导,抓住时机对班干部的能力予以公开肯定,对班干部为集体做出的贡献给予大力的表扬,帮助他们树立威信。

4. 关心鼓励干部,激发工作热情

班队工作者"保姆式"事无巨细的管理方式不但使得自己异常忙碌,还不利于班干部的能力发展和进步成长。让班队工作者"减负"的办法就是在处理班级事务时鼓励班干部发挥主观能动性,多让他们拿主意,鼓励他们敢想敢干,敢抓敢管,大胆工作。对每个班干部,用其所长,避其所短,要容许班干部在工作中犯错误,不求全责备。班干部工作中出了差错,班队工作者要主动承担责任,要多给予班干部理解和支持,帮助他们找到工作中的漏洞和不足,制定改进措施,提高班干部承受挫折的能力,不断完善自我。在班干部队伍的成长阶段,班主任要留心观察他们所遇到的困难和心理变化,如因同学的不理解、不配合而感到委屈,没有处理好学习和工作的关系导致学习成绩下降等,班队工作者要开导他们运用辩证思维,正确认识得失,重新激发他们的工作热情。

5. 加强后备力量,扩大干部队伍

班队工作者要独具慧眼,善于通过观察、谈话、调查等方式了解学生,挖掘、掌握学生不同的特点,特别要找准班干部的后备人选,要善于发现和培养积极分子,一旦发现了适合不同岗位需求的人才,就要把他们纳入班干部的后备队伍中。另外,还要对竞争中落选的学生进行培训，提升他们的管理能力，保护他们参与班级管理的积极性，为班干部队伍储备力量。

第三节 培养正确的班集体舆论

一、班集体舆论的含义

（一）班集体舆论的含义

班集体舆论是指在班集体中占优势的、为大多数学生所赞同的言论和意见，通常以议论、褒贬等形式肯定或否定集体的动向或集体成员的言行，成为控制个人或集体发展的一种力量。班集体舆论是学生行为的依据和重要参照，它以影响学生判断是非的标准进而影响学生行为的价值导向。班集体舆论反映了班级学生的整体状态。班级舆论导向的水平直接关系着整个班级的发展水平与方向。班级作为未成年群体的一种特殊存在形式，他们的不成熟性也决定了不稳定性和可塑性。班集体舆论在各种因素的综合引导下可能朝好的方向发展，也可能朝坏的方向发展，而不可能一成不变。班集体舆论有正确与错误之分，有自发与自觉之别。是否具有正确的班集体舆论是衡量一个优秀的班集体是否形成的重要标志之一。因此，在班集体建设中，班队工作者对于班集体舆论必须给予高度的重视和恰当的组织和引导。

（二）班集体舆论与班风

班集体舆论与班风都是学生整体学习、生活状态的外在表现，它们都是衡量一个班级综合水平的重要指标。班风的概念要大于班集体舆论。班风即班级风气（Class Atmosphere）是班级成员的思想、言行、风格、习惯等方面表现出来的特有的、稳定的一种精神面貌，是班级中大多数学生所表现出来的心理和行为状态的综合反映。班风是班级"个性特征"的体现，体现出班级的内在品格与外部形象。班集体舆论会影响成员的态度和行为倾向，引领着班级未来发展的方向。班风的形成与班级传统、班队工作者自身修养和管理水平、班干部队伍素质、班集体舆论、学校风气、社会环境等紧密相关。

良好的班集体的形成离不开良好的班风，良好的班风形成离不开班级正确的舆论导向。班集体舆论与班风都会对班级成员的行为产生重要的导向作用。正确的班集体舆论和良好的班风是相互联系的。正确的班集体舆论是形成良好班风的前提和关键，良好的班风形成，需要正确的班集体舆论的支持，而良好的班风一旦建立，又会促进班集体舆论的健康发展。

二、班集体舆论的意义

正确的班集体舆论是增强班级凝聚力的凝聚剂。班集体凝聚力的大小直接影响班集体力量。凝聚力大的集体,集体力量是 $1+1>2$。只有凝聚力强的集体才能成为优秀的集体,如果一个班级中消极错误的舆论占优势,则必然歪风邪气盛行,久而久之,班级纪律涣散,学生无心学习。

正确的班集体舆论是培养优良班风的重要保障。正确的集体舆论能起到明辨是非、扶正压邪、鼓舞士气的作用,具有导向性、号召力和感染力,使班集体保持积极向上的精神状态,为学生的健康发展提供良好的环境。

正确的班集体舆论能引导学生形成正确的世界观、人生观、价值观,使学生终身受益。

正确的班集体舆论是学生自我教育的手段,也是形成和发展班集体的巨大力量。集体舆论无论正确与否都只是一种无形的外部压力,而自我思想斗争才是学生进步成长的内部动力。正确的班集体舆论能促进学生把外部影响转化为自己的内在需要和自觉行动。

正确的班集体舆论有利于强化教育教学效果,对任课教师、班队工作者的教育教学效果产生重要影响。一个优秀的班队工作者总是善于引导、转化舆论,把自己的教育意愿以集体舆论的形式表达出来,通过集体舆论去影响每个学生,往往会收到事半功倍的教育效果。

三、班集体舆论的功能

正确的班集体舆论具有评价、导向、约束、激励、陶冶、凝聚等多种功能。

(一)评价功能

评价功能是班集体舆论的首要功能。班集体舆论以褒贬、议论的形式反映了大多数学生的意见和要求,从而对班内的某些事物、学生的言行等进行肯定和否定的评价,成为学生行为的重要参照标准之一。正向、积极的班集体舆论能肃清学生的不良思想和行为,帮助学生辨别是非,具有班规班训等制度不可替代的特殊作用,它对学生的影响往往也要比班主任个人的力量大得多,有效的多。经常见到很多犯错误的同学并不怕班主任的批评,却最怕遭受班集体舆论的谴责。所谓"众口铄金""人言可畏"就是这个道理。

(二)导向功能

正确的班集体舆论为学生的健康成长指明了方向。班集体舆论的评价功能必然会形成一种巨大的影响力,从而引导学生接受正确的价值观和行为准则,学会如何学习、如何劳动,怎样认识自己,怎样对待别人,使他们朝着社会期望的方向发展。

(三)约束功能

班集体舆论代表大多数人的意见,对学生提出具体的行为要求,会对学生构成一种压力,以一种无形的力量规范、监督着学生的言行,纠正学生的偏差行为,阻止不道德的言论和行为的发生,促使学生自觉抵制和改变不符合规范的言行来适应班集体的要求。

（四）激励功能

正确的班集体舆论往往成为学生积极行动的动力。只有形成了"人人刻苦学习"的班集体舆论，才能产生努力学习的积极行为，所以班队工作者要培养健康的集体舆论，培育团结向上的精神力量，振奋学生的精神，激励学生发挥能动性和创造性，为实现自己和班级的目标发奋努力。

（五）陶冶功能

如果整个班级的舆论导向是积极向上的，一些学生的不良习惯在班级里就不会有传播的"空间"，他们就会在其他同学的感召下走上积极健康的道路。一个优秀的班集体就像一座"熔炉"，陶冶着每个学生的思想、作风、情操，净化学生的心灵，在潜移默化中塑造学生的道德品质和行为习惯。

（六）凝聚功能

班级凝聚力是班集体对其成员的吸引力和成员之间的相互吸引力。正确的班集体舆论能凝聚人心，形成和谐的人际关系，使学生对集体产生归属感和认同感，群体呈现出旺盛的生命力。

四、形成正确的班集体舆论的策略和方法

正确的班集体舆论的形成，不是自发的，它是在班队工作者的正确引导下，通过全体师生共同努力形成的。

（一）进行调查研究找焦点

班集体舆论不是一成不变的，而是随着社会、班级的发展不断地变化，班队工作者要善于在繁杂的具体事务中研究、归纳出具有普遍的内容，从而有效地引导班级的舆论。社会心理学研究表明，个人对舆论的接受、扩散与传播，同个人的需要与愿望有关。小学不同学段学生的需要、愿望、关心的问题是不同的。班队工作者应当抓住学生的年龄特点，研究学生的需要，结合对社会大环境、班级小环境的研判，及时把握班级舆论的脉搏和焦点，随时注意舆论的倾向和性质，准确预测班级舆论的发展趋势，有的放矢地开展工作。事先打"防疫针"，比起事后堵"窟窿"，学生更易于接受，可谓事半功倍。

（二）建设舆论中心抓导向

班集体舆论的建设首先要在班级形成正确的舆论中心，舆论在此发端，并对周边产生巨大的辐射力和影响力。

首先，班级舆论中心的形成离不开班队工作者的正确引导。

培养正确的集体舆论，最根本的在于树立学生正确的是非观。班队工作者要经常注意结合发生在学生身边的事，引导学生思考、讨论，自觉分析其中的是非善恶、荣辱美丑的习惯，帮助学生树立正确的人生观、价值观，给学生一双慧眼，使他们面对各种复杂的舆论，也能坚持真理，明辨是非，提高学生对问题的认识水平和道德评价能力。

其次，加强班级舆论中心建设，离不开集体主义导向。

集体的凝聚力和向心力是培养学生良好品德和发挥班级舆论监督作用的保证。让集体主义观念深入学生内心，使他们认识到自己的一言一行都会影响班级荣誉和形象，形成"班荣我荣，班耻我耻"的意识，从而遏制不良的言论和行为。

再次，班级舆论中心的形成，需要建设好几个重要的舆论中心点。

一个集体法定的核心是班队工作者和班干部，自然形成的核心如成绩优秀的、人缘好的学生、"小团体"中的小头目等。这些都是重要的舆论中心点。

班队工作者的精神风貌往往会成为班级风尚的重要影响力量。班队工作者的言行、思想、观点，很容易被学生接受，内化为他们的观点，进而形成一种班级的舆论。这正是班队工作者影响班级舆论的优势所在，也所谓"亲其师，信其道"。要做到这一点，班队工作者必须具有高尚的道德品质、健康的精神世界，真正成为学生的思想导师和生活益友，以身作则，把集体舆论引向健康的方向。

班干部是学生的"领头雁"，成绩优秀的、人缘好的学生在班级中具有的一定的影响力和号召力，成为众多学生可以学习的榜样或"中心人物"，他们是管理班级、形成健康舆论导向的主力军。班队工作者要紧紧抓住班干部这个"舆论中心点"，让他们能够在思想认识上和班主任达成一致，发挥榜样的示范、带动作用。一旦正确舆论在班级占了上风，那么错误的舆论自然就没有了空间。

班级舆论点建设绝不能忽视班级中自然形成的"小团体"。从教育心理学的相关理论可以得知：有吸引力的"小团体"，能产生"从众效应"，进而起到"类化作用"，左右班级风气，常常能起到教师所无法发挥的作用。班队工作者要团结和依靠他们，帮助他们提高分析和评价舆论的能力，使他们和班委会真正形成一个代表正确舆论导向的核心，这是形成健康班级舆论的重要基础。班队工作者要善于培养这些"核心人物"，强化他们的影响，鼓励品学兼优的学生在"小团体"中发挥中心和榜样的作用，对反面的榜样与中心人物，予以妥善地引导或限制，把他们组织到适合他们发展的"小团体"中。

（三）开展辩论活动明是非

正确的班集体舆论的形成单凭班主任的灌输和说教是远远不够的，当今社会环境较为复杂，价值多元，对于许多现象和问题，学生的评论、意见不一致，这其实是很好进行讨论的一颗种子，把这颗种子播种在集体里边，通过讨论浇灌，在辩一辩、说一说中进行价值判断和澄清，让种子开花结果。这种观点不是班队工作者直接传授给学生的，而是经过学生的思想斗争、观点碰撞、明辨是非，才形成自己的看法的。

班队工作者在培养正确舆论过程中，应当自觉运用这一规律：首先要抓住典型行为，其次围绕典型行为组织学生进行广泛的讨论，分析某些现象和行为，明辨是非善恶、荣辱美丑。最后，班队工作者要努力宣传正确的观点，对正确的行为及时予以表扬，对错误的言行予以批评，让正确舆论在班级中占据上风。

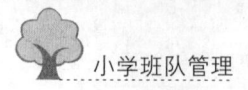

【案例 5-4】

绰号风波[①]

记得一次课间休息,班上有两个同学打了起来,一问才知道是同学之间乱喊绰号引起的。我把有绰号的同学叫到一起,问他们对被起绰号有什么看法,有的表示十分不满,有的认为好玩,无所谓,同学喊绰号,也很爽快地答应……针对起绰号这个问题,我在班上开展了一次大讨论,同学们畅所欲言,各抒己见,纷纷发表了自己的观点。在众多同学的批评、指正下,喜欢给别人取绰号的同学愧疚地哭了。最后同学们取得了比较一致的意见:"己所不欲,勿施于人。"通过讨论,大家懂得了只有学会尊重他人,才能获得他人的尊重;只有相互尊重,才能互相宽容和谅解。事后,师生之间建起了相互信任的桥梁,学生把我当成了他们的知心朋友,解除了师生之间那道无形的鸿沟,课堂内外的事都愿意和我主动交流了。

(四)加强群体监督造声势

班级舆论的建设还要注重发挥舆论监督的作用。加大舆论监督的力度,不仅能够减轻班主任的工作强度,也有利于培养学生良好的纪律观和自律能力。紧紧抓住班级舆论监督这个武器,让学生知道怎么做是对的,是受欢迎的,怎么做是不对的,是不受欢迎的。把学生的行为都置于班级的舆论监督下,最终达到:人人有事做,事事有人做;好事抢着做,坏事没人做。

舆论监督作用要想得到充分发挥不妨从班队工作者自身开始。给学生一个机会,蹲下自己的身子,倾听学生的意见,体会学生的感受,让学生给班队工作者提提意见,指出工作中的失误,让学生感受到自己作为学生的尊严和班级老师的大度。要想发挥舆论监督的作用,还要给学生自主权和知情权。民主意识从学生开始培养,只有当大家都意识到自己的主人翁身份时,班级舆论才能从根本上起到作用。班级事务让学生做主,班干部由大家选举,公开班级的一切事务,让学生生活在一个公平和谐的集体中是舆论监督作用得到发挥的重要条件。

发挥舆论监督的作用,可以在班级设立意见箱,或者定期召开民主生活会,让大家经常地进行批评和自我批评,为师生之间提供交流机会,也便于学生互相监督。为了端正学生们的态度,保证意见和建议的质量,让舆论监督不流于形式,不妨在意见箱上写上:"为了班级的发展,请写下你真诚的意见或建议。"

(五)运用激励机制树榜样

正确舆论的形成需要有"领头羊"。抓典型,树立正确舆论的先锋和榜样,对正确舆论的形成、扩大有很大的作用。儿童的模仿性强,身边的榜样对他们具有很强的吸引力、号召力。榜样的树立是全方位的,如努力学习、关心集体、助人为乐、博览群书的典型等,通

---

① 唐应展,何燕萍.班集体管理点滴谈[J].吉林教育(教科研版),2007(07):91.

过他们影响、带动其他同学,扩大积极分子队伍。从开始时少数人做出榜样,到扩大到大多数人的行为,最后成为全班人的行为准则,"正确舆论"这部机器就可以运转起来。班队工作者要及时对班上出现的好品质、好风尚给予表扬和奖励,使其在实践中得到巩固,对不良倾向及早地予以制止、批评和教育,使学生头脑中形成"好事争着做,纪律不可违"的意识,培养和造就健康舆论的支持者、拥护者和倡导者,努力营造遵规守纪、积极向上的风气。

(六)进行个别教育促转化

苏联教育家马卡连柯提出了"平行教育影响"原则,它是指以集体为教育对象,通过集体来教育个人的教育方法,教育者对集体和个人的教育影响是同时的、平行的。对学生个体进行的教育,要通过学生集体影响学生集体;对学生集体进行的教育,同时要成为对集体每个成员的教育。

良好的班集体是一个巨大的教育力量,它能把班队工作者的意图和要求变成学生集体的意图和要求,把班队工作者个人的力量变成学生集体的教育力量。

【案例 5-5】

不敢演讲的孩子[①]

近些年,我们城区小学都在推行课前一分钟演讲。这个环节对于大多数孩子来说并不难,只要稍做准备就问题不大,可是对于咱班的罗潘锋来说,那可是一件非常头疼的事。记得三年级上学期第一轮演讲,内容是介绍自己。当按座号顺序轮到罗潘锋时,第一次他走上讲台小声地说道:"我不会讲。"见此我鼓励他说:"潘锋,你肯定会的,只是还没准备好,对不对?"他红着脸低下头说:"是。""那你回去好好准备准备,明天再讲吧。"到了第二天、第三天他仍然说:"对不起,我还没准备好。"就这样三番五次走上讲台都讲不出一句话,到第四天他终于结结巴巴地讲了三言两语就匆匆走下讲台。看到有些孩子在暗地里偷笑,我在想:小个子罗潘锋,平时就胆小,不爱言语,我要借此机会表扬一下他,壮壮他的胆子,激励他。但刹那间我又想:何不把我个人对他的表扬变成全班同学对他的赞赏呢?于是,我有意问道:"孩子们,你们觉得潘锋同学比起前两天有没有进步呀?""有!"大家一致说道。"那就让我们以热烈的掌声表扬一下潘锋同学的进步吧!"热烈的掌声代表一种鼓励,也代表一种信任,使长期低头缺乏自信的潘锋脸上终于露出微笑,并慢慢地抬起头来了。后来几轮的课前一分钟演讲,罗潘锋都能顺利地上台讲起话来,虽然讲得不是很具体,但全班同学都会不约而同地报以长时间的鼓掌,这掌声再也不用我的启发与暗示,而是发自孩子们内心的,有的孩子还做出如此的评价:"我觉得潘锋同学比上次演讲进步了,起码他不会上了几次台后才开始有话可说。"听后我窃喜:终于有孩子把老师所想的说出来了!这掌声、这评价代表了老师和同学们的心声,这就是一种集体舆论,信心不足的孩子会从中获得巨大的精神享受,进而重拾信心,不断进步。

---

① 冯俊红.善于引导,转化舆论[J].课程教育研究,2017(28):194.

(七)注重行为训练抓养成

培养正确的集体舆论,要重视养成教育,以良好行为习惯的养成为突破口,奠定正确班级舆论形成的基础,促进班风班貌的良性发展。集体舆论和班风的形成是一个渐进的、不断发展的过程,从日常的学习、生活开始,从大处着眼、小处入手,教育学生从自我做起,从现在做起,加强行为习惯的严格要求和训练,是班级舆论形成的根本保证。养成教育的重点是让学生明白什么事该做,什么事不该做,使班级成员的思想和行为有正确的标准,学生有正确的是非观和荣辱观,在潜移默化中,使班级形成健康的舆论导向。

【案例5-6】

"和尚和屠夫"的故事隐喻[①]

下课铃一响,学生小高就呼朋引伴:"走走走,同去厕所,我请客!"我纳闷,去厕所还请什么客?询问下来才知道,小高是请几个男生去厕所抽烟。

此时此刻,我该怎样让这些孩子明白自己的行为多么不妥呢?明令禁止、大发雷霆……都不合适。那不如借用隐喻引导班级舆论。

于是我给同学们讲了一个故事:从前,有一个和尚和一个屠夫是邻居,和尚每天都要早起念经,屠夫每天都要辛勤屠宰。和尚和屠夫商量,每天早上谁先醒来,谁就呼唤另一个起床。从此,和尚若醒得早,就叫屠夫起床;屠夫若醒得早,就叫和尚起床。多年后,和尚和屠夫都去世了,和尚入了地狱,而屠夫却上了天堂。和尚感觉很不公平,找佛祖讨说法:"我每天念经,屠夫每天杀生,为什么最后是我下了地狱,而屠夫上了天堂?"佛祖说:"是啊!这么多年来,你每天醒来是叫屠夫去杀生,而屠夫每天早上醒来是叫你去念经。所以,屠夫上了天堂,而你下了地狱。"学生哄然而笑。我说:"这个故事说明了什么?"

有女生笑着回答:"撺掇别人做坏事,就比亲自做坏事还要可恶!何况他自己也做了坏事!"我也笑道:"咱们身边也有这样的人、这样的事吗?"学生纷纷说:"有!"我又问:"谁来举例说明?"学生都不说话。

我说:"你们不说,我就要说了。我上高中的时候,有个同学周一不想上早操,周日晚上她就说明天早上谁五点半起床谁就是猪。"学生又一次哄堂大笑:"老师,我们寝室也有人这样说。"我笑说:"撺掇别人违纪,罪加一等!"几个学生指着一个顽皮孩子笑:"呵呵!你罪加一等!"顽皮孩子也跟着笑。我明知故问加了一句:"咱们班也有这样的同学吗?欢迎对号入座啊!"

笑声中,有人说:"老师,咱们班还有人因为自己想抽烟,就撺掇身边的人一起去厕所抽烟。其实,别的同学本来不想抽的……"终于进入要谈论的话题了。我问:"真的吗?竟然有人喜欢厕所的味道?这真是个好奇特的爱好。"小高红着脸说:"老师,以后我不会再这样了……"

这就是隐喻的作用,你根本不用多说,学生们就有了选择。

[①] 李迪.借隐喻引导班级舆论[J].河南教育(职成教),2018(05):18.

（八）抓住培养契机善疏导

要培养正确的班级舆论，就要善于抓住一切有利于培养健康舆论的契机，如学校运动会、文艺汇演、主题班会、课外活动等，这些活动的开展最能体现班级的生命，最能充分展现学生的个性和思想，检测班级的舆论导向。因此，对于任何一次集体活动，班队工作者都要严密组织，精心策划，巧作安排。要注意活动的过程，因为组织得法的过程本身就是一个教育过程。活动结束后，班队工作者要及时总结，大力表彰好人好事，引导学生讨论、评议不正确的言论、倾向。发挥班级舆论鼓舞人心的作用，是形成健康的班级舆论的重要手段。

第四节 班级非正式群体及教育

一、非正式群体的含义

"非正式群体"这一概念最早是由美国心理学家梅奥提出的。他认为在正式的组织中存在着由人们自发形成的非正式的群体，有着自己的特殊的行为规范，对群体成员的行为起着调节和控制作用。《中国大百科全书·社会学卷》所述："非正式群体是基于个人兴趣喜好等方面自发形成，没有固定目标和角色关系的群体。"非正式群体不仅在日常的工作、生活中广泛存在，还在学校教育中存在。

非正式群体是学生在共同的学习、交往活动中因为共同的兴趣爱好或相近的价值观念而自发地组合在一起的同伴团体。它是以情感成分为主要调节机制，以满足成员的心理需求为主要功能而组成的小群体。其随意性较大，可塑性较强，成员之间的关系或松散或紧密，人员的数量也不固定。

二、非正式群体的类型

吴玉莲在《论班级管理与非正式群体》中依据形成原因，将非正式群体分为对抗群体、舆论群体、娱乐群体、老乡群体。[①] 而更为普遍的分类则是按照群体的努力方向进行分类，分为积极、中间和消极三种类型。还有的学者提出了"破坏型"。相比于破坏型，消极型和落后型群体的目标与班级目标不一致，但行为尚未越轨，也没有破坏活动。而破坏型群体具有较强的对抗意识、缺乏正确的道德观、不关心甚至抵制班级正式群体的活动、行为具有破坏性、集体结伴组队活动等特点。江宏从群体中成员的特点以及群体形成的方式入手，将其分为爱好型、情感型、反抗型。[②] 吴康宁从"单向受体"角度分析了班级非正

---

① 吴玉莲.论班级管理与非正式群体[J].理论观察，2002(04)：105-107.
② 江宏.中学生非正式群体探讨[J].中国教育学刊，2001(02)：15-18.

式组织中的四大类群体"即受欢迎者、受忽视者、受孤立者、受遗忘者"①。将人际关系作为分类的基础,在众多研究中可以说是别具一格。

除此以外,还有学习成绩分化形成学习阶层群体,类似遭遇形成的同病相怜型群体,具有利害关系的利益性群体,对正式群体不满形成的"另立山头"型群体等。

三、小学非正式群体的成因

(一)情趣相投

以个人的兴趣、爱好等心理相容为基础,维系的力量来自情趣的一致或个性、思想的相似。

(二)地域的接近

居住区域或教室座位离得比较近,父母是熟人、朋友的小学生更容易走到一起,形成小群体。

(三)满足需求

非正式群体的形成与学生的需求层次有关。小学生非正式群体的形成,反映了儿童渴望被认同、被尊重,渴望情感沟通的一面。小学生们渴望在群体中有一个位置,渴望与群体中的其他成员有深厚的关系,当正式群体不能满足学生的某些需要时,非正式小群体的存在就能弥补学生的这种缺憾。

(四)利益、观点的一致

在正式群体中,几个人对事情有一致看法,或大家有共同的利益,容易形成非正式群体。

(五)背景、经历的相似

相似的家庭背景和成长环境,如离异家庭等,相同的境遇容易带来相似的心境,从而聚在一起"抱团取暖",寻求心理安慰。

在小学低年级阶段,兴趣爱好和生活距离得远近对非正式群体的形成起着决定性作用。在小学中年级阶段,个性品质的作用开始显现,并且直到高年级性格品质仍然是非正式群体形成的主要原因。学生的心理发展程度、自我意识的觉醒也是非正式群体形成的原因。小学高年级学生已开始具备自我评价的能力,他们知道自己的长处,也深知自己的短处,他们开始注意与那些正好能弥补自己短处的同学接触,一旦成功即成为互补型群体。

四、小学非正式群体的特点

(一)普遍性高

大多数小学生有自己的小圈子,在小圈子中可以和朋友学习或玩耍,"独行侠"很少出

---

① 吴康宁.教育社会学[M].北京:人民教育出版社,1998:281-288.

现。非正式群体满足了学生归属与爱的需要,有效补充了正式群体。

(二) 内聚排他

由于非正式群体成员间有着共同兴趣爱好,成员之间的关系以个人之间的好感和喜爱为基础,带有明显的感情色彩,群体成员互相吸引,相互认同,小群体中成员的活动、交往都只是局限在自己的小群体之中,产生了群体的内聚力。过度高涨的小群体意识容易出现排他现象,也就是小群体内部的"抱团"。

(三) 隐性规范约束力强

非正式群体内部形成的规范是不成文的隐性规范,是自发形成的,每一个成员主动吸纳并认同群体的价值和规范。虽然这些隐性规范不具备正式群体的严格性,但是需要成员自觉遵守不得违背,对成员有一定的约束力。当成员违背了某一规范时,会受到其他成员的讽刺、排挤,这种约束力甚至超过正式群体的约束力。

(四) 行为的趋同性

群体成员之间具有一定的感染力,他们之间容易形成一种无形的统一标准,行动上倾向于一种共同的行为。

(五) 组织易离散

由于小学生自身生理、年龄的特点,兴趣、爱好的不稳定性和快速转移等因素,群体的结构和形成具有较高程度的松散、开放和自由。一些成员离开某个群体,加入别的群体中去,或者重新组成新的群体的情况十分常见。

(六) 信息沟通迅速

与群体外的成员相比,非正式群体成员间倾向于交换他们获得的信息,成员之间亲密关系提高了交流的效率。一旦有人获得某些信息,会迅速在群体内传播。成员会在课间甚至上课时间,通过讲悄悄话、传递纸条等方式分享信息。

小学低、中、高年级非正式群体还具有不同的特点。低年级非正式群体带有很大的随意性、易变性、趋同性和功利性。中年级非正式群体具有强烈的认同性、性别的排斥性和单一性特征。而高年级非正式群体具有多样性、互补性和向心性特点。

五、小学非正式群体的教育策略

和任何事物都具有两面性一样,非正式群体也具有双重作用。非正式群体满足了小学生的相互依存、成长和人际交往的需要,促进了同伴之间的情感支持,增强了群体归属感。但是,非正式群体也会影响学生成长过程中个性和价值观的形成。班主任如果能对班级中的非正式群体加以正确引导,可以使之成为集体正向发展的动力,增强班级凝聚力。因此,班队工作者在管理班级非正式群体时,要选择合适的教育策略努力使其与正式群体相融合,促进集体目标的实现。

(一) 正确评价,沟通理解

班队工作者要认识到非正式群体与正式群体之间的关系不是对立的,而应该是相互促进、互相补充的。对于非正式群体既不能采取高压政策，否认、限制其形成和发展，又不能放任自流，任其盲目发展，与正式群体分庭抗礼，阻碍班集体的正常活动和目标的实现。要正确地引导发挥非正式群体的积极作用，使其融入班级正式群体。班队工作者要深入学生生活，随时掌握班级内学生小群体的数量、性质、特征及其演变情况。从小学生自身的需要出发去认识、理解、接纳它。对其积极的、有益的因素，加以吸收；对消极有害的因素，加以清除和转化。在对待不同的非正式群体时，要用爱心感化他们，拉近与他们的心理距离，要做到"四心"，即：信心、细心、关心、耐心。在对待非正式群体的错误行为时要做到：冷静、得当、及时、得法。

（二）目标整合，因势利导

非正式群体对班级的影响是积极的还是消极的，主要取决于非正式群体的性质以及与正式群体的目标一致程度。班队工作者要一分为二地全面分析、客观评价他们，以表扬激励为主，发扬其积极因素，引导他们积极健康地发展，最终为班集体服务。当非正式群体的目标动机与班集体目标一致时，小组成员的行为可以激励其他同学的士气。比如学习氛围浓厚的非正式群体能带动群体外其他同学的学习积极性；对喜欢画画的小群体让他们为班级办黑板报，鼓励他们利用群体的优势为班级做贡献，在班级中大力表扬他们，提高学生的集体荣誉感，增强班级的凝聚力。

有些非正式群体忽视对班级活动的关注和参与，游离于集体生活之外，影响班级团结。一旦非正式群体的目标、动机与班集体目标不一致，其行为趋同性的特点可能使成员集体走偏，做出有损班级利益的事情。班队工作者也不能全盘否定他们，而应该充分理解包容他们，看到非正式群体行为背后深层合理的需要，把握非正式群体的积极因素，循循善诱、循序渐进、因势利导，把他们引向班级大目标的方向上来，融合到正式群体中；预防和提前处理、削弱群体的消极因素，帮助群体形成正确导向，减少和避免其对班级产生负面的影响。切不可盲目予以批评、惩罚，过于武断强硬的态度和行为可能会造成学生的逆反甚至对抗心理。

【案例5-7】

学生张某、胡某、王某，他们共同的兴趣爱好是网络游戏，其中张某学习成绩最好，组织能力也最强，胡某语言文字能力最强，王某人缘最好。同样聚集在他们身旁的还有李某、马某大约十人。他们经常利用课余时间外出上网，在周记或作文中有时还会忍不住表现出来，而且语言风格也受到网络影响。这种活动逐渐规律化，逐渐上升为班级突出的典型现象，学生、老师和家长都希望班级能远离网络，对此，我做过很多努力，个别谈话，集中谈话，联合家长共同干预但效果都不理想，有时很迷惘，甚至很想放弃他们，但内心深处知道这绝不可以。如何教育他们？如何将这股力量变成有利于他们自身和班级发展的力量？

就在这样的思想斗争中我得到了一个契机，学校这个时候正在开展各类研究型活动,学生经常私下谈论这些活动,纠正这些问题开始具备思想条件和思考灵感。后来我找来这些同学,提出想集中他们的力量开展中学生网络语言使用情况和发展趋势的调查,这个活动很快得到他们的认可和参与。具体分工:张某负责搜集小学生常用网络语言并且制成初步调查问卷,而且负责在全校各班调查,胡某、王某负责分析网络语言的成因和影响,李某、马某则负责统计,胡某负责撰写最终的调查报告,王某负责在班级主题班会中宣读他们的专题研究。并且规定每周集中研究一次,张某负责根据集中研究的结论对报告进行充实。报告做完之后,他们很感慨,原来自己的语言明显受到网络影响,如果按照以前的行为习惯发展将印证报告里的那些结论,他们深受触动,自觉地远离网络,班级风气焕然一新。

(三)关注核心,发挥作用

非正式群体中的核心人物对群体成员有很大的影响力,他的一言一行都会得到其他成员的响应。因此,有效引导核心人物会产生以点带面、牵一发而动全身的效应。班队工作者首先应多与非正式群体中的核心人物交流,了解他们的思想情感,关心他们,和他们建立信任、理解的和谐关系。其次,班队工作者要善于观察、发现核心人物的闪光点,扬长避短,根据他们的特长分配他们承担适合的班级工作,提供机会让他们为班级服务,在班中对他们的付出给予肯定与表扬,增强他们在班级的影响力,调动他们的积极性,发挥"核心人物"的引领作用,通过"核心人物"监督、管理其他成员,共同进步,营造整个班级的良好氛围。

(四)组织活动,增强凝聚力

班级集体活动是最容易促进班级成员产生凝聚力的。除了学校的大型活动以外,班队工作者也可以多组织班与班、组与组之间的竞赛活动,如拔河比赛、足球比赛、才艺比拼等,让全班每一个学生都参加,给学生提供一起合作,共同达成目标的机会。透过活动搭建平台,促进每一个学生、每一个小群体的接触、交流,使他们走出自己的小圈子,给予他们更多展示自己优势的机会,也更深地了解其他同学。在活动中,学生心往一处想,劲往一处使,激发学生的集体荣誉感,增强班级的凝聚力。

👍 课后思考题

1. 班集体有哪些特征?
2. 班集体的教育功能体现在哪些方面?
3. 班主任应该如何选拔班干部?
4. 班主任培养班干部应该从哪些方面进行?
5. 班主任如何形成正确的集体舆论?
6. 非正式群体有哪些特点?
7. 班主任对非正式群体的教育策略是什么?

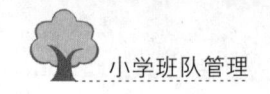

实践探索

某校有这样一个班,班内绝大部分学生课外活动非常活跃,但一进入课堂便呈现出散漫的状态。上课不认真听讲,下课追打吵闹,作业不按时完成,任课教师都很头疼,班级卫生工作也马马虎虎,如果你是新来的班主任,请拟订一个工作计划改变班级面貌。

案例探究

案例1:

在外企上班的硕士小张,提及当班干部时略带苦涩——"我学生时代就没当过班干部。我自己的亲身体会是:没当过班干部,对一个孩子未来的发展是有障碍的。不管是当小组长还是当班长,重要的是应该有这样一种经历和体验。哪怕是失败的体验,毕竟也是一种体验,对他(她)的今后是一种无以替代也是无以弥补的经验。"

这个案例给你带来什么样的思考?你认为应该如何选拔班干部?

案例2:

一进教室,我就发现气氛不对,同学们都低着头,谁也不吭声。我问:"奖状呢?"好半天,班长才站起来,低声说:"撕了。"我很吃惊:"为什么?"一位同学站起来说:"得了倒数第二,丢人!"我明白了:这次学校举行广播操比赛,我班得了倒数第二名,为了鼓励,学校发了优秀奖。看来,同学们对待荣誉的认识还有问题,该好好引导。我想了想问:"比赛前你们认真训练了吗?""认真训练了。""比赛中你们发挥正常吗?""正常。""这就对了,我们赛前认真训练,赛中表现出色,一张奖状受之无愧吧?"见大家点头同意,我话锋一转,趁机引导:"那我们为什么只得了优秀奖呢?"看我没有责怪的意思,同学们纷纷站起来发言:

"第二节动作没有别的班齐。"

"转弯处没有走成直角。"

"指挥员声音不洪亮。"

"我们班的队形变换没有人家的好。"

等同学们说得差不多了,我做了总结:"这次比赛,失利的原因是多方面的,主要的责任应该由老师来负,比如训练时组织得不够严密,队形变换没有重视创新等。"

"奖状,包含着我们的成绩,也显现出我们的不足,何过之有?失利之后,我们首要的是寻找差距,认识不足,探寻转败为胜的途径,而不是拿一张奖状出气!"

听到这里,撕奖状的同学惭愧地低下了头。我趁热打铁,问同学们:"那这张奖状应不应该要?"

"应该!"

"撕破了怎么办?"

"把它粘起来!"

请你联系班级组织建设相关知识对此案例进行评析。

第六章 小学班队活动管理

学习目标

1. 了解小学班级和少先队活动的内涵。
2. 了解小学班级和少先队活动的特点、对学生的意义,增强对班队活动价值的理解。
3. 掌握组织和开展小学班级和少先队活动的基本原则。
4. 了解小学班级和少先队活动的类型、形式。
5. 理解小学班级和少先队活动方案设计的基本要求。
6. 掌握组织与指导小学班级和少先队活动的实施与评价。

第一节 小学班队活动概述

班队是一种教育组织。作为学校工作基本内容的班队工作是对小学生进行全面教育的载体,是直面学生,对少年儿童施以有力影响的主要教育形式。班队工作的成败,直接影响育人效果,关系学生现在和未来的发展。因此,全面了解班队工作基本原理及实践方式,有助于提高班队工作的合理性与科学性,有利于完善学校教育的整体效能。教育部在《中小学班主任工作规定》中明确指出:班主任应"组织、指导开展班会、团队会、文体娱乐、社会实践、春秋游等形式多样的班级活动,注重调动学生的积极性和主动性,并做好安全防护工作"。开展班级活动有利于培养学生的品德,发展学生的个性特长,锻炼学生的意志品质,养成学生良好的行为习惯,同时,这也是进行班集体组织建设的重要途径。依据教育目标和学生的实际情况,班主任和少先队辅导员应有针对性地选择活动内容,精心设计活动形式,组织和开展各种班队活动,有效对全体学生进行德育、智育、体育、美育和劳动教育。班队活动的组织和开展需要充分准备,积极实施,认真进行总结反馈,这样才可能使班队活动的教育功能在最大程度上得以发挥。

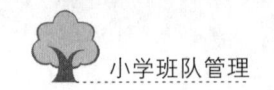

一、小学班队活动的内涵

小学班队活动是指为实现教育目的,在小学班主任或少先队辅导员引导下,由班级学生或少先队成员共同参与,在课堂教学以外的时间组织开展的各种教育活动。实施小学班队活动是实现素质教育的重要途径。

二、小学班队活动的特点

小学班队活动是一种独特的教育形式,有其自身固有的特点。

(一) 目的性

开展小学班队活动的本质目的是为了育人,促进全体学生德、智、体、美、劳诸方面的全面发展与健康成长。小学班队活动需要班队工作者在客观、全面了解学生的基础上,有目的、有计划地设计班队活动的每一个环节,实现促进学生全面发展的教育目标。小学低、中、高三个年级段的学生,在智力、体力等方面有较大的差距,因而同样的教育目标,对于不同年级段的学生,班主任要善于选择不同的教育内容。组织低年级学生的班队活动时,比较适宜采用谈话、游戏、表演等方式,而组织高年级学生的班队活动,则比较适宜采用讨论、竞赛、社会活动等方式。[1]

(二) 自主性

小学生是班队活动的主人,是班队活动的积极参与者。能否充分发挥小学生的主体作用是班队活动成败的关键。一堂好的班队活动课能够消灭活动中的死角,调动每个学生的积极性,让人人有任务,人人有角色。由于小学生生理心理不成熟性的特点,班队活动需要在班队工作者的指导下去选题、设计、组织实施。但这种引导不等同于包办代替,需要根据小学生的实际情况进行指导,在实践中发展学生的自主活动能力。班队工作者将适度的辅导与充分发挥小学生的自主、自动及独立精神相结合,培养学生的自主性和独立性。不能忽视班队活动的前期准备和后期发展,这些正是培养小学生自主能力和实践能力的好机会。

(三) 丰富性

小学班队活动是在课堂教学以外的时间开展的各种教育活动,其内容应该是丰富多彩的。班队活动的设计内容要符合小学生的年龄、兴趣、爱好和愿望,立意鲜明,能够促进小学生的全面发展。班队活动的组织形式要新颖,使学生每一次参加活动都能留下深刻印象,真正体现"寓教于乐"。

(四) 灵活性

小学班队活动的组织开展,要适应小学生身心发展的特点。小学生容易被生动形象、多变的事物吸引。灵活多样的班队活动可以激起小学生浓厚的兴趣,从而可以帮助班队

---

[1] 李学农.班级管理(第2版)[M].北京:高等教育出版社,2016:12.

工作者实现教育目标。

（五）系统性

班队活动的实施过程需要周密的安排，围绕一定的教育目标，制订具体的班队活动计划。班队活动的系统性体现在活动设计、活动准备、活动实施、活动评价四个阶段的完整衔接。

（六）阶段性

依据小学生的年级段不同，班队活动的组织者和实施者会有差异。低年级——班队工作者以指导为主，学生自主为辅；中年级——班队工作者以指导与学生自主并重（班队工作者指导，并与班干部和活动骨干共同设计、组织、实施）；高年级——以学生自主为主，班队工作者为辅（班队工作者指导，主要由学生干部和活动骨干设计并组织实施，全体同学参与）。

（七）知识性

在班队活动设计和组织实施时，善于把知识融于活动之中，使学生增长知识、扩大眼界、提高修养，受到世界观和科学方法的教育。

三、开展小学班队活动的意义[①]

班队活动对小学生个人的成长以及对班队的组织和建设都具有极其重要的意义。儿童都喜欢活动，通过班队活动可以实现学校以育人为核心的教育目标，同时可以促进小学生身心的健康成长。小学班队活动是班队工作者的基本任务之一，也是班主任进行班队组织建设的重要途径。一次精心设计的班队活动所起到的教育作用远胜于一百次空洞的说教。通过小学班队各种活动，实现班队管理的目标，同时使学生获得发展。小学班主任和少先队辅导员工作的主要内容就是组织开展班队活动。

（一）班队活动是促进小学生全面发展的重要形式和途径

其一，班队活动为小学生思想品德教育中的知行合一提供条件。

小学生品德的培养可以通过多种途径进行，而组织班队活动是最基本、最有效的方式之一。这是因为小学生接受新事物在很大程度上还是以形象思维为主，因此，生动形象的活动更有利于他们道德认识的形成和发展。什么是真、善、美，什么是假、恶、丑，具体形象的活动能使他们得以比较和鉴别，获得更直观的感受，留下深刻的印象，从而陶冶道德情操，产生道德意志，转化为道德行为。在案例6-1中，班队工作者即利用有意义的活动实现对小学生的教育目的。

【案例6-1】

有位班主任为了向孩子进行文明行为规范教育，在班上进行了一次"猜"的活动。老师在黑板上写了一个"猜"字。"猜"什么呢？学生们一下子活跃了起来。接着老师

[①] 邓艳红.小学班级管理[M].上海：华东师范大学出版社，2016：12.

把学生分成四组,给每个小组布置了"猜"的任务。按照老师指定的不同地点,去猜猜老师叫你们来干什么。大家立即行动起来,第一组来到建筑工地旁,看到的只是破砖烂瓦。学生们一阵莫名其妙之后,仔细一想恍然大悟:"这里的砖头瓦块原来堆得好好的,是我们练武时搞得乱七八糟的。""老师是让咱们想想这样破坏公共财物对不对。"大家越说越热烈,越说越有感受。第二组来到槐树下,看到因放箭和放飞刀被扎得皮开肉绽的树干,同学们心里难过极了。第三组在操场墙边看到了被个别同学乱涂乱画的墙壁,非常气愤。第四组在厕所旁看到由于有的同学舞棍锤壁,而墙土掉落的情景,无不谴责这种行为。各小组回到教室里,纷纷说了老师要他们猜什么,有不文明行为的同学惭愧地低下了头。老师因势利导地进行了文明行为和爱护公物的教育。

在此次活动中,同学们的道德认知得到了提高,道德情感得到了陶冶,并将道德认知转化成了道德行为。活动实现了对学生进行思想品德教育的目的。

(来源:于家鹏,施克灿. 班集体活动的组织(上)[M]. 北京:人民日报出版社,1993:12.)

其二,班队活动是激发小学生学习兴趣,促进学生掌握知识、发展认识能力、提升智能水平不可忽视的条件。

丰富多彩的班队活动内容,灵活多样的方式,拓宽了小学生的学习领域,激发了小学生的学习兴趣。在班队活动组织开展的过程中,小学生的观察力、思维力、想象力、语言表达能力等各种基本能力都得到了训练和提升。

其三,班队活动是发展小学生良好个性、培养其自主活动能力及创造性、促进学生身心健康发展的途径。

班队活动的主体是小学生,小学生根据自身的需要、兴趣、爱好选择活动的内容,确定活动的方式,有利于自身特长的发挥。小学生个性的树立与完善是依托各种类型的班队活动来实现的,是一个长期的过程。同时班级活动的自主组织和开展,不仅对小学生创造性品质的形成提供了平台,也可以使小学生建立自信心,为学生搭建展示自我的平台,为创造力的形成奠定心理基础。

(二) 班队活动是促进小学班集体建设和发展的有效方法

1. 通过丰富多彩的班队活动,增强班级的凝聚力

在班队工作者的指导下,班队活动中的成员不再是一个一个分散的个体,而是一个整体。大家一起出谋划策,一起面对困难,相互支持与鼓励,增进彼此之间的情感,充分感受到集体的力量与温暖,具有集体归属感,班级的凝聚力随之增强。凝聚力的形成,是一个班集体的重要标志。

2. 班队活动促进良好班风、学风的形成

班队活动对班集体的建设非常重要,没有班队活动,就没有班集体。丰富多彩的班队活动,既可以促进学生与班队工作者之间的交流,建立和谐的师生关系,又可以提升全体学生的道德素养和批评、抵制不良风气,维护正气的能力,促进正确健康、积极向上的班级舆论生成,从而形成良好的班风与学风。良好的班风、学风和班级舆论是一个班级发展成

为班集体的重要标志。

(三)班队活动是提升班队工作者专业素养的有效方法

班队工作者的工作重心就是通过组织各种班队活动教育学生。班队活动的设计、组织、指导需要班队工作者具备先进的教育理念、广博的专业知识、智慧的教育才能、富有魅力的教育品格。班队活动有利于提升班队工作者的专业素养,从而进一步促进班队工作者的专业化发展。

四、开展班队活动的原则

1. 教育性原则

教育性原则是班队活动的最基本原则。班队活动的制定、实施都要以教育和促进学生发展为目的。教育性既是班队活动的出发点,又是班队活动的归宿。没有教育性的活动,如同一个人没有灵魂,内容尽管丰富,形式尽管完美,也不能认为是好的活动。班队活动的教育性有别于学科教学的教育性,只有将抽象的观点、空洞的说教转化为具体的活动,寓教于乐,才能增强班队活动的教育感染力。班队活动遵循以学生为主题、道德教育为基础、个性发现为中心的教育原则,好的班队活动都有一条明显的教育主线,在组织开展班队活动时,应最大限度地发挥班队活动的教育作用。

教育性原则要求开展班队活动设计需要考虑下列问题:为什么要组织这项活动(即活动的设计背景)?通过这项活动,要达到什么样的教育目的?如何引起学生对这项活动的兴趣?怎样让学生成为活动的主人?开展这项活动要做哪些准备工作?活动过程中可能会出现什么问题,如何解决?活动结束后,还要做些什么?

2. 针对性原则

班队活动需要主题鲜明,主旨透彻。如果主题含糊不清,学生会想法各异,准备工作无法统一,效果就会不好。开展小学班队活动重点需要针对五个方面提出规划:活动符合所教年级学生的年龄特点吗?活动是否适合本班队学生的生活实际,他们会喜欢吗?班队集体建设过程中需要这项活动吗?能较好地利用学校周围环境的有利条件吗?学校所在地区的自然条件便于这项活动开展吗?班队活动的设计、组织、实施要符合小学生的年龄特征,体现童真童趣;要从需要、兴趣入手,切入点要小;要根据学校所处的地理位置、环境、学校的条件设施,因地制宜地来组织开展。

3. 自主性原则

班队活动是小学生自己的活动,小学生是班队活动真正的主人,应讲求自我教育,整场活动由小学生自己来负责,班队工作者只是活动中的一分子。在班队工作者的引导下,将活动主题的选择、活动计划的制订、活动内容的设计、活动过程的组织、活动过程的管理交给学生来完成,体现学生的个性意识,这样可以充分调动和尊重学生的自主性和积极性。

4. 多样性原则

为了使班队活动达到预期的教育目的,就必须注意班队活动的内容和组织形式的多样性。班队工作者在深入了解小学生的兴趣、需要的基础上,引导小学生组织喜闻乐见的班队活动。

5. 计划性原则

班队活动计划性原则是指班队工作者要对每一学年、每一学期的班队活动做全盘考虑,总体规划,精心策划每一次活动,以保证班队活动效能的充分发挥。班队活动的计划包括:一是对活动进程的规划,二是对活动形式的规划。

6. 生活性原则

社会的进步,时代的发展,各种新思潮的出现,在不同程度上影响着少年儿童的人生观、世界观和价值观。小学生的生理、心理特点也决定了越是贴近生活的班队活动,越容易引起小学生的共鸣。所以班队活动也应适应时代的发展,具有鲜明的时代气息,扎根社会生活,符合客观现实发展的真实状况。不同的时期,活动的主题和内容不尽相同。要让小学生在真实的活动中体味生活、感悟生活、学会辨别真伪,自觉抵制不良思潮的影响,从而达到对学生的教育。

7. 可行性原则

班队活动是在教师的指导下由学生自行设计组织开展的,这就要求注意班队活动的频率、班队活动的规模,做到量力而行,具有可操作性。

8. 快乐性原则

快乐是儿童纯真的情感需求,享受快乐是儿童的权利。枯燥的班队活动只会引起小学生的排斥,无法实现预期的教育目的。所以,班队工作者在指导学生设计、实施班队活动时,需要花费心思,来引起儿童情感上的共鸣。

9. 创造性原则

班队活动的创造性有两层含义:其一是活动的内容和组织形式要不断创新,年年老一套会使学生厌倦,要随着客观形势的变化,不断丰富和充实,随着学生年级的提高,不断充实内容,改变形式,不断扩大活动范围。其二是活动过程体现队员们的创造精神,比如中高年级可进行小创造、小发明活动,低年级儿童尚未具备创造发明能力,但有丰富的想象力,可以初步培养他们的创新意识。

10. 拓展性原则[①]

主题班队会的意图是将活动目的在全体儿童中广泛推广,因此要注意活动的"T"型展开,即竖向的时间延伸,横向的区域拓宽。小学生班队活动不能今始明逝,要有一定的持久性,才能使儿童由被动转为主动,由冲动转为习惯。如何进行"T"型拓展呢?竖向要以引导学生开好班队会为重心,前向为班队会准备,后向则包括班队会效果的观察、反馈和延伸;横向拓展包括拓展班队会主题内容、请校外专业人士参加班队会等。

---

① 郝丽芳.浅谈少先队主题中队会[J].河北教育,2003(6).

第二节 小学班队活动的类型与组织形式

一、小学班队活动的类型

(一) 班队例会

班队例会是指在小学班主任或少先队辅导员的领导下,以班或队为单位,通过会议的形式,对班级中的全体小学生或少先队员进行常规教育的一种活动形式。它的类型一般有:班务会或队务会、民主生活会、周会、晨会(夕会)、十分钟队会等。

1. 班务会

班务会是指在班主任的指导下,在班会时间里,由班主任或班级干部主持,通过讨论、处理班级日常事务、进行班集体建设的班会活动。在班务会中常常要制定班级公约、卫生制度、作业制度等,其特点是常规性、事务性、民主性。

2. 队务会

队务会是在少先队辅导员的指导下,由少先队干部定期组织,全体少先队员参加的例会。队务会的召开,一般来说是按确定主题、做好准备、组织会议、进行小结等步骤展开的。

3. 民主生活会

民主生活会是针对学生集体中出现的某些错误或不良倾向而召开的。是通过民主讨论的方式,以批评与自我批评为主,帮助全体学生找差距,并提出改进的方法与措施,以促使其进步的一种班队例会。

4. 周会

周会一般安排在每周固定的时间里,由学校统一部署,班主任负责组织,主要用来处理班级事务,是一种对学生进行思想品德教育的形式。需要事前有准备,做好记录便于以后检查。周会开展的内容要联系学生实际,有针对性,为学生指出明确的努力方向。低年级的班级周会可以由班主任主持,随着年级升高,可以安排班长或普通班干部主持。

5. 晨会(夕会)活动

晨会活动是班级在晨会时间开展的教育活动,又称晨间谈话,是微型班会课。《九年义务教育全日制小学、初级中学课程计划(试行)》中明确规定:晨会(夕会)每天进行,一般安排十分钟左右。晨会(夕会)活动的特点是简短、及时、高效。小学的晨会活动一般有三种形式:第一种是组织学生参加全校性的晨会活动;第二种是按照学校规定的晨会活动栏目,班级自行组织的晨会活动;第三种是完全自主安排的班级晨会活动。晨会(夕会)通常是解决前一天出现的问题,安排布置当天的学习、劳动等方面的任务,并对学生学习、生活提出希望。案例6-2中的新颖形式,可以吸引孩子们的兴趣。

【案例6-2】

短短晨会课,如何发挥它最大的教育功能?美味精神早餐,从"故事晨会"开启。根据班级实际,明确每周主题,定时开讲,以故事的方式唤醒与激励。

"草儿"们很喜欢这种寓教于乐的方式,特别期待周三的到来。从最早的老师开讲,到跃跃欲试抢着上台分享:有的讲《一片树叶的价值》,鼓励伙伴不放弃、不抛弃,不断努力;有的讲《新龟兔赛跑》,启发大家具有创新思维;有的讲《脏小猪》,唤醒童心,自觉保护环境卫生……一个个故事走进孩子们的生活,在潜移默化中内化成了思想的珍宝、行动的指南。

(来源:谢云.好班是怎样练成的——小学班主任班级建设之道[M].北京:中国轻工业出版社,2019.)

6. 十分钟队会

十分钟队会通常在每天固定的时间里,按照学校安排,由各中队自行开展队务活动,时间是十分钟。主要由学生自己组织和开展,是一种学生自主管理、自我教育的形式。十分钟队会的特点是短小精悍、自主性强,内容可以分为自治性队会、自学性队会和自娱性队会三类。少先队辅导员引导学生确定主题,设计活动方案,全体队员参加。

(二)主题教育活动

主题教育活动是指在班主任或辅导员的指导下,根据学校教育的计划,针对学生的实际情况提出一个主题,围绕这一主题而进行的教育活动,是培养小学生自我管理意识的一种途径。其主要形式有:主题班会、少先队活动、主题报告会、主题座谈会、心理辅导活动和主题伦理性讲话等。通过这些有目的、有意义的活动,让学生清晰、明了地感受自我教育、自我管理的重要性,从而不断培养这种意识和能力。

1. 主题班会

主题班会的特点表现为:第一,主题鲜明。通常围绕一个明确的教育主题,中心突出、内容集中,教育的目标明确、针对性强。第二,形式多样。可以围绕活动主题,运用讨论、游戏、竞赛、表演等活泼的形式,富有时代气息和儿童情趣,寓教于乐。案例6-3中就是以时间为主线计划实施的一系列班会活动。

【案例6-3】

班会课交给孩子们,他们的创意无限。先看看孩子们一起设计的一个学期班会计划:

九月主题:"感恩在心"。结合中秋节、教师节、重阳节,通过班会课表达对老师、对父母的感激之情,对老人的感恩之心。

十月主题:"祖国、祖国我爱你"。结合国庆节,通过班队会,进一步了解祖国的大好河山。

十一月主题:"学习是我们自己的事"。在班上组织一次演讲比赛,请同学们交流自己好的学习方法,邀请爸爸、妈妈来当评委。

十二月主题:"庆元旦迎新年"。在班上进行辞旧迎新特色庆祝活动,和同学们总结收获,以饱满的精神状态迎接新的一年。

根据计划,教师节那天,孩子们专门组织了主题班会:"老师,我想对您说"。每个人对老师说说心里话,表达对老师的祝福和感恩。国庆节,孩子们又组织了主题班会:"祖国,一本读不完的书"。通过知识竞赛、诗歌朗诵等形式了解祖国,赞美祖国。

主题班会的召开需要考虑几点要求:

(1) 根据班级建设的需要安排主题班会内容。

(2) 做好班会活动的相关准备工作。

(3) 根据主题班会内容确定活动主持人和其他工作人员。

(4) 民主、高效地组织活动。

(来源:谢云.好班是怎样练成的——小学班主任班级建设之道[M].北京:中国轻工业出版社,2019.)

2. 少先队活动

少先队活动是少年儿童学习共产主义的课堂,它的特点是组织性和自觉性。开展少先队活动时要举行活动仪式。少先队活动主要有:一般性队会、主题队会、系列性主题活动和即兴队会四种形式。一般性队会又称组织管理队会或队务会,是少先队特有的组织事务管理的形式,以中队形式进行,是少先队员在辅导员的指导和帮助下,在中队组织中学习当家做主,学会关心群众,进行自我管理和自我教育的重要形式。一般性队会以处理中队队务和进行少先队的常规教育为主要内容,如队前教育、入队、建队、选举队长(队委)、推选参加少先队代表大会的代表、评选优秀少先队、创建优秀中小队、品德评定、民主生活、奖励与处分、离队等。一般性队会对于健全队的组织、培养队员组织责任感和荣誉感,对于加强少先队的组织建设和思想建设都有着重大作用。

主题队会是以中队为单位开展的以教育为主题的少先队活动,主要特点是:主题鲜明,教育内容集中,能使队员在某一方面集中地受到教育。

系列性主题活动是中队或小队依据全国或区域性少先队活动的主题,确定一个自己活动的主题,在一段时间里,运用多种形式,紧紧围绕这个主题开展的一系列活动。系列性主题活动的特点分别为:系列性、实践性、自主性。在系列性主题活动中,少先队辅导员一般并不全程参与主题活动,而是放手让队员设计活动,为少先队员们发挥自主性提供了更广阔的空间。进行系列性主题活动设计时,少先队辅导员要对活动内容和方式的选择提出建议,关注主题活动的准备过程,并在少先队员遇到困难时给予帮助。在主题活动开展的过程中,少先队辅导员应随时了解活动进展的情况,并给予指导;活动结束后,应及时组织少先队员对活动进行总结。

即兴式队会是由活动的观摩者、上级领导或科研工作者当场给出主题,由中队队员当场设计,稍做准备后,组织开展的少先队活动。即兴式队会的特点是临时性、测试性、创造性。即兴式队会分为三个阶段:准备阶段、活动阶段、总结阶段。

3. 主题报告会

主题报告会就是根据不同主题要求,聘请不同的人士做相关的报告。如英模报告会就是一种常见的主题报告会,这种活动形式适合于各个年级的学生。

4. 主题座谈会

主题座谈会是指班队工作者和小学生围绕不同主题而开展的座谈会。根据主题需要邀请不同的人士参与座谈,如家长、科任教师等,共同努力促进学生的各方面发展。

5. 心理辅导活动

心理辅导活动是为了帮助小学生正确认识自己和环境,学会生活、学会学习、学会交际,形成合理的个人知识结构、能力结构以及健康人格,为个人进一步健康良好地发展奠定基础而展开的相应活动。

(三) 实践性活动

1. 班队科技活动

班队科技活动是指以学习科学技术,促使学生发挥潜力为目的的教育活动。为了让学生学习和了解科技知识,班队科技活动可以以多种形式进行,如科技班会、科学知识讲座、科学兴趣小组、科技演示、科技知识竞赛和科技游戏等。开展小发明、小创造、小制造、小实验、小论文等"五小活动"。

2. 社区服务活动

社区服务活动是指组织学生进行参观、访问、游览、调查等活动。如到社区养老院进行慰问等服务性活动。

(四) 课外活动

1. 班队体育活动

班队体育活动是指在学校体育课以外开展的,以发展体能、增强体质、提高体育技能、训练运动技能、培养吃苦耐劳精神及激发体育运动兴趣为主要目的的活动。班队体育活动包括球类、田径、体操、游泳、拔河、游戏、棋牌等项目。

2. 班队文艺活动

班队文艺活动是班队文化艺术娱乐活动的简称,是指学校通过健康的文化艺术娱乐活动对学生进行熏陶和教育,以发展学生的美感和健康心理品质的一种教育方式。

3. 班队劳动

班队劳动从形式上可以分为生产性劳动、社会公益性劳动、自我服务性劳动。适合小学生的班队劳动,主要有社会公益性劳动和自我服务性劳动。

4. 班队游戏活动

根据游戏活动的教育目的,可以把游戏活动分为智力性游戏活动和体育性游戏活动,还可依据活动载体的不同进行划分。德育教育的内容贯穿在各种类型游戏活动中。

二、小学班队活动的组织形式①

小学班队活动的顺利进行需要考虑组织形式的选择。好的组织形式能够使班队活动主题更加突出鲜明，也能够激发小学生的参与热情，从而使教育功能得到最大限度地发挥。

为适应小学生心理发展特点，小学班队活动的组织形式应灵活多样。根据不同的标准，班队活动的形式不拘一格，好的班队活动必须有好的形式来表现。根据班队活动的内容，小学班队活动可以通过专题性班队活动、综合性班队活动来组织开展；根据班队活动的规模，小学班队活动可以通过班级集体活动、小组活动、个人活动形式来组织开展。小学班队活动常见的组织形式可以分为话题讨论、报告会、座谈会、演讲会、表演会、游戏、竞赛活动、参观访问、课题研究、纪念会、联合会、游园会、辩论会、冬(夏)令营、宣传活动、看电影、看电视、公益服务等多种形式。甚至可以借鉴综艺节目中的形式，引起小学生的兴趣，激发小学生的参与意识，如轻松自然的崔永元式"实话实说"；紧张激烈的现场辩论；充满神秘感的网上交流；直观形象的多媒体辅助等。这些方式的运用，或多或少刺激了小学生的感官，使班队会的效果加强。比如主题班队会"放歌西部"上，为了让学生了解西部，明白开发西部的重要意义，运用投影来展现西部风情的处理方式是整场活动的亮点。②不同的班队活动组织形式各有其优势，为了使班队活动形式更加丰富，班队活动的教育作用充分发挥，可以把多种班队活动的组织形式结合在一起。

班队活动组织形式的选择要注意是否适合本班孩子，是否引起小学生的兴趣，注重调动小学生的积极性、主动性、多样性和创造性。比如演讲这种形式，就是以学生的活动为主，能够充分调动小学生参与活动的积极性，学生多种能力相互影响、相互促进，进而达到预期锻炼的效果。但是这种活动组织形式由于是以学生的语言表达和组织能力为基础，所以比较适用于小学高年级学生。而像报告、竞赛、表演或观看录像这些班队活动组织形式，则适合于小学各个年级段。组织班队活动的时候，可以根据主题要求不同，聘请不同领域的专业人士到校做相关的报告，如英模报告会就是一种以报告为组织形式的班队活动。还可根据学校、家庭、社会的情况，结合小学生的思想、学习、生活组织专题竞赛，让小学生在竞赛中学习知识，受到教育。至于表演或观看录像这种班队活动组织形式，则是围绕某一主题对学生进行形象化的教育。此外，班级或少先队的活动还可以以座谈、辩论、参观、走访等形式组织。组织实施开展不同的班队活动的同时，应做好学生的安全防护工作。

---

① 芮秀军.班主任——班队活动管理艺术[M].长春：东北师范大学出版社，2012：2.
② 郝丽芳.浅谈少先队主题中队会[J].河北教育 2003(6).

第三节　小学班队活动的设计与实施

一、小学班队活动的设计

针对小学生而言，开好一节班队会确实不容易。班队会需要班队工作者精心策划，是班队工作者的使命所在。班主任和少先队辅导员要做学生的引路人，是活动的指导者，但不能强制干预，需要用智慧点燃学生的理想。在班队活动的组织和开展中，随年级的升高，教育者要逐步放手，由低年级的组织者、引导者逐渐转变为单纯的引导者。让学生自己动手动脑，自己设计、组织、管理，充分发挥全体队员的自主精神。

（一）班队活动题材选择

班队活动的主题是班队活动的灵魂，也是班队活动成功的关键。班主任和少先队辅导员在帮助学生确定班队活动主题时，要根据本班的实际情况，结合学校的教育计划确定相应的活动主题。选择活动内容求"近"、求"新"、求"小"，充分考虑小学生的生理、心理特点。

1. 从学生常规生活、学习中挖掘活动素材

生活是平凡的，但并不枯燥，因为周围世界每时每刻都在发生新的变化。如果仔细观察，就会发现在美丽可爱的家乡，每天都有新事物出现；在美丽的校园，时时都有许多新故事产生；同窗好友、熟识伙伴，每天都在追求新的进步，获取新的成绩。这些因素为班级活动提供了丰富的素材。小学生的日常生活是丰富多彩的，在学习、劳动、生活和娱乐中有许多欢乐，也有许多烦恼，许多事情都富有教育意义，都可以提炼出班队活动的主题。每一个班集体，作为学生的"理想家园"，都有各自的一套"家务"。各种队角、卫生角或是墙报、图书、荣誉簿等，都是经常性地锻炼学生自主能力的活动阵地。通过对班级的小家务的认真整理，可以提炼出相应的班级活动的主题。挖掘日常生活中的凡人小事，使之成为活动的主题，一个重要的方法就是"小题大做"。通过抓住那些有深远教育意义的典型，深入挖掘，巧妙筹划，就可以设计出相应的班队活动。

2. 根据地域特点，从周围的环境中寻找活动素材

在我们生活的环境中，独特的自然风光、风土人情和悠久历史，蕴含着丰富的教育因素，我们可以从中提炼班队活动的素材。从日常所生活的自然环境和社会环境中，找出相应的活动素材，使学生受到耳濡目染的教育。

3. 从各种节日中选择活动素材

在一年三百六十五天中，有许多的节日、节气、纪念日。人们总是通过各种方式来开展庆祝、纪念活动。例如，母亲节，组织"让我们记住母亲的生日"主题班会。在学生没有任何心理准备的情况下，让学生说出自己母亲的生日，让那些能够记住母亲生日的同学说

说自己是如何记住的,使那些记不住母亲生日的同学意识到自己的问题,进而对学生进行亲情教育。每逢清明时节,人们总要通过各种方式纪念已故的亲人。"七一",党的生日到来的时候,可以组织"党在我心中"主题班队活动,让学生了解中国共产党的光辉历史,学习中国共产党艰苦奋斗的精神,培养学生刻苦学习的意志,培养爱党、爱祖国的热情。这些内容,在客观上为班队活动带来了教育的契机,形成了良好的氛围,应充分利用节日、节气、纪念日等,从中选取较好的班队活动主题。案例6-4就是某小学利用"雷锋日"设计开展的班会活动。

【案例6-4】

下面是某小学一个班的主题班会设计:

又到了3月5日学雷锋的时间了,学校要求我们每个班为周围的社区做一件好事。可我认为学雷锋不能图表现,只用一天的行动来表示一下,而应该制度化,经常化,把爱心献给那些真正需要帮助的人。我决定先在班上召开一个"我们应该怎样学雷锋"的主题班会,形成我们全班共同的意见,找到一致的办法。主题班会设计如下:

第一步:全体同学收集雷锋的动人事迹。

第二步:请学生代表宣讲雷锋助人为乐的故事。

第三步:分小组讨论目前存在的学雷锋种种现象。

第四步:我们该怎么办?(各小组表达自己今后学雷锋的设想与办法)

第五步:全班讨论,形成学习雷锋的统一意见和行动方案。

问题:运用班主任工作的理论与方法,对这一设计进行评价,并阐述组织好主题班会的设计要求。

(可参见,2017年小学教师资格考试,https://www.examw.com/teacher/xiaoxue/zhishimoniti/370010/index-2.html。)

4. 从时事中提炼活动素材

了解社会,体验生活,让学生触摸时代的脉搏,这是班队活动不可忽视的目的之一。这就要求班队活动必须体现时代的气息,选择有时代感的主题,从时事中提炼有教育意义的题材。譬如,面临"新型冠状病毒疫情",有班级组织"向白衣天使致敬"的主题班会;抗美援朝战争胜利70周年之际,有班级组织"忆先烈,话和平"的主题队会;"嫦娥五号"发射成功,有班级组织"嫦娥五号奔月,体会中国速度"的活动。这些班队活动都体现出强烈的时代气息。

(二) 小学班队活动的设计要求

当今世界,科学技术飞速发展,接踵出现的新事物、新观念、高新技术令我们应接不暇。小学生的目光也逐渐开始投向社会,课本知识已远远不能满足他们的求知欲。而充满科学性和知识性的班队活动正好满足孩子们的好奇心和求知欲,更易受到孩子们的欢迎。班级活动不仅活跃学生的学习生活,寓教育于活动之中,也使学生的素质通过生动活泼、丰富多彩的活动形式得以提高。而在班队工作者开展活动时，也需要遵循一定的设计要求：

1. 确定鲜明的主题

班队活动设计切忌宣讲空洞的大道理，流于形式走过场。主题是班队活动的灵魂和源头。班队活动的名称设计要集思广益，文字简洁、语言形象、语音响亮，能鲜明揭示活动主题，给人留下深刻印象，激发学生参与活动的热情。班队活动主题设计的依据是：教育要求、学生的实际、社会生活。班队活动的内容要与活动主题相吻合，活动形式也要与主题相符合。

（1）班队活动要有教育目的或期望，主题的确立至关重要。作为学校教育的主要形式，班队活动必须以全面贯彻党的教育方针为根本宗旨。根据小学生生理和心理特点安排的班队活动设计，既要求活动主题鲜明，内容丰富，形式多样，同时应注意在活动中促进小学生德、智、体、美、劳各方面的健康发展，这也是贯彻素质教育根本要求。班队活动的主题应紧紧围绕这几个方面设计实施。如果班队活动目的是德育，可以从增强爱国情感入手，弘扬和培育以爱国主义为核心的伟大民族精神；从确立远大志向做起，树立和培育正确的理想信念；从规范行为习惯做起，培养良好道德品质和文明行为；从提高基本素质做起，促进未成年人的全面发展。如果班队活动目的是智育，可以从帮助小学生实现明确学习目的、端正学习态度、培养学习兴趣、学习方法、学习能力做起。如果班队活动目的是体育，可以组织丰富、扩大体育知识的主题活动，进行体育道德思想教育活动、体育锻炼和竞赛活动。如果班队活动目的是美育，可以从树立正确的审美观，形成高尚的审美情趣，培养审美能力和创造美的才能入手，让孩子了解自然美、生活美、社会美和艺术美。如果班队活动目的是劳动教育，可以从培养孩子热爱劳动的思想入手，鼓励他们参加力所能及的劳动实践。

（2）班队活动选题应贴近社会生活。社会中的某些重大事件、流行思潮、热点话题都可以作为班队活动选题的范围。在这些系列主题活动的背后，跃动着时代的脉搏，影显了时代的鲜明特征。比如，班级可以围绕新型冠状病毒肺炎疫情，组织学生进行一系列班队活动，增强小学生民族自豪感、感受祖国的强大，激发小学生的学习动机。这需要班队工作者有较强的活动设计能力。

（3）班队活动主题还要依据学校的教育计划设计。班级作为学校的基层教学组织，每学期需要落实学校的工作部署和要求。班队活动尽量要与学校的安排同步，按照学校指导性意见，按学期进行，确定一学期的班队活动内容，制订学期班队活动计划。这样利于创设良好的校园活动氛围，增强学生对主题活动的深刻体会。此外，班队活动还需要与家长活动、社区活动相结合。

（4）班队活动还要符合本班学生的实际情况。班队活动的组织不能脱离班级环境，不能脱离本班学生的生活实际。应针对班级学生实际，确定一学期的班队活动内容，制订学期班级活动计划。只有了解学生在想什么、关心什么，才可能设计出符合学生年龄特征、心理特征、活动量适当的班队活动。

2. 周详的班队活动计划

计划中应周密确定某个时间点开展哪项活动,按计划组织实施每个班队活动,并根据具体情况变化,对班队活动计划进行补充、调整和修正。活动结束后检查计划完成情况,总结经验,找出不足,使主题班队会真正起到教育作用,实现教育目标。绝不能忽略最后一个环节,在班队会后要进行"追踪教育",深化主题和巩固成果。

3. 因地制宜、因材施教地设计班队活动内容

班队活动的设计要充分考虑活动形式对时间和场所的要求,形式便于操作,选择新颖、多样、富有趣味性的活动内容和活动形式。《少先队工作辞典》中提到趣味性是指队活动符合少年儿童的心理和生理特点,使其乐于从事和参加,产生探究客观事物的心理倾向。小学生求知、求新、求乐的欲望强烈,新奇活泼的形式才能适合他们的口味,这就要求活动应富于情景性、趣味性。活动环境富有趣味性,不仅能激发队员们参与活动的欲望,还能使其很快进入角色。力求选择的活动形式能发挥班队同学所长,充分调动学生的积极性、创造性,增强主人翁责任感,便于吸引班级中全体同学参与,使得全体学生都能够有所收获、有所锻炼。小学生注意的稳定性,随着年级的升高得到了很大的发展。因此,设计新颖、组织严密、形式多样、过程有趣的班队活动,完全可以将小学生的注意力维持40分钟左右。不同年级的小学生在爱好、兴趣和个性方面存在差异;不同的班集体形成不同的班级特色,班队活动设计也是不同班级特色的展示,同时也会进一步促进班级中学生独特个性的形成。

(三)主题班会的设计

主题班会是班主任开展班级工作的主要渠道之一,是一种重要的教育形式,很多学校将班会课纳入了课程表。班主任老师可以围绕特定的主题召开班会,直接对学生进行思想、品德、心理教育;也可以实现对学生进行多种能力的间接培养。主题班会与其他形式的教育相比,更能促进正确的班集体舆论形成,更能推进学生的自我管理和自我教育,也更能让学生实现广泛畅通的思想交流。与此同时,借助班会之机,同学的积极性、主动性被调动起来,这对帮助他们提高口头表达能力、思辨能力、组织能力和创造性思维能力等都起着十分重要的作用。好的班会不仅能凝聚班集体的力量,还可以增强学生信心,培养学生良好的品德。

开展主题班会要根据小学生所处的年级不同去设计,注重学生的特点,只有了解学生的特点方能因材施教。这要求班主任老师在平时与学生的接触交流中不断对每一位学生进行观察,深入了解,做到胸有成竹,有的放矢。要因地制宜、因势利导,创新组织开展有利于孩子健康成长的班会。

主题班会的设计是指对班会活动进行策划并撰写活动方案,它是开展主题班会的基础,班会活动设计是否有新意,关系到主题班会质量的高低。就一次主题班会而言,设计环节主要分为:

1. 明确班会"主题",界定班会要实现的教育目的

精心设计班会的主题,主题必须服从于教育方针、学校的教育目标与教育计划、班

级培养目标和小学生的学习生活实际。"主题"有利于促进学生的全面发展,有利于班集体的健全和完善。班会需要针对社会和学生思想实际,抓住某个主题意义的教育时机,把教育目的落到实处。主题班会活动有很强的针对性和指向性,要从学生的实际出发,充分反映学生的需要,通过班会活动使学生受到强烈的影响和深刻的教育,切实解决问题。

2. 活动策划,撰写方案

活动策划是班会活动进一步具体化、细节化、可操作化的过程。活动方案撰写可简可详。详细的班会活动方案对活动内容、活动步骤和活动过程进行具体而详细地介绍,易于操作,便于活动准备工作的开展和活动实施过程的顺利组织。主题班会活动设计方案常见的类型有:教案式、串联式、散文式。

这个环节是确定组织开展主题班会的过程设计。主题班会要从学生实际出发,面向全体学生,充分调动和发挥每个学生的积极性、主动性。小学生一般都有求新、求奇、求异、求乐的需要,班会设计应注意将知识性与艺术性、教育性与趣味性有机结合,努力做到寓教寓学于活动。班会中可以设计讲故事、事迹介绍、讨论等多种形式,让每个学生都能有所学、有所乐、有所获。

3. 进行主题班会的前期准备

主题班会的前期准备越充分细致,活动实施就会越顺利,活动效果就会越好。

首先,思想准备。班队工作者应该明确本次班会最终要实现什么样的教育目的,预计可能出现的问题或障碍。班队工作者所表现出来的对活动的重视,会激发小学生参与主题班会的热情。召开主题班会应以学生为主体,班队工作者发动全班同学共同认真准备,给活动起个好名称,确定活动的形式,确定活动的时间和活动的场所。引导孩子对班会意义充分认识,激起参与主题班会的心理倾向。

其次,人员准备。为了发挥班级学生的主体性,班队工作者应统筹安排,将主题班会具体任务落实到人,根据任务特点及学生特征分配不同的任务,确定参与人员的不同角色,使每一个学生都能发挥自己的作用,分工明确,各尽其责,各显其能。同时,班队工作者还要定时监督、指导、检查、帮助解决困难。

再次,物质准备。主要包括查找整理主题班会所需资料;准备活动用品及设备;排练文艺节目,准备服装与道具、音乐背景、租借器材用品;布置、美化活动场地,如板报、会场布置、班级桌椅摆放等;同时做好活动预案,做好突发事件的处理,能够灵活运用,随机应变,使得主题班会顺利进行并达到预期效果。这个过程中班主任既要鼓励学生自己动手、动脑,还需要及时了解学生所需,帮助解决困难。

案例6-5就是对某个学校在"九九重阳节"期间开展的完整的系列主题班会活动的介绍。

【案例6-5】

九九重阳节，浓浓敬老情①
——"爱心志愿者在行动"主题班会系列活动

【活动背景】

每一个传统节日的习俗都有其独特的渊源，也都有着独特的节日韵味。了解传统节日，开展爱心志愿者活动，既能丰富对社会的感知，也能培养学生的综合能力。

【活动目的】

为了弘扬中华传统美德，牢记中国礼，引导少年儿童孝敬长辈，学会感恩，增强少年儿童的社会责任感，我班特在重阳节之际，开展此次活动。

【活动主题】

九九重阳节，浓浓敬老情——爱心志愿者在行动。

【活动时间】

××××年9月25日——××××年10月8日

【活动对象】

泡桐树小学（天府校区）四年级（1）班全体同学。

【活动准备】

班长召集班委会干部策划本次活动，教师做指导。

【活动安排】

知重阳

时间：9月25日

地点：家里

内容：学生收集重阳节相关资料。

话重阳

时间：9月26日

地点：教室

主持：班长

内容：

① 古诗导入：集体朗诵《九月九日忆山东兄弟》。

② 重阳知多少：分享重阳节相关知识。

③ 启动"九九重阳节，浓浓敬老情——爱心志愿者在行动"宣传活动。

班长宣读《重阳节倡议书》，倡导学生在家和父母一起进行"爱老敬老"活动。班级成立志愿小队，分别在重阳节、国庆节、寒暑假等时间进行志愿活动。

④ 各小组推选队长，策划本组本次活动时间、地点和内容。

⑤ 全班讨论活动安全注意事项（出行安全、活动安全、文明礼仪等）。

---

① 谢云. 好班是怎样练成的——小学班主任班级建设之道[M]. 北京：中国轻工业出版社，2019.

敬老人

时间:9月26日—10月7日

地点:社区、敬老院等

参加人员:各志愿者小队成员

内容:

① 班主任在活动前召集各小组队长开会,再次明确活动要求,强调活动安全。

② 志愿者小队和老人共度重阳节,为老人献上一支歌,朗诵一首诗,画一幅画,为老人打扫房屋、捶背,陪老人聊天等。

③ 安全保证:每个小队招募一位家长志愿者,协助小队开展活动,应对突发事件。

④ 活动记录:小队成员分工合作,承担活动摄影、摄像等工作,填写《志愿队汇报表》。

传浓情

时间:10月8日

地点:教室

主持:班长,各志愿者小队队长

内容:

① 各小组汇报活动情况,分享相关活动照片和视频。

② 班长总结本次活动。

③ 班主任点评此次活动的组织和实施。

④ 宣传委员负责撰写本次活动新闻。

表真情

① 以文会友,表达真情。以本次活动为主题,记录自己的所见所闻、所思所感,题目自拟。要求:写真话,表真情,我手写我心。

② 美文欣赏,分享真情。

二、小学班队活动的组织实施

小学班队活动的组织实施是对学生进行集体教育和个体教育、引导学生进行自我教育的重要一环。班队活动组织实施得好,对儿童生命质量的提升和良好班风的形成都具有核心作用。在小学班队活动的组织实施过程中,班队工作者需要对班队活动过程的两端即开始和结束时间给予保障;帮助、指导班干部维持好活动现场的秩序和纪律,指导主持人,保证活动按方案顺利执行;如果活动中出现一些技术性的问题,及时处理解决。

小学班队工作者组织实施班队活动需要从以下几个方面展开:

(一) 充分发挥"领头羊"的作用

班队活动需要调动和发挥学生干部与班队活动积极分子的积极性、主动性、创造性,让他们自己策划、自己组织、自己主持、自己指挥,同时还要尊重和理解每个学生,发挥每个学生的聪明才智和个性特长,让每个学生在活动中都有岗位、有任务、有角色,真正体现小主人的地位。

如召开"网上祖国万里行"主题班会,借助于神奇的网络,采用多媒体动画,按祖国的版图,把全班同学大致分成5组,每组8人,即:东北代表队、东南代表队、西北代表队、西南代表队、港澳台地区代表队。然后各组同学分别到各大网站上去搜寻各自所需的资料,使活动成为每个队员锻炼能力、发挥才能、接受教育的广阔课堂。班主任或辅导员要充分发挥自身的主导作用,立足于启发、诱导,引导学生的兴趣,对学生的活动起到指导和参谋作用。只有这样,才能确保活动收到较好的教育效果。[①]

(二)主持人"黏合"效应,突出主题

要注意引导学生把充分准备的各种不同形式的"节目"有机地统一起来,使活动主题鲜明突出,形式生动活泼。要注意发挥主持人在活动中的带头和指挥作用,通过其熟练准备的台词、幽默诙谐的语言、富于感染力的情感、饱满振作的精神和具有表现力的动作,激发和带动全班每一个同学。同时,为了让活动更具创造性,在主持的形式上,也可以根据活动主题的需要,变换主持的方式方法,使活动更具吸引力。如在"网上祖国万里行"主题班会中,在主持上,可以打破传统一男一女的主持格局,分别由各组派出导游小姐或是导游先生为大家主持、介绍,使形式更为新颖,主持风格更独特,更贴近生活,更易受学生喜爱。

(三)未卜先知,预防突发事件

班主任或少先队辅导员尤其要注意在活动中加强对学生的安全教育。要引导班队活动的组织者对可能出现的突发性问题进行分析,教育学生避免可能出现的安全事故。一旦出现偶发事件,班主任或少先队辅导员要善于运用教育机智进行果断处理,因势利导,及时调整学生的心态,减少偶发事件对活动的干扰。要能够随时解决活动中出现的一切问题,确保活动的顺利进行。如在组织文艺表演类的活动时,可能会出现突然停电的情况,在准备工作中,就应充分考虑到,可事先准备几节备用电池,以免影响活动的效果。如果事先没有准备,也可灵活将节目顺序调整一下,然后马上想办法进行处理。总之,不管遇到什么样的突发事件,班主任或少先队辅导员都要沉着冷静,自如应对,否则,不仅会影响学生的情绪,更会影响整个活动的预期效果的实现。

(四)"合伙人"参与,锦上添花

班主任或少先队辅导员要善于调动各方面力量的协同作用,使其为班队活动增色添彩。如邀请校领导或大队辅导员参加活动并为学生讲话,会使活动更具有教育作用;邀请科任教师参加活动,会使活动更有吸引力;邀请家长,能为班队活动保驾护航。在师生共同进行的活动中,教育者通过关心、帮助、感染、激励等措施教育儿童,不仅会收到良好的教育效果,还可增进师生间的交往与沟通,拉近师生间的心理距离。

---

① 徐红芬."网上祖国万里行"主题班会设计[J].班主任,2001(8):34-35.

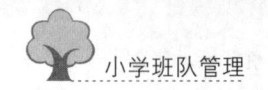

(五) 抓住契机,叩开心门

班主任或少先队辅导员要在活动中主动与学生交朋友,和他们交流思想,悉心保护他们的好奇心和求知欲。当学生遇到挫折或遭受失败时,要因势利导,及时教育,帮助他们克服困难,走出误区。要注意学生的个别差异,合理地掌握教育的尺度,有的放矢,因材施教。

(六) 两副担子"一肩挑",但不能"一锅煮"

小学班主任一般都肩负双重任务,既是班主任,又是少先队中队辅导员,直接担负着辅导中队少先队工作的任务。具体包括:指导中队委员会制订好工作计划,组织好中队活动,定期召开会议,组织学习,做好少先队的教育与培养工作,使少先队工作健康有效地进行。班主任作为少先队中队辅导员,一定要掌握少先队主题队会的程序。如果举行的是少先队主题队会,就一定要遵循少先队主题队会的程序。

班队会活动也需要与时俱进,适应社会的发展,适应当代小学生的特点。案例 6-6 中构建的班会群就是一个创新的思路,可以提升班会的实效性。

【案例 6-6】

构建班会群,用体系思维提升班会实效[①]

构建班会群,提升班会的实效性。班会群是围绕某一主题,在 3 周内持续不断地召开的主题班会、微班会、即兴班会的班会集合。简而言之,班会群就是一个班会系列,是围绕某一主题的系列班会。班会群的本质是体系思维,即将一系列散乱的问题进行系统化整理,并以全面的、顶层的视角分析问题、解决问题的思维方式。之所以将"3 周"作为一个周期,最初源于对"形成一个习惯需要 21 天"观点的相信。习惯的形成需要不断地重复和激励,习惯形成的时间与习惯本身的难度有关。习惯回路由暗示、惯常行为、奖赏组成。一周践行一个部分,3 周正好践行完毕。对教育过程的理解,不管是教育个体还是教育群体,方法不外乎 3 个阶段:改变认知、树立榜样、形成习惯。综合以上原因,所以将 3 周确定为一个主题的循环周期。

第一周采用主题班会的形式重点解决暗示的问题,目的是改变学生原有的认知,积极的认知改变一定会产生积极的暗示。第二周用微班会的形式解决惯常行为的问题,在第一周改变的基础上,同时辅以即兴班会,让学生行动起来,用个别学生的改变激发本人与其他学生继续改变的内心渴求。第三周用微班会的形式解决奖赏的问题,在前两周的基础上进一步激发学生改变的渴求,将 21 天作为改变的新起点。

每周的任意一天(只要找到恰当的典型,无论好坏)利用空余时间组织一次即兴班会,目的是提醒、鼓励、鞭策。即兴班会是我自己生造的,我给其定义为:在具体教育情

---

① 牛瑞峰.构建班会群,用体系思维提升班会实效[J].新班主任,2020(1):28-29.

境中为了解决具体问题,教育全体学生而适时生成并及时实施的,以班级一个或几个学生为例子而进行的或表扬或批评的临时班会。

主题班会群的操作过程可以用下面的表格表示。

时间	形式	目的	主题
第一周	主题班会(即兴班会)	动员,改变认知,强化暗示。	规范
第二周	微班会1(即兴班会)	深化,树立榜样,激发渴求。	规范
第三周	微班会2(即兴班会)	总结,固化行为,形成习惯。	规范

比如,以"规范"为主题构建并实施的班会群。第一周主题班会的题目为:规范是练出来的!班会主要内容有:① 在导入"规范"之后观看新中国成立70周年阅兵式片段,然后讨论最强音、最庄严、最雄壮、最帅气、最铿锵、最感动、最炫酷、最震撼、最开心、最难忘的"十最"阅兵式是怎样练成的。学生讨论后展示士兵们训练的照片与视频,从而得出"规范是训练出来的"的结论。② 学生绘制在校遵守规范的思维导图,并与同学分享,根据同学的建议进一步完善思维导图。③ 重点强调书写和学校的常规行为规范。将名家的手稿与班内同学的作业进行对比,进而导出"规范是一种品质,规范是一种能力"的结论。④ 布置作业:制订规范计划,完成下列表格。

名言原创(根据自己对规范的理解创作一句名言)	
名言背诵(请摘录三句有关规范的名言并背会)	
请将自己践行规范的计划写在这里	

规范项目	规范方法	规范时间	规范效果	整改目标

即兴班会的题目为:《榜样就在身边》。具体的操作是这样的:在检查规范计划表格的过程中观察那些能够按照规范表格改变的同学,将表格和规范成果做成课件(同时也可做成美篇、头条、快手等发在家长群里,扩大影响力),利用课余时间宣传。

第二周微班会的题目为:《规范成就极致——德国制造的启示》。以《工业4.0核心之德国精益管理实践》为基础,强调2009年欧洲爆发区域性经济危机,德国保持经济增长的原因和工业4.0的兴起缘由。

即兴班会的题目为:《我比他更优秀!》,重复第一周的操作,由受表扬者谈自己的心得体会。

第三周微班会的题目为:《人人都是规范者》。内容如下:分享某一名或几名学生的规范思维导图和规范表;表扬表现优秀者;提醒需要鞭策的学生;提倡学生写规范日

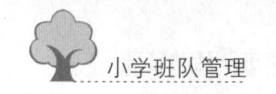

> 记,记录自己的改变历程。
>
> 即兴班会的题目为:《我的行动在哪里?》。具体操作是这样的:将前两周表现最差的学生的名字列出来,展示其思维导图和规范计划,鞭策其改进(当然,这些学生也将是班主任后期工作中重点关注的对象)。
>
> 班会群结构上可以简称为"123",即一次主题班会、两次微班会、三次即兴班会;内容上,一线贯穿,也就是三周开了一个大班会;方法上,采用多种方式激发、鼓励、鞭策。

三、小学班队活动的总结

小学班队活动即将结束时,依据实事求是的原则,班队工作者还需要组织学生对班队活动实施效果进行总结评价,指出设计方案、实施过程的不足,进一步巩固和提升班队活动的效果,丰富学生班队活动经验,增强其自信心,促进其健康成长。

班队工作者对班队活动的总结形式需要突出以学生为主体、以教育为主题的特点,使活动收到良好的教育效果。常用的总结形式有:口头总结和书面总结。书面总结又可以细化为:写日记、写作文、出墙报、写总结报告、写课题研究论文等。

如在《珍爱生命,学会生存》主题班会临近尾声时,主持人提出困惑:"野外可食用物是求生存的必备品,但是,在野外会有一些有毒的可充饥食物,我们同学要万分注意。"班主任据此做了总结:①

人体需要食物提供热能和营养,无论生长、生殖还是伤病复愈都需要食物所提供的、经消化系统消化吸收生成新组织的原料。一名健康者利用自身贮存在组织中的营养可以存活一段时间,但是缺少食物很难保证体温不会下降,很难保证在过度劳累或者伤病复愈时身体状况得到完全的恢复。

世界各地无论条件多么恶劣,极少有地区一点植物都没有——比如灌木、藤本、蔓生类、有花类、草本或苔藓类,总会有些能食用,并提供营养。植物体内含有人类必需的维生素和矿物质,而且富含蛋白质和碳水化合物。有些种类也含有脂肪,所有种类都含有纤维素。但要注意不可长期依赖某单一植物种类作为唯一的食物来源。你要给自己的胃肠以适应新食品的机会。

你需要了解自身的营养需求,以及如何满足这些营养需求的基本常识。在多数环境下,最可能得到的食物来自植物界——但你还得了解应该避开那些有毒之物,这里将给出有关一些最常见植物的指导性常识。从中你可以进一步扩展有关植物的基本知识。

春夏之交,有些植物幼茎还很柔嫩,也易于采集。有些可以生吃,多数还是煮熟后食用为好,尤其是柳叶、猫尾草、所罗门印草和羊齿类植物。在清水中洗净,除去外表绒毛,

---

① 班级活动管理丛书编委会. 主题班会活动设计——安全教育[M]. 广州:世界图书出版公司, 2011.

少量煮沸,最好是用蒸汽蒸熟。嫩叶片富含维生素和矿物质,鲜嫩的茎叶是求生者很好的食物。多数种类煮熟后味道会更好些。但不要过度沸煮,否则会破坏维生素 D、E、K、B 以及大量的维生素 A 等。

小学中高年级阶段,班队工作者还可以安排学生对班队活动进行总结。如在《突破常规,创新思维》主题班会中,学生代表做总结发言:[①]

尊敬的老师,以及我的各位同学们:

大家早上好!很高兴我能站在这里为此次班会做总结发言。我发言的主题是:创新思维。

请问同学们,你们曾经想过什么是创新思维吗?也许有人会直接说:'就是想一些不一样的东西!'事实上没这么简单。那么,你有没有想过如何去想一些不一样的东西呢?现在,就让我为你仔细地解释一下吧!

首先,我们应该承认:创新思维的确是先在人的思想中产生,然后再发生在这个世界中。

只有这样,我们才有创新的动力。举个例子,收音机、电视机、电话等都是由科学家发明的。并且,这些科学家都有能力和勇气去想一些不一样的东西。

其次,我们应该善于发现,并且能够打破常规。有时候,我们身边就有很多创新的素材。但更多的时候我们却缺乏发现的能力。所以,我们只有善于发现,善于总结,才会发明创新。

最后,我想说,作为新世纪的学生,我们应该有勇气和信心去开拓创新。并且,我们应该为了我们祖国的发展而努力学习!因为,我们是祖国的建设者!

我的发言完毕,谢谢大家。

课后思考题

1. 你认为好的班会和少先队队会分别是什么样的?
2. 你认为班会应该创新什么?如何创新?
3. 你认为少先队队会应该创新什么?如何创新?
4. 如何评价班会活动的效果?
5. 教育实践观摩:利用到小学教育见习的机会观摩一次班(队)主题活动,记录活动的全过程,然后从活动的教育意义、活动的形式、活动的效果等方面写出评价。
6. 采用小组合作学习的方式完成一次主题活动的设计。(需呈现活动设计方案)

[①] "班级活动管理丛书编委会.主题班会活动设计——能力培养[M].广州:世界图书出版公司,2011.

第七章 小学班队文化建设

学习目标

1. 熟悉教室环境布置的基本要求,学会创建良好的班级物理环境和文化环境。
2. 掌握班队人际沟通主要方式,懂得如何构建良好的师生关系。
3. 掌握学生冲突的处理方式,学会指导学生建立良好的同学关系。
4. 掌握确立班级奋斗目标的方法与要求,学会制订班级奋斗目标。

第一节 教室环境布置

我们一般所认同的"文化"基本上都是从两个层面去解释的,即广义和狭义。广义的"文化"是指人类所创造一切物质和精神财富的总和,狭义的"文化"是指一个社会或组织包括其价值观念、共同理想、风俗习惯等在内的意识形态,以及在其指导下建立起来的与其相适应的组织环境和机构制度。所谓班级文化是指存在于班级内部的一种机制、关系、环境、氛围和精神。

良好的学习环境是帮助小学生取得良好学习效果的重要前提,小学班队文化建设对于教师管理好一个班级,打造良好的学习环境至关重要。生活在班队文化氛围较为浓厚的组织里,小学生群体归属感和认同感更强,他们更喜欢集体生活,更加能严格地遵守班队的各项规章制度,能更自觉地维护班队集体的荣誉,能够为了同一目标而努力,更有利于小学生的成长发展,所以教师必须了解小学班队文化建设相关知识。只有能够建设优秀的班队文化,轻松地驾驭班集体,调动班级中学生个体的积极性、主动性和创造性的教师,才能产生有效的教学效果,帮助每一个学生获得发展。

杜威说过:"要想改变一个人,必先改变他的环境。"班队活动是在一定的物理环境和心理环境中进行的,物理环境和心理环境构成了班队文化环境建设的主要内容。教室是学生学习、活动的主要场所,是教师向学生传道授业的重要阵地,是班队工作者对学生进行思想教育、品行培养的重要舞台。一个布置合理、美观的教室能够陶冶师生的情操,激发师生的热情;教室的布置同时也是广义班级文化的组成部分,能体现一个班级的个性和特色。所以,班队工作者在管理班级时,需要花心思在教室环境的构建上。对班队工作者来说,如何创设良好的物理环境,如何对教室环境进行合理布置,对于构建良好的班级文化至关重要。

一、教室物质环境

(一) 教室物质环境的定义及重要性

教室是班队的重要物质载体,它不仅是一个地理空间,也是班队日常学习生活的制度化空间。教室物质环境主要指对教学活动的效果发生重大影响的物理环境因素,主要包括教室环境中的空气、光线、色彩、温度、声音及建筑材料,如黑板照度及反射系数、课桌椅符合率、讲台设计等。

为了研究教室物质环境对学生学习的影响,2013年,由英国索尔福德大学(University of Salford)建筑环境学院教授彼得·巴雷特(Peter Barrett)领衔的一组研究者,通过对全英国27所小学153间教室和3 766名学生的研究后发现,有三大因素影响学生在教室中的学习效率:即"自然性"——主要指采光照明、空气质量和室内温度等,大约占到这种显著影响的一半;"启发性"——主要指学习区的灵活布置,教室整体布置的色彩和谐、墙壁简美,大约占到这种显著影响的四分之一;"个性化"——主要指允许学生在教室里放置一些自己东西,让学生对教室有一种归属感,大约占到这种显著影响的四分之一。① 美国卡内基·梅隆大学(Carnegie Mellon University)的研究人员于2014年发表于美国国际权威心理学学术期刊《心理科学》(Psychological Science)的一项新的研究表明,在大量装饰的教室中,儿童的注意力更分散,他们把更多的时间放在了学习之外,学习收益较小。由此可见,教室物质环境直接影响师生的健康、安全、舒适和教学效果,教室里的温度、通风、照明、光线、声音、布局、装饰等都将直接或间接地影响学生的舒适感。

因此,班队工作者在进行班级文化创建的同时,也应注重教室物质环境的创设与打造,应时常关心教室的阳光、照明、空气、温度、湿度、音响效果等因素,研究桌椅、讲台、计算机、地图、图书等教学设备的配备、使用和管理。教室里还要布置花盆、美术作品,定期展出学生的书画、摄影、插花作品以及学生自制的手工艺品等来美化教室环境。

(二) 教室物质环境创设原则

教室物质环境创设根本目的是通过做好教室布置工作,为小学生提供良好的生活和学习环境,为学生身心全面和谐发展创造良好条件。教室布置是一项非常具体、非常繁杂的工作,为了达到这一目的,创设良好的教室物质环境需要遵循如下原则:

1. 教育性原则

一个好的教室物质环境创设应该是一本立体的、多彩的、富有吸引力的无声教科书。班级场所、区域的设置划分、空间的布局、墙面的装饰、物品的摆放、顶部的吊饰、功能角的

---

① 胡乐乐.教室环境也会影响学生[N].中国教育报,2015-04-22(11).

设计等,无不体现着教育的导向。教室物质环境的创设必须充分考虑教室环境对学生的教育作用,让所布置的内容对学生起到潜移默化的作用。因此,在布置教室时,要选择那些催人奋进、引人深思、富有感召性、激励性的形式和内容。如可以选择劝学的名言警句、班级奋斗口号、中国传统文化作品或者励志、杰出人物事迹等。

2. 适宜性原则

教室物理环境的创设必须适应小学生年龄特征及其健康成长的需要。儿童时期正是生理、心理和社会性方面发展最迅速的时期,这个时期的小学生富于好奇心,求知欲望强烈,因此,教室物质环境的创设,必须从小学生的实际出发。教室环境布置,口号、标语、名言警句等应能适合小学生的认知水平;空间的布局要考虑小学生活动的需要;教室内设备及桌椅、黑板的高度等要与小学生的身高、四肢长度相匹配;色彩的运用、灯光的强弱要同小学生的心理接受能力相适应;教室内的声响效果也应控制在小学生可接受的范围之内。

3. 主导性原则

为了让教室物质环境创设真正起到美化环境、教育引导学生的作用,班队工作者必须在教室布置过程中发挥主导作用,不能将教室物质环境创设的所有工作交给学生,撒手不管。在布置教室时,班队工作者要耐心听取班级成员的意见,集思广益,并结合班级具体情况,做好整体规划。在实际操作的过程中要认真把关,防止教室布置太过杂乱,不能发挥育人作用。

4. 参与性原则

一个班级的基本成员是教师和学生。教室物质环境创设应以班队工作者为主导,学生为主体,广泛发动学生参与设计与布置,听取并充分吸收来自学生的希望和建议,尽可能体现他们的意图,使创设的环境最大限度地满足学生的需要。教育家陈鹤琴说:"用儿童的双手和思想布置的环境,会使他们更加深刻地理解环境中的事物,也会使他们更加爱护环境。"教师要尽量根据学生年龄特点、兴趣爱好及身心发展的需要,与学生一起创设环境。例如教室功能区域的划分、物品的摆放、墙面装饰等,可以广泛征求全班学生意见;班训、班级口号可以通过开展征集活动,让每位学生参与搜集;班级手抄报、黑板报、宣传栏的设计,可以在班级里遴选一批具有书法或美术才能的学生具体实施。教室物质环境创设的工作具体、繁杂、工作量大,调动学生积极性,群策群力,可以提高工作效率,同时,按照学生意愿创设的环境,更有利于激发学生的兴趣,发挥他们的积极性和创造性,更好地发挥环境的教育功能。另外在创设环境的过程中,也让学生的想象能力和创造精神得到了锻炼和提高,使师生关系更加融洽。

5. 针对性原则

为了充分发挥环境育人的功能,班队工作者在进行教室物质环境创设时,应该考虑学生的年龄层次、教学内容、教学形式、本班的实际情况与特点等因素,以及考虑本班在不同时段的不同任务,从而让教室物质环境创设具有针对性。例如小学低年级儿童教室寓教学于娱乐之中,色彩宜采用天真活泼、欢乐愉快的暖色调,高年级的教室宜选用宁静、明快、有助于思考的冷色调等;根据主题教育活动内容的不同,班级中宣传栏、黑板报、手抄报等内容应该进行相应调整。

6. 审美性原则

教室物质环境的创设应遵循审美性原则。教室物质环境创设呈现的风格、色彩、形式等,都会潜移默化影响小学生的审美。因此,教室环境创设应给学生美的感受,让学生受到美的熏陶。教师应从尊重小学生的审美兴趣与审美需要,进行环境创设。教室环境力求风格鲜明,美观大方,色调简洁明快,搭配适宜,采光充足合理。班级标语要醒目,装饰要得体,前后左右要对称,栏目大小要相等,字体规格要统一。要营造出具有造型美、色彩美、形式美和童趣美的环境,培养小学生初步的感受美、表现美、创造美的情趣和能力。

7. 创造性原则

创造力是现代学生综合素质发展的题中之义。班队工作者在教室空间设计与利用中,可考虑留出学生创造发展的空间,例如设置展示栏,适时举办学生作品展等。同时,对新鲜事物敏感、好奇也是小学生的天性,如果教室布置长时间保持不变,学生就会对熟悉的环境视若无睹;如果适时变换教室布置形式和内容,就会使学生时时刻刻有一种新鲜感,引起学生注意,并使其从中获取教益。

总之,教室物质环境的创设,应始终把小学生发展的需要放在首位,使环境同小学生的身心特征相适应,让学生与环境融为一体,相得益彰,从而达到环境育人的最佳效果。

(三)教室物质环境创设的内容与要求

教室物质环境对小学生的成长发展起着不可忽视的作用,是保障小学生健康发展的重要途径。教室物质环境创设的内容包括教室的物理环境、教室墙面环境和区角环境创设,以及一般布置等项目。

1. 教室的物理环境

安全、卫生、健康、合理是教室物质环境建设的基本要求。理想的教室物理环境须注意采光、通风、温度、噪音、色彩等自然因素。

(1)光线

教室内的光线适当与否,不仅影响学生的学习效率,还直接影响学生的视力,适当的光线强度是学生学习的必要条件。教室光线宜以自然采光为主,人工照明为辅。教室采光充足合理,布光均匀,能使各课桌面和黑板面上得到足够的照度。以在视野范围内不得产生眩光为最佳,教室若有日晒现象,则可考虑加装遮阳设备。

(2)通风

教室内的空气状况能直接影响学生的学习和健康,这已是不争的事实。国外相关研究不仅表明教室的通风换气有助于减少空气污染,提高空气质量,还表明通风良好的教室能有效帮助学生散发身体热量,新鲜的空气能使人大脑清醒,心情愉快,从而提高教学与学习效率。在没有要装冷暖气系统的情形下,开窗应占教室面积1/4以上。教室两旁应于上、下各自装设气窗,夏天与冬天可打开使空气对流。

(3)温度

环境温度适宜不仅是教学设施正常运行与维护的需要,还可以提高学生大脑处理信息和解决问题的能力。通常情况下,教室以温度20℃(华氏68度),湿度在25%～50%之间最适合教学活动的需要。已有研究发现,室温在24℃(华氏75度)以上,每超过1℃,学习效率会降低2%。

(4) 噪音

目前部分校区位于闹市区,噪音问题相当严重。其他如学校房舍建筑规划不当,也会造成学生活动时所产生的声浪无法消散而引起许多噪音。噪音的防止,可应用门窗双层或多层间隔、固体壁间隔、绝缘材料之间隔、建筑形式之变化进行改善。此外厚窗帘也有部分消音的功效。

(5) 色彩

生理学和心理学相关研究表明,颜色是人们视感觉的基本特征之一,不同的色彩,可以引起人们不同的心理感觉。教室环境色彩的调节总的要求是色调简洁明快。为了保证教室的明亮宽敞,室内环境色彩应采用反射系数较高的淡雅、明亮的颜色。如教室墙面多采用白色;黑板是教师演绎示范书写的工具,应避免产生眩光,可采用墨绿色或浅墨绿色毛玻璃,也可选用亚光磁性材料,以利于视力的保护;门窗色彩宜选用与墙面色彩近似的明度较低的色调,但明度反差不宜过大;地面色彩一般宜采用中间明度的含灰色调。

2. 教室基本设施

(1) 黑板

黑板是教室主要固定教具,其设计要求应书写流畅,无眩光,易擦拭,书写时不产生噪声,构造简单。同时,为了避免黑板产生眩光,黑板面应采用耐磨和无光泽的材料,黑板颜色应为深色,以墨绿及黑色为主。黑板面应有足够的照度和设置照射黑板的照明灯具,便于在室外光线较暗的情况下,后排学生能看清黑板的字迹。在黑板上前方设一组黑板照明灯,当此灯光在黑板面的照度超过自然光的照度时,既可减少黑板的眩光,又可提高黑板面的照度。

(2) 桌椅

教室桌椅颜色要求清爽,不刺激视力,同时高矮可以根据学生身高进行调节。桌椅的摆放要做到统一、整齐、整洁。学生可在课桌指定位置贴上"自我激励卡",内容包括:姓名、爱好、理想、喜欢的名言、班主任寄语等。

(3) 讲台

教室中的讲台不仅是一种简单的教学用具,同时也具有丰富的教育学意蕴,通过不同教室讲台的安放,可以反映出该教室折射出的教育理念和文化气息。传统的教室讲台设置一般采用宽讲台的形式,即将讲桌设于讲台上,这种布置既影响横向走道的宽度,也遮挡学生视线。同时,讲台的安放也折射出一种教室隐喻,当讲台处于教室正前上方时,教室可能被隐喻为教师宣讲知识的场所,教师则成为某种知识的代表。因此,在教室中进行讲台设置时,为使教师讲课不遮挡学生的视线及观看板书,可将讲桌安放在教室靠墙一侧,与学生课桌高度处于平行位置。

(4) 清洁用具柜

各班级使用的清洁用具一般由各自班级管理,因此,教室中可放置清洁柜。清洁用具柜应尽量较少占用教室空间,班级内教室卫生清洁用品可放入其中,让教室更加整洁美观。同时清洁用具要安排学生定时清洗、整理、摆放整齐,垃圾分类存放,注意通风,旁边张贴环保标语,以配合环保教育。

(5) 图书阅览架

为了促进学生阅读,激发学生阅读兴趣,扩大学生知识范围,可以在教室内摆放图书阅览架,设置图书角,放置图书、报刊、校报等,由学生自己管理,这样可以培养学生自主管理的能力。还可以利用旁边空墙设置"读书心得"园地。

(6) 门窗和玻璃

教室的门窗和玻璃也应注意保持干净、明亮,如若出现安全问题应及时反映,设法加以维护修缮,以便给学生提供一个优美、安全的学习环境。

(7) 教室内其他设施

除前已述及的黑板、讲台、清洁用具箱等各种教室必须设置外,还应根据班级需要及条件设置存物搁架,用以存放班级学生个人用品及衣物等,其位置以设置在后墙学生用的黑板下部为宜。可在后墙靠门处或走廊处,设可移动的有滴水槽的存伞架,供本班学生使用等。

二、排座位

教室座位是教室文化环境的重要构成部分,也是班队工作者进行班级教育与管理的主要内容。学生的座位排得是否科学、合理、有效,将直接决定班级的凝聚力和向心力,决定着教育教学效果的好坏。合理排座位对于打造良好的班风班貌,促进班级正能量的形成,起着不可低估的作用。

(一) 教室座位编排策略

要取得课堂座位编排的良好效应,班队工作者在编排座位时需要从学生的生理、心理、学习、品德、性别等方面综合考虑,合理搭配,并加以动态的定向组合。

1. 生理因素

编排座位首先要考虑学生的身高、视力、听力等生理因素,要按学生的高矮,从前到后依次排列,以使学生的视觉区在定向上能有一个合适的位置。还要把视力、听力较差的或身有残疾、行动不便的学生编排在离老师和黑板较近或进出方便的座位,尽量给予照顾。例如,患近视眼的学生坐在与黑板相距5~6米的位置为宜。

2. 个性特点

班队工作者在编排座位时,要考虑学生的个性特点。学生的个性有差异性,也就有互补性和制约性。班队工作者应努力把握每个学生的个性,并根据每个学生个性的长处、短处进行合理搭配,促使他们相互影响,取长补短。例如,把秉性不同的学生混合编排,使性格外向、内向的结合就座,使之产生性格互补;考虑学生的气质差异,使各种气质类型错开搭配,以形成学生完善的心理品质等。相反,需注意不能把个性相近的学生编排为邻座,否则会助长其性格弱点。

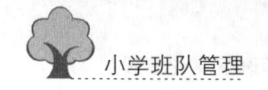

3. 兴趣爱好

很多教师缺乏对学生各方面的了解和认识，仅由成绩去评判学生优秀与否，不了解学生的爱好、兴趣和优势所在，这会影响到座位编排的高效性。在进行座位编排时，班队工作者还应了解学生的兴趣爱好。兴趣爱好相同的人坐在一起可以互相交流、共同进步，促进班级良好的非正式群体的形成；不同兴趣爱好的学生坐在一起可以互相学习，共同分享，扩大学生知识范围。

4. 学习水平

座位的编排还应考虑学生学习水平的差异。资优生与学困生坐在一起，能够以优扶困，同时给学困生提供向资优生学习的机会，还能形成一种竞争的气氛。同时，能使学困生学生感到老师不但没有忽视他们的存在，而且在想方设法地帮他们提高，从而增强自信，发奋努力。如果将学习水平相近的学生安排在一起，相互学习，相互交流、相互讨论，因为他们学习成绩相当，坐在一起会形成互不服气、你追我赶的竞争局面。

科学地安排座次，要讲原则、讲科学，做到公正、合理、平等，要考虑到学生性格的协调、身体的发育等诸多因素，应让座位的编排有利于学生的身心健康，有利于学生学习成绩的提高。

(二) 教室座位具体调整方式

1. 定期轮换

班级座位可以进行定期轮换。定期轮换不但使每位学生获得了座次平等的机会，而且还隐含着其他的教育作用。因为，每一次的调换都会使学生产生一种新鲜感，对调节学生心理有一种积极的作用，也对学生之间扩大交往提供了空间，对学生之间建立友谊大有裨益。定期轮换可以按列轮换和按行轮换。按列轮换，解决了"边角一排"的分配；按行轮换，会解决教室"最后一排"的分配问题，但应注意这会使个矮的学生受到影响。另外，在按列和按行轮换中，可采用行与行组合或列与列组合的方式进行轮换，例如教室前三行和后三行轮换。

2. 小组互换

小组互换方式有两种，一种是在班级内座位布局采用小组组合式，即在班里取消行和列，把座位前后错落摆放成一个个的小圈组合，每次轮换时，整个"圈"一起调整。这样的安排，要求老师既要将学生合理分成小组，又要插空摆放座位使得每个孩子都能看清黑板。另一种方式为在传统的教室座位布局中采取"小组固定"的方式，即前后4人或6人组成一个整体，小组内部可以互相调整。在教室座位调整中，每个星期全班都要以小组为单位变化一次座位，让每一个同学在一学期之内几乎都能把教室的每个方位坐遍。

3. 抽签

班级座位可以用抽签方式决定。先抽出排数，再将该排学生依高矮顺序排出座位，与邻排同列的学生成为一组。

在班队教育与管理中，不论是哪种座位布局和编排方式，作为班队工作者，要始终秉承"尊重学生"和"利于学习"的前提。"尊重学生"是指在座位调整中要尽可能满足学生的愿望,甚至让学生在一定条件下自己选择座位,当然也不是任意想坐哪里就坐哪里。所谓"利于学习",就是排座位要考虑生理、心理、个性、成绩、兴趣爱好等因素,让不同基础的学生坐在一起,使座位效益最大化。

【案例7-1】

第38号座位①

"老师,您能让我到38号座位上去坐吗?"

"老师,我也要求坐到38号座位上去!"

星期四午饭后,我们班的徐健、徐军两位同学急匆匆地赶到我的办公室,都争着要坐上38号座位。唯恐我不同意,两人都抢着说明理由。

我示意两人一个接着一个慢慢讲。只见活泼好动、个儿高高的徐健首先说:"徐老师,我的学习成绩不好,经常给您惹麻烦,给班级抹黑,您对我伤透了心。老师,我知道自己不对,但我自己管不住自己,所以想到38号座位上去接受老师和同学们的帮助和监督。"他说着用满含泪水的双眼望着我。

这时,个子矮小、性格内向的徐军激动起来,抢着说:"老师,我想改掉吃零食的坏习惯,更想提高成绩。"说着用一双期盼、乞求的眼睛盯着我。

看着两个"毛病"不少的孩子都抢坐38号座位,我内心感到无比激动,为自己的"金点子"而感到兴奋和自豪!

我们602班只有37个同学,怎么会有第38号座位呢?38号座位有怎样的"魅力"呢?走进602班,你就会发现教室后排正中间,有一张与众不同的单人课桌。这张桌子比其他的桌子高出10厘米多,桌面也大许多,桌子前方竖立着一个写有"爱心专座"四个红色美术字的木牌,"爱心专座"两边分别写有"需要同学们的帮助""需要老师们的关爱"的提示语。这就是我们602班的第38号座位,现已成为我们班与众不同的一道亮丽风景。

第38号座位——爱心专座的设立,源于公交车上"老、弱、病、残、孕"专座的启发。凡是期待进步、期待帮助的留守儿童才有资格享受"爱心专座"。在"爱心专座"上的同学将会得到以下关爱:① 每节课至少有一次被提问的机会;② 教师须面批其作业;③ 班主任每天须与其谈心一次;④ 班干部须对其进行全方位的帮助;⑤ 所提出的学习上、生活上的问题班主任、任课老师须立即解决;⑥ 优先参加班级学校开展的各项活动;⑦ 坐满一周将会被评为班级"进步星"。但也要受到以下制约:① 自觉遵守纪律,不骂人,不打架;② 上课必须专心听讲,认真做笔记;③ 每天须改掉一个小毛病;④ 一周内须为班级做两件以上的好事;⑤ 作业书写必须认真工整;⑥ 时刻接受全班同学的监督。

---

① 优才教育研究院.班主任实务案例大全[M].北京:北京教育出版社,2013:129-131.

> 第38号座位设立一个月以来,有两位留守儿童在我的有意安排下接受了"爱心"的沐浴和洗礼,取得了明显的进步。我喜在眉梢,笑在心头。
>
> 出乎意料的是现在有两人抢坐第38号座位。望着徐健、徐军两位同学期待的目光,我一时难以决断,脑海中交替闪现出两位同学的情况。
>
> 徐军同学父亲在外务工,他性格内向,学习成绩较好,与同学相处融洽,但爱吃零食,自理能力较差;徐健同学父母均在外务工,他性格外向,爱玩好动,善打乒乓球,独立生活能力强,但学习成绩较差,经常与同学产生矛盾,自控力较差,情绪波动性大,我对他付出了十二分的努力,但收效甚微。
>
> 相比之下,徐健同学更需要关爱。我做通徐军同学的工作,由徐健同学抢得第38号座位,接受"爱心"洗礼。
>
> 徐健同学坐在第38号座位上老实多了。我坚信这是一次转化的好机会,于是,我以班主任的身份立即召开本班六位任课老师座谈会,进一步明确"爱心专座"的内涵,要求任课老师尽力配合我经营好"爱心专座";接着召开班干会,向各位班干部明确帮助徐健同学的具体工作任务和要求。
>
> 在全体老师、同学的共同努力下,徐健同学在第38号座位上坐了一周又一周,一次又一次地获得了"进步星"。看着徐健同学的成绩在不断提高,毛病在不断减少,好人好事记录在不断增加,更加坚定了我继续经营"爱心专座"的信心!

在案例7-1中,"第38号座位"是"获得关爱、帮助和监督,争取进步,改正缺点或错误"的同义词。案例中的班主任给班级座位赋予了教育意义,座位不再是一把椅子、一个位置,而是一种责任、一种环境、一种经历。座位的教育意义需要长时间的滋养才能生成,才能被全体学生认识到并认可。怎样给班级座位赋予教育意义,这需要靠每一位班主任用心体味。

三、教室文化设计

教室文化设计有助于营造良好的班级学习氛围,培养学生的集体凝聚力,创建一个温馨和谐的教室环境。教室文化设计主要包括两个方面的内容,即教室墙面设计及教室空间设计。

(一)教室墙面设计

小学教室墙面设计是教育环境创设中的一项重要内容,也是小学班队工作一个重要方面。所谓墙面设计,就是充分利用教室的走廊和墙壁,有目的地进行装饰和布置,以创建有益于学生健康成长的情境,充分发挥环境的教育功能。苏霍姆林斯基认为,"环境美素来就带有气爽明亮之感和空旷深远之感。我校教室墙壁上布置的东西如同在扩展四壁,赋予房间以田野、森林和草场的辽阔意境。比如说,学生看到墙上画中描绘的金色秋季的果园景色,自然会联想到墙外的现实果园。……每个教室都布置有美术作品的复制品,这些作品随着情况(季节、教育谈话的内容等)的变换而变更"。教室墙面设计的内容和具体栏目的设置,由于受办学条件、教室规划、学校性质、学生的年龄特征等诸多因素的制约，应具体情况具体考虑，不能千篇一律。但是，教室的布置仍然有许多规律可循。下面给大家介绍一些常见的教室墙面设计。

1. 班训班风

教室黑板上方一般会张贴班训班风。在选择班训语时，一般要考虑字数，不能太少，也不宜过多，同时要保证美观大方，简洁醒目。班训制作张贴出来后，班队工作者一定要利用班会或者德育课时间向学生解释班训的内涵，让学生领会其精神实质，以此实现班训的教育、鞭策、启迪功能，切忌不了了之。

2. 宣传栏

宣传栏是教室墙面布置时不可或缺的内容。设置宣传栏不仅可以杜绝在教室里胡乱张贴的现象，保证教室整洁美观，还可以宣传科学的管理思想，张贴班级班规和具体工作安排表，让班级管理科学化、规范化、有序化。班级宣传栏一般设在教室前方黑板右侧，在宣传栏里应该张贴如下内容：《中小学生守则》《班级公约》《班委机构及干部名单与职责》《值日安排表》《课程表》《作息时间表》以及其他保证班级日常运作的内容。

3. 公告栏

公告栏主要用于张贴一些临时性的内容，比如，班上同学参加各种竞赛的获奖情况，学校的各种通知，学校各周各项检查评比的结果，小组竞赛成绩，班上学生出勤情况，等等。公告栏的位置可放在教室后墙黑板左侧。一些经常公布的栏目，可以设计成表格的形式，便于学生干部操作。

4. 主题文化墙

教室后墙正中间位置的可采用黑板报或张贴手抄报的形式打造主题文化墙。主题文化墙的设计不仅要达到美化教室环境，让学生从中汲取知识的目的，还要让其成为锻炼学生能力、展示学生才华的舞台。主题文化墙的设计、书写、美工都应由学生去完成，并且要定期换版。教师做好必要的指导工作，使主题文化墙充分发挥它的教育作用，并成为一个锻炼学生能力的有效平台。

5. 班级心愿墙

在教室前方黑板右侧可设置一块心愿墙，由班级成员及各个科任老师在便利贴上写下自己的心愿并进行张贴。这一方面有助于促进生生、师生交流，拉近师生心理距离，另一方面有助于激励班内同学，促进班级奋斗目标的达成。

6. 左右墙壁

教师之内的左右墙壁可以设置不同的版块、栏目等，也可以用来悬挂学生的书画作品，张贴名人名言、励志人物画幅，张贴生日祝福、每月的小寿星照片等。悬挂学生书画作品不仅可以营造教室的文化氛围，还能增强学生的班级归属感，让学生受到艺术的熏陶。张贴在班级内的励志人物无形之中就成了"不会说话"的老师，成为学生行为规范教育的素材，对学生品格的塑造产生潜移默化的影响。张贴生日祝福，主要以展示学生风采为主，有助于打造一个团结友爱的班集体。

(二) 教室空间设计

教室空间规划设计是班级文化构建的结果。教室空间构成有广义和狭义之分。广义教室空间包括教室内全部物理环境,按照功能可以划分为由讲台与课桌椅构成的求知区,由课桌椅之间的走道与教室后方空地组成的活动区,以及位于教室四角处用于放置卫生用具、图书、植物的角区等;狭义的教室空间则是指课堂教学参与者人际组合的空间形态。教室空间不同的布局方式,对于教室内的教育活动具有不同的影响。

20世纪70年代以来,随着教学环境研究的兴起,教室空间布局编排方式也逐渐引起人们的重视。有学者指出,教室中课堂座位的布局调整对课堂教学管理和班级管理及学生的发展有重要的意义,"通过课桌椅的不同摆设将教学空间划分为不同的活动区域,以满足教学活动对教学空间的不同需要。不同的教学空间组合形式直接影响着课堂中的交往和人际关系,影响学生的学习动机和学习态度,并最终影响教学效果。教室座位的布局与编排调整会对学生的课堂行为、学习态度、学习效果、社会交往、人际关系、个性形成以及整个教育活动有着直接或间接的影响"。由此可见,由不同座位布局打造的教室空间划分对学生学习行为密切相关。下面就常见的几种教室空间布局方式进行介绍:

1. 秧田式

传统秧田式的座位布局方式能够有效地利用教室空间,容纳较大规模的学生数量,同时有利于教师在课堂上进行权威宣讲和对课堂活动进行有效的监管。但是这种座位布局方式,教师"高高在上",隐含了师生间的不平等,无形中强化了学生顺从教师言行的心理认同。同时,这种方式导致教室内通道太少,部分学生走动困难,教师在教室巡回观察学生课堂状况也会遇到困难,且容易造成后排及边排学生不容易看清黑板书写或投影仪内容。由此可见,此种座位布局方式既缩小师生交往面,又透露出教育过程的不平等。

2. U形式

U形式的座位布局方式,常见于剧院等场所。在教室里采用此种方式有利于教师控制整个课堂教学活动,大大减轻了边排学生看不清楚板书或投影内容的情况,同时有利于教师走到学生身边观察学习情况,并进行指导。但是,这种方式仅适用于人数较少的小班化教学,学生之间的交往面也仅限于邻座同学,缩小了生生之间的交往面,不利于学生之间的合作探究。

3. 圆形式

圆形式是指将学生座位摆成一个圆形或椭圆形。这种座位编排方式消除了教室座位的主次之分,同时教室内每位同学都能互相看到,便于开展集体讨论与交流。同样,圆形式的座位布局占据大量空间,造成教室空间面积的大量浪费,适用于小班化教学,教室内黑板及投影屏幕则无法发挥作用。

4. "餐桌"式

"餐桌"式的座位布局是指在教室内放置一张或两张并在一起的大型长形方桌,全班同学与教师分坐课桌两列进行教学。这种座位布局方式充分体现了师生之间的平等关系，便于开展师生及生生之间的讨论与交流，有利于发散学生思维，发展学生的创造力。但是此种方式容纳人数更少，同时，学生面对面坐容易分散注意力，如果黑板或投影屏幕放在方桌一侧，则大部分学生需要侧身观看，长期如此将不利于学生的身体发育。

5. 小组组合式

小组组合式是指将课桌椅分成若干小组，每个小组四人或六人围坐一张组合课桌的座位编排方式。这种方法在美国、加拿大的有些地区十分流行，该座位布局方式非常适合于自主、合作、探究式的学习，有利于学生讨论。它能最大限度地促进学生之间的相互交往和相互影响，加强学生之间的关系，促进小组活动。但是，这种座位布局对于教师的课堂监管而言，难度较大。

教室座位的布局是项复杂的工作，它要受制于多方面的因素。同时每种座位布局方式都各有特点，既有各自明显的优越性，也有应用上的局限性。在实际教学过程中，也不存在对所有班级、所有学习状况、所有师生都适用的理想座位布局方式。作为班队工作者必须根据教育理念、教学目标和课程实施的要求，灵活运用各种不同的座位的布局方式，使教室空间设计能够最大限度地发挥教育效益。

第二节 小学班队人际互动和沟通

班队人际沟通是班队工作者在进行各种教育活动过程中所发生的人与人之间的联系和相互作用。教育活动的开展离不开交往和合作，班队工作者良好的沟通协调能力是保证教育活动有效进行、学生健康和谐发展的前提。从某种意义上来说，班队教育与管理工作也是人与人之间相互影响、相互促进的过程。

一、人际沟通的含义和方式

（一）人际沟通的含义

关于人际沟通的定义，一直存在争论。尽管众说纷纭，但大多数人对沟通的实质都达成了共识，即沟通是有用信息生成意义的过程。借助良好的人际沟通，人能够收集和发送信息，能通过语言与非语言的形式有效、明确地向他人表达自己的想法、感受与态度，亦能较快、正确地解读他人的信息，从而了解他人的想法、感受与态度。通常来说，人际沟通是指人们运用语言或非语言符号系统进行信息（包括思想、观念、动作等）交流沟通的过程。

（二）人际沟通的方式

在班队工作管理过程中，依据沟通信息载体的不同，可以将沟通方式分为两种，即言语沟通与非言语沟通。

1. 言语沟通

言语沟通是指根据特定的沟通目的,切合特定的语境,准确、得体、恰当、生动、巧妙地通过语言、文字表情达意、传递信息,以取得圆满沟通效果。言语沟通根据形式不同可分为口语与书写的沟通。口语的沟通可利用面对面交谈、网络、视频、收录音机及电视机等方式传递信息。书写的沟通则可利用信件、记录、报纸、书籍等方式。一般人与人之间的言语沟通,能精简、清楚且迅速地将信息传达给对方。但语言会受个人的意识影响,且随个人的文化、社会、经济等背景及教育程度而各有不同。

有效的言语沟通首先需要具有明确的目的性。有了明确目的,才能根据实际需要,确定选择什么样的话题,运用哪些表达方式,并按照自己所持观点,组织有关的事例、资料,做到有的放矢。沟通过程中,要做到目的明确,就要求说话者有强烈的人际交往意识和目的意识,注意信息传递的准确性和可接受性。

其次,有效的言语沟通还要注意表达的简洁、准确性。沟通过程中要词简意达,确切、清晰地表达所要讲述的事实和思想。要达到此标准,首先要提高认识,明确说话准确、简洁的内涵及意义;要加强平时的积累,同时要多实践,进行有针对性的训练。

最后,有效的言语沟通需要具有针对性。不同的人有不同的成长背景、体验和智力水平,对言语形式的识别能力以及言语意义的理解程度都存在差异,所以,班队中的人际沟通需要因人而异。例如,在师生人际沟通中应该选择学生能懂的语言。班队工作者应评估学生的教育程度及理解力,以便选择适合的字句来清楚地表达他的信息,尤其当服务对象为小学低年级学生时,更应慎重了解他们目前所掌握内容的程度而加以运用。

2. 非言语沟通

人们在交谈过程中,往往会情不自禁地挥臂、伸手或伸出手指、拳头等来辅助、增强、渲染语言表达的效果,这些都是自觉的非言语沟通手段的应用。非言语性沟通是以非言语行为作为载体进行的人与人之间的信息交流,包括个体面部表情、手势动作、姿势、声调、态度、人与人的位置、距离等形式。美国心理学家阿尔培特的一份研究结果表明,人们在沟通时有7%的效果来自说话的内容,38%取决于声音(音量、音调等),而有55%取决于肢体语言(面部表情、身体姿势等)。由此可见,非言语的沟通较能表达个人内心的真实感受,可表达个人很多的情绪及感觉,有时非言语信息比言语信息更能影响沟通的效果。

作为班队工作者,在班队人际沟通中除运用言语沟通方式外,还会有意或无意地运用非言语沟通方式。首先,班队工作者的非言语沟通方式能加深学生对信息的理解,使之把语言、词与具体形象结合起来,给予言语沟通以支持、补充与强化作用。例如,班队工作者用语言符号传递信息,有时学生不一定能领会或全面理解,教师就要借助非言语沟通方式如适当的手势、面部表情等进行补充。其次,非言语沟通是师生沟通情感的重要方式。在班队教育与管理中,师生情感的沟通是极其重要的,借助非言语沟通方式如表情、目光接触和手轻轻抚拍学生等形式,则使情感沟通更真实、亲切。再次,非言语沟通是管理课堂纪律的重要辅助手段。运用非言语沟通方式能达到甚至超过用言语沟通方式管理课堂纪律的目的和效果,从一些有丰富教学经验的教师那里我们可以看到这一点。班队工作者用目光注视学生表情的变化,在学生座位中间来回走动改变与学生之间的空间距离等,都能起到管理课堂纪律的作用。

班队工作者在运用非言语沟通方式时需要注意以下几个方面:第一,警惕自己与学生沟通时可能无意识地传递了否定的信息。第二,忌讳表演式的、过分夸大的非言语沟通方式,那样不但无益于班队教育与管理,反而容易分散学生的注意力,造成学生的抵触情绪,从而产生消极影响。

拓展资料

班主任的副语言功效[①]

在人际交往中,师生之间的交往最为生动。特别是当班主任打破习惯上的以有声语言为交际载体,恰到好处地使用以表情、动作、体态为主要形式的副语言的时候,那种无声的交流所形成的共鸣和默契,是极其微妙、奇特的。苏霍姆林斯基说过这样一句话:"任何一种教育现象,孩子在其中越少感觉到教育的意图,它的教育效果就越大。"

副语言是广义角度的特殊语言,可根据其性质分为动态语和静态语两类。动态语包括行为语和表情语,行为语又可分作首语和手势语;表情语则包括目光语和微笑语。在静态语中,有姿态语、服饰语等。当然,每一种类还可以分为更多的小类型。此外,那种介乎于有声语和无声语之间,在高信息内容、低概率词项之间经常出现的类似书面省略号的默语,以及似无意但却有明确的表情达意作用的"嗯""哦""噢"等辅助性语气语,也可看作副语言。

近年来,随着社会心理学、公关心理学等学科的发展,对教育第一线与学生保持最近交际距离的班主任的语言结构,提出了更高的要求。其实,中国古代早就有"行不言之教"一说,包括孔子在内,许多教育家都反对以抽象的说教直露地阐释微言大义。大量事实表明,师生之间的思想感情的碰撞、情感世界的沟通,单靠平淡乏味的语言是难以奏效的。想想看,假若学生面前的班主任一天到晚板着一张没有表情的脸,如果他的声音又缺乏音调和节奏,那么,这位班主任不仅失去了应有的热诚、温暖和人格力量,也夺去了学生原有的天真。苏联教育家马卡连柯强调指出,只有当教师学会用 15~20 种不同的口气说"到这里来"时,只有学会在面部、姿势、声音等方面做出 20 种不同的风格韵调时,才能成为一名真正的教师。可见,班主任副语言作用何等重要。

班主任要掌握和运用的副语言很多,主要有以下几种:

一、表情语

表情,特别是面部表情,是人输送和接收信息的高级中心。外国有位专门研究非语言沟通的学者写过这样一个公式:人的情感表达=7%的言辞+38%的声音+55%的面部表情。在师生的交往中,班主任的一颦一笑、一句感叹,都能对学生产生某种暗示作用,学生会从班主任的表情中"读"出该做什么,不该做什么的指令。据心理学研究,人的脸部能表

---

① 翟广顺.班主任专业化与班级建设纵横谈[M].青岛:中国海洋大学出版社,2005:187-191.

达出大约25万种不同的表情。据统计,在托尔斯泰的笔下就出现过85种不同的眼神和97种不同的笑容。班主任的表情语一般通过眼神和笑容来传达。

班主任的眼睛是副语言的主要工具,它是由视线接触的长度、向度以及瞳孔的变化向学生发出信息的。由于眼睛的肌肉极为纤细,所以每一种眼神都具有特定的意义。是环视、睥视,还是谛视、睨视、凝视,学生能够准确地判断出其中的细微差别,根据班主任的眼神矫正自己的行为。学生还发现,班主任的眼睛注视某些学生的频率,反映了班主任对他们的好恶。经验丰富的班主任最大的特长是"目中有人",即每次和学生接触,总是用亲切的目光主动地捕捉学生的视线,有计划地在环视中不漏过一个人。这种目光会使学生感到老师已经意识到自己的存在,他会立刻以一个组织中不可缺少的成员身份加入班级生活中,而不会产生游离于群体之外的感觉。

班主任的笑更有学问,因为微笑是一种魅力,它能强化信息的沟通功能。在人际交往中,微笑能使强硬变得温柔,困难变得容易,一个微笑能使矛盾双方言归于好。实践中,儿童如能得到班主任的微微一笑,他会感到莫大的荣幸;如果这笑出现在这个学生取得一点成绩或做了一件好事时,这笑远远比几十句鼓励语的分量重得多,他的进步速度能超出人们的想象。发生在学生身上这一巨大的变化,来源于班主任的副语言,充满希望的微笑。

二、动作语

动作,人人都有,只要不是出自下意识,都有明确的目的性,因而都能被他人所理解。班主任在与学生的交往中,至少要掌握以下三种动作语。

一是首语,即通过头部活动所传递的信息。班主任轻轻点一下头,学生就会领悟是同意、肯定、满意,还是理解、认可、应允。二是手势语,即通过招手、摇手、扬手和手指动作构成的能增强情感色彩使学生受到感染的副语言。三是行为语,如静态无声的站立、倚靠、坐态和动态性较强的徘徊、疾步、奔跑等,无须班主任发出有声讯号,学生就能从中体会出动作要求。所谓"言传不如身教",就是动作语的最好体现。班主任可以借鉴国外一些学者建立的身势学,把头、脸、颈、躯干、肩、臂、腕、手、臀、腿、踝、脚及走动姿势组成若干身势语词素,分门别类地表示出种种有声语言所无法表达的语义。

实践中我们看到,一位急于向班主任诉说原委而一时又找不到合适话语的儿童,班主任只要亲切地拍拍他的肩膀,他就能马上平静下来;自习课上哪个学生不安心,班主任只要在他身后一站,他就不得不有所收敛;体育场刚刚完成一个项目的运动员走下来,班主任只要递上一杯水,他喝起来就会觉得比蜜还甜,下一个项目他准会发挥得更好;班主任走进教室只要拾起一片纸屑,就会有许多学生把座位周围的纸屑拾得干干净净。凡此种种,都无须班主任用有声语言表达。情感交流的最佳状态,是此处无声胜有声。

值得注意的是,动作语在使用上有一定的不确定性,班主任要根据学生的年龄特点和性别特征,避免不易理解或易产生误解的动作语。同时,要注意保持自身在学生中的威信,否则,班主任的动作语将因来自学生思想中的过滤因素而降低刺激强度。须知,信息在传递过程中是通过信任或不信任的过滤器进行的。

三、服饰语

班主任的服饰语在整个副语言系统中具有非常奇妙的功效。人类社会的发展,使得服装不再仅仅只作蔽体之用,而有了更多的美学价值。学生心目中理想的班主任,其形象需要有一种独特的光彩。学生在校大量地摄取道德营养、吸吮知识甘露时,往往对教师提出了一种强烈的审美需求。班主任接班第一次与学生见面,人未开口,他的衣着装束已经向学生说话了。事实证明,班主任的服饰是最先对学生产生影响的因素,而学生对班主任的了解、观察又是长时间的、相对固定的,这样一来,班主任用服饰发出的副语言,便对全班形成了潜移默化的作用。如果服饰表达的副语言是完美的,那便可以增强师生双方的角色意识,润滑他们之间的关系;如果班主任的服饰没有表现出应有的功能,或者与时宜大相径庭,就可能造成学生神经的紊乱。时间一长,这种由班主任服饰所构成的刺激,会影响整个班级全体学生的审美倾向;班主任用服饰构筑的个人形象,几乎在学生心灵中储存终生。

服饰语有诸多的构成要素,如色彩、款式、质地等,其中色彩是第一要素。据分析,人们最先接触物体,色彩感受和形体感受的比例为 4∶1。班主任每换一次服装,对学生的刺激首先从色彩引起,之后,学生才注意到班主任服饰的款式。教师的服装不像一般工作装那样具有鲜明的职业特点,很难用一个模式统一起来。着装问题在国际上也没有一致的标准,值得参考的只有一个 TPO 原则。T(time)指时间,泛指季节、时代;P(place)指地点、场合、位置;O(object)指目的、对象。从我国目前教师课堂着装的款式、造型和色调趋势看,大都倾向于大方、端庄、自然、平稳、协调的服饰要求,追求高层次的美学意义,即恰当、和谐。教师服饰的庄重固然重要,而劳动时的服装却要朴素简便,参加锻炼要穿一身能体现朝气和活力的服装,外出郊游时的服装则应给人一种平易近人、融于学生之中的感觉。这样学生才能从班主任的服饰上看到可敬、可亲、可近的"字眼"。

如此看来,班主任使用副语言的水平要达到驾轻就熟、运用自如的程度,非下苦功不可。要想实现副语言的最佳功效,张伯苓先生为天津南开中学题写的镜箴可做参考:"面必净,发必理,衣必整,纽必结。头容正,肩容平,胸容宽,背容直。气象:勿傲、勿暴、勿怠。颜色:宜和、宜静、宜庄。"

二、师生关系

班队中的人际关系包括师生关系、生生关系,班队工作者与各科任教师的关系、与家长的关系等。其中,师生关系是教师和学生在共同的教育教学活动中,通过相互交往而形成的一种重要人际关系。它是班队人际关系中最基本、最重要的关系,也是最难处理的关系,时时刻刻对教育教学活动的进程及效果产生能动的影响。对师生关系问题的认识和处理,影响着班队工作者的教育与管理行为和学生的学习行为,也是构建和谐师生关系的重要条件。

(一) 师生冲突及处理

师生关系是教育过程中人与人的关系最基本和最重要的方面。在班队教育与管理过程中,难免发生学生顶撞老师的现象,如果处理不当,可能就会导致严重的后果。

1. 师生冲突的影响

第一,严重影响教育活动的顺利进行。冲突一旦发生,班队工作者必定要花费一定的时间去处理。这样教育活动的时间和秩序就被打乱，从而不能完成教育任务，甚至整个教育与管理活动将会陷入难以控制的混乱之中。

第二，影响师生的身心健康。冲突使师生之间产生对立情绪，如果教师不能恰当处理，这种对立情绪作为非智力因素，久而久之必然会伤及师生的身心，影响其健康。

第三，引发社会问题和法律问题。班队教育与管理中的师生冲突如果不能恰当处理，可能会因为教育者的失误而造成对学生的伤害，教师或将会受到行政处理，甚至刑事法律制裁。这对教师和学生都将造成终生的遗憾。

2. 师生冲突的处理策略

第一，确定问题。师生冲突时，班队工作者应明确地告诉学生自己的需要和对学生制造的问题的感受，然后提出希望和学生一起共同解决问题。可以这样问学生："我们目前有什么问题？""我们可以改变点什么，以使我们的教学工作能顺利进行？""我们需要什么规则？"认真听取学生对这一问题的看法和他们的需要，并将教师和学生的需要一起记录下来，直到人人都能明确自己的需要。

第二，提出各种解决问题的方案。在师生确定了问题之后，师生双方都可以提出解决问题的方案，班队工作者或学生将师生所提供的方案记录下来，对这些方案教师和学生不做任何评价。在这一步骤中，教师要鼓励学生积极参与，但不能勉强，也不要指定发言，或规定人人都要发言，不必要求学生对自己的建议说明理由。

第三，评价师生所提出的解决方法。班队工作者和学生说明自己提出这一解决方法的理由，删去师生认为不适当的解决方法。

第四，决定方法。师生在共同的探讨之后，一起决定采取什么方法来解决问题，并将这些方法记录在纸上，做成协议书的形式，教师和学生一起签名，以表明大家理解并支持条约上的规定。

第五，规定如何执行此方法。班队工作者和学生一起讨论解决问题方案的"执行标准"，明确何人何时应做何事，并将班队工作者与学生执行的情况记录下来。

第六，评价结果。在班队工作者与学生共同决定执行解决问题的方案之后，师生应随时检验方案的执行效果，并针对在执行中出现的问题，及时调整方案。

（二）良好的师生关系构建

师生关系是班队人际关系中最复杂的关系，对班集体建设具有举足轻重的影响。有资料表明，一个人的学生时代，与老师相处的时间是与父母相处时间的两倍甚至更多。钟启泉教授认为，积极的师生情感关系和道德关系一旦建立，不仅能使教师亲和力实现正增长，而且可以改善师生行为，有利于创设良好的班级活动气氛和效果。积极的师生关系可以使学生获得积极的生活体验和生活态度，有利于学生心理健康和个性的和谐发展，是教育活动有效进行的重要保证。同时，良好的师生关系有利于发展学生的人际交往能力，促进学生早日适应社会生活。由此可见，良好的师生关系具有重大的教育意义。因此，在班队教育与管理过程中建立良好的师生关系，是保证教育效果与质量的重要前提。

良好师生关系的建立有赖于学校、教师、学生的共同努力，但其中起关键和主导作用

的是教师。一般来说,建立良好的师生关系需要做到以下几点:

1. 树立正确的学生观和教育观

树立正确的学生观和教育观,是班队工作者进行教育活动的必要前提,也是对待教育活动和学生应有的基本态度和素质要求,是建立良好的师生关系的认识论基础。

2. 不断加强自我修养,做到为人师表

在与学生的交往中,班队工作者的个人素养、人格魅力对学生的影响很大。作为班队工作者首先应该加强自身修养,提高师德素养和教育管理能力,以高尚的品格和过硬的素质去感染学生、征服学生。

3. 理解尊重学生

理解是建立良好师生关系的基础。作为班队工作者要深入学习心理学、教育学等教育理论知识,多从学生角度考虑问题,充分理解学生,尽量消除师生心理上存在的隔阂,多为学生着想。如果说理解是建立良好师生关系的基础,那么,尊重就是建立这一关系的核心。苏霍姆林斯基有个十分精彩的比喻:学生的心灵就如同露珠,需要教师倍加呵护。学生都有很强的自尊心,需要得到他人尊重。班队工作者应注意从一点一滴的小事做起,尽量减少失误,对因自己的疏忽或失误造成的矛盾,应勇于承认错误,敢于开展自我批评,及时向学生道歉,讲清原因。另外,班队工作者要心胸宽广、善于用自己的言行影响学生。对学生的不礼貌行为,应采取宽容态度,适当加以疏导,使学生及时认识错误、改正错误。批评学生时要注意方式方法,注意不要挫伤学生的自尊心,否则容易造成学生的对立情绪和逆反心理。这种逆反心理一旦形成,良好的师生关系即不复存在,任何教育上的努力都将难以奏效。

4. 信任学生

信任是开启学生心灵窗户的一把钥匙。罗森塔尔效应表明,教师对学生的期望和信任,会在学生内心深处产生积极的作用,会使学生朝着教师期待的方向努力,最终会超过教师的期望值。在班队教育与管理过程中,班队工作者要相信学生都有进步的渴望,都有发展的潜力,都有美好的未来,进而创造条件,充分发挥每个学生的主观能动性和创造性,挖掘每个学生的潜能。班队工作者的信任会激起学生的自信,促进其和谐发展,进而有助于良好师生关系的形成。

5. 热爱学生

爱是教育的灵魂,"没有爱就没有教育"。只有热爱学生,才能正确对待、宽容学生所犯的错误,才能耐心地去"雕塑"每一位学生。作为班队工作者,必须热爱学生,关心学生,耐心解决他们学习上、生活上的困难,使他们感受到老师的关爱。科学的爱应该是尊重、严格要求与关心爱护的有机统一。热爱学生是建立良好师生关系的前提。

6. 对待学生宽严相济

大多数班队工作者认为自己爱学生,但是只有少数的学生能感受到班队工作者的爱。大多数班队工作者的爱实际上并不被学生感受到或领情,对此每一位班队工作者都应该深思。爱心不可滥施,师爱自有原则。在班队教育与管理过程中,必须将尊重学生与严格要求学生并重,宽严相济,爱严结合,严厉而不苛刻,温情而有度,才能够真正实现以情促管。

7. 公平、公正地对待每一个学生

公平、公正地对待每一个学生是建立良好师生关系的关键。一个班级中的几十名学生,各方面表现有好有差。教师应公平、公正地对待每一位学生,无论在学习上还是生活上,都要心里想着每一位学生,眼里看着每一位学生,爱心惠及每一位学生。只有这样,才能建立良好的师生关系。

总之,良好师生关系的建立有赖于班队工作者自身观念的更新和素质的提高;有赖于班队工作者对学生时时刻刻的尊重、信任以及无微不至的关怀和爱护;有赖于班队工作者宽严相济,尊重学生与严格要求学生并行不悖;有赖于班队工作者公平、公正地对待每一个学生。

【案例7-2】

给学生递个纸条[①]

不少年轻的班主任由于缺乏工作经验,在接手一个新的班级时,往往苦于短时间内找不到和学生交流的有效载体,对学生的爱起初往往是单向性的,难以激起学生情感的"回流",这给开展班级工作带来一定的障碍。于老师在做班主任工作时,常常会给学生悄悄地递个纸条,让小小的纸条传递师爱,收到了事半功倍的教育效果。

1. 期待和激励是拨动后进生心弦的手

后进生,是指那些成绩较差,爱惹是生非的学生。他们往往得不到班主任的爱,容易自暴自弃。班主任要做他们的贴心人,去发现、捕捉他们的闪光点;要对他们寄予厚爱,拨动他们的心弦,鼓起他们前进的风帆。于老师用悄悄传递的小纸条把这些爱的信息传递给后进生,把师爱洒进他们的心田。

案例一

学生A是个非常贪玩的男孩,学习成绩较差。期中考试以后,学校举行乒乓球比赛,他在全班无其他人参加的情况下报了名,并且一路过关斩将得了年级冠军!于老师在他获得冠军的当晚递给他一张纸条:"你是机灵、聪明的男孩,要不然乒乓球冠军不会属于你。如果能把乒乓球台前的潇洒移一点到学习上,优异的成绩一定会使你更潇洒!"没想到这小小的纸条真的改变了他,期末检测时,他彻底甩掉了落后的帽子。听他爸爸说,那天,他捧着于老师写的小纸条坐在书桌前沉思了许久。

案例二

学生B行为散漫,纪律性差,但自尊心很强。有一次他上课走神,于老师发现他正在翻阅自己的写生画册。下课后于老师向他借那本画册,他表现出十二分的不安。于

[①] 马新国. 中小学班主任工作案例评析[M]. 北京:中央民族大学出版社,2007:166.

老师细细地看完了他的作品,写了一张纸条夹在他的画册里还给了他。纸条上写着这样一段话:"你的画非常漂亮,如果你能改变听课走神、行为散漫、不拘小节等毛病,你的优点就会更突出。只要坚持,你一定能成为名画家。"这孩子后来真的逐渐改正了不良的学习习惯,只在课余练习画画了。

2. 肯定和尊重是照亮中等生前程的灯

"抓两头,促中间"是班主任工作的原则之一。于老师在工作中注意及时捕捉显现在中等生身上的积极因素,用小纸条传递老师对他们的关注,激发他们努力上进、一展身手的激情。

案例三

学生C是一个典型的中等生,表扬轮不上,批评摊不着,长期被忽视使她沉默寡言,常常一个人独处。于老师悄悄地递给她一张纸条:"你以前可不是这样的呀,三年级时你的作文就被老师作为范文拿到其他班诵读,对不对?四年级时你参加学校运动会,800米跑到第二圈的时候,你不小心摔了一跤,同学们都估计你不会再跑了,你咬咬牙爬起来,坚持跑到底,结果夺得了第二名,是不是?你为班级赢得了这么多荣誉,更应该和同学们打成一片呀!"于老师的肯定使C深受感动,她也给于老师写了一张纸条:"老师,没想到您这么了解我,今后我有什么不对,您就狠狠批评我吧!"于老师当即又递给她一张纸条:"让我们做好朋友,互相帮助,好吗?"就这样你来我往,悄悄传递的纸条改变了她。一下课,她就在于老师的讲台边说这说那,还和其他同学一起踢毽子、跳绳,玩得可欢啦。

案例四

学生D是一个聪明的女孩,但管不住自己的嘴,上课爱说话。一天下午放学,于老师送路队,悄悄地把一张纸条塞进了她的手心:"你单纯、聪明、分析力强,这是你的优点;但你自制力差,影响了你的进步。希望你不要被缺点牵制!"当晚,学生D的妈妈就打来电话,说女儿很受感动,决心不辜负老师的期望,早日改正缺点。

3. 提醒和批评是催促优秀生奋进的鞭

成绩优异、品行端正的学生常常集荣誉于一身,一般的表扬已引不起他们的重视,"骄""娇"二字或多或少地体现在他们的身上。同时,这些学生的自尊心又极强,当众批评会使他们产生抵触情绪。于老师用悄悄传递纸条的方法,指出他们的不足,既维护他们的自尊,又能激发他们上进。

案例五

学生E品学兼优,生性喜静,不太喜爱集体活动。于老师在悄悄递给她的纸条上这样写道:"悄悄地学习,默默地思考,轻轻地回答,优秀的成绩在你看来是那么平常。哪一天,能听到你激昂的演讲,看到你优美的舞姿,老师更会为有你这样的学生而骄傲。"赞扬中包含着委婉的批评。E后来参加县演讲比赛获得二等奖,并且成了学校首届校园文化节的主持人。

案例六

学生F是校文学社社长,人长得帅,各方面都很优秀,就是字写得不好。找他谈过几次,效果不是很明显。于老师买了一本学生字帖送给他,并附了一张小纸条:"一个小帅哥,写一手漂亮的文章,如果再加上一笔漂亮的钢笔字,一定会锦上添花。"此后,他一有空就练字,到毕业时,他已经是学校"写字八段希望之星"。

案例评析:

案例中,于老师通过传递纸条的办法,收获了良好的教育效果。小小的纸条,没有指责,没有嘲讽,推心置腹,情真意切。于老师借助小纸条的形式,在尊重学生人格的基础上,与学生进行平等的交流,为师生情感沟通创造了有效途径,促使学生在良好的情感体验中审视自己,提高自己。

三、同学关系

同学关系是儿童交往中建立和发展起来的一种同龄人之间的人际关系。学生之间的同学关系是多层次、多侧面的。在同学关系中,一些人可能是亲密的朋友;另一些人可能只是玩伴,还有一些人可能仅是相识而已,极少数人可能是竞争对手或敌对关系。同学关系在小学生的发展和社会适应中具有无法取代的重要作用。良好的同学关系有利于小学生社会价值的获得、社会能力的培养、学业的顺利完成以及认知和人格的健康发展。而不良的同学关系则有可能导致学生学校适应困难,甚至会影响他们成年以后的社会适应。

(一)同学冲突及处理

1. 同学冲突对小学生发展的影响

在小学阶段,学生之间的关系已由幼儿园时期的"玩伴关系"发展到"同学关系""朋友关系"。但小学生的人际交往仍具有天真幼稚、情绪化等特点,在同学交往中冲突是无法避免的。对于小学生来说,同学之间的冲突既是一种机遇,也是一种挑战。一方面,冲突为小学生学习与人交往提供了机会,建设性地解决同学冲突具有长远的发展意义,不仅有助于小学生与同学的交往更为深入,而且有助于小学生在不断解决冲突的实践中掌握与人相处的恰当方法和提高社会适应能力;另一方面,如果冲突处理不当,则可能产生多种负面结果,如影响小学生的自尊或自信、形成社交孤立、影响在同学间的地位甚至导致心理失调,给小学生人际关系的和谐及身心健康带来多种不良影响。因此,班队工作者应该利用各种方法正确应对学生同学之间冲突,以健全学生人格,促进小学生身心健康发展。

2. 同学之间冲突的处理策略

第一,正确认识同学之间的冲突。班队工作者应把处理学生之间的矛盾看成一次了解班级情况、教育引导学生的机会。要允许有冲突的存在,从学生之间发生的矛盾中找出学生的闪光点,帮助学生分析问题,寻找解决问题的办法,维护学生自尊心。

第二,冷静处理同学之间的冲突。首先,隔离矛盾双方,进行冷处理。如果同学之间矛盾较为尖锐,班队工作者应该首先把双方隔离,然后进行冷处理。在问题的处理过程中,不要急于"断案"。等双方冷静下来后,班队工作者可以给当事双方各自的陈述机会,通过第三方同学(周围同学、同寝室同学、班干部等)了解完整的事情经过,以便公正处理。其次,由双方陈述,寻找原因。让双方当面各自陈述,班队工作者在帮助评判中,引导双方从不同角度看问题,与学生一起分析事情发生的原因,对症下药,进行调节。尽量让双方都认识到自己的错误,多从自身找原因,为对方多考虑,再回忆交往中点滴片段,让纠纷双方看到彼此的好,学会珍惜同学情谊。

第三,因势利导,区别处理。当双方是不涉及原则的交往纠纷时,班队工作者可以引导学生自己处理冲突,不过多干涉,让学生自己和解。也可以在班级里建立矛盾调解小组,负责学生之间小矛盾、小摩擦的调解。从小学阶段开始培养学生人际交往技能,这对学生的成长也是一种磨炼。

第四,及时记录,观察引导。班队工作者要及时记录事件和处理经过,尤其要重视观察双方的态度、思想变化,今后也要注意防止他们故态萌发,同时引导他们不要翻旧账。

第五,家校合作,约法三章。如果同学之间冲突情节严重,需要班队工作者告知双方家长,上报学校,家校配合教育。

(二) 友好的同学关系的建立

作为班队工作者应该尊重并引导学生之间的同学关系,促进学生社会适应能力的发展。

1. 正确对待并引导学生同伴群,帮助学生树立正确的择友观

班队工作者首先要带着爱心走进学生心灵,深入细致地了解、调查、分析班级之中不同类型同伴小群体的背景、现状、性质及活动方式,了解其成员(尤其是核心人物)的基本状况。然后具体分析、区别对待:充分扶持积极型,引导无害型,耐心教育消极型。同时健全班集体正式组织,开展丰富多彩的文体、教育活动和形式多样的主题班会,增强班集体凝聚力,构建快乐、和谐的良好氛围。充分发挥学生的积极性、创造力,满足学生个性发展的愿望和要求,是减少或削弱不良同伴的根本措施。引导学生懂得友谊的真谛,朋友间应彼此真诚、相互信任、关心爱护、互相促进、共同进步;既要互谅互让、克己厚人,又要坚持原则、明辨是非。

2. 指导学生健全自身人格,培养学生热情助人、宽容待人的品质

指导学生克服同学交往中容易出现的消极心理因素,如嫉妒、自卑、猜疑等。让学生懂得热情对于交往的重要影响。热情往往会与慷慨大方、和蔼可亲、聪明能干等特质联系起来,自然产生一定的人际吸引力。学会宽容更是可以赢得好人缘、好心情和好生活。小学生同学交往难免出现矛盾,对朋友间的意见不合、性格差异等,要学会宽容。

3. 指导学生掌握交往技巧,引导学生学会自我表露与心理换位

班队工作者除引导学生正确认识自我、学会克服不良交往心理外,还要善于运用认知改变、行为指导与体验学习等策略,利用多种渠道(如班会、心理辅导课、班队活动以及校外活动等)指导学生了解人际吸引的基本规律,掌握人际交往的技巧,如学会倾听、懂得尊

重、避免直接指责、坦率承认自己错误等；学会自我表露，即自愿向交往对象吐露纯属个人的真实而重要的信息，如自己的兴趣爱好、性格特点等；学会换位思考，把自己置于对方的位置上去认识、体验和思考问题，设身处地为别人着想，以求得心理上的沟通。

第三节 小学班队精神文化的创建

班队精神文化是指班级及队内全体成员所共同认可的价值观、信念、态度等，通过确立共同的班级奋斗目标，铸造班级精神，如制定班名、班歌、班徽、班级口号等来呈现。它是班队文化的核心与灵魂，是班队精神面貌的集中反映。在班队精神文化建设中，班队工作者应该通过积极引导与精心打造，在班队内确立积极向上的奋斗目标，铸造和谐奋进的班队精神，提高班集体的凝聚力。

一、确立班级奋斗目标

班级奋斗目标是班集体中老师和学生依据社会和学校明文规定的教育目标和培养目标，共同制定的班集体的发展方向，具有强烈的导向作用和激励作用。一般而言，班级目标类型可以分为远期目标、中期目标和近期目标。远期目标可以理解为整个小学阶段班级的努力方向；中期目标可以理解为一个学年度或一个学期的班级努力方向；近期目标可以理解为学期中各阶段教育所要达到的目标。

班队精神文化打造的关键就在于让班队内全体成员具有共同的奋斗目标、信念与追求，它是班队文化建设的立足点，为班级提供明确的发展方向。同时，它也是班集体形成和巩固的必要条件，是班集体不断前进的原动力。一个没有共同奋斗目标的班级就像一盘散沙，无法形成合力，甚至会使班级的一些不良风气抬头，造成班级秩序混乱，日常教育活动不能正常进行。因此，确立班级奋斗目标对班队管理积极教育作用的发挥具有重要意义。

（一）确立班级奋斗目标的方法

良好的班集体中的学生能够把班级奋斗目标内化为自己的学习目标，达到群体成员之间目标定向的统一，并能自觉地朝着这一目标努力。班队工作者引导全体学生制定共同的班级奋斗目标，主要有几下几种方式：

首先，根据班级奋斗目标确立形式的不同，可以分为直接的方法和间接的方法。

第一种是直接的方法，主要是指班队工作者引导学生在学习活动中逐渐形成班级奋斗目标。如班队工作者可以在学期初向学生提出在期中考试中消灭不及格现象的目标，并围绕这一目标让大家献计献策并予以实施，如开展"一对一帮扶"活动、组织学习小组等。通过这些活动使学生体会到个人与集体的关系，认识到集体的力量，形成对集体的归属感和内聚力，并产生维护集体利益、努力实现集体目标的责任感。

第二种为间接过渡的方法,主要是先开展一些学生乐于参加的、短期见效的集体活动,如准备联欢会,参加班级的文体比赛等。通过这些活动使学生看到集体的力量,体验到集体生活的快乐,从而增强集体的内聚力,形成集体意识。当集体意识产生后,再将这种动机迁移到搞好学习或创建良好班集体上去。

其次,根据班队奋斗目标来源的不同,可以分为师生共商法和班队工作者定夺法。

师生共商法是指班队奋斗目标由全体学生共同参与,和班队工作者共同协商产生。这种方式适用于发展情况良好的先进班集体。师生共同商讨能够使提出的班队奋斗目标切合实际,提高学生心理认同,同时能够发挥学生的主体意识,培养学生参与管理班级事务的能力,增进师生感情,提高实现班队奋斗目标的热情与积极性。

班队工作者定夺法是由班队工作者按照国家和学校要求,结合学生及班级实际情况,制定的班队奋斗目标。这种方法适用于新建班级以及发展较为落后的班级。班队工作者采取"强硬"手段在短时期内能够产生显著的管理效果,但是,从班集体长远发展而言,这种方法会使学生丧失班级参与感,不利于学生集体归属感与认同感的培养。

(二)确立班级奋斗目标应遵循的要求

一个优秀班集体的建立必须首先确定一个共同的班级奋斗目标。它是集体的灵魂,班级奋斗目标既是全体学生活动的出发点,又是全体学生活动的归宿。班级奋斗目标一旦确定并被学生所接受,会在全体学生中形成合力。大家心往一处想,劲往一处使,从而助推班级奋斗目标的实现。在确立班级奋斗目标时,应该遵循以下原则:

1. 班级奋斗目标应具体、明确

考虑到小学生的年龄特点和接受水平,班队工作者制定出的班级奋斗目标应具体、明确。班级奋斗目标是班集体教育活动的风向标,具体、明确的目标有助于发挥目标的导向性原则,能将班队活动引往正确的方向,取得良好的教育与管理效果。一般说来,学生年级越低,目标应越明确、具体,并带有形象化特征,以便于学生理解、接受。为了确保班级奋斗目标的具体、明确,班队工作者制定的班队奋斗目标应包含以下几点内容:第一,计划做什么事,要达到什么标准;第二,要规定完成的时间;第三,要有步骤,分清主次,按部就班地进行;第四,要明确责任,落实到小组和个人;第五,要制定完成的指标,定期总结评比。

2. 班级奋斗目标应实事求是,符合实际

班级奋斗目标的制定应实事求是,首先需要符合国家的教育方针和学校的培养目标要求。例如,当前我国教育目标是实施素质教育,实现学生综合素质的全面发展,那么班级奋斗目标就应根据素质教育要求,在德、智、体、美、劳等方面确立严格标准。其次,班级奋斗目标须符合学生年龄特点和认知情况,例如,为培养一年级学生的集体意识和良好的个性品质,班队工作者向小学生提出了争做"大雁组""蜜蜂组"等集体目标。由于这样的目标具体形象,符合小学生的认知特点,因而易于激起小学生的热情和实现这一目标的意志行动。同时,学生作为班集体的重要成员,班级奋斗目标的制定还需多听取全班学生的意见,力求目标能够体现同学们的心愿和期望,使集体目标与学生个人目标相结合,激发学生向往和追求班级奋斗目标的热情和积极性。再次，班队奋斗目标的制定需要符合班级实际情况。班级奋斗目标的制定还要考虑到本班级的特点，这样才能切合实际，制定出具有班级特色的奋斗目标。

3. 班级奋斗目标应富有激励性

班级奋斗目标的激励性是指目标的制定能激发全班学生的责任心、荣誉感，使大家乐于为实现这一共同目标而奋斗。要做到这点，关键是充分发动学生，达到全员参与，自下而上、自上而下、上下结合地参与制定目标和实现目标。班队工作者应当在了解班级实际情况的基础上，把握好班级奋斗目标的"度"。制定出的目标不能太高也不能太低。目标太高，难以实现，会挫伤学生学习的积极性；目标太低，太过容易实现，会失去目标本身的激励性。因此，班队工作者在制定班级奋斗目标时应了解学生所处的最近发展区，可以向全班学生征求意见，引导学生把个人目标与集体共同目标相结合，使大多数学生感到存在一定的距离，但可以经过努力达到，这样的目标才是有价值的。

4. 班级奋斗目标应循序渐进

班级奋斗目标循序渐进是指班队工作者应根据情况，制定远期目标、中期目标和近期目标，同时不同的目标之间应前后衔接，循序渐进，体现班级奋斗目标由低到高、由易到难的递进过程。远期目标是班队在较长时期内的奋斗方向，是班集体最终要实现的目标。它能给学生指出奋斗的方向，具有更大的价值，但是它的实现是一个长期的、复杂的、艰难的过程，对学生行为的激励作用往往不够强。中期目标是一个阶段教育活动的奋斗方向。近期目标是每次教育活动所要达到的目的，能够使学生及早体验到获得胜利的喜悦。这三种目标在一个时期内是相互独立的，但从总体来看，又是一个相互衔接的、完整的教育要求体系。实现目标要紧紧围绕远期目标，逐个分层次由近及远、由易到难、由低到高地去实现。近期目标实现后，中期目标成为近期目标，远期目标成为中期目标，由此提出新的目标，促进班集体不断前进。

二、铸造班级精神

班级精神是班级中全体成员的群体意识、舆论导向、价值取向、审美观念和精神风貌的反映，是班级文化建设的重要内容。班级中班名、班徽、班歌和班级口号等班级标识作为班级精神的可视化象征，承载的是班队文化最外显的特征，对于彰显班级文化个性，打造积极健康的班级精神氛围至关重要。

1. 班名

班级名称一般由学校组织实施。常规的班级命名方式为以年级和班级顺序命名，如三年(2)班，表明学生教育程度为小学三年级水平，班级序列为"2"。此种命名方式简单、清晰，便于学校管理，但是不能体现班级个性与特色。除此之外，另一种常见班级命名方式为以兴趣爱好、专长特长来命名，如书法班、体育班、音乐班等。在班级命名中，班队工作者应和学生一起，给自己的班级起一个既能体现班级特色和时代精神，又通俗易懂，具有激励意义的班名。如小学高年级阶段可命名为"扬帆班"，小学低年级阶段可命名为"精灵班"等。无论采取何种命名方式,都应关注班级名称所蕴含的文化内涵和教育机会。

2. 班歌

班歌是班级精神风貌和班级特色文化的标志,它的思想内容代表着班集体的精神。这种精神会给班级每一位成员以力量勇气、责任感、荣誉感、自豪感的体验,同时这种体验会激励每位班级成员为拥有美好的班级而更加努力,奋发拼搏。班歌的创作要根据班级的具体情况而定,有条件的班级可由班队工作者或学生自己作词作曲。班歌的旋律应该是活泼、奋进、欢快的,歌词应能集中表达班级成员整体的精神风貌、理想和追求,并得到班级成员的一致认可。没有条件的可以选择学生耳熟能详的、特别喜欢唱的歌曲为蓝本,让学生自己来编歌词;也可以直接选用现成的能反映班级成员心声的、积极向上的歌曲作为班歌,如《爱拼才会赢》《真心英雄》等。班歌的演唱活动对班级精神文化的营造有积极的促进作用。在开学典礼、学校集会、班会、晨会、联欢会等场合演唱班歌,可以营造一种声势,使学生在歌声中增强凝聚力,产生情感共鸣。

3. 班级口号

班级口号是为激励和警策全体学生勤奋学习、积极进取,而以简短的词句拟就的宣传性班级标语,它是班级精神的集中体现。良好的班级口号具有间接而内隐的教育影响作用,是激励全班同学勤奋学习、积极进取的精神动力。班队工作者在拟定班级口号时,应从班级的实际出发,充分发扬民主,让班级全体成员一起参与班级口号的制定,必要时可以召开一次专题班会来讨论。这样确定的班级口号才能得到全班同学的认可,才能成为共同奋斗的目标。一般来说,班级口号的制定应兼顾内容与形式。形式上要醒目、给人美的享受,语言简洁有力,通常采用对偶的方式,富有节奏感,朗朗上口,便于记忆;内容要具有明确的宣传和激励作用,言简意赅,耐人寻味,切忌华而不实。同时,一条良好的班级口号要具有创意,符合班级实际情况,能够彰显班级特色,贴近学生心中所想,切实体现班级口号的激励与训诫作用。

4. 班徽

班徽是班级徽章的简称,是一个班级的标志之一,其主要的目的是分辨人员,通过纪念性的图案、文字来介绍班级。同时,佩戴者在无形中增加了纪律的约束,有利于规范学生的行为,提高班级的知名度,增加班级荣誉感、认同感和归属感。班徽的设计应该包含图案、数字和文字等元素。在外观和内涵上,应追求精致美观、简明大气、积极向上,能够为班级内大多数成员喜欢,能够代表班级特征和目标追求。在制定班徽的过程中,班队工作者可引导学生对班级有意义的图案进行抽象处理,同时对班级有意义的日期或班级号的数字进行抽象处理。名人名言等具有代表班级风气的文字可以加在班徽的旁边,或以文字抽象成图案的方式进行设计。

总而言之,班队工作者在设计班名、班徽、班歌和班级口号等班级标识时,应调动班级全体师生积极参与,每位学生都可充分展示自己的个性特长,发挥自己的一份作用,在此过程中增强对集体的认同。同时在制订过程中,也可通过适当途径征求学校主管部门及校长的意见,引起他们的关注,给他们一个美好而鲜明的印象。设计完成后,通过集合、比赛、年级活动等各种场合展示班名、班歌、班徽、班级口号,以增强学生班级凝聚力、认同感和自豪感。

【案例7-3】

班级的"名片"[①]

为了加强班风建设,徐老师组织全班同学开展谱写班歌活动。首先,将同学们分成若干小组,有的采访学校领导和老师,有的到校档案室、荣誉室查阅资料,还有的在校园内收集新人新事。在此基础上召开了"我爱美丽的校园"主题班会,各小组分别以播放采访录音、汇报学校历史、畅谈感想体会以及诗歌朗诵、歌舞表演、小话剧等生动活泼的方式,赞美自己生活于其中的美丽校园。然后,开始创作班歌的歌词,每个同学写一首小诗,经评比选出若干首好诗,再加以融合,写成歌词初稿,分发到各班,征求全校老师和同学的意见,经反复修改,最后,产生了《我们心中的歌》。在谱写班歌过程中,班风在逐渐形成。

六(3)班是学校"文明班级",该班学习风气十分浓厚,学生勤学好问,有着比较远大的理想,决心长大要成为企业家、医生、科学家、飞行员……可就是许多同学都十分骄傲,都爱做一些所谓的"大事",而不屑于做那些身边经常发生的"小事"。譬如:放学后窗户没关、凳子没放好就走了;大白天的,教室里日光灯全开着,却无人问津;地上的废纸躺了半天也没人处理……诸如此类的事情比比皆是。根据这种不良现象,班主任邢老师立刻组织开展了一次题为"伟大出自平凡"的主题班会,在这次班会上,老师和全班同学就"小事该不该管?"这一问题进行全面而又细致的辩论。在辩论中,邢老师列举了大量同学身边发生的因小事造成的比较严重的危害,还引用了"勿以善小而不为,勿以恶小而为之"的名言,以及一相关的历史典故,告诉大家:古人尚且如此明智,难道我们现代人要落在古人之后吗?答案显然是否定的。于是最后得出了比较一致的结论:"不积跬步,无以至千里""一屋不扫,何以扫天下"……最后,同学们倡议成立一个红领巾小队,定期为班级、学校、社会做好事。后来,在班干部的带领下,他们班组织了两个小队,做了大量的好事,在学校内产生了良好的影响。

陆老师曾经接过一个基础很差的五年级班,这个班级的学生绝大部分成绩较差。该班刚组建时,大部分学生不认真听课,总爱开小差;下课喜欢追逐打闹;不交作业的现象时有发生;卫生值日工作更是经常不做。陆老师多次召开学生座谈会,查找原因,以便对症下药,结果发现,许多同学没有明确的学习目标,做一天和尚撞一天钟,因此,学习成绩越来越差,对自己也越发缺乏信心。陆老师首先帮助同学们制定近期目标,如争取当年考试成绩赶上全校平均分,在校内平时的各项评比中努力争取优胜,然后再找一些在班级内有一定影响力的学生谈心,鼓励他们树立信心,发现他们身上的闪

[①] 胡明根,丁明标.班主任工作案例分析[M].北京:科学普及出版社,2007:22-23.

光点就及时表扬,以此引导他们不断进步,最后陆老师再发动他们带动大家一起前进。这样"以点带面",经过几个月的辛勤努力,整个班级的面貌有了较大的改观。该班在毕业时因进步最快被学校授予"文明班级"的荣誉称号。

课后思考题

1. 你认为班队文化建设除了在班级内摆放植物、张贴书画作品、开展一些活动外,还应该从哪些方面入手?

2. 联系实际,谈谈如何制订班级奋斗目标。

3. 有人认为班级文化建设就是把班级打扮得漂亮点,教学用具等做得有特色点。你认同这种说法吗?为什么?

4. 班名、班徽、班歌、班级口号等班级标识最能代表班级的特色,也是一个班级的风气和价值观的体现。请结合本节课程内容,尝试进行小学班级标识设计,并谈一谈自己的设计理念。

5. 调查小学生师生关系现状,并谈一谈作为未来的班队工作者,该怎样构建良好的师生关系。

第八章
个别教育

学习目标

1. 了解个别教育的概念。
2. 领会优秀生、中等生和后进生的心理特征,掌握不同类型学生的教育策略。
3. 了解小学生产生问题行为的原因。
4. 掌握对问题行为的小学生进行干预的策略。

第一节 个别教育的意义、策略

【案例8-1】

记得有一次,我正在上课,忽然有一张纸条飘落在一位男生的脚下,我当时把它捡了起来夹在书里。下课我回到宿舍打开一看,呀!是一位女生写给男生的情书"——你长得很帅——我早就喜欢上你了!"落款是"爱你的人!"一看字体,我就知道是我班的杨小倩(化名)写的,课后我找到她,并没有批评她,因为我知道她也是一名"留守学生",特别是家庭背景还不太好,父母关系不和,而且长年打工不回。为了能让她走出早恋的误区,我还特意举办了一次主题班会"爱情与友谊",学生们纷纷发言。他们懂得了什么是爱情,什么叫友谊;他们还懂得了学生时代是学习的黄金时期,是人生中精力最旺盛以及记忆力、想象力和创造力最活跃的时期,若游戏了自己的青春,就会贻误自己的学习,也会影响对方的前程,甚至会导致不良的后果。

此外,为了更好地杜绝早恋的问题,我们还让学校结合学生青春期的生理发育,以及性意识的发展,进行性心理知识的教育。另一方面,针对社会上的消极诱因,还及时和各有关部门取得联系,予以制止、打击、取缔,以保护学生的健康发展。

(可参看,班主任如何正确对待农村"留守学生",https://max.book118.com/html/2017/0126/86806136.shtm。)

小学班队工作者面对班级中不同人格特征、不同学业成就水平、不同道德水平的小学生，需要利用管理智慧，在全面了解学生的基础上，因材施教。在上述案例8-1的这位教师不仅是一位善良的班队工作者，而且有管理的智慧，值得学习。

一、个别教育的概述

(一) 个别教育

小学班队的学生教育工作可分为集体教育和个别教育。集体教育是班级工作的基本组织形式，个别教育是集体教育的补充和深化。苏联著名教育家苏霍姆林斯基曾说过"在教育集体的同时，必须看到集体中每一个成员及其独特的精神世界，关怀备至地教育每一个学生……我们的原则是：既依靠集体教育个人，又通过对个别学生的教育来推动集体的前进。"由此可见，个别教育和集体教育是相互渗透、相互影响、相互促进、相辅相成的。小学班队活动中，班队工作者要实现特定的教育目标，并落实到每一个学生的身上，使之成为学生的自觉行动，就必须认识个体与集体的这种关系，将集体教育和个别教育结合起来，充分发挥各自的优势，使之互相补充，相得益彰，从而形成集体与个体相互影响的良性循环。一个多人组成的班集体中，从思想到学习乃至纪律等方面，每个学生不可能保持在一个水平线上，这样，个别教育就成为班级管理中一项重要内容。个别教育有广义与狭义之分。广义的个别教育，是班主任难以定时定地定人定事而又必须随时随地随人随事机智地进行教育。狭义的个别教育是指针对特定对象的特点，通过个别接触或个别指导的方式进行的教育活动。个别教育是班主任日常管理的内容之一。在现代教育教学中，个别教育并不等同于做后进生的工作，还包括针对优秀生和中等生的工作。这就是说，个别教育面向全体学生，根据班级成员发展的个别特点，给予特别的指导，以帮助每一个学生都获得可能的发展。在此过程中，班队工作者针对学生的年龄特征、心理发展规律及学业与品德发展的不同水平，以崇高的道德准则启迪学生、激励学生，实现不同的教育目标。

(二) 个别教育的意义

个别教育是班队工作者重要的工作途径。班集体状况如何，取决于班上每一个学生的具体情况。因此，班主任只有做好学生的个别教育工作，使每一个学生都不断进步，班集体才能健康地发展。做好个别教育工作既是学生全面发展的要求，也是建立良好班集体的需要。班级中，学生不仅表现为学业与品德发展处于不同的类型和层次，在人格特征方面，每个学生又是不同于其他任何一个人的独特个体，而且存在由原生家庭背景的不同自带的差异。所以，班队工作者进行个别教育工作时，既要看到一类学生的共同点，又要看到学生间的个体差别，运用教育技巧和规律，促使每一个学生得到最大限度的发展和提高，为班集体的发展奠定坚实的基础。要发挥班集体的教育功能，转化个别学生，进一步促进班集体发展。要围绕全体成员共同确立班级奋斗目标，将学生个体发展与班级进步紧密联系起来。在此过程中，班队工作者应对自己敲响警钟：你的工作是育人的，你的一言一行深深地影响着你班的每名同学。

【案例8-2】

我们班有个学生叫王亮,最近上课经常迟到,多次找他谈话也不见效。是什么原因造成他经常迟到? 带着这个问题,我和班长专程到他家进行家访。原来王亮的家离学校很远,上学所走的路是一条泥土路,晴天一路灰,雨天一路泥,很是不好走。到了他家后,更意外的情况让我惊呆了,只见年仅10岁的他正在厨房里围着灶台忙前忙后地做饭,年幼的妹妹趴在门口的石台上写作业。一问才知道,他爸爸生病,在外治病已有很长的一段时间,家中的事情全靠他一人忙活。他上课迟到的原因找到了——稚嫩的肩膀过早地挑起了家庭的重担。看到这些,我心里很不是滋味,便和班长一起帮他。第二天,我把王亮迟到的原因告诉了班里的同学,大家决定伸出援助之手。有的同学到他家里帮他做家务;有的同学带他和妹妹到自己家吃饭;还有的同学干脆到他家和他做伴,一起学习,一起干活。从此,王亮上学再也不迟到了,学习成绩也稳步上升。学期结束时,他还被评为"三好学生"。

(可参看,班主任如何正确对待农村"留守学生",https://max.book118.com/html/2017/0126/86806136.shtm。)

二、个别教育的策略

(一) 对学生进行个别教育方式

个别教育要求:必须树立正确的教育观;必须以真挚的感情热爱特殊学生:尊重、信任,用爱感化;要善于发掘个别学生身上潜藏的"闪光点"。案例8-3就是体现出找到学生的闪光点而给与积极肯定,促使学生发生转变,要不怕反复,持之以恒。

常见的个别教育的方式有:直接式、接近式、提问式、启发式、鼓励式、参照式、商谈式、触动式。

【案例8-3】

北京东城区上堂子小学的李燕老师曾教过这样一个学生:

一个小男孩未出世时,父亲就进了监狱。8个月时,母亲就将他扔给八旬的爷爷一走了之。八旬老人孤孤零零地带一个8个月大的孩子,其情景可想而知。上学后,他粗野暴躁、不爱学习、偷东西、打架……极缺乏教养,却极富号召力,是名副其实的"个别生"。通过家访及细心观察,发现他聪明且早熟,在粗野的表象下,他有着独生子女所不具备的品质。学校中午包伙,每个学生不限量,吃饱为止,但不得往家带。每次发现他都领很多,一个人闷在角落里吃,言称吃得多。一次吃包子,竟领了9个。同学告诉我,他每次吃完都悄悄地留下一半,带回家去,给年事已高的爷爷当作晚饭。对此事我思忖了很久。我没有批评他,而是由衷地对他说:"你是一个非常懂事的孩子,聪明、善良,生活自理能力强,能照顾爷爷,这一切都非常好,如把这种精神和聪明用到学习上、讲究卫生上、爱护同学上、爱护集体上,你肯定更出色,肯定能成为一名合格的少先队员。那时,老师一定亲手给你戴上红领巾。"从此以后,我不但多次像母亲般地关爱他,而且在班上充满热情地表扬他的点滴进步,给他积极的肯定,还利用他生活能力强的优势,请他帮助集体料理生活事务,做文体委员,培植他的自尊。渐渐地,他像换了一个人似的,不再骂人,衣着也整齐多了,不再带头闹事,不再在课堂上调皮,不再与老师对抗。他的成绩从不及格到双科都在90分以上,并成了老师的得力帮手。半年后,当我亲手给他戴上红领巾的时候,这个孩子掉下了眼泪,当着全班同学呜呜大哭。我当时也难以控制内心的情感,激动得哭了。

(可参看,探索班级工作的规律,http://www.doc88.com/p-9721857200025.html。)

(二)对学生进行个别教育应注意的问题

1. 深入了解学生的个性特点,把握学生的问题所在,解除心理防线

苏霍姆林斯基说过:"教育首先就是人学。不了解他的智力发展、他的思维、兴趣、爱好、才能、禀赋倾向,就谈不上教育。"这就是说教育人,首先必须了解人,正确认识自己的教育对象是开展教育工作的基本环节。班级中的同学、学生家长、其他任课教师都是了解情况、获取第一手材料的来源。

2. 摸清情况,有的放矢教育

"知其心,然后能救其失也,教也者,长善而救其失者也。"这是教育名篇《学记》里的一句话。班队工作者不仅要摸清学生的情况,了解其优缺点,更要有针对性地展开个别教育。案例8-4中苏老师就是主动认错,在没有了解学生的具体情况下对学生产生了误解,但是苏老师随后的做法是令人称赞的。

【案例8-4】

苏老师班里有不少学生的父母都外出打工去了。这些学生经常不能很好地完成作业。她三令五申之后,还是有几个学生没有多大改变。最令她生气的是学习委员晓玲,也有两三次不交作业了。晓玲今天又没交作业,苏老师把晓玲叫到办公室,厉声责备道:"你怎么也这样?"晓玲不安地说:"老师,我……""我什么我!今天放学不许回家,不完成作业,你的学习委员也别当了!"晓玲哭着跑了出去。下午上课时,苏老师看到晓玲座位空着,便问道:"晓玲呢"?"她哭着走了。她说不读书了,得回去照顾爷爷。"苏老师听后惊异地问:"怎么回事?"晓玲同村的一个学生回答说:"她爷爷的腰受伤了,只能躺床上。"苏老师后悔没听晓玲解释。放学后,苏老师来到晓玲家,只看到躺在床上的爷爷。知道了苏老师的来意后,老人说:"家里平时就我们爷孙俩,我干活,她做家务。现在我伤成这样,可苦了她了。"眼前的情景让苏老师既怜悯,又自责。一会儿晓玲回来了,看到苏老师,很诧异。苏老师迎上前说:"我错怪你了,对不起!""老师,不怪您,可我没法上学了。"苏老师赶紧说:"学一定得上,有困难,老师和同学们都会帮助你

的。"晓玲如释重负,笑着对苏老师说:"谢谢老师!我会好好学习的!"

（可参看,2019年教师资格考试《综合素质》试卷,https://www.examw.com/teacher/zhongxue/szmoniti/555141/。）

3. 不同的问题,采取不同的教育方式

当学生有困难时,或家庭、个人遇到困难、挫折等,班主任教师要及时送温暖,安慰和帮助,这时候最能触动学生的心灵深处,给予其力量和信心。

当学生做了好事时,班主任要及时对他教育,肯定或表扬其事迹,并鼓励他不骄不躁,再接再厉。

当学生情绪波动,外表显示出情绪不安、焦虑时,教师要及时察觉这种细微变化,要关心和爱护学生,进行个别教育。这样会激发学生对班主任教师的尊重和理解,也最容易接受教师的教诲。

当学生犯了错误时,尤其是学生犯了错误已经及时承认时,班主任不是挖苦讽刺,而是应及时给予肯定,适时给予信心和力量。

当学生获得荣誉和成功时,也是班主任进行个别教育的有利时机。班主任应帮助学生正确认识获得的荣誉和取得的成功,使其能够持续发展。

4. 教师的个别教育要讲究时间、地点、场合

俗话说:"打铁看时候,穿衣看气候。"班队工作者进行个别教育也要看时候,早了时机不成熟;晚了会时过境迁,于事无补。

5. 教师的个别教育态度要诚恳和有启发性

班队工作者需要明确个别教育的目的,谈什么,解决什么问题,这一点必须先考虑好。态度一定要诚恳,能够推己及人,站在学生立场考虑问题,言之成理,循序渐进,层层引导。

6. 集体教育与个别教育的统一

个别教育既包括对差生的转化教育,也包括对优秀生和中等生的激励教育,这是就教育的个体对象而言的。在进行个别教育时,需要注意与集体教育结合起来,发挥集体的影响力,有效利用集体的舆论力量、群体的引导力量对个别学生的转化作用。

乌申斯基曾说,"集体就好像一只雏鸟刚从那儿起飞的鸟窝",是学生品德培养和意志锻炼的源泉。就教育的效果来说,个别教育还必须依靠集体教育才能获得最终的成功,二者是相辅相成的。马卡连柯曾提出"平行教育原则"——在集体中,通过集体,为了集体。在班集体中,应通过集体活动、集体舆论和集体力量来培养学生集体荣誉感。学生的活动与交往基本上是在集体中进行的,集体是学生社会关系的重要方面,对学生具有重要的教育作用。集体教育是使学生克服不良行为、发展优良品德的一种教育方法。小学生通过集体生活认识别人,对照别人言行产生对自身的新的认识。因此,班队工作者在工作中要注意培养班集体,并在此过程中教育班里每个学生。班队集体是学生成长的主要环境,集体无时无刻不在通过舆论的约束,氛围的熏陶,影响班里每一个学生。集体自身是教育的

对象,也是教育的手段。同时,集体也为学生的成长提供广阔的空间。只有在集体中,个人才能获得发展的空间和舞台。通过每个学生的成长进步,促进集体的巩固和发展,把培养学生集体与有针对性地对学生个别教育有机地结合起来,这往往比单纯以教师为主的"一对一"的教育方式更为有效。

集体教育是教师面对全班学生的教育,多数是共性问题、普遍性问题的教育。集体教育中蕴含着个别教育。

结合教学内容,情境训练与思考(模拟训练):

(1) 教师正在上课,两个学生打起来了。作为教师,怎么处理?

(2) 班级学生正在操场上练习运动会项目,突然有学生来报告说学校旁边的工厂着火了,如何处理?

(3) 班级组织学生外出活动,有学生不小心受伤了,如何处理?

第二节 优秀生、中等生和后进生的教育

学生的成长发展不是直线式的,而是曲折的、复杂的。由于小学生的家庭环境,社会环境、教育层次、智力发展状况的不同,其道德评价水平也因此不一致。一个班集体中的学生,无论是学习成绩还是思想品质,都有好、中、差之分。作为班队工作者,需要针对个别学生的特点和问题,通过个别接触的方式进行教育教学活动。一般来说,班队工作者是根据优秀生、中等生和后进生的不同特点施加教育影响,因材施教,长善救失。需要通过各种方法,使后进生有希望,中等生有目标,优秀生更加优秀,才能树立正气,形成学习上你追我赶的局面。

一、优秀生的教育

优秀生通常是指学习成绩和思想品德都高出班级平均水平的学生。他们聪明勤奋,学习成绩优秀,守纪律和不惹是生非;富有进取精神,处处不甘落后,严格要求自己,具有鲜明的是非观念和较强的判断力,不轻信和盲从,遇事有自己的见解;具有较强的荣誉感,热爱集体、团结同学、竭尽所能为集体争取荣誉;具有不畏困难的意志和较好的自我控制能力。这样的学生在班级中有威信,是学生中的骨干,也是班队工作者的助手。虽然对优秀生的定义很少有歧义,但实际上一些班主任、科任教师、家长往往把优秀生仅仅看作是学习成绩优秀的学生。当前,这种片面的想法是比较普遍的。在这种学生观指导下,班主任容易忽视对优秀生的思想品德及心理素质的教育和指导,导致一些长期笼罩在光环下的优秀学生,一旦遭遇挫折就可能想不开,做出超乎人们想象的事情。所以教育工作者应全面、辩证地看待他们,要注意发现、防止和消除优秀生可能有的甚至已经有的缺点和弱点,实事求是地对待他们的优缺点,在肯定成绩的同时,绝不能忽视他们身上存在的问题,

对他们进行必要的教育。

通常人们惯用分数来衡量一个学生的优劣,但分数往往掩盖了优秀生的缺点、弱点。优秀生可能由于优秀成绩的激励,而一味地埋头读书,不问政治,不关心国家大事,不愿做班级工作;也可能因为成绩优秀而高高在上,骄傲自大,脱离群众,从而使自己陷入仅仅与少数几个人交往的人际圈子中,不能融入群体生活的大环境。一部分优秀生存在既自负又自卑的双重性格。对于此类优秀生,班主任就应当多进行一些集体主义教育,培养学生的团结协作精神,因为将来的社会是团结协作的社会。还要注意观察了解他们的为人和心理品质,避免他们产生双重人格,即在学校一副面孔,在家里又一幅面孔。班主任有责任和义务使优秀生发扬优点,克服缺点,更健康、更全面地成长。

(一)优秀生容易出现的心理偏差

优秀生虽然有许多优点,但也伴随有不足之处。对于优秀学生,如果不加以正确引导,极易产生思想偏差。

1. 优越感强,容易滋生傲慢、虚荣心理

优秀生在家中是家长赞、邻居夸,在班上是老师爱、同学敬。久而久之,他们容易产生优越感,认为自己了不起,以自我为中心,喜好指挥别人,教训别人,缺乏互相帮助的意识和团队精神。他们自视清高,骄傲自满,目空一切,不愿与普通同学有较多的交流。由于在家长的表扬,教师的重视,同学的羡慕中成长,他们自尊心很强,看不到自己的缺点和不足,看不到其他同学身上的各种优势,不善于学习别人的优点,不能容忍别人的长处,受到表扬时就沾沾自喜,挨批评就难以承受,总想在集体中保持自己的优势。他们讨厌集体活动,把自己封闭在以自我为中心的个人圈子里,容易滋长唯吾独尊的思想,傲慢自负。案例8-5中的这个同学就是滋生了傲慢自满的心理,虽然很有能力,但是在同学中间失去了支持。有个别学生为了取胜,吝啬对同学的帮助,总想事事光耀于人前,出人头地,如果有人强于自己就会有意贬低别人,容易产生嫉妒心理。他们在学习上有不认输、不服输的好胜心,如果不节制的话,发展下去就会变成虚荣心理。他们甚至会采用一些不正当的竞争手段,弄虚作假,维护自己的"强者"地位。这种只关注自己的成败,不关心他人和集体的思想行为,若得不到及时矫正,将会对其本人的健康成长造成极大的危害,乃至给将来的社会带去不利的影响。

【案例8-5】

欣欣是小学四年级某班的班长,学习成绩好,能力强,能歌善舞。这次,班上又要进行班干部竞选,欣欣发表了热情洋溢的演讲,满以为会得到最高票数,可是,结果却出人意料,落选了。欣欣怎么也想不明白。后来,班主任和她一起分析了原因:虽然她能力很强,也为班上做了不少工作,但她总爱自以为是,对同学呼来唤去,如果同学有不同意见,她总是坚持己见,有时还爱摆挑子。

(参见2017年小学教师资格考试提分题,https://www.examw.com/teacher/xiaoxue/zhishimoniti/370010/index-2.html。)

2. 耐挫力差,害怕失败

大部分优秀生从小开始一直是班里的好学生,班干部,事事称心如意,一帆风顺,缺乏挫折感。随着自我意识的增强,便形成了自负、骄傲、虚荣的性格弱点,只接受赞扬,不能容忍批评,妒忌心理也由此而生。特别是如果到了一个新环境,优秀生聚集,"山外有山,天外有天",自己不再是顶尖儿的,他们往往无法承受这样"沉重"的打击。这类学生对外界压力的承受能力和调适能力很弱。本来一次两次的考试不能说明什么,但他们自我评价太主观、太片面,容易从一个极端走向另一个极端,从自负走向自卑。有的学生开始怀疑自己的潜力,从积极走向消极,学习成绩逐渐下降,精神萎靡不振,自暴自弃,轻者"泯然众人中",重者甚至会变坏转差。

由于家庭与学校教育的积极配合,许多孩子在成长的速度方面,的确明显优于其他学生,学业成绩总是处于领先地位。在学校里,他们是老师的"爱生",同学们进步的"偶像";在家里,他们是父母引以为傲的"骄子"。生活在一片充满赞扬声的环境中,给一些学生造成一种无形的压力,慢慢地他们背上了"只许成功不能失败"的思想包袱。还有一些学生选择避开对自己形成威胁的竞争对手,为了避免"惨遭失败",而放弃参加一些有益的活动。有的学生只听表扬听不得批评,遇到挫折就一蹶不振。甚至有个别学生会因为换了一个不大了解自己优点的班主任,或升到一个新班级,而产生与老师消极对抗的情绪,与班集体格格不入,从而走向先进的反面。

3. 只注重学习成绩,其他方面发展差

在不客观的优秀评判标准下,优秀生往往只重视学习成绩,而忽视自身其他方面素质的养成,比如道德品质、交往能力等。有的家长和教师也"以一优遮百丑",放松对他们的要求和教育,助长了他们的片面发展。

随着人们生活水平的日益提高,大部分家庭在对孩子提供物质满足的同时,削弱了对孩子承担家务义务的要求。尤其是有些家长望子成龙、望女成凤心切,不惜投入巨大的精力与财力,帮助孩子提高学习成绩,发展各种特长。但是他们很少注意对孩子生活自理能力的培养,不给孩子提供任何劳动的机会。在与家长的交流中,老师们常常听到的是,只要孩子成绩好,什么事都不用他做,什么要求都可以满足。家长在这个问题上的失误,是造成某些优秀生缺乏劳动观念和生活自理能力的主要原因。希望自己的孩子成功是父母的普遍心理,但有的家庭不恰当地施加压力,使学生的上进心掺杂了"私利"的成分,背上了"只有学习成绩好才好向父母交代"的包袱。这样,当他们达到了一定的目标后,就认为万事大吉,不再继续努力,自我陶醉在已取得的成绩里。一旦受到挫折或遇到困难,他们就觉得一切都完了,感到没有前途,有的甚至走向反面。

4. 循规蹈矩,缺乏创新

还有部分"优秀生"在开拓精神、创新意识方面明显滞后。这些学生往往是遵规守纪的"小绵羊"式学生,他们在学习和生活上都沿着学校和家长制定的轨道,缺少破旧立新的欲望。加上追求效果上的"100%",他们的求异思维能力得不到好的发展,求"稳"多于求"新"。

当然,并不是每个品学兼优的学生身上都存在这些问题。但在一部分优秀生的优秀成绩和出色表现的背后,的确潜藏着许多不良道德及心理品质,其表现程度也不尽相同。这些品质的缺陷已经制约了他们的发展,使他们成为经不起摔打、缺乏创新意识和开拓精神的人。这不能不引起学校、家庭的重视。与"后进生"转化工作不同,这类学生的不良品行和心理素质具有潜藏性,容易造成教育者的疏忽。因此,优秀生的道德品质和心理素质缺陷及其矫正,是值得教育工作者深入研究的课题。

(二)优秀生的教育策略

优秀生思想基础较好,积极要求上进,学习刻苦,在学习、工作中常起着模范带头作用,是班级建设的排头兵。但是,由于与其他同学所处的地位不同,成长进步的条件存在差异,在思想上、理想上的追求不一样,优秀生具有与众不同的特点。因此,在管理教育中要辩证地看待优秀生。班队工作者既要看到优秀生积极的一面,更要及时发现他们身上潜在的不良因素,给予正确的引导和教育。

班队工作者需要了解优秀生的心理状况,做到有的放矢,使他们明辨是非曲直,使管理教育具有针对性。班主任在实施管理的时候,可以从以下几个方面入手[①]:

1. 高标准,严要求,使优秀生更优

班主任对优秀生不能局限于一般化要求,而要"另眼相看",提出更高更严的要求,帮助他们确定更高的目标。在班级管理过程中,掌握好表扬与批评的分寸,不可放松优秀生管理。一味地表扬,把他们捧上天,会助长不良思想的滋长。又要防止目标超越客观实际,导致优秀生思想接受不了。需要教导优秀生,让他们知道目前所处的状态不是固定的,应严格要求自己,保持对学习的良好兴趣和钻研精神;在思想品德方面应做表率,保持良好的学习和思想状态。教师应使其明确,对于学校提出的各种常规要求,优秀生需要比其他同学做得更好。

对优秀生的教育还需要注意场合,不能在大庭广众面前揭短,挫伤他们的积极性。要教育他们学会谦虚谨慎,戒骄戒躁,使他们懂得"虚心使人进步,骄傲使人落后"的道理。对他们提出的要求应符合小学生的生理、心理特点,使他们经过一番努力能够达到的,这样才能提升他们的耐挫力。

2. 重视对"优秀生"耐挫折能力的培养

对优秀生的培养,不能轻视挫折教育的巨大作用。部分优秀生心理承受力差,一个重要原因就是成长道路上的一帆风顺。要让优秀生对挫折有正确的思想认识,使其认识到人生不是一帆风顺的,但前途是光明的。应该有意识地给他们制造一些逆境。现代社会瞬息万变,竞争激烈,没有经受过挫折和打击,生活的信心和勇气就无从谈起。巴尔扎克说过:"挫折就像一块石头,对于弱者来说是绊脚石,让你寸步难行,对于强者却是垫脚石,使你站得更高。"作为班队工作者,当学生在学习中遭受挫折时,必须帮其克服消极的一面,发扬积极的一面,将挫折转换成积极的良性循环过程,从而达到理想的效果。

---

① 张艳芬,王颖. 小学班主任工作原理与实践[M]. 北京:北京师范大学出版社,2016.

3. 教师秉持全面发展的学生观,提升"优秀生"的整体素质

班主任应树立全优观念,不能只注重学生的学习,或只凭学习成绩评价学生。对优秀生要全面客观地分析,既要看到他们的优点,也要善于找出他们的不足,不能一叶障目,因为某个方面突出就忽视其他方面。要主动帮助他们看到自身的长处与不足,并帮助他们确定新的目标,制订切实可行的计划和措施,促使他们进一步提高。

对待只注重学习、成绩好的稳定型优秀学生,在管理教育中要注意引导,帮助他们逐步确立远大理想,培养他们多方面的兴趣爱好,不断升华其思想境界。摇摆型的优秀学生,他们之所以要求上进,一般是因为某种原因,为了某种目的,一旦受到挫折,目的和愿望没有达到,思想就会出现波动。对这部分学生,要注意调动积极因素,帮助他们端正争当优秀生的动机,引导他们向稳定型发展。在管理教育中要研究工作方法,以鼓励为主,批评要恰当,事实允许反复,防止急于求成,一蹴而就。在教育内容上,应从基础抓起,逐步提高,要求不宜过多,起点不宜过高,要为他们的学习成长创造良好的环境和条件。

【案例8-6】

开学初,我们班有一个叫刘小英(化名)的孩子,平时不爱说话,不爱交往,好像很孤独,而且每天在上课前总是匆匆忙忙地赶进教室,甚至有时还迟到。由于他的成绩很优秀,我也就对他网开一面,没有在意。直到他有次旷课了,才引起我的重视。课后我找他谈心,他除了流眼泪,一言不发,我也很着急。他家离校很远,后来我骑着自行车去了他家,进行一次家访。结果了解到,他的父母都出去打工了,家里只剩下弟弟和多病的爷爷。他不但自己要做饭、洗衣,还要照顾弟弟的起居。他每天都是如此,所以到校很迟。尽管这样,他自己早饭有时也顾不上吃。我看着他们一家挤在两间低矮破旧的房子里,看着我那瘦弱、脸色发黄的学生,再联想到他迟到时那种内疚的表情,我的眼睛湿润了。后来我还了解到他爷爷有时给他三元、五元买方便面吃,他也舍不得花。课后我再次找到他,从身上掏出五十元钱塞进他的手里,并告诉他:"要想成绩好,首先把身体要搞好。"在一次周会课上,我把刘小英的情况告诉同学们,同学们也都纷纷主动帮助他、鼓励他,让他走出了生活的困境,走出了心理的阴影。

(可参见,班主任如何正确对待农村"留守学生",https://max.book118.com/html/2016/1123/65006829.shtm。)

4. 利用"优秀生"对"后进生"的帮扶教育,转变"优秀生"

要引导优秀生开展好"两个互助"活动,即在优秀生的管理教育中开展先进与先进、先进与后进的互助活动。先进与先进互助活动,有利于先进学生之间的相互了解,相互学习,相互促进,取长补短,共同提高;有利于相互团结,更好地发挥先进集体的作用。先进与后进的互助,可以有效地防止先进、后进两脱节的现象。在互助中先进学生可以不断向后进学生传播知识和先进思想,做好后进学生的转化工作,带动越来越多的学生一道进步。

事实上，抓好"后进生"转化工作，对其他同学的健康成长是有很大促进的。我们应该更为有效地利用这项工作对优秀生纠偏教育的正迁移。开展"一帮一"活动就是一种很好的方法。让每一个行为文明、成绩优秀的学生，去帮助一个学习较困难、行为习惯较差的学生。在两个人共同进步的过程中，"优秀生"增强了责任意识，体验了帮助"后进生"的艰难，磨炼了自己的意志，而且在这种同学间的密切交往中，学会了处理人际关系。更有意义的是，他们从"后进生"身上也可学到自身所缺少的某些良好品质。

这种活动，充分体现了教育过程所需要的优势互补原则。如何把"后进生"转化工作与"优秀生"的纠偏工作有机结合起来，使二者均达到最佳效果，这是值得我们进一步探讨的。

5. 激活优秀生进行自我教育的内驱力

优秀生大多天资聪颖，反应快，对周围事物的变化与发展能较迅速地做出自己的判断，很快形成相应的心理与行为定势。教师如不能及时发现他们的心理行为中的不足或错误，并立即采取相应的教育措施，等到"铁"凉了才打，将会大大增加矫正的难度。

敏感是优秀生的共同特点。教师在与他们谈话时应点到为止，不要老是盯着一件事不放。"得饶人时且饶人"，应避免伤害他们的自尊心，处理问题时，要采取灵活变通的方式。

二、中等生的教育

所谓中等生是指在一个班集体中学业成绩以及品行表现等处于中间状态的学生，即那些在品行、学习等方面既不优秀也不落后的学生。他们居于班级的中游地段，处事谨慎、腼腆、本分，品德及活动表现一般，学业成绩一般，平时不引人注目，所以也有人把这部分学生形象地叫作"灰色儿童"。在一个班级中处于中等水平的学生人数最多。在基础教育领域有一句话叫"抓两头，带中间"，可是在具体教育过程中，班主任和科任教师常常做成了"抓两头，丢中间"，忽视了对中等生的教育。不少班级的中等生抱怨："班主任向来不注意我，在班上我好像不存在似的。"

教育科学研究证明，中等生的智力一般都很正常。这部分学生表现不突出的主要原因，是缺乏明确的学习目的和正确的学习方法。这些非智力因素方面的缺陷又很容易使他们"不进则退"。中等生的心理共性是不成熟、不稳定，意志薄弱，可塑性大等。他们一方面可以通过良好的教育与指导，向优秀生靠拢；另一方面也可能沦落为后进生。可以说，中间生既是后进生的预备队，也是优秀生的后备军。如果忽视了对中等生的教育和指导，即会潜在地扩大后进生队伍；如果对他们进行有针对性的教育和指导，却可以增加优等生的人数。从这个意义上说，班主任要重视对中等生的教育工作。

（一）中等生的特征表现

1. 遵守纪律，但缺乏独立见解

大多数中等生是乖孩子，他们听话，笃信家长和老师为他们制定的各种规范，并按家长和老师的要求去做事。他们不调皮捣蛋、不惹麻烦，因此成为班风"稳定"的主导因素，是家长与老师心目中放心的孩子。这些"乖"孩子很少提出意见,很少与他人争论。他们对待问题缺乏个人见解,有些学生会盲目随大流,最终成为"问题学生"。

2. 要求进步,却怕苦畏难

一部分中等生对自己的期望很高,渴求进步,上进心和自尊心较强。但他们对自己的能力水平缺乏客观认识,往往表现出高估倾向,常对自己提出不切实际的目标,因此容易因挫折产生困惑。还有一些中等生,由于家庭生活条件较好以及家长的娇惯,意志薄弱,害怕吃苦,在文化课学习、体育锻炼、劳动等方面都存在着畏难思想,拈轻怕重,自控能力差。

3. 安心于现状,波动性大

从主观上讲,中等生有"比上不足比下有余"的思想。他们在这种思想的支配下,易于安分守己,进取心不强。他们觉得"争做优等生太吃力,居下游太丢面子,中间最安稳",从而缺乏斗志,动力不足,成绩平平。他们也有一种"知足常乐"的心态,没有勇气和决心去"冒尖"。由于学习不刻苦,上课有时分心,作业偶尔拖拉,学习时紧时松,缺乏自律,故成绩时有波动。

4. 有潜力,可塑性强

中等生在班级人数中占绝对优势,大都优点、缺点不太明显。但他们身上潜藏着许多积极的因素,诸如要求进步、羡慕品学兼优的好学生;希望得到老师的重视和信赖;有表现自己才能和智慧的愿望,想为班上出力等。他们学习态度还算端正,其智力、潜力水平与优秀生相差不大,能否上进,关键是非智力因素是否得以开发利用。现代心理学研究表明,人的智力呈正态分布,超常儿童和低能儿童各占3%,绝大多数人的智力相差无几。从这个研究结果来看,中间生的潜力较大,有待于开发,他们有广阔的发展前景,有着极强的可塑性。如果班队工作者能注意点拨激发,引导得当,则很有可能将他们转化为优秀生,甚至超过优秀生。

(二) 中等生的教育策略

1. 充分关注中等生,为其发展创造机会

如果班队工作者忽视中等生的关注和教育,就会使这一部分学生身上潜在的积极因素难以得到表现和发挥,久而久之,中等生会由于被忽视而心灰意冷,并滋生甘于平庸,满足现状,不思进取的心态。应该从抓好对中等生非智力因素的培养入手,促使他们向优秀转化,从而达到推动整个班级向前迈进的目的。要为中等生创造发展的机会。班主任要了解中等生的学习基础、个性品质和非智力因素的差异,帮助他们制定前进的措施,并注重培养他们对前途的希望与信心。中等生的内心潜藏着许多积极因素,如要求进步、乐于为班级做事、有表现自己才能和智慧的要求等,他们特别希望得到老师的重视和信赖。班队工作者可以创造机会,让中等生参与到班级管理中来。他们在履行岗位职责、为班级为同学服务的过程中,能充分表现自己发展潜能,施展才华。班主任应经常深入中等生,主动了解他们、关心他们、肯定他们,针对中等生的发展趋势,有的放矢地做工作,帮助他们

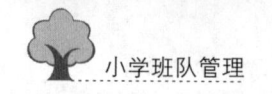

树立进步的信心。

2. 赏识教育,增加信心

哲学家威廉·詹姆士说过:"人类本质中最殷切的要求是渴望被肯定。"中等生既自尊又自卑,既渴望得到老师的表扬,也害怕受到老师的批评。教育者要善于"竖起你的大拇指",老师的"赏识"能满足他们自尊的需要,克服其自卑心理,并使其产生乐观、奋发图强、积极向上的情绪。班主任应做到合理引导中等生,针对他们的个人兴趣、爱好及其特有的才能给予肯定和鼓励。教师也要向中等生传递自己对他们的热切期待,提高中等生的自信心和各方面的能力。在适当的时间和场合,让他们成为班集体的组织带头人,使他们在学习、实践中树立信心,不断增强进取的勇气。中等生在学习中,在为班级、为同学服务的过程中表现出了好思想、好行为,要及时表扬和鼓励。如学期末,在学生手册和新年贺卡中,对中等生给予赞赏。得到班主任的肯定和同学们的信任,他们会进一步认识自己的能力和价值,从而变得更加自信,要求上进的积极性也会日益高涨。这能促进中等生不断积极进取,使他们在学习劲头、班集体荣誉感、责任感等方面发生明显变化,成为班集体的中坚力量,推动班集体不断向前发展。

3. 创设适合中等生的活动,助力他们体验成功

活动是教育学生的重要阵地。教师在活动中重视优秀生和后进生的同时,不应忽视中等生。在各种班队活动中,应给中等生创造条件,让他们在班队集体中有展示自己才能的机会。教师应经常组织多样化、分层次的小型竞赛活动,让中等生有机会参加适合自己的活动,从中发挥特长,展现自我,获得成功的体验。老师要引导全体学生积极参与,并充分调动和发挥中等生的积极性和特长。要尽量使中等生在活动中有岗位、有职责,让中等生参与活动的全过程,激发他们竞争的热情,调动他们学习上、工作上、活动上的积极性,促使他们从中锻炼才能,得到良好的发展。集体是个人成长的沃土,有意识地让中等生参与集体活动,不仅可以培养他们的能力,还能协调他们与同学的关系,有利于他们形成健康的心理品质。应利用活动课程建设,给中等生创造一些机会,让他们参与到集体活动中去,如改变过去班长主持班会的惯例,让全体学生轮流主持,为他们提供锻炼的机会,从而使中等生树立自信心,积极向上获得全面发展。

4. 多种途径促进学习

中等生学习成绩平平,原因是多方面的,但他们的智商不低,基础不弱,教师只要细心观察、耐心诱导,有针对性地以他们感兴趣的学科或学得较好的科目为切入点,教给其科学的学习方法,他们是完全可以进入优秀生行列的。

这些学生非常希望自己成为好学生,他们与优秀生的差距往往是缺乏自制力和刻苦精神,对自己的要求不严格。针对这一特点,班主任要适时向他们提出新的目标和要求。学习过程中,他们会出现一些困难,这些困难不是由于智力上的原因,主要是学习习惯和学习方法不当造成的。因此,班主任要及时关心帮助他们,防止他们学习上的脱节,产生知识的缺陷。在实际工作中,教师可以为他们开"小灶",多给他们补课,让他们与优秀生同步发展,这有利于增强他们的自尊心和上进心。另外,还可以让他们去做小老师,帮助

学习后进的同学。在此过程中,中等生一方面会感受到压力,进而化压力为动力,努力学习完善自我,以担当重任;另一方面中等生也可以从帮扶活动中体验到自身的价值,增添不断进取的力量。

5. 教师与家长联手促其成长

中等生由于自我价值得不到认可,在家庭中没有让家长引以为傲的成绩,往往得不到家长的真正理解和肯定,家长和学生间就容易产生失语性代沟。班主任要经常和中等生的家长联系,了解家教情况,及时纠偏导正,让家长多平等地和子女谈心,多进行赏识教育,让中等生能够在自主、健康、和谐的家庭环境中生活和学习,以此激发中等生创新思维和寻求自我的人生价值,进而促进中等生均衡而又有个性地发展。

三、后进生的教育

所谓后进生,指的是素质发展的某一方面或所有方面相对滞后的学生,后进生既指素质发展相对滞后的个体,也指素质发展相对滞后的群体。

需要强调的是,后进生既不是指由某些遗传或生理的因素造成的智力落后、反应迟钝、脑功能轻微失调(多动症)等儿童,也不是指已经走上犯罪道路、有"反社会行为"的"问题儿童",主要是指在教育的主导影响下形成的特殊学生。

教育界一般将后进生群体分为三大类:学业后进生、思想后进生、双后进生。"学业后进生"是指在学习方面暂时落后于其他同学的学生。"思想后进生"是指在思想上出现偏差的学生。"双后进生"即学习成绩与思想品质双重落后的学生,教育界将这种学生称之为"双差生"。

后进生群体在班级中所占比例虽小,但能量很大,如果不重点教育,不仅会导致其自身的堕落,还会影响他人的进步,甚至阻碍班级和学校工作的正常开展。从理论上讲,后进生的"后进",在一定条件下是可以补救、转化的。

有学者建议使用"潜能生"来代替"后进生"以此消除"后进生"的歧视色彩。但是在实际班队管理工作中,"后进生"一词仍然被广泛使用。

(一) 后进生的行为特征

1. 处于自尊心与自卑感交织的矛盾中

后进生常有一种破罐子破摔的心态。这其实是其自尊心没有得到尊重或者受到了挫伤,使心理失去平衡,而向相反方向发展的一种变态心理反应。起初,他们也像其他同学一样,希望得到家长和老师的尊重、信任、理解和保护,想尽快赶上前面的同学,想通过努力甩掉"后进生"的帽子。可是,他们得到的往往是家长和教师的批评、讽刺、挖苦甚至打骂,时常受到冷遇,因此逐渐与同学疏远,与教师和家长缺乏共同语言。他们的人格和自尊受到很大的伤害,产生了与教师、家长、学校的离心力,滋生对立情绪,认为"反正被人看不起,干脆就这样了"。心理需求与现实之间的矛盾,内心的痛苦与烦闷,导致他们失去前进的动力,形成自卑心态。从某种意义上说,后进生的自卑心态是他们无力改变现状、未得到他人尊重的一种结果。

2. 容易陷于敏感、多疑和对立的心理状态中

后进生由于品德和学习成绩落后,经常遭到老师的训斥、家长的责备、同学的冷落。他们一旦做错了事,往往感到内心空虚,时刻害怕自己的错误被揭露出来。老师和同学无意的一句话,有时也能引起他们内心的波澜,以为是针对自己的。他们敏感多疑,时时防备别人的歧视,容易产生对立情绪,逆反心理强。

3. 处于追求上进与意志力薄弱交织的矛盾中

后进生经常在老师和家长的帮助教育下产生一种前进的愿望,感到自己再不好好学习、改掉身上的不良行为,就对不起父母和老师的一片苦心。因此他们也常常发誓从头做起,痛改前非,做一名好学生。但是,要上进,就必须付出艰辛的努力和痛苦的抉择,这对于他们更不容易,因为要想迎头赶上别人,就要付出比别人更多的代价。他们长期以来形成松散、懒惰的坏习惯,比如上课分心、注意力不能集中、作业拖拉等,需要很大的意志力才能约束自己。他们害怕艰苦的脑力劳动,缺乏毅力,已经形成了意志薄弱的心理缺陷。发展过程中上进心与惰性这一对矛盾的交织存在,使后进生一旦遇到难以逾越的苦难,就容易打退堂鼓,丧失前进的勇气和信心,"旧病复发",表现出不良行为习性的反复。

4. 强烈的归属和爱的需要

后进生长期成长在被压抑、被歧视、被冷落的学校环境中。他们敏感多疑,在学校得到的关爱要远远少于优秀生。他们外表冷漠,装作对什么都不在乎,不在乎学习成绩,不在乎老师的评价,不在乎同学中的威信与地位。其实这些外在的表现,恰恰是他们渴望得到别人的关注而不得的扭曲反应。基于这样的心理,他们渴望得到别人的关注和关心,更希望得到老师的平等对待。只要有人在情感上接近他们,他们很容易产生信任感和依赖感。有些后进生甚至和社会上的一些闲散人员做朋友,这也是出于渴望有人关注、有人信任的心理,却使得坏人有机可乘。

(二)后进生的教育策略

后进生是每个教育工作者都特别关注的群体,以至于谈到个别教育,有些人以为就是专门针对他们开展的教育。小学班级中后进生人数虽少,但对班级的消极影响不容忽视。能否做好后进生的教育转化工作,不仅关系到学生个人成长,而且会影响到班级的发展和家庭、社会的安定。

1. 赏识教育,确立后进生也能成才的坚定信念

赏识教育是世界上最著名的教育方法之一。通常情况下,班级中总会有几个所谓的"后进生"。班主任通常会或多或少地指出他们身上的种种缺点,要求立即改正,甚至还会说出一些伤害学生自尊心的言语。实践证明,这样做的结果却不尽如人意。若引入赏识教育,则可以取得较为理想的效果。开始阶段,可以在后进生身上寻找闪光点,把闪光点作为教育的切入点,为后进生重树转变的自信心。班队工作者可以细心观察每一个学生,从后进生身上寻找优点,并利用表现好的学生作为榜样来进行熏陶。

赏识的目的是为了后进生能够在班级中重塑新的形象。要让后进生以新的形象展现在全班同学面前,班队工作者必须在班级中对他们的每一个优点,每一个进步进行公开表扬,唤起他们的荣誉感。后进生是相对的,在后进生中同样有出类拔萃的人才出现,这已经被古今中外的事实所证明。只要我们正确认识、对待后进生,教育得法、持之以恒,后进生也必将成为社会的有用人才。教育工作者的重要任务就在于能够帮助学生找到社会中属于自己的位置。

2. 练就慧眼,"诊断"后进的原因

班队工作者在实施素质教育过程中要练就一双慧眼,注重个别教育,采取个别谈话,了解后进生。用后进生身上的闪光点作为积极的手段,引导他们重拾自尊与自信,从而端正学习态度。要甄别学生的问题所在,区别对待学生的个性与特点。如对成绩优秀但纪律较差的学生,应该开门见山的批评;对那些缺点多,偶尔犯错误,但有一定自尊心的学生,应该与他们融洽感情,再由浅入深地逐步教育;对那些"抱成一团"的后进生,要个别谈话,尤其是对那些不善言谈的学生,应该采用启发式的谈话,循循诱导,让他们在思想上有所触动。

要教育好后进生,必须了解他们的心理活动。他们最大的心理障碍是自卑、孤僻,由此产生的心理需要会更多,如挨批评时需要尊重;受处分时需要宽容;处于困难时需要帮助;有苦恼时需要解脱;得到进步时需要赞扬……可以说,后进生出现的不良品德行为,很大程度上与他们得不到家长、老师、同学真正的关怀和帮助有关。因此,班主任对这些学生进行个别教育,关键是尊重后进生的人格和自尊心。教育后进生的同时也是对教育者情感和态度的考验,要充分发挥师爱的力量与价值,尽量用关爱、信任、赞许的态度去激发他们被自卑感所掩盖的潜在的自尊心,鼓励其上进的信心。案例8-7中的这名教师不仅具有慧眼且具有爱心。

【案例8-7】

我班有一名叫王明的男生,其父母均在外打工,爷爷是他在家唯一的监护人。开学一个月,据同学们反映,他上课经常迟到、上课违反课堂纪律,老师批评他,他还狡辩、顶嘴。我第一次找他谈话时,他的态度很诚恳,并保证以后改正,哪知道,没过两天,他不辞而别。我打电话找他的爷爷想询问情况,没想到,开学初他写给我的号码是空号,打不通。他返校后,我第二次找到他,和他进行思想交流、沟通,并发觉他确有悔改的愿望,并对学习还有一定的兴趣。我又把他从倒数的第二排调到前面的第一排来关照他,他也很感激。从那以后,我也观察了几天,他上课能专心听讲了,能按时完成作业了,也能严格守纪律了,当时我暗自庆幸说:"总算浪子回头了。"可是好景不长,有一天班长来向我汇报说:"王明又旷课了。"我当时不相信,暗想:"难道又去上网了?""走,去找一下。"我赶紧放下手中的备课本,急忙跑向附近的网吧,果然不出所料,在一家网吧里找到他。他当时也无颜面对我,自觉走出网吧。在回来的路上,我们师生

> 都沉默了很久。在他的心目中,他也许在想:老师一定不愿再听他那无耻的谎言和不守信用的保证。在进校大门口时,他用一种祈求的目光看着我说:"黄老师,您能不能再给我一次改正的机会?"当时,我也用一种真诚的目光看着他:"只要你能痛改前非,老师永远欢迎你!"从那以后,王明同学确实能严格遵守纪律,学习也有了进步,科任老师也都鼓励他、表扬他。接纳他们,作为班主任,对这些"留守学生"的教育与管理一定要有恒心和信心,对他们要从不言弃,永远宽容他们。
>
> (可参见,班主任如何正确对待农村"留守学生",https://max.book118.com/html/2016/1123/65006829.shtm。)

后进生有一种复杂的病态自尊心。而他们平时的表现又易使人们产生误解,认为他们似乎没有自尊心。实际上后进生不但有自尊心,而且自尊心是极其强烈的。由于他们是"双差"生,日常的行为表现往往与教师的要求、班级日常规范产生矛盾,遂导致病态的自尊心理和行为。他们往往怀着一颗冷却和被扭曲了的心理过日子,总是固执地用冷冰冰的眼光和方式看问题、想问题。他们自由散漫、目中无人、不守纪律、我行我素。他们的很多表现是对病态自尊心的自我满足,是一种幼稚和做作的自我情感享受。班主任在教育转化"后进生"时,一定要避开这种病态的心理锋芒,不伤害他们的自尊心,不侮辱他们的人格。要从真心实意建立和培养感情入手,亲近他们、关心他们、了解他们,善于发掘后进生身上潜藏的"闪光点",用自己火热的心去温暖后进生那冷却的心,使他们在充分理解和信任的基础上追求进步。

3. 以爱架起心灵沟通之桥

教师要在"后进生"的心目中树立威信,取得他们的信任,就要从感情上亲近他们,消除他们心理上的隔阂。与学生沟通的时候,要善于发现学生的情绪。学生在情绪上过于高亢激动或低迷消沉的时候,是不容易接受老师正面的批评的,即使是善意的批评,也是事倍功半。有效的沟通必须是双方情绪都稳定后才能展开。当学生情绪失控时,应当采取冷处理的办法,耐心倾听学生的诉说。后进生缺点多,毛病多,容易让人生厌,很少得到别人的关怀和温暖。在家庭和学校经常受到冷遇和歧视,也是造成他们长期"后进"的重要原因。班主任必须以真挚的感情热爱他们,关心他们,对他们不嫌弃、不歧视、不疏远,而代之以关怀、亲近、热爱。班主任只有诚心诚意对待他们,与他们沟通,他们才会信任班主任,消除对立情绪,把班主任当作朋友,和班主任说心里话。此时,他们内心的矛盾就可以通过诉说发泄出来,这样沟通的平台也就顺利搭建了。这时,他们才可能把班主任提出的要求看作对他们的帮助。所谓"亲其师,信其道",在内心深处产生感激之情,产生被信任感和被尊重感,是后进生接受教育、发生转变的良好开端。

4. 善于引导学生将优势智能领域泛化

首先,对于后进生的转化,要立足于调动他们思想内部的积极因素,启发自觉。如果只是一味指责后进生的缺点和错误,看不到其长处,不能一分为二地对待他们,教师无论讲多少道理,提多少要求,他们也会充耳不闻,无所反应,导致师生之间找不到共同语言。

班主任要有正确的学生观,相信每个学生都有闪光点。就像素质教育所要求的,"把学生的差异作为一种资源去开发出来",找出学生后进的客观原因,分清主流和支流。要发现后进生身上的积极因素,做到长善救失,发扬优点,克服缺点,激发他们的上进心。对于各种消极因素,教师要善于掌握时机,因势利导,针对不同特点因材施教,避免简单粗暴的训斥和指责。要尊重信任他们,给他们自信心和向上的勇气,诚心诚意地帮助他们看到缺点,想方设法帮助他们改正缺点,对他们的点滴成绩都要及时加以肯定。要坚持正面教育,耐心启发,诱导他们自觉同自己的错误展开斗争。

其次,还要善于发现后进生的点滴进步。在学校教育中,有些班主任的确能以爱为先导,使后进生不断进步。但有时大量的转化工作换来的却是后进生比以前还落后的结果,这是什么原因呢?这往往是由于班主任还没能科学地掌握转化后进生的标准,只采取横向对比而忽视了纵向对比。后进生的进步是点滴的,与自身相比较是有进步的,但与其他同学相比则微不足道,于是容易让人产生后进生比以前还落后的感觉。教育者必须清楚认识到,一般学生过去基础好,现在进步也快,而后进生在起点上比其他学生低,其进步与其他同学相比较,往往还是落后的,所以,班主任在转化"后进生"的工作中,不能以大多数同学的理想标准作为后进生的标准,而应该以后进生自身的发展为基准,只有这样,才能发现"后进生"的点滴进步。

最后,还要善于捕捉最佳时机。有几个最佳地转变后进生的时机:一是进入新学校或新班级的时候,后进生往往产生奋起直追的念头,但对新的环境、新的老师也会产生或担心或怀疑的矛盾心理状态,这时班主任要及时抓住闪光点,因势利导,以诚相待,借助后进生的思想积极因素,使其在新学校、新班级、新起点有新的打算,追求新目标。二是进入新学期或新学年开始时,或开学第一天,第一堂课,第一次作业,第一次活动,通过第一次同"后进生"接触的首因效应,发现闪光点,帮助他们树立信心,把决心付诸行动。三是后进生得到一次高分数或者为集体做出贡献而受到表扬时,会产生追赶先进的勇气和力量,此时班主任要及时发现这个闪光点,因势利导促进其转化。

5. 培养兴趣,提高学习成绩

后进生往往是"双差生"。他们普遍对学习不感兴趣,学习成绩差,这也是造成他们纪律差的原因之一。因此,班主任要紧紧围绕他们的学习成绩做文章,改变他们的后进状态。通过各种方式引起他们的兴趣,提高他们的求知欲望。同时对他们进行理想教育,端正他们的学习态度,明确学习目的。通过补课、课外辅导等方法,提高他们的学习成绩。还可以根据兴趣爱好组织他们参与课外学习小组和科技小组,增加他们对学习的兴趣,促使他们提高学习的积极性。学习上一旦取得进步,必然带动思想上的转变。

6. 发挥集体教育的力量,形成强大的教育优势

教育后进生仅靠班主任孤军奋战,难免顾此失彼。班主任要善于组织和发挥运用班集体的力量。除了教育全班同学,特别要号召学生干部关心、团结、帮助后进生,做到不歧视、不排斥。还可以利用"结对子"等形式组织优秀生帮助后进生,形成强大的教育优势,使后进生感受到集体的温暖,产生对班集体的归属感。同时,还要争取得到科任教师、家

庭、校外各种教育力量的支持与配合,共同研究制定对后进生的教育方案,采取一致措施,共同做好后进生的转化工作。

7. 针对不同对象,采取不同措施

后进生形成的原因十分复杂。有的因家教不当;有的因家庭生活困难;有的因受到社会上不良因素的影响;有的因教师对学生期望过高,对学生评估往往脱离真实情况;有的因教师言行不一,方法简单;有的因教师对学生亲疏有别,不能一视同仁,过分偏爱德、智、体、美全面发展的学生而忽视其他学生的情感;有的因纪律观念淡漠;有的因学习基础薄弱,等等。然而,后进生并非处处都差,时时都差,他们也有自己的长处和优点,有时也有一些进步。他们同样有成功的潜能,也同样有成功的愿望,并且能在原有基础上获得很多方面的成功。教育工作者要深入了解后进生落后的原因,在教育过程中才能有的放矢,调动后进生自身的积极因素,克服消极因素,使其产生进取的动力,并使他们的积极性向多方面扩散,这样就会起到事半功倍的效果。在满足后进生对爱的需要同时,要针对个人的具体情况,制订可行的前进目标和计划,以及落实计划的具体措施,并遵循循序渐进的原则,努力让后进生获得成功的愉悦体验。另外,班主任还要善于运用角色转换策略,改进后进生低动机、低期望的状况,增强他们的人生价值感悟和成就动机,使其树立自尊、自信等积极向上的信念,提高其学习生活中的积极性与责任感。

8. 不怕反复,耐心教育,持之以恒

后进生有动摇性的心理特征,其通病就是在前进中容易出现反复,因此后进生的教育与转变是一个长期反复的过程,不能急于求成。面对学生的反复,教师要有良好的心态,要允许学生反复,要有持之以恒的耐心。做后进生的转化工作,就要坚持抓反复,反复抓。所谓抓反复,就是要注意后进生在转化过程中进步与后退的衔接处,培养学生的自制力,帮助后进生走出意志薄弱的低谷,针对性强地把握好火候,准确预见,创设过渡条件。所谓反复抓,就是要求班主任对后进生的进步不能自我陶醉,对于后进生的旧病复发不能灰心丧气。需要做好心理准备,对后进生的教育要不怕反复,持之以恒。总之,无论是优秀生的教育还是后进生的教育,都要求我们班主任充满爱心,用爱去感染学生,用真诚去关心学生,用爱为学生的成长支撑起一片广阔的天空。

第三节 学生问题行为的甄别与教育

小学生问题行为是一种较为普遍的现象。后进生身上存在,优秀生身上同样存在,有的严重,有的轻微。在日常教育教学工作中,会随时随地都接触到学生的问题行为。

学生问题行为是指学生在品德、学习和社会适应等诸方面,经常有意表现出显著地妨碍自己或他人身心健康成长发展的行为。这些行为在个体成长过程中出现,在严重程度和持续时间上都超过了相应的年龄所允许的正常范围。这些行为问题如得不到及时纠正,任其发展,有可能导致心理缺陷甚至心理障碍,并对家庭、社会、学校造成一定危害。

在班级中,班主任老师和学生始终生活在一起,最了解学生内在的思想情感、需要和兴趣。每位老师都希望掌握一套能应付、处理一切教育问题的原则和方法,希望学生听话,喜欢学习,遵守纪律,做教师所要求做的事情。但事实上教育教学活动是复杂的,影响教育教学活动的因素是多方面的。即使是最优秀的教师,在最好的班级,教育教学管理活动也会不断出现问题。这些问题困扰着所有的教师:

一个学生总是不做作业。

一个学生总是在课堂上干扰其他学生听课。

学生不与教师合作,不完成教师要求他们完成的事情。

一个学生的行为影响其他学生的学习。

在教师讲课时,有学生讲话,甚至互相嬉戏。

……

学生的注意力在课堂上总是不集中,成绩欠佳。

学生的这些问题行为不但直接关系到班级管理目标的实现,而且会影响学生学习和人格发展,影响教师工作情绪和工作价值感。纠正学生问题行为,对学生进行品德、心理教育有着非常重要的意义。班主任必须善于有效地对学生的问题行为实施管理。

一、小学生问题行为的概念

(一) 问题行为的概念

"老师,××打我。"

"老师,我能调位置吗?我不想和××同桌。"

"老师,××扔了我的书。"

问题行为不同于犯罪行为。犯罪行为是违反法律的行为,通常需要法律制裁,问题行为常常通过教育矫正来解决。问题行为不同于变态行为。变态行为具有明显的病理症状,往往需要医疗手段来解决,问题行为远没有那么严重,至多处于变态行为发展的初期。美国心理学家林格伦给问题行为下了一个比较经典的定义:"从广义上讲,'问题行为'是一个术语,它指任何一种引起麻烦的行为(干扰学生和班级集体发挥有效的作用),或者说这种行为所产生的麻烦(表示学生或集体丧失有效的作用)。"[1]问题行为是一个教育性概念,指学生在校园中发生的违反学校、班级规则,妨碍及干扰班级正常活动的进行或影响班级中教学效率的行为。问题行为主要是针对学生的某一种需要予以控制、矫正和防范的行为而言。目前国内学者对问题行为的理解也不一样,国内还没有一个大家都认可的统一的问题行为概念界定。

---

[1] 林格伦.课堂教育心理学[M].章志光,译.昆明:云南人民出版社,1983:187.

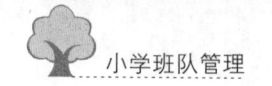

(二) 小学生问题行为的概念

小学生问题行为是小学生在成长过程中出现的不太稳定的现象。小学生的问题行为不等同于差生、后进生。差生、后进生是对学生的一种总体评价，他们往往可能有较多的问题行为，但有问题行为的学生不一定是成绩落后的学生，有时优秀学生也会发生问题行为。尤其值得强调的是，学业上的优等生也可能不同程度地存在某些问题行为，甚至有的问题行为比学业成绩差的学生还更为严重。因此我们认为：儿童问题行为是指儿童在成长过程中出现的在严重程度和持续时间上都超过了相应的年龄所允许的正常范围的异常行为。这些问题行为如得不到及时纠正，任其发展，有可能演变成心理缺陷甚至心理障碍。[①]

二、小学生问题行为的分类

小学阶段学生常见的问题行为可以分为品行性问题行为和人格性问题行为两种类型。两种问题行为都有明显的消极影响，控制它们对学生的发展都具有良好的促进作用。[②]

品行性问题行为是那些直接指向环境和他人的不良行为，比如注意力不集中、做事有头无尾；撒谎；损坏学校公物；上课时小动作多、干扰他人；起哄、无理取闹；不知危险、好伤人或自伤；不能按时交作业或作业质量较差；调皮、搞恶作剧；欺凌别人，等等。有这类问题行为的学生用破坏的方式获得成人与群体的注意。品行性问题行为是外向的攻击性反应，包括违犯学校规范、破坏课堂纪律等较为外显的行为，处于心理的表层，容易被教师发现，引起教师的关注，要求教师迅速做出反应，尽快加以控制，所以教师比较重视。品行性问题行为既影响行为者自身学习，又妨碍教师和同学，有时还会违背社会道德规范。控制这类问题行为，可以使行为者专注于学习，并逐步克服不良行为。

人格性问题行为是一种内隐性行为，如胆怯、害羞；焦虑、咬指甲；孤僻退缩、不合群；无精打采、沉默寡言；计算困难；离家出走；没有学习兴趣；神经过敏、嫉妒、憎恨所有人；自卑、自责；依赖他人，等等。有这类问题行为的学生对教师的命令绝对服从，其潜在挫折几乎是不表露出来的。有人格性问题行为的小学生常表现出依顺和服从等较为内隐的行为，避免引起他人的关心和注意，一副不存在困难和无须外界帮助的样子，对正常教学不会产生不良影响。缺乏职业敏感性的教师对具有人格性问题行为的小学生不易觉察。人格性问题行为是心理失调的反映，处于心理的深层，将会给小学生身心发展带来严重影响，如果不能及时发现，及时采取对策进行矫正控制，很有可能演变为心理问题和心理障碍。人格性问题行为，会造成行为者在人际交往和人际关系方面的严重困难。这使行为者往往不能形成良好的同学关系和师生关系，从而使教学活动的效果受到极大的损害，只是它的消极作用有时不像品行性问题行为造成的那样直接、明显、迅速而已。矫正这类问题行为，有助于行为者发展良好的人际关系，促进个体的社会化和人格的健康发展。

---

① 廖全明.小学教师心目中的学生问题行为研究[J].四川教育学院学报,2004(10):45-46.
② 廖全明.小学教师心目中的学生问题行为研究[J].四川教育学院学报,2004(10):45-46.

三、小学生问题行为产生的原因

问题行为具有普遍性,是教师经常遇到而又非常敏感的问题。如果处理不好,就会损害师生关系,破坏班级气氛,影响班级管理的效果,不利小学生的健康成长。导致学生问题行为产生的原因概括起来有三点:

(一) 小学生自身因素

来自小学生自身方面的因素,如小学生的人格特点、生理因素、挫折经历。中国台湾学者朱文雄针对学生出现的问题行为,给出如下解释[①]:

(1) 生理特质:精力过剩或身体虚弱、视听力不良。
(2) 无聊、无助:觉得学习很无聊,再努力也不会有好结果,想不出有什么事可做。
(3) 想获得注意、认可或地位:争取教师的关怀、肯定、重视和赞赏。
(4) 为解除挫折或紧张。
(5) 学业成就欠佳。
(6) 个性脾气及人际关系不佳。
(7) 平日生活习惯不良。
(8) 人格特质:情绪不稳定,缺乏自信和安全感等。

来自小学生自身的原因还有可能是学生某些需要如情绪、物质等没有得到满足;某些动机如认识事物探求真理的动机、交往动机、成就动机、劳动动机等受挫。

小学生明知某事是不应该的,但由于意志力薄弱,在外界诱因的影响下,不能战胜自己不合理的需要,使得个人欲求占优势,出现违背社会道德规范和侵犯他人或集体利益的行为。再有个体认知能力低或缺乏积极情感,对环境的适应能力差,知识、观念难以同化和顺应,个体社会化发生障碍,这也是产生问题行为的重要原因。受自身素质和成熟水平的影响,有些学生心智发展较慢,若不加以教育,就会产生更为严重的不良行为。

(二) 家庭因素

学生的生活是以家庭和学校为中心,因此,家庭环境对小学生成长至关重要,家庭教育是导致学生产生问题行为的重要原因。比如在案例 8-8 和案例 8-9 中可以发现,家庭环境及家庭教养模式会影响儿童的成长甚至造成儿童问题行为的产生。温暖、和谐的家庭环境是子女健康成长的摇篮。民主的、充满爱的家庭环境熏陶下的儿童是被安全感所环绕,较少出现问题行为。相反,充满纷争、吵闹、暴力的家庭环境是产生攻击性的"温床",儿童的心理会发生很大的变化:有的变得孤僻内向,不愿与人交流;有的变得野蛮霸道,喜欢欺负同学;有的变得忧心忡忡,学习心不在焉……

---

① 朱文雄.班级经营[M].高雄:复文出版社,1992.

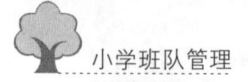

【案例8-8】

个案情况:李清(化名),男,9岁,深圳一所寄宿小学二年级学生。家庭生活背景:剖宫产出生,独生子,喝牛奶长大。父母及外公外婆均是高级知识分子。出生至5岁由外婆带大,外婆对其骄纵、溺爱。5岁时回妈妈身边至今。父亲在国外工作,很少回家。外婆和母亲的教育观念有差异和冲突。由于孩子经常在外打架,母亲说教无效,常以拳脚相加,严重时用皮带打过孩子,罚过跪,但均不奏效。学习成绩中上等,兴趣广泛,爱好绘画、棋类、桌球等,喜欢看武打动漫,最喜欢《龙珠》。

存在的问题行为:不遵守纪律,经常扰乱上课秩序,影响宿舍同学休息。经常主动寻衅、发脾气、打架、骂人等,严重时把同学打伤住院,同学关系紧张。经家长和老师屡次帮助、批评教育不见效果。

分析与诊断:资料显示问题行为与剖宫产存在着相关,该个案的出生方式是剖宫产,容易出现攻击性行为。母乳喂养可以促进孩子与母亲之间情感建立与发展,但该个案在婴幼儿期缺少与母亲的身心交流,影响他个性的发展,安全的需要没有被满足。同时未与母亲建立良好的依恋关系。家庭内部的教养方式,母亲与外婆的教育观念差异很大,母亲严厉的惩罚方式,外婆的溺爱,无形中对孩子的问题行为起到了推波助澜的作用。

(来源:胡东华."霸王龙"的转变——一例小学生行为问题的个案研究[J].中小学心理健康教育,2009(9).)

【案例8-9】

这是一个让所有科任教师头疼的一年级男孩。一入学,他就经常在上课期间跑到车棚或操场溜达,被执勤老师发现后却说自己是六年级的。小小的个头很容易就被识别出是撒谎了。在课上,教师发现他经常随意下位溜达,故意惹邻近的同学、偷拿同学的东西,故意说错话引起哄堂大笑,很少集中精力听课。在课间,他多次拔掉多媒体的连接线……几乎一切"坏事儿"他都干了。要是遇到厉害点的老师,他还因为有些害怕,对课堂影响小点。如果老师比较温和,他会搅得一节课都不能完整地上下来。所有老师第一节课就都认识了他,并且印象深得刻到骨子里,恨得牙根儿痒痒,能用的招都使了,就是不见有好的变化。才上一年级,他就成了"混世魔王",成了全校闻名的"小坏蛋"。

家庭背景:父母在他几个月大的时候就离婚了,他记忆中没见过妈妈,也不知道妈妈去哪了,这几年一直是跟着奶奶生活在一起。听奶奶说,妈妈把他扔到马路上就走了,不要他了。他虽然很想见妈妈,又怕奶奶知道了不开心,所以从没说过。爸爸又结婚了,后妈对他很好,但不跟他住在一起。爸爸经常打他。他觉得爸爸不喜欢他。

(来源:李桂茹."捣蛋"的孩子可能受了伤[J].中小学心理健康教育,2020(4).)

父母不同教育方式对小学生的行为有着不同的影响,常见的家庭教育方式有:

1. 支配型(专制型)

父母从主观意志出发,采用严厉、高压、强迫命令式的教育,不考虑孩子的心理愿望。经常的打骂、体罚,使子女容易发展为顺从、懦弱、缺乏自信自尊、孤独,或是另一极端:强烈反抗、冷酷、残暴等。这样教育方式培养的孩子容易出现学习被动、智力低下、成绩较差等情况。

2. 顺从型(溺爱型)

对小学生的一切顺从、溺爱,百依百顺。子女常表现为任性、自私、骄傲、情绪不稳定、无责任感等。

3. 限制型(保护型)

这种教育方式中一切劳动由家长包办代替,孩子的活动被过分限制,一心读书,闭门不出。小学生性格表现为盲从、脆弱,依赖性很强,独立性差,缺乏创造性和想象力,社会适应能力较差。

4. 放任型(自流型)

小学生在这种教养方式中被放任自流,缺乏教育和关心,性格内向,孤僻,对人冷淡,情绪消沉,兴趣狭窄,缺乏理想和追求。

5. 不协调型

家庭中教育者的教育态度缺乏一致性、连续性,随心所欲,家长以自身情绪转移教育方式。家庭内部缺乏稳定感,孩子情绪不稳定,容易恐惧、焦虑、急躁、多疑、自卑,容易发展成不良行为和变态心理。

6. 虐待型

罕见于少数特殊家庭中。对孩子视为仇敌,打骂虐待,孩子胆小、脆弱、自卑,心理缺陷或心理障碍发生率很高。

7. 民主型(教导型)

这是最理想的家庭教养方式。家长常常有较好的心理品质和文化修养,对子女长期耐心教导,以身作则,启发说理,督促检查。这种家庭教育方式下成长的小学生常常具有很好的心理品质,健全的人格,独立性、创造性、社会适应性良好。个体化和社会化协调发展平衡。

(三) 学校因素

学校生活和学校教育中的不良因素是产生心理问题的直接原因。

1. 班级环境

班级中过于偏重学生的学业成绩,忽视对学生的心理教育,这在很大程度上导致学生问题行为的产生。由于儿童易塑性特点,班风学风对小学生的成长尤为重要。

2. 教师的总体素质不高

造成小学生出现问题行为的原因还有来自教师方面的原因,如教师的管理方式、教学技能、教师威信等。有些教师素质不高,不懂得如何处理有问题行为的学生,把问题行为的学生视为班级的"害虫",没有从思想和心理方面教导学生,而是采取辱骂、变相体罚的方式进行教育。这样的教育方式,不仅没有达到教育学生的效果,反而还会加剧学生问题行为的产生、发展。

在案例中这个一年级的小男孩之所以会出现那些"捣蛋行为",与他的家庭环境有很大的关系。他是那么需要被"看到",被关心、被呵护!他用问题行为这种极端的方式来吸引老师的注意。可他的问题行为被老师们错误地解读,教师感受到的似乎只有"讨厌","想要远离"他,甚至"放弃"他。他确实被关注到了,但结果却离他的真实需要越来越远。每个问题行为都有它产生的原因,教师要用系统的观点从整体上看待一个学生,全面分析小学生出现问题行为的原因,正确解读学生的问题行为,满怀爱心并且耐心地对待问题学生,相信他们会朝着教师所期待的方向去转变。

(四)社会因素

现代社会,大众传媒是导致小学生出现问题行为的社会环境之一。暴力充斥着传媒网络。如果家长不能及时监控孩子看电视、打游戏以及上网的内容,将会导致儿童的价值观偏离。小学生的模仿能力很强,很容易模仿暴力行为,问题行为自然而然就发生了。

社会不良风气的影响是学生问题行为的诱发因素。中小学生处在心理、生理机制不成熟的发展阶段,很容易沾染社会的不良习气,如吸烟、喝酒等。

四、小学生问题行为的矫正与干预方法

教师应对小学生的问题行为实施管理,依据认知规律和心理发展规律进行教学和管理,从专业思维和视角做出最科学、最有利于学生发展的决策。通过观察小学生的问题行为,弄明白学生的问题行为产生的原因,针对具体的个案应该怎么做,如何接纳他,理解他,关注他,用他能接受的方式去关心帮助和引导他。在此基础上,采用相应的策略遏制或消除学生的不良行为,促进学生身心的健康发展。

(一)客观分析,正确认识问题行为

当问题行为发生时,小学生经常因刻板印象得不到耐心的倾听,却受到惩罚,导致小学生仇视班级同学和老师,严重影响了其人际交往以及正常的同伴关系,不利于其健康心理的形成。在学校范围内可以为这些所谓"问题学生"提供相对安全的心理环境,保护他们的心灵少受伤害,逐步帮他们建立和谐的群体关系,促进其行为的转变,这也能在一定程度上改善他们的学习态度。由于过多地比较,而忘记去倾听、关注孩子,教师和家长往往只注重其行为的结果,不探寻问题产生的原因。罗森塔尔效应揭示:对学生的积极关注和期待会激发他们的潜力,让他们成为教师和父母希望他们成为的那个人,正如案例8-10中所描述的。而胡乱地对学生贴上的标签,戴着有色眼镜看人,也会让他们自认为就是那样的人,而不愿做出改变,因为他们无论怎样努力也无法改变外界对他们的评价。

【案例 8-10】

小何是班里有名的淘气包,每天都有学生反映他的问题,其实也无非是上课爱说话、下课爱折腾之类的小事,倒没什么严重错误。虽然我不止一次地对他动之以情、晓之以理,但效果甚微。

中午小饭桌时间,全班同学都在抓紧时间布置优秀语文小报展板和教室文化墙,有的忙着涂小鸟(文化墙的一种装饰画),有的忙着张贴同学们写的精美的语文小报……只有小何到处添乱,摸摸这个同学的水彩笔,动动那张刚贴上去的语文小报,所到之处令人怨声载道。在犯了众怒之后,他又蹭到我面前:"老师,今天有什么作业?""你看全班都忙成什么样子了,你就只想着自己的作业,眼中有没有班集体啊?我看你早晚要变成作业控!"我不耐烦地回答他。

说着说着,我突然意识到,这可能就是我对小何教育不成功的症结所在。一直以来,我的眼里只有小何的缺点而忽略了他的优点。其实,他每次都能按时完成作业,并且错误较少,改错也总是最快最积极的。因为办事利索,他的时间常常绰绰有余,却不知用来干什么,只好找人说话或折腾点什么事了。

想到这里,我知道该怎么办了:"来,小何,老师给你布置个任务。你把同学们涂好色的小鸟沿整体轮廓裁下来,裁完之后再把小鸟粘贴到我们的文化墙上去。你做事麻利,心灵手巧,不干则已,一干肯定会一鸣惊人的!"还未干活就先听到我的夸奖,小何一扫刚才挨批评的不开心,乐滋滋地干活去了。在往墙上贴小鸟时,为了让小鸟呈现出飞翔的姿态,他又是粘又是折的,费尽心思,忙得不亦乐乎。

看着小何专注地为班级做事的样子,我仿佛看到了一扇教育之门正在我的面前缓缓开启。"让淘气孩子有事干",帮助他们把精力用到正确的地方,正是一把打开这扇门的金钥匙。

(来源:徐筠.让淘气的孩子有事干班主任[J].班主任,2014(12).)

(二) 先入为主,事先预防问题行为

教师应在班级管理中建立和谐的师生关系,向小学生明确具体的行为标准,创设公平民主的班级环境,强化良好行为,以良好行为控制问题行为,让学生不断获得克服问题行为后的成功体验。

(三) 教师与小学生之间的协商策略

对于那些违规行为屡禁不止的学生,教师通常需要对他们进行个别辅导,手把手地教会他们如何遵守课堂纪律。通过协商,这部分学生会积极表达出他们努力配合的态度。协商的方法往往用在两方面,一是用于教师、学生双方会谈;二是用于教师、家长、学生三方会谈。

师生会谈过程是一个协调过程,包括留出时间来单独见学生,通过协商的形式来解决分歧。这个过程比较费时,因此最好是针对那些行为不当、上课从不听课的学生。要使此方法发挥作用,教师必须把学生的不当行为看作师生双方的问题,聆听学生的心声,体现出一定程度的灵活性。师生会谈的主要目的是找到双方都满意的解决方案。教师应持有

的最基本的信念是学生的意见、想法和思想是非常重要的,应仔细聆听学生的想法,重视学生的意见。师生共同协商形成解决办法,师生双方达成一致,可以整理成书面协议,确立双方的责任,按照达成的协议履行自己的责任。

教师、家长、学生三方会谈,就是三方共同努力找到明确、具体可行的目标及协商如何达成目标。目标必须具体和可能达成,会谈时学生最好在场。参与会谈的人都应该积极地去解决问题,会谈时需要强调,教师想帮助学生,让学生走向成功,不要责备学生或者家长。明确问题是由于学生没有努力造成的。例如告诉家长,作为教师,知道孩子在课堂上是有能力表现好的,只是他自己不愿意努力。制定一个可监测的,在短期内可达成的具体的目标,如果让孩子完成一个他无法达成的目标,事情只会变得更糟糕。比如约定学生能按时上课,或在未来两周内至少可以完成80%的作业。教师、家长、学生会谈时,明确达成目标和达不成目标的后果,家长和学生共同明确后果,并且确定如何承担。

(四)鼓励正确的社会交往技能,养成良好行为习惯

有些小学生的问题行为是由于缺乏正确的社会交往技能,自控能力差。那些长期存在问题行为的学生往往有一些习惯性行为,而这些习惯性行为在学校的环境下往往是不合适的,在孩子的家庭生活中通常也不会得到强化。比如,一些爱打架的学生,他们就需要特定的帮助,学会正确的沟通,有效地控制自己的行为。当教师给予学生信任,相信他们能够改变,并对他们的社会交往方面进行指导,这些学生会表现得非常好。当然教师要给予这些孩子一个成长的空间,帮助孩子学会正确的人际交往技能,增强自控力,使孩子学会在动手之前如何使用语言来表达并控制自己的情绪。教师训练学生学会自问自答,开展头脑风暴法,展示或教给学生一些策略来应对问题情境。比如教师可以通过这样的自问自答方法训练学生对坏情绪进行疏导:"他们说了什么惹怒了你,引起了你的坏情绪?"教师引导学生学会客观冷静地回答这个问题。接下来针对低、中、高不同年级的学生,教师引导学生进行第二步自问自答的训练方法:"他们是想让你开心,还是要惹你伤心?""他们企图让你觉得自己很弱呢,还是很强呢?""当别人做这些事情时,是想赋予你权利呢,还是想剥夺你的权利?"学生经过思考,来找到解决他所面临的困难的方法。

(五)帮助学生学会明确表明立场

培养训练学生在问题情境时表明立场,转变认知,控制行为。这样可以避免一些矛盾、误会甚至纷争。如一个学生面对一些非理性的情境,要果断走开,并同时明确表态:"我不喜欢你这样,请立即停止。"

(六)代币强化法

对于那些问题行为的学生,不仅要教育他们如何正确行事,还要给他们一些奖励,比如特权或其他奖励形式。这会让学生为了获得奖励而去做正确的事。每日评分卡,可以配合协商策略使用,也可以单独使用。在每天安排的上课时间和不同科目下列出相关项目,如出勤情况、同学间的合作、课堂作业、家庭作业、同学间的交流等,以此对学生进行评价。评价与一定的分数相关,分数可以累积。统计完分数后,给予学生积极的或者消极的

行为反馈。这种方法使用的初期,可以是教师主导评分,随着学生问题行为的减少,可以让学生给自己评分,当教师的打分和学生的打分相对一致的时候,让学生自评。使用这种方法,可以帮助学生内化已经养成的良好行为。

拓展资料

代币管理单[①]

年　月　日至　月　日　　　　　　　　　　　　　　　　第　周

姓名	星期	加分项目(正性行为)及分值								加分总分	扣分项目(负性行为)及分值(分值/次/项目)					扣分次数及总分
		起床 2	整理床铺 3	吃饭 3	站队 3	冲凉 3	值日 3	就寝 3	团体活动 5	有礼貌 5		打架 3	骂人 3	影响上课 3	影响作息 3	寻衅 10	发脾气 3	
	一																	
	二																	
	三																	
	四																	
	五																	
	六																	
	日																	
合计																		
总计	加分总分－扣分总分＝(　　)分																
附加分	如果一周内扣分项目减少到5次以内,可以加100分																
后援强化物	1. 一周内总分累积到100分时,班主任在全班表扬一次,并发给进步奖。 2. 一周内总计分数达到120分时,可以换取指定的与分数对应的奖品。 3. 一周内总计分数达到160分时,换取额外自由支配时间30分钟,但不能干扰别人和违反纪律。 4. 一周内总计分数达到180分时,可以换取学生奖品中的任一指定奖品。																
备注	1. 把此表贴在孩子的床头,要求孩子自我管理。家长和老师监督实施。 2. 加分用笑脸代替,减分用哭脸代替。脸谱可自行剪裁、制作。每个脸谱代表1分。 3. 根据实际情况做相应分析调整。																

[①] 胡东华."霸王龙"的转变——一例小学生行为问题的个案研究[J].中小学心理健康教育,2009(9).

（七）建立班级约定，用爱唤起学生集体荣誉感

针对小学生问题行为的干预与矫正，需要教师集民主与权威于一身，需要科学的理性、智慧的艺术，温暖关心学生，该严厉时严厉，能够及时应对违纪行为，坚持一致性，尽可能保持公平。在实践与反思中调整关爱的方法与策略，在研究与提升中完善教育行为，才能智慧地引领学生走向"明亮的地方"。教师可以通过建立班级约定，通过集体的力量来帮助有问题行为的学生的改变。

课后思考题

1. 个别教育与集体教育的辩证关系。
2. 试析小学班队建设中个别教育的作用与形式。
3. 如何针对不同类型学生展开个别教育？
4. 举例说明小学生常见问题行为有哪些？如何有效实施教育？

第九章
小学班队教育力量的协调与管理

学习目标

1. 理解科任教师在班队管理中的作用。
2. 掌握班主任与科任教师沟通的策略。
3. 掌握班主任和学校各部门及少先队关系协调的要义。
4. 了解家校合作中存在的问题。
5. 掌握生命教育的原则、内容及实施途径。
6. 掌握并合理运用家校合作的方式。

第一节 班主任和校内教育力量的协调

一、班主任和科任教师的沟通

班主任通常是由学校任命,全面负责一个班级的教育和管理工作,对学生的思想、学习、健康、生活等进行全方位指导的教师。班主任是班队管理的第一责任人,也可以说是一个班级保持强劲生命力的核心和关键人物。马卡连柯认为:"如果有五个能力较弱的教师团结在一个集体里,受着一种思想、一种原则、一种作风的鼓舞,能齐心一致地工作,那就是比十个各随己愿地单独行动的优良教师要好得多。"这段话充分表明,班队管理工作要取得良好成效,除了班主任的认真负责、严格管理外,还离不开科任教师的主动参与和积极配合。

(一)科任教师在班队管理中的作用

1. 通过科任教师可以全面了解和研究学生

做好班级管理工作的前提条件是深入了解学生、研究学生。只有全面深入地了解学生,掌握他们的思想动态、性格特点、爱好特长等,才能在班级管理过程中有的放矢。教学工作是学校的中心工作,在学校的各项工作中占用的时间最长,所以,班主任与科任教师互动是了解、研究学生的基本途径。通过与科任教师沟通,班主任可以了解学生学习目标是否明确,学习动力是否强劲,是否遵守课堂纪律,学习中是否遇到困难,作业是否按时完成,等等。班主任可以根据了解到的情况对学生进行教育,帮助学生更好地完成学习任务。

2. 形成教育合力,实现教育互补

马卡连柯认为:"应该有这样的教师集体:有共同的见解,有共同的信念,彼此间相互帮助,彼此间没有猜忌,不追求学生对个人的爱戴。只有这样的集体,才能够教育儿童。"马卡连柯的话表明,在班级管理中,良好的教育成效是班主任与科任教师共同发挥教育合力的结果。如果两者目标一致,步调统一,就会形成较强的教育合力;如果两者各自为政,相互拆台,就会削弱甚至消解一定的教育合力。

目前,在小学教育中存在一种偏见:"教书"是科任教师的事,"育人"是班主任的事。两者之所以无法形成教育合力,其根源有二:一是个人层面的原因,二是学校层面的原因。就个人层面而言,有的教师对班主任与科任教师合作育人的意义认识不到位,有的教师则仅仅把合作局限在教学方面。由于缺乏合作意识,合作效果当然大打折扣。在小学教育本科专业课程设置中,虽然大多数院校普遍开设了班级管理课程,但在授课过程中仍然存在着片面强调理论知识而忽视实际应用的问题。专业知识结构的失衡导致教师在合作育人上心有余而力不足。教师工作压力过大,对与提高教学成绩无关的合作育人则不甚关心。工作、班级、学生、家长、舆论等诸多因素容易导致科任教师心理失衡,从而影响合作育人成效。就学校层面而言,一方面在于学校通常缺少促进班主任与科任教师合作育人的长效机制,另一方面的原因则在于科任教师(有时是另一个班级的班主任)与班主任之间可能存在班级成绩排名的竞争。为了消除上述偏见,师资培养单位、教师工作单位、班主任、科任教师等利益相关主体需要通力合作,共同制定推进班主任与科任教师合作育人的新模式、新方法,为实现合作育人的目标不懈努力。

3. 细化班级管理分工,分担班主任工作压力

目前,我国约有 400 万中小学班主任,从开始实施绩效工资的 2009 年起,许多学校出现了班主任荒。这一问题产生的原因主要是班主任工作负担太重,其压力主要来自学校对班主任事务要求过细、学校职能部门摊派任务过多、学生家长施加压力过重、家庭生活压力过高等方面。北京教育科学研究院的一项调查表明:83.1% 的班主任认为班级管理任务重,81.5% 的班主任认为工作量大。① 无论是直接经验还是调查研究均表明,班主任工作时间长、工作任务重、工作压力大已成为当今社会普遍现象。科任教师在育人目标引领下,与班主任共同形成班级管理完整体系,对于实现班级的有效管理,减轻班主任工作压力,具有重要意义。

《中国教育改革和发展纲要》(1993)、《中华人民共和国教师法》(1993)、《中共中央关于进一步加强和改进学校德育工作的若干意见》(1994)、《中学德育大纲》(1995)、《中小学

---

① 冯建军.论专职班主任及其制度保障[J].班主任,2016(07):5-10.

教师职业道德规范》(1997)等法律法规均对科任教师参与班级管理提出了明确要求。上述文件在表述育人主题的内容时,在提法上有两个显著变化:一是育人主体由部分变为全体,即育人主体变为全体员工;二是由笼统变为明确,即育人主体由笼而统之的教师变为任课教师。① 可见,充分调动科任教师的工作积极性与责任感,充分发挥广大科任教师在班级管理中的重要作用,不仅是现实的呼唤,也是法律法规的要求。

4. 结合学科特点,进行思想品德教育

在小学各科教学中,根据学科特点,结合教材内容,通过潜移默化的方式向学生进行思想品德教育,具有十分重要的意义。具体而言,科任教师可以通过以下方式推进思想品德教育:第一,深挖教材中的教育因素。小学各科教材中蕴含大量的教育因素,科任教师应在充分钻研、吃透教材的前提下,结合低年级学生的年龄特征,进一步挖掘教材中有意义有目的的因素,提高小学生的思想认识。例如,在学习"两位数加减两位数"的部分,课本上有人们排队上下车的图片。在教学过程中,科任教师不仅可以向学生讲解知识,也可以通过图片所示内容引导学生主动遵守交通规则和遵守社会秩序。第二,针对小学生心理特点,渗透德育。对小学生而言,较之抽象思维,形象思维占据绝对地位。针对小学生心理特点,在进行教学时,可以多选用形象生动的题材对学生进行教育。第三,发挥榜样的示范引领作用。加里宁认为:教师每天仿佛蹲在镜子里,外面有几百双锐利的、赋予敏感的、善于窥视教师优点和缺点的孩子的眼睛,在不断地盯着他。小学生模仿能力较强,科任教师的言传身教可以为学生树立学习榜样。

(二) 班主任和科任教师沟通协调的策略

1. 积极推进班级管理主体多元化改革

在班级管理中,毫无疑问,班主任是班集体建设管理团队的"领头羊",是班级管理的主要负责人。此外,也要明确科任教师在班级管理中的次要责任。这需要学校从制度上、财政上给予充分的支持与保障。一些学校在班级管理主体的多元化改革中进行了有益尝试,如河南南阳市第三十一小学实施 AB 角班主任制,同一个班级设置两位班主任;班级管理主体的多元化有利于班主任与科任教师之间形成教育合力,共同发挥示范引领作用。

2. 厘清班主任与科任教师的权责边界

与此同时,也有必要厘清科任教师在班级管理中的权责边界。班级管理的权责边界是指班主任和科任教师在各自的管辖范围内从事班级管理和教育教学工作。能否做到这一点,关乎班级管理团队能否协调发展。班主任与科任教师权责边界的厘清有利于确保班主任与科任教师管理有责、管理负责和管理尽责。

3. 树立科任教师教育威信

对于小学生而言,教师特别是班主任通常拥有至高无上的教育威信。所谓教育威信,

---

① 沈宇红. 中学任课教师参与班级德育管理的现状分析和对策研究[D]. 华中师范大学硕士学位论文,2006.

从广义上说,是指教育行业特别是整体的学校教育在社会生活中的道德信誉。从狭义上说,指教师在职业活动中建立起来的众所共仰的道德声望。[1] 对于教师而言,拥有崇高的威信是保证良好效果、构建良性师生关系的重要因素。对于小学生来说,班主任通常拥有足够的教育威信,而科任教师,特别是副科教师则面临着教育威信缺失的窘境。例如,凡是班主任的课,大多数学生上课时会认真听讲,下课后会认真完成作业,而对于科任老师的课,部分学生则会得过且过,敷衍塞责。在面对班主任和科任教师时,学生之所以会采用两种截然不同的态度,其原因大致有两个:一是班主任和科任教师的权力大小不同,二是学生对科任教师缺乏充分的了解。对于科任教师而言,不断提高专业素质、提升专业能力和形成个性化的授课风格,是树立教育权威的保证。与此同时,作为班主任可以在课堂内外,利用多种手段,向同学们展示科任教师的良好形象和过硬的专业素质,以帮助科任教师树立和维护教育权威(参见案例9-1)。

【案例9-1】

李老师今年刚从大学毕业,她毕业后来到我们镇第一中心小学担任音乐老师。由于是新进教师,再加上性格比较腼腆,所以在她的课堂上有的同学聊天,有的同学睡觉,还有的同学光明正大地看故事书。发现类似的问题后,我第一时间找李老师谈话,在充分肯定她的教学成绩的同时,建议她多和同学们交流沟通,以建立良好的教育权威。与此同时,在尊师重教主题班会上,我向同学们郑重地介绍了李老师在大学期间获得的各种荣誉称号和取得的骄人成绩,并特别强调了她在市级音乐大赛中取得一等奖的事情。在这个过程中,我留意到很多同学的眼睛里流露出崇敬的目光。从此,音乐课上违反课堂纪律的问题大大减少,同学们学习音乐的兴趣也大大提升。

4. 完善班级管理制度

目前,我国大多数小学主要采用班主任负责制的班级管理模式。所谓班主任负责制的班级管理模式,是指班主任作为班级管理的直接实施者,在班级管理中享有至高无上的权力,并承担班级管理的主要责任。在一般情况下,学校赋予班主任的权力主要有:① 组织教育、管理班级的权力;② 对学生进行思想品德教育的权力;③ 对学生品行进行评价的权力;④ 对学生学习、生活、积累等方面进行指导、监督的权力;⑤ 对学生获奖和处分进行初步确定的权力;⑥ 对班集体重大问题的决策权力;⑦ 与学生家庭和社会有关方面取得联系,做好校内外配合、沟通和协调工作的权力。[2]

这种班级管理模式的最大优点在于避免了多头管理和明确了责任主体,但其弊端也显而易见:班主任个人精力有限,难以对所有学生进行监管;强化了班主任的"家长"地位,弱化了科任教师参与班级管理的意识;班主任"家长制"弱化了科任教师之间的沟通交流。针对班主任负责制的弊端,有的学校虽然将科任教师参与班级管理写进了校规,但对科任

---

[1] 冯思源. 教师威信的伦理研究[D]. 沈阳师范大学硕士学位论文,2011.
[2] 鲁春华. 班主任权力失范研究[D]. 东北师范大学硕士学位论文,2007.

教师参与班级管理的权力边界又没有清晰的界定,这就导致科任教师陷入要管而又不知道管什么的尴尬境地。

5. 建立具体有效的激励制度

有的学校虽然明确了科任教师参与班级管理的权力边界,但缺乏相应的激励措施。教育部、财政部、国家劳动总局在 1979 年 11 月联合发布了《关于普通中学和小学班主任津贴试行办法(草案)》,明文规定要根据学校布点、校舍条件、班级人数、工作量大小等按月向班主任发放津贴,而关于科任教师参与班级管理发放补贴的政策文件则基本没有。不但国家层面很少发布关于科任教师参与班级管理发放津贴的政策文件,地方政府或学校也很少发布类似的政策文件,从拓展资料中可以发现,科任教师的工作成绩(上课数量、统考会考成绩、获奖情况、发表论文)在评分标准中占据绝对的主导地位,而科任教师参与班级管理及相关分数的给定则只字未提。① 可见,出台法律法规和建立规章制度,构建完善的激励制度,是激发科任教师积极主动参与班级管理事务的重要举措。

拓展资料

×中心小学教师工作考核量化办法

推行教师量化考核是深化教师人事管理制度改革的一项重要举措,有利于促进学校管理的民主化、科学化,有利于激发教师的工作积极性,形成有效的激励机制。为进一步全面客观评估每一位教师履行岗位职责的情况,在学校内部营造一个"激励先进、优胜劣汰"的工作氛围,特制定本《×中心小学教师工作考核量化办法》(以下简称《本办法》)。

一、工作纪律(权数 8 分)

学校设置考勤登记表,由值日教师或值班行政人员负责考勤登记并及时汇总封存。

1. 有下列情况者分别给予扣分

(1) 病假:全学期累计请假 3 天以内不扣分,请假 3 天以上每增加 1 天扣 0.3 分;

(2) 事假(不包括国家规定的婚、丧、产假及单位公假):全学期累计请 1 天以内不扣分,1 天以上每增加 1 天扣 0.5 分;

(3) 空岗、旷课每节扣 1 分,旷班每天扣 5 分;

(4) 迟到、早退、私自调课、溜堂每节课扣 0.3 分;

(5) 学校会议、学校升降旗仪式、学校组织的集体活动及各级会议、教研活动,应参加的教师每缺 1 次扣 1 分,安排的发言每少一次扣 1 分;

2. 凡连续请病、事假达到一定天数者,按《采料办事处教职工考勤制度》执行;

3. 全学期出勤满的教师可奖励 0.5 分。

---

① 可参见,科任教师工作量化考核实施办法和月考核细则,https://wenku.baidu.com/view/7844536227d3240c8447ef3c.html。

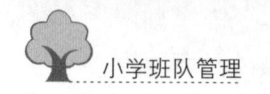

个人自费函授学习、考试(与教育无关的学习、考级除外)应持相关证件,可算公假;除公假外,只要请假,即不予全勤奖励。

二、教学常规(权数 20 分)

每学期对教师的教学计划、教学总结、教案、作业布置与批改、听课记录、理论学习、读书笔记、单元测试、期中期末考查与质量分析等方面按照教学常规管理要求进行不定期检查。

三、工作量(12 分)

1. 工作量加分

(1) 各校根据实际情况对教师任课适当给分。

(2) 对教师除任课外的其他分管学校工作,适当给分。

2. 班级人数:各校以自己学校实际定基数,每增加 1 人或少 1 人可适当增减分。

3. 最高工作量:教师最高工作量(包括包班教师)不能超过 12 分(代课的学校校长、代考试学科的主任标最高工作量)。

四、班主任工作(根据班级管理情况加分 权数 1—3 分)

1. 各校制定班级管理评比细则,并按细则进行检查评比量化;

2. 学校可根据每学期班级每月得分计算班级排名,按 3∶4∶3 的比例给班主任分别加 3 分、2 分、1 分。

五、获奖加分(最高得分 7 分)

1. 教师参加教育主管部门组织的教学技能素质竞赛、课堂教学竞赛,获处级一等奖者得 0.5 分;获区级一、二等奖者分别得 2、1 分;获市级一、二、三等奖者分别得 4、2、1 分;获省级及以上一、三等奖者分别得 5、4、2 分,逐级选送只计算最高级别一次。

2. 开全市、区、处级研究、示范课,如开课质量较高,按一等奖计;如质量仅达到良好,按相应级别二等奖计算得分(每人一堂课、帮扶课、骨干教师课、迎检课除外)。

3. 指导学生学科竞赛

团体处一等奖加 1 分,区一、二等奖加 2、1 分,市一、二、三等奖加 3、2、1 分;如无团体奖,设个人奖,则获处级一等奖指导老师每人次分别得 0.3 分;获区级一等奖指导老师分别得 0.6、0.3 分;获市级一二、三等奖指导老师分别得 1、0.6、0.3 分;省级一、二、三等奖指导老师分别得 2、1、0.6 分。逐级选送只计算最高级别一次,多人指导共同摊分,但每人次的加分之和不能超过团体二等奖得分。由学校选送入围并获奖者,(班科任中的同科目老师,可取指导教师得分的 20% 计入自己得分)。

4. 制作、演讲类

辅导学生获处级一等奖加 0.2 分;获区级一、二等奖加 0.5、0.3 分;市级一、二、三等奖加 1、0.5、0.3 分;省级一、二、三等奖加 2、1、0.5 分。文章发表处级一篇 0.1 分;市、区级发表一篇 0.3 分;省级 0.5 分;国家级 1 分(必须是正式刊物,增发刊不算)。

5. 教科研论文

(1) 论文:(正规教育主管部门)获区级一、二等奖者分别得 1、0.5 分;获市级一、二、三等奖者分别得 1.5、1、0.5 分;获省级一、二、三等奖者分别得 3、1.5、1 分;国家级一、

二、三等奖者分别得4、3、1.5分;正式发表的按相应级别一等奖计(不少于1500字)。逐级选送只计算最高级别一次。教师的课件制作、教具制作按同级别论文低一档计。

(2)课题立项:区级课题立项奖励主要负责人1.5分,成员0.5分(前1人,当学期);课题结项奖励主要负责人2分,成员1分(前1人,当学期)。

6. 区级运动会按团体名次一、二、三名分别给总教练加4、3、2分,四、五、六名加1分;区艺术节团体一等奖分别给辅导教师各加4分(第一名),3分;二等奖2分。

7. 其他不确定时间不确定级别的比赛、辅导根据获奖名次、发证机关而定。

以上各项每学期每师最高不能超过7分。

六、教学质量(权数50分)

1. 统一考试的学科,以中心小学或自己学校组织的排名为准,其计算公式:

所带考试及格率与优秀率之和的平均÷全处同学科最高及格率与优秀率之和的平均×50为任课教师的得分,如果最高一名的平均和第二名的平均差距超过8个点,可能采取把第二名作为全处最高平均的办法计算,这样第一、二名的教学质量得分都为50分。

带考试科目、一班多科或一科多班,及格率和优秀率都取平均值计算。

2. 专职考查科目教学质量积分

各校可根据学校自己组织的考查成绩,按全校教师平均积分划档计分。

3. 如果统一考试中对个别学科有特殊要求的,按相关规定执行(如区抽测、统考等)。

4. 进步奖励分

语文、数学、英语学科保持全处前三名奖励2、1、1分,与上学期相比,每提高一个名次奖励0.5分,退后一个名次倒扣0.5分,最高奖励或倒扣不超过3分。

七、师德表现(采取倒扣分方式)

对全体教师在本学期有下列情况之一者,师德得分在总积分中倒扣1—5分:

1. 有明显体罚或变相体罚学生造成一定后果的;

2. 在学校造谣生事,不能团结同志者;

3. 违法乱纪,在学校和社会有不文明行为损坏师德形象的;

4. 违反学校规章制度,经教育不改的;

5. 因工作不力,给学校工作造成被动和一定影响的。

对响应上级号召,积极帮扶贫困生等有意义的社会活动者和受到社会人士来信表扬确有其事者,当学期可奖励1分。

八、奖惩办法

1. 量化

学期末各校可根据此办法为指导(可以就细小的不适合本校实际的地方做小的变动,但每一大块的总得分和办法的总分不能变),计算出每位教师的量化积分并计入教学档案。

2. 学校奖惩

量化积分作为聘任、评优、晋级、发放教师绩效奖励的主要依据;连续一学年或两学期量化考核得分在本校最后2名者给予批评或考虑转岗、异地交流。

九、附则

1.《本办法》中有的实行按月份考评登记,学期累计结算,兑现奖惩。

2.《本办法》的解释权归中心小学。

3. 本办法教代会通过后执行。

二、班主任和学校各部门的沟通

作为班级的组织者、管理者和领导者,班主任肩负着管理班级、教育学生的重要使命。与此同时,班主任还需要与学校各部门进行及时、有效地沟通,以便统一思想、统一认识、统一要求、统一行动,形成班主任与学校各部门对班级的教育合力。

(一)班主任与学校领导及其职能部门的沟通

作为学校的组织和管理机构,学校领导及其职能部门肩负着贯彻党和国家教育方针、调配学校资源、完成学校工作目标的任务。班主任在与学校领导及其职能部门沟通的过程中,需要做到以下几点:

1. 坚决服从学校领导及其职能部门的工作安排

班主任是学校的基层工作者,教育与管理学生的任务最终要落到班主任的肩上。作为学校大量工作的具体落实者和最终执行者,班主任必须具备全校一盘棋的意识,坚决服从学校领导及其职能部门的工作安排。具体而言,班主任需要根据学校整体工作目标做好以下几件事情:第一,抓好本班学生的思想品德教育;第二,督促教育学生掌握科学文化基础知识;第三,关心学生身体健康;第四,关心学生课余生活;第五,指导少先队、共青团工作;第六,做好班级日常管理工作;第七,做好家长工作。在工作中,班主任要积极领会学校领导及其职能部门发布的文件精神,并充分发挥自己的主观能动性和创造性,使自己的工作更加富有成效。

2. 积极寻求学校领导及其职能部门的支持

优秀班主任的成长离不开学校组织的支持。班主任要达到教育家的水平,更离不开学校组织的支持。班主任向学校组织寻求的支持包括两类:一类是学校组织提供的管理支持。北京市十一学校校长李希贵在任期内通过实施职务聘任制、实行"学校工作周报"、制定见习班主任制度、开办"学术月"活动和设立学术委员会等一系列措施,打通了班主任的晋升通道,减少了不必要的"文山会海",为班长任专业成长与发展提供了有利的制度环境;清华大学附属小学校长窦桂梅在任期间坚持以事定岗、以岗定薪、优劳优酬、兼顾公平原则,实现了良性人事运行管理;在培养新教师方面,清华附小制定了"老带新"制度,实行每周一次"全天候"的蹲班听课制度。窦桂梅校长通过改革学校管理体制创设了良好的育人环境,这充分调动了班主任工作的积极性和能动性,大大激发了班主任工作的热情和内在动力。成都武侯实验中学原校长李镇西倡导班级自我管理和学生自我教育,"简政放权",极大地激发了班主任工作的主动性和创造性。上述例子表明,班主任要创造性地开展班级组织建设工作,必须积极寻求学校层面的支持、特别是制度上的支持。

另一类是共同体提供的专业支持。班主任向学校组织寻求的共同体支持,主要包括班主任工作坊、青年班主任经验交流会及"老带新"师徒共同体。① 班主任工作坊。班主任工作坊是集培训与研讨于一体的旨在实现班主任专业化成长的新型学习共同体。班主任工作坊可以为班主任提供学习与交流的平台,有效缓解来自工作方面的压力,为班主任的持续成长提供持久助力。② 青年班主任经验交流会。青年班主任交流会是专门为新手班主任搭建的经验交流学习平台,这个平台有利于新手班主任发现并捋顺工作中存在的问题,从而更快、更好地成长。③ "老带新"师徒制。老教师具有丰富的教学经验和成熟的教育理念,通过结对帮扶,新教师可以更快、更好地适应教学生活。[1]

(二) 班主任与少先队关系的调试

少先队与一般的儿童组织在性质上有所区别:第一,少先队是儿童组织,它的成员年龄介于7~14周岁。第二,少先队是一种具有政治性的儿童群众组织,是儿童政治社会化的重要载体。第三,少先队是一种半自主性质的组织,具有独立的自我教育功能。目前,部分小学班主任不能正确处理与少先队的关系,例如对班主任与中队辅导员的身份认识不清、不能有效组织少先队活动等。班主任在指导少先队工作时,需要做到如下几点:

1. 正确认识"教学班"与"少先队"的性质差异

"教学班"与"少先队中队"是两种性质有所不同的组织,其区别如下:第一,教育途径不同。教学班主要通过教学活动展开教育,而少先队主要通过自主活动展开教育。第二,影响方式不同。教学班主要通过教师直接施加影响,少先队则重点强调自我教育。第三,服从权威不同。教学班服从学校、教师的权威,而少先队则服从少先队组织的权威。

2. 正确认识"班主任"与"中队辅导员"的角色差异

"班主任"与"中队辅导员"是两种性质不同的角色,其区别如下:第一,对应的成员角色不同。班主任对应的角色是学生,中队辅导员对应的角色是少先队员。第二,与受教育者的关系不同。班主任与学生是引导与被引导的关系,中队辅导员与少先队员更多是一种亲密的伙伴和战友关系。第三,施加教育的方式不同。班主任通过班级教育教学活动对学生直接施加影响,中队辅导员则通过队组织对少先队员施加间接影响。[2]

3. 积极推进少先队自主管理

少先队自主管理指在少先队辅导员的引导下,少先队的基层组织对少先队制度、阵地和活动进行自主决策、讨论、使用和检查以促进少先队的发展和少先队员思想意识政治社会化的过程。目前,少先队在自主管理中存在如下问题:第一,在制度管理中缺乏"人"的在场;第二,在少先队阵地管理中存在目标缺失的现象;第三,在自主管理活动中存在方向迷失现象;第四,少先队自主与成人引导存在失调现象。为了加强少先队自主管理,班主任需要做到如下几点:第一,建立好自主管理活动体系。包括建立和完善自主管理制度、开放化自主管理阵地,增强少先队活动的自主性。第二,协调少先队自主与成人引导

---

[1] 王晋,杨喆. 班主任成长的组织支持:本土观点与域外观点[J]. 教育理论与实践,2020,40(10):29-34.

[2] 李建军. 谈班主任工作与中队建设[J]. 内蒙古教育,2008(7):31-32.

之间的关系。具体而言,要做到少先队自主与辅导员引导相统一、家长的期待与少先队的期待相协调。第三,为少先队自主管理提供保障。班主任要采取措施,保障少先队活动的时间、阵地等相对独立。①

第二节 班主任和家庭教育力量的协调

苏霍姆林斯基认为:"只有学校教育而无家庭教育,或只有家庭教育而无学校教育,都不能完成培养人这一极其细致复杂的任务。"②苏霍姆林斯基的话表明,学生德、智、体、美、劳的全面发展离不开学校教育和家庭教育的有效整合。家校合作不仅有利于提高学生学业成绩,促使学生形成良好道德品质,预防青少年问题行为产生,也有利于转变家长教育观念,提升家长育儿素养以及形成融洽的亲子关系,还有利于学校更好地开展教育教学工作,从而丰富教育资源、提升学校的整体办学水平。③ 由此可见,家庭教育与学校教育形成合力,对促进儿童身心健康发展、实现家庭关系融洽、推进家校和谐互动,具有重要意义。

一、家校合作中的问题

家校合作的重要性对班主任工作提出了新的要求。班主任在整合家庭教育力量过程中,面临着如下问题:

(一)家庭教育的功利化

对于处在社会底层的父母而言,他们早已尝遍了生活的辛酸和现实的无奈,他们期望借助教育,使自己的后代跳出"寒门",光耀门楣。对于处在中产阶级的父母而言,由于他们大都是之前的"考一代"或"学霸一代",他们的财富和资源并不能保证自己和后代免除生活的危机感。在担心自己的孩子再次滑向底层社会的焦虑中,他们希望借助教育这个"救生圈",来实现身份复制甚至完成阶层跃升。④ 对于上层阶级的父母而言,教育则是他们为保证子女沿袭自己身份地位的一种策略。在唯分数论的评价体系基本不变的情况下,唯有高分才是实现阶层流动和身份跃升的关键因素,这也是衡水中学和毛坦厂中学"热闹非凡"的根源所在。家长的竞赛、社会的竞争借助教育转嫁到了孩子身上,并给孩子带来过重的学业压力。

在《中国教育发展报告(2014)》中,南京师范大学社会学学者程平源对 2013 年发生的 79 例中小学自杀案件进行了详细的案例分析。在 8 例报道了疑似原因的案例中,有 6 例

---

① 鲁丹琴.少先队自主管理研究[D].广西师范大学硕士学位论文,2016:66-75.
② 苏霍姆林斯基.给老师的建议[M].杜殿坤,译.北京:教育科学出版社,1984:3.
③ 陆春晔.影响家校合作的主要因素及应对策略[D].苏州大学硕士学位论文,2010:8-12.
④ 汪冰."中产娃"父母的焦虑在蔓延[J].商学院,2019(10):115-116.

都与学习压力有关。在有明确自杀起因的 57 例中,只有 14 例与学习压力无关。这说明无论明确原因和疑似原因,都有 75% 的案例与学习压力有关。① 小学生学业压力过大的现象在网络上也时有报道(见案例 9-2)。作为班主任,在与家长沟通过程中,向家长宣传心理健康教育知识,给家长提出合理建议,要求家长掌握学生的心理特点和兴趣,并根据学生特点给予恰当期望,是化解学生学业压力的重要举措。

【案例 9-2】

2005 年 04 月,武汉"楚才杯"五年级作文竞赛的题目是《给我一点时间》。在 4 200 份考卷中,超过 70% 的孩子不约而同地将妈妈刻画成"变色龙""母老虎""河东狮吼"的形象……

一号家庭:杨明明(化名)

妈妈是"母老虎",我每次出去玩总被准确地堵回来。她要我上培优班,否则就是一顿"竹笋炒肉"。在学校我哈欠连天,培优的作业已让我筋疲力尽了,哪还有心思去听老师的讲课?到底我是妈妈的皇帝,还是妈妈是我时间的债主呢?

哼,有什么了不起,不就是为人母了吗?我不是木偶,更不是个呆板的机器……我还没想完,妈妈的"打狗棒"——教鞭就呼啸而来,我只好忍痛写起来。

只有打游戏时,我才会逃离妈妈,觉得自己是最幸福的人,享受一人之下万人之上的感受。我知道参加"楚才"也得不了奖,就是想借考试说出自己的心声。

为了上培优班的事,明明没少挨打,他说那是"黑色周末"。每次上课,老师在上面讲,他虽然人坐在那里,可满脑子都是空的。有闲暇时间,他最喜欢上网、踢足球,可两样妈妈都不喜欢。

二号家庭:李敏(化名)

我考了 100 分,妈妈的脸上就笑成一朵花,连说宝贝你真行,下午带你出去玩;上次考了 89 分,妈妈就严厉地教训我,让我进屋做她布置的《学与练》,一做就是一天。我真不知道,妈妈爱的是百分考卷还是她的女儿。

我曾给妈妈讲道理,如果我是你妈妈,整天让你做作业,你会不会烦。可她说是为了我好,说我不体贴她,反倒把我训了一顿。

李敏家境贫寒,爸爸工伤,全靠妈妈一人支撑,妈妈对她的期望值很高。"我培不起优,妈妈生怕我落后了,就买来一大堆《学与练》,每天让我做十几页,从来不间断,她下班后亲自检查;她怕我上网分心,把我的 QQ 号也给删除了。"对于母亲,李敏既尊重,又畏惧,"我知道她是为望女成凤,但我还是个孩子,这样下去,压力太大。"

三号家庭:陈艺(化名)

聪颖的陈艺构思精巧,将数学解题的形式搬进了作文——

---

① 王毓章. 从学习压力角度看中小学生自杀现象[J]. 华夏教师,2016(5):16-17.

> 已知：每到周末，我就要在6点半起床，7点半到11点半是语文培优，老师布置的作业是一篇作文。中午吃完午饭，下午1点到3点是英语培优，课后作业是一篇英语日记和背20个单词；下午4点至6点是数学培优，老师布置了10道数学题。
>
> 求：培优回家后，需要多长时间才能将这些作业做完，而且眼皮不打架？
>
> 解：一道数学题解出来，至少是5分钟，10道题则需要50分钟，一篇作文需40分钟……这道题还没有解出来，可眼皮已经开始打架了。
>
> 苍天呀，大地呀，哪位天使姐姐能赐给我一点点时间呀！
>
> 陈艺是个乖巧的小女孩，老师说她言语并不多，可当记者与她谈到妈妈让她培优的话题时，她却可以一触即发，滔滔不绝——
>
> 爸爸是一名警察，工作很忙。虽然妈妈平时工作也很忙，但总是能抽出时间，规划陈艺的业余时间。妈妈总希望陈艺能够出类拔萃，不知道从哪里打听到各种信息，跑了很多路去报名，让她参加奥赛、华罗庚数学竞赛等等。
>
> 陈艺被逼急了，就不去上培优班以示抗议，可每次抗争十几分钟，还是被妈妈硬拉去了。虽然知道女儿很烦，但妈妈总是很有耐心地安慰："吃得苦中苦，方为人上人。妈妈是过来人，听我的没错。"
>
> （来源：胡俊，秦杰. 3000小考生"楚才杯"作文中"妖魔化"妈妈. [EB/OL]. http://news.sina.com.cn/c/2005-04-25/10015742824s.shtml.）

（二）家校互动缺乏深度

从组织管理的角度上讲，家校合作分为两种：偶发性的家校合作和计划性的家校合作。偶发性的、分散性的家校合作指家长和教师都是在发现学生思想或学习上存在问题时，再主动与对方联系找寻解决办法，在阶段性的联系中也是简单地进行短时间的交流。目前，很多的家校合作都还停留在偶发性、"问题解决式"层面上[1]（见案例9-3）。上述案例表明，造成家校合作缺乏深度的原因大致如下：

1. 班主任工作任务重，时间精力有限

作为班级的第一责任人，班主任每天早上要检查学生出勤情况、要督促学生认真参加广播操、要检查班级清洁情况、要检查作业收交情况、要掌握班风学风状况、要警惕偶发事件的发生、要关心学生用餐情况、要写好班主任工作计划与总结，等等；作为联系家长的纽带，班主任要经常与家长联系，家访率通常要达到100%；作为全体科任教师教学、教育工作的协调者，班主任要与科任教师加强沟通，做好学生成长材料收集，写好成长记录袋，等等。与此同时，班主任还是一名父亲（母亲）、一位儿子（女儿）、一位丈夫（妻子）……多重身份的叠加，多任务的转换，往往使班主任分身乏术，从而在家校互动上投入的时间、精力较为有限。

---

[1] 斯倩. 基础教育阶段家校合作困境及优化研究[D]. 西南大学硕士学位论文, 2016: 37.

2. 家长缺乏家校互动时间与互动能力

21世纪初,随着人口从农村大规模流向中心城市,大多数流动父母选择将未成年子女留在家乡,留守儿童规模快速扩张。据统计,农村非留守儿童占全国儿童总量的比例从2000年的62%下降至2010年的33%;与此同时,农村留守儿童占比从2000年的8%上升至2000年的22%,城镇流动儿童则从2000年的5%上升至2010年的10%。[①] 在外务工期间,大多数孩子由爷爷奶奶抚养,父母没有时间也没有精力和班主任进行沟通交流。另外,在农村,大多数孩子的父母文化水平不高,对自己教育孩子的责任缺乏清晰、正确的认知,这也是导致双方难以平等交流与合作的重要原因。

3. 家校互动形式单一

一般而言,家校互动主要通过QQ群、微信群、手机、家长会、家校通、家访等方式进行。在上述几种互动方式中,由于方便、快捷,大多数班主任都会选择通过QQ、微信或手机与家长联系,至于花费时间太多、实施较为困难的家访等传统的互动方式,则有意无意地被忽略。

【案例9-3】

访谈一:对A、B小学班主任的访谈

Q1:您对目前家校互动是否满意?

A:比较满意。家长会主动和我打电话沟通。

B:效果一般,和家长的沟通很少,一般都是我主动找家长。

Q2:您认为家校互动不理想的原因是什么?

A:时间不够吧,家长的休息时间正好也是老师休息的时间,比较难协调。

B:时间不够,家长的观念意识不够。家长的文化素质不高,导致他们只关心小孩成绩而忽略家校互动的其他目的。老师精力有限,不能做到和所有学生家长进行互动。

Q3:目前您在家校互动中发现了哪些问题?

A:家长不了解家校互动的重要性,学校提供的支持不够。

B:家长多为务工人员,对家校互动比较陌生,观念意识淡薄,沟通的途径较少,比较单一。

访谈二:对A、B小学家长的访谈

Q1:您认为家校互动是否重要?

A:蛮重要的。

B:挺重要的,我会主动和班主任进行沟通互动。

---

① 段成荣,吕利丹,王宗萍.城市化背景下农村留守儿童的家庭教育与学校教育[J].北京大学教育评论,2014(3):13-29.

> C：一般吧，我工作时间很忙，只关心小孩成绩。
> Q2：您对目前家校互动是否满意？
> A：一般，和老师联系不多，家长会和QQ群会参加，电话联系较少。
> B：满意，基本每周和班主任电话联系一次，询问小孩在班上的情况，是否认真听讲，午休是否打闹等等。
> C：一般，家长会有时候我参加，有时间小孩祖父母参加，小孩成绩好就行。
> Q3：您对家校互动的建议是什么？
> A：班主任可以在家长会上向我们介绍经验。
> B：希望学校和班主任多向家长普及家校互动的好处。
> C：班主任全权负责。
> （来源：石璐.小学班主任与家长家校互动现状研究——以南昌市A、B小学为例[D].南昌大学专业学位硕士学位论文，2014。）

（三）家校互动中教师和家长关系的错位

家庭教育与学校教育协调一致，形成合力，对于促进儿童品德及学业的良好发展，提高教师和家长的教育素质和能力，以及促进学校管理水平的提高，都具有重要意义。尽管人们对家校互动的意义有着深刻的认知，但在家校互动过程中，却存在着教师和家长关系的错位、缺位和越位现象。家庭教育与学校教育功能的"错位"，突出表现为家庭教育的"学校化"与学校教育的"家庭化"。①

所谓家庭教育的"学校化"，一方面指学校为了追求升学率，而将家庭纳入学校升学的轨道，要求家长对子女的智能培养与学校保持"同步"，从而使家庭沦为学校教育的"附庸"。例如，有的学校要求家长必须全程参与和监督孩子的学习，在孩子完成相关任务后家长要"签字画押"。另一方面指家长或处于提高孩子的学业成绩，或出于培养孩子兴趣爱好的目的，给孩子选报各种课外补习班。2003年，中国教育开发院统计数字显示：参加课外补习学生的比重在小学、初中、普通高中分别是83.1%、75.3%、56.4%；城市中小学生参加课外补习班的比重为74.2%，而农村地区也达到了62.1%。② 由此可见，小学生已经成为参加课外补习的主要人群。

所谓学校教育的"家庭化"，指部分家长对家庭应当担负的教育责任缺乏正确的认识，将教育子女的责任完全推给学校和老师。例如，W小学的班主任在采访时说道："学生的教育问题并不仅仅只是学校老师的义务和责任，家长在促进学生发展的过程中起到的作用是十分重大的。但有的家长忙于工作，对于孩子教育教养、甚至偶尔配合老师活动方面都非常缺少，我们班开学开家长会的时候有的家长还参加，也会和老师进行交流和沟通，期中或期末的家长会、平时学校公开课的交流会，有的家长只是让爷爷奶奶来参加一下，

---

① 黄河清.论家庭教育与学校教育的合作[J].教育评论,2001(04):24-27.
② 北京大学教育学院"中国教育和人力资源研究"课题组.2004年中国城镇居民教育与就业情况调查报告[J].国家教育行政学院学报,2006(05):75-82.

基本会缺席活动。"①

2018年9月10日,习近平总书记在全国教育大会上号召:"要在学生中弘扬劳动精神,教育引导学生崇尚劳动、尊重劳动,懂得劳动最光荣、劳动最崇高、劳动最伟大、劳动最美丽的道理,长大后能够辛勤劳动、诚实劳动、创造性劳动。"习近平总书记的话表明,劳动教育应该成为教师和家长特别关注的内容。然而,很多家长对劳动教育的重要性认识不够。相关论据表明:18.7%的学生根本不参加任何家务劳动,47.78%的学生每周只参加1小时以下的家务劳动。正因为这样,60.12%的学生不会洗衣、做饭,54.75%的学生需要家长在上下学时接送,7.61%的孩子经常让家长帮助打扫教室卫生。更有甚者,为了让孩子能"讲究卫生",47.19%的家长给孩子端洗脚水("经常如此"的占14.83%)。

家庭教育"学校化",一方面削弱了家庭教育的育人功能,扭曲了亲子关系,另一方面则强化了家庭教育对学校教育的依附性。学校教育"家庭化",一方面增加了学校在育人方面的负担,另一方面对孩子在学会做人、踏实做事方面产生诸多不利影响。

(四)学校教育与家庭教育的行为偏差

长久以来,人们对家庭教育与学校教育的一致性认识相对比较充分,而对它们之间的区别认识比较模糊,或者说研究不够。从实际情况看,家庭教育与学校教育在教育环境、教育者与受教育者的关系、教育者的水平、教育目标、教育内容、教育方法、途径以及教育过程等方面都有区别。②

在教育环境方面,家庭虽然具有教育职能,但与此同时它还具有生产、生育、感情交往、赡养、娱乐、宗教、政治等多种职能。可见,家庭不是专门从事教育工作、培养人的社会团体,而是一个具有多种职能的社会组织。③ 学校是专门育人的场所,育人职能是学校主要甚至可以说是唯一职能。家庭教育职能的多样化表明,在未成年人的思想品德和行为习惯的养成方面,家庭教育往往要比学校教育更加直接和更加深刻。在教育者与受教育者的关系方面,亲子关系是自然形成且永久不变的,而师生关系则是人为形成且具有阶段性的。亲子关系的特性决定家庭教育往往在孩子的情感培育方面具有不可替代的作用。在教育者的水平方面,一般而言,父母在时间、精力和专业知识方面有所欠缺,这极容易导致父母对学校教育的过分依赖。教师的唯一职责是教书育人,他们往往会凭借专业知识把家长置于教育的从属地位。在培养目标方面,父母的职业、经历、兴趣爱好等通常会影响家庭教育的目标,由于针对孩子个人,所以家庭教育的培养目标通常是个性化的。学校教育的培养目标是根据党的教育方针以及社会主义教育的性质制定的,这种法定的培养目标体现了国家的意志。由于学校教育的培养目标是针对所有受教育者的,所以学校教育的培养目标具有共性化的特点。在教育内容方面,家庭教育的内容侧重于思想品德的

---

① 斯倩.基础教育阶段家校合作困境及优化研究[D].西南大学硕士学位论文,2016:42.
② 黄河清.家庭教育与学校教育的比较研究[J].华东师范大学学报(教育科学版),2002(02):28-34.
③ 戈布尔.第三思潮:马斯洛心理学[M].吕明,等译.上海:上海译文出版社,1987:105-106.

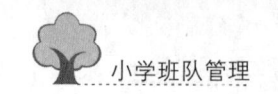

塑造、独立个性的培育、兴趣爱好的培养以及良好行为习惯的养成，而学校教育则侧重于系统知识的传授和文化知识的学习。在教育方法和途径方面，父母可以利用走亲访友、外出旅游、亲子活动等多种形式对孩子进行一对一的教育，而教师通常只能利用班级授课和集体活动对孩子进行一对多的教育。在教育过程方面，家庭教育对孩子的影响是长久而深刻的，而学校教育则具有阶段性特征。

学校教育与家庭教育的行为偏差表明两者有不同的角色定位和价值取向，在具体的教育实践中，家庭教育和学校教育有可能扬长避短、形成教育合力，也有可能以短击长，导致两者功能错位。在整合家庭教育力量的过程中，班主任要充分认识到学校教育与家庭教育的行为偏差，这是优化基础教育家校合作策略首先需要关注的问题。

二、家校合作的内容

从学理上来讲，要对学生进行德、智、体、美、劳的全面发展教育。由全面教育出发，家庭与学校需要在教会孩子做人、培养孩子的能力（学习能力、人际交往能力、生活自理能力、审美能力）、培养孩子吃苦耐劳的品质、促进孩子的身心健康等方面进行全方位、深层次的合作。然而，对于小学生、特别是农村小学生来说，家庭与学校在生命教育领域展开合作则是当务之急。在接下来的部分，我们将花费大量的篇幅介绍家庭与学校如何围绕生命教育展开合作。

（一）小学生开展生命教育的现状及必要性

第二次世界大战后，人们开始对残酷的战争给人类社会带来的灾难进行反思，同时，环境污染、自然灾害、能源紧缺、粮食危机等诸多威胁人类生存的问题也受到更多关注。20世纪20年代开始或者更早，美国社会的自杀、他杀现象尤其是青少年的自杀现象日益严重，且呈现低龄化发展趋势；吸毒、堕胎、性危机、安乐死等医学伦理问题日益突出；青少年和艾滋病、癌症等重病患者及其家属的心理问题越发普遍，更不用说青少年对人生的困顿与迷茫了。[①] 针对上述问题，美国知名作家詹姆斯·唐纳德·华特士（James Donald Walters）于1968年首次明确提出生命教育的概念，并在加州北部内华达山脚下创建"阿南达智慧生活学校"（Ananda Living Wisdom School），倡导以"正确的态度保持生命"。[②] 1986年，华特士出版了《生命教育：与孩子一同迎向人生挑战》一书，该书认为教育是融合书本学习和人生体验于一体的过程，这大大拓展了学校教育的内涵。截止到20世纪90年代，美国中小学中已经基本普及了以人格教育、迎接生命挑战的教育以及情绪教育为主题的生命教育。

除了美国外，日本教育界于20世纪80年代提出以"热爱生命，选择坚强"为理念的"余裕教育"，试图将学生从应试教育中彻底解放出来，以寓教于乐的方式恢复孩子天真烂漫的本性，让他们学会如何做人。澳大利亚针对青少年吸毒的社会问题，于1979年在悉尼成立"生命教育中心"，协助学校进行反毒品教育。新西兰于1988年成立了非营利性机

[①] 黄渊基.生命教育的缘起和演进[J].求索，2014(08):172-177.
[②] 樊富珉，张天舒.自杀及其预防与干预研究[M].北京：清华大学出版社，2009:344.

构"生命教育（计划）"，致力于"教学生认识到世界、个人与其他人的奇妙之处，指引他们充分认识和发挥自己的潜能"。英国于20世纪80年代中后期在英联邦14个地方建立了沿袭澳大利亚生命教育中心的慈善性机构。德国以课堂教学为主渠道，通过学科渗透的方式，辅之以社会实践活动，在不同学科和不同形式的教学中开展以"死亡的准备教育"和"善良教育"为主题的生命教育。此外，瑞典、俄罗斯、印度、加拿大等国家也积极开展了内容丰富、主题多元、形式多样的生命教育。

20世纪90年代开始，生命教育逐渐成为中国大陆教育界、哲学界和社会学界共同关注的热点问题。在宏观层面，2004年3月，中共中央国务院印发了《关于进一步加强和改进未成年人思想道德建设的若干意见》。在该《意见》颁布以后，生命教育逐渐成为落实加强与改进未成年思想道德建设的切入点和新的生长点。[1] 2010年5月5日，时任国务院总理温家宝主持召开国务院常务会议，审议并通过了《国家中长期教育改革和发展规划纲要（2010—2020年）》（下文简称《规划纲要》）。《规划纲要》"总体战略"之"战略目标和战略主题"明文指出："重视安全教育、生命教育、国防教育、可持续发展教育。促进德育、智育、体育、美育有机融合，提高学生综合素质，使学生成为德智体美全面发展的社会主义建设者和接班人。"这从国家层面明确了生命教育的国家教育发展战略地位。在中观层面，辽宁、上海、湖南、江苏、重庆、湖北、黑龙江、陕西等省、市相继推出了生命教育的"指导纲要"或"工作方案"。在微观层面，诸多学校纷纷把生命教育列为学校教育的主要内容。此外，学术界持续举办了全国性甚至国际性的生命教育学术会议，多地相继成立了类型多样的生命教育研究机构和实践基地，学者们相继编写了有关生命教育的著作和教材，大、中、小学也开始尝试开设生命教育类课程。[2]

生命教育之所以引起人们的关注，其主要原因在于目前青少年的健康成长状况不容乐观。北京市心理危机研究与干预中心提供的数据显示：中国每两分钟就有1人自杀死亡，8人自杀未遂；每年有28.7万人死于自杀，200万人自杀未遂。根据权威资料统计，我国每年大约有1.6万名中小学生属于非正常死亡，相当于每天消失一个40名学生的班级。近年来，在中小学生死亡时间中，自杀成为第一死因，约占死亡总人数的26.04%。北京大学儿童青少年卫生研究所于2006年5月17日公布的《中学生自杀现象调查分析报告》表明，中学生5个人中就有一个人曾经考虑过自杀，占样本总数的20.4%，曾经计划过自杀的占样本总数的6.5%。据近几年统计显示：低龄化犯罪日趋显著，中小学生犯罪正以两位数的比率逐年上升。[3] 除了自杀外，校园暴力、虐杀动物在中小学中也并不鲜见（见案例9-4）。这些问题严重影响了中小学生的身心健康，并对学校、家庭和社会造成了巨大的压力和痛苦。

---

[1] 刘慧. 生命教育内涵解析[J]. 课程·教材·教法，2013(09)：93-95.
[2] 黄渊基. 生命教育的缘起和演进[J]. 求索，2014(08)：172-177.
[3] 王颖. 中小学生命教育理念及实施策略研究[J]. 哈尔滨师范大学硕士学位论文，2012：29.

【案例9-4】

小学生自杀案例：

2009年5月4日上午8时，巫山巫峡小学六年级(2)班的4位小学生集体服毒自杀，幸好有关方面抢救及时，目前4名同学基本脱险。

2011年10月24日放学后，阜南二小六年级(6)班的女生小梦和周周，在莹莹和朱朱这两个同学、好朋友的注视下，在教室服下剧毒农药敌敌畏。喝之前，两人在黑板上写下遗言，周周写："如果我死了，就怪数学老师，请警察叔叔将她抓走。"小梦写："我好累，她们都不理解我，不想活了。"

"老师我做不到，跳楼时我好几次都缩回来了。"2013年10月30日，四川成都师范附属小学五年级某班的10岁男孩军军(化名)，在语文课本上留下这句遗言后，从30层高的楼上跳下。事发前，语文老师曾因军军不遵守会场纪律批评了他。

2014年4月19日，海南琼海市一个年仅9岁的女孩(自杀)，经调查才发现是由于女孩的母亲带他哥哥外出看病，她希望随行遭到拒绝而上吊身亡。

2016年1月6日晚8点左右，浙江杭州一名小学生被发现吊在楼顶晾衣线上，被送医院抢救无效死亡。吴昊父母告诉澎湃新闻记者，有同班同学作证，吴昊在1月5日下午学校课堂上，因无法完成听写任务而遭到教师体罚、扔书包、辱骂"滚回老家读书"等行为。

2018年1月23日，湖南郴州市永兴县银都实验学校四年级一学生在宿舍内自缢死亡。

……

小学他杀案例：

2013年11月25日，重庆市长寿区，一名10岁女孩在电梯摔打1岁男婴原原并把他抛下25楼。据女孩同学介绍，这个女孩事发前两三天就曾经说过想要把一个婴儿放在包里，从楼上摔下去。

2017年12月1日下午6时许，柳州市柳城县沙埔镇沙浦中心小学6年级学生秦某某与韦某某因误会发生冲突，秦某某手持尖刀刺中魏某某颈部。秦某某认为自己杀了人，遂从校园办公楼四楼跳下，不幸当场身亡。

2018年12月2日，湖南沅江一位年仅12岁的小学生吴某康因不满母亲管教太严，心生怨恨而持刀将母亲杀死在自家卧室内，母亲身上多处刀伤，一共被砍了二十几刀！

（二）生命教育的原则

1. 认知与体验相结合

小学生生命教育的开展，既要根据他们的身心特点，向学生传授有关安全、健康、自我保护等方面的科学知识，也需要引导他们贴近生活、体验生活，在生活体验中获得良好的生命体验。

2. 预防与干预相结合

在开展生命教育过程中,要以预防性教育为主,同时又必须对已经发生的危机问题进行科学的干预。合理、有效的预防是干预的重要条件,两者之间有机结合,缺一不可。

3. 自助、互助与援助相结合

自助注重引导学生进行自救、自律与自我教育;互助重在开展学生之间、师生之间、亲子之间等各种帮助;援助强调教师、家长和社会机构等的积极引导和主动帮助,包括引导学生增强求援意识和应对技能。通过自助、互助和援助的有机结合,形成互动互补效应,为提升学生的生命质量搭建开放式的发展平台,营造生命教育的良好氛围。

4. 学校、家庭与社会相结合

生命教育既要发挥学校教育的积极引导作用,又要积极开发、利用家庭和社会的教育资源。在学校课程教学、综合实践活动等方面落实生命教育的同时,还要通过家长学校、社区活动等多种途径,积极引导家庭和社会培养学生健康的生活习惯、与人和睦相处的技能和积极的生活态度,形成生命教育的合力。

（三）生命教育的内容

生命教育是旨在帮助学生认识生命、珍惜生命、尊重生命、热爱生命,提高生存技能,提升生命质量的一种教育活动。生命教育要形成各学段有机衔接、循序递进和全面系统的教育内容体系。对于小学生而言,生命教育的重点是帮助和引导他们对自身的生长发育特点进行了解,使他们初步树立正确的生命意识,养成健康的生活习惯。目前,上海市结合本地中小学实际情况发布了《上海市中小学生命教育指导纲要》(以下简称《纲要》)。上海是施行生命教育较早的地区,并且该地区生命教育的开展已经取得了显著成绩。接下来我们将主要根据《纲要》内容并结合小学生特别是农村小学生的实际情况,提出小学生生命教育的主要内容。

1～2年级的教育内容重点为:

① 初步认识自然界的生命现象,喜爱充满生机的世界;初步了解自己的身体,有性别意识。

② 喜欢自己,乐于与同学交往;懂得关心家人、尊敬老人。

③ 亲近大自然,爱护人类赖以生存的自然环境。

④ 初步掌握交通安全、防溺水的基本技能;了解家庭用气用电安全、饮食安全等自我保护知识。

3～6年级的教育内容重点为:

① 了解身体的生长情形,具有和欣赏积极乐观的心态。进一步理解性别认同。

② 了解友谊的意义;懂得同情、关心,力所能及地帮助弱者;学习与他人合作。

③ 初步认识和体验人的生命是可贵的,能珍惜生命;学会劳逸结合。远离烟酒和毒品。

④ 养成良好的生活习惯和学习习惯,树立时间观念;合理使用网络。

⑤ 学习必要的自我保护技能,学会识别可疑的陌生人,初步掌握突发灾害时的自救

能力。

(四)生命教育的实施路径

小学生命教育要有机渗透在学校教育的各门学科、各个环节、各个方面,充分运用学科教学,传授科学的知识和方法。要突出重点,利用课内课外相结合的方式开展形式多样的专题教育;要坚持以实践体验为主,开展丰富多彩的课外活动;要重视营造学校、家庭和社会的和谐人际环境,发挥环境育人的作用。

1. 在学科教学中渗透生命教育

在小学阶段,学校要在自然、体育与健身、品德与社会等显性学科的教学中深度挖掘生命教育的内容,分层次、分阶段,适时、适量、适度地对学生进行生动活泼的生命教育。

小学低年级(1~2年级)

《自然》:初步了解人体的组成、感觉器官及其功能,以及人的生长过程。引导学生养成良好的个人卫生和饮食习惯,培养环境保护意识和公共卫生习惯。通过了解动植物,直观地了解生命现象。教学中要通过观察、模拟、游戏等活动,探究人体及其他生物体的生命活动,要在学生行为习惯的养成和积极的情感、态度体验上下功夫。

《品德与社会》:初步了解家庭、学校和社区的生活,懂得个人成长与家庭、学校的关系,认识个人与集体的关系,初步了解公共生活的规则。教学时要更多地关注儿童生活本身,要在大自然和社会生活中汲取生命教育的鲜活素材,并通过游戏、录像、讲故事等学生喜闻乐见的方法进行教学。

《体育与健身》:从基本的身体活动入手,学习户外健身、游泳等的卫生与安全知识,了解简单的生存技能与方法,掌握浅易的自我保护知识和技能。培养抗错能力,学会游戏。教学时要采用讲解、示范、游戏、比赛和活动等方法,帮助学生了解学习要点和技能方法。

小学中高年级(3~6年级)

《自然》:了解人体主要器官及其功能,人的生命周期和身体发育的特点。了解合理饮食、适量的运动和休息对身体成长发育的重要性,以及吸烟、酗酒等对身体的主要危害。了解一些常见疾病及其防治方法,有一定的自我保护能力。了解人类对自然环境的依赖,树立人和自然和谐相处的意识。教学中应为学生提供真切的情境或场景,通过观察、调查、参观、模拟、游戏、讨论等活动,增强学生对人的生命活动及其他生命现象的了解和体验。

《品德与社会》:了解个人生活、家庭生活、学校生活、社会公共生活的一些基本常识与道德规范。初步了解社会机构、公共设施及其功能。初步了解人与自然、人与社会的依存关系。知道一些与生活有关的法律常识,初步了解不同社会角色的权利、义务和责任。教学时要从学生熟悉的生活现象出发,注重使其通过生活实践学习知识,养成良好的生活习惯。

《体育与健身》:以发展基本活动能力为线索,学习少儿健身的安全常识和部分生存技能与方法。尝试合作与互助,明白健身、保健和安全等所必备的常识。教学时要采用讲解、示范、设境、比较、提问、体验、游戏和讨论等方法,帮助学生了解所涉内容的学习要点和技能方法。

除了在上述显性学科中开展生命教育,学校也可以在语文、音乐、美术等学科的教学中渗透生命教育。教师要结合教学内容,对学生进行认识生命、珍惜生命、尊重生命、热爱生命,提高生存技能和生命质量的教育活动。同时充分运用与学生密切相关的事例作为教学资源,利用多种手段和方法开展生命教育活动。例如,语文课要通过文学作品中的典型人物和典型事件,联系现实生活,让学生认识自我,学会调适,感悟人与他人、人与社会、人与自然和谐相处的重要性,陶冶学生心灵;地理课要帮助学生了解人类与赖以生存的环境之间的关系,学会珍惜资源,保护环境,树立可持续发展观;音乐与美术课要利用艺术美感陶冶学生的情操,提高学生的审美情趣,从而使学生保持乐观积极的心态,激发学生对生命的热爱之情和对生活的创造热情,等等。

2. 在专题教育中开展生命教育

生命教育要充分利用心理教育、安全教育、健康教育、环境教育、禁毒和预防艾滋病教育、法制教育等专题教育形式,开展灵活、有效、多样的教育活动。要从学生的兴趣、经验、社会热点问题或历史问题出发,结合区域、学校和学生的特点,力求将相关内容整合起来,形成校本课程。倡导自主探究、实践体验、合作交流的学习方式。小学阶段的专题教育,要符合小学生的身心特点,进行人与自然、人与家庭的启蒙教育,探究生命的可贵、生活的意义以及自我保护等内容。

3. 利用课外活动开展生命教育

课外活动是学生体验生命成长的重要途径。要充分利用班团队活动、节日、纪念日活动、仪式教育、学生社团活动、社会实践活动等多种载体,开展生命教育活动,让学生感悟生命的价值。

(1) 在班队活动中普及生命教育

少先队和共青团组织要积极创造条件,增强团队组织的凝聚力,为学生提供有意义的集体活动,使学生真正懂得集体组织对个人健康成长的作用。小学阶段的班队活动,要结合生命教育,运用游戏和情景体验进行自我保护、网络安全、性别意识等教育。

(2) 利用节假日开展生命教育

学校可以利用世界环境日、禁毒日、预防艾滋病日和清明节、重阳节等节日,从小学生的终身幸福和健康发展出发,关注各年龄阶段学生的不同需求,解决学生的各种困惑,整体设计和开展教育活动,进行有针对性的生命教育。

(3) 在社团活动中渗透生命教育

学生社团是帮助学生认识生命、体验生命的重要载体。学校要重点发展绿色环保社团、生物科技社团、心理互助社团、体育健身社团等,指导学生广泛开展与生命教育相关的校园文化活动,使学生形成积极的生活态度,进而欣赏和热爱生活。在小学阶段,学校要大力发展内容丰富、形式多样的兴趣小组,逐步培养小学生参与、组织社团活动的能力,提高学生对自然、生命的探究兴趣,丰富学生对自然、生命的认识。

(4) 在实践活动中推进生命教育

学校要充分利用各级各类青少年教育基地、公共文化设施开展生命教育活动,拓展学生的生活技能训练和体验。在动物园、植物园、自然博物馆、绿地和农村劳动中,让学生感受自然生态保护和休闲对促进个人身心健康的重要性;通过对与人生老病死有关场所的了解,引导学生理解生与死的意义,珍爱生活,关心他人;通过情景模拟、角色体验、实地训练、志愿服务等形式,培养学生在遇到突发灾难时的人道主义救助精神。

与此同时,要积极引导家长参与家庭生活指导,通过亲子关系沟通、青少年身心保健等方面的服务,帮助家长掌握家庭管理和人际沟通的知识与技能,提升家庭情趣,营造健康和谐的家庭氛围。另外,学校也要充分利用社区生命教育资源,发挥社区学院、社区老年大学的作用,提供环保、居家生活设计、人文艺术欣赏、传统艺术欣赏制作和婚姻伦理等教育服务活动。宣传科学的生活方式,引导家长开展亲子考察等实践活动。在小学阶段,实践活动要侧重体验对父母、长辈以及对邻里的关爱,引导学生亲近大自然,养成有规律的起居和运动习惯。

三、家校合作的主要方式

(一) 家访

家访是教师进行个别家庭教育指导的一种常用的有效方式,其目的主要是保持家长与教师相互沟通,共同努力来解决儿童在学习、生活、心理等方面的问题,以促进学生发展。[①] 作为联系教师和家长的纽带,家访可以实现教师和家长面对面的交流,有利于培养教师与家长的感情,这使得家访这种家校沟通方式具有不可替代性。

目前,关于教师家访,仍然存在着诸多问题:第一,教师对家访的认识存在误区。随着QQ、微信等即时通信工具的广泛使用,教师和家长对家访的重要性存在认识不足的问题。第二,家访目的不明确。个别教师对于家访要解决的问题没有清晰的认知,进行家访只是为了完成学校规定的任务。第三,家访次数减少。随着QQ、微信的广泛使用,大多数老师家访的次数下降,个别教师甚至不再进行家访。第四,教师与家长交流不畅。由于教育理念、立场不同,教师与家长存在交流障碍。第五,家访缺乏艺术。在家访中,教师通常会当面向家长指出学生的缺点,这导致学生对教师家访存在反感、畏惧情绪。第六,由于家访的次数、时间有限,家访的时效性不高。

为了解决上述问题,教师在家访时需要做到如下几点。第一,设计家访预案。家访前班主任需要考虑如下几个问题:家访的时间、目的,与家长交流的方式,家访达到的效果,等等,并就上述问题制定切实可行的方案。第二,全面了解家访对象的相关信息。这既包括学生的基本信息,如学习成绩、性格、兴趣爱好等,也包括学生家长的基本信息,如家庭结构、家长职业、家长文化程度等,以便家访时有的放矢。第三,明确家访目的。班主任要根据家访学生的具体情况,制定明确的家访目的。例如针对学习成绩下滑的同学,家访的主要目的是了解该生成绩下滑的原因,以促进该生学业进步;针对学习困难的同学,家访

---

① 刘洁云.我国教师家访制度的时代变迁及发展趋势研究[D]. 西北师范大学硕士学位论文,2015:7.

的主要目的是了解影响该生学习进步的因素,并制定相关对策。第四,家访时间要合适。合适的家访时间一般包括如下几个因素:① 家长、学生都在场;② 避开休息时间,如12:30~13:30,21:30之后的时间段不适合家访;③ 针对学生出现的问题,家访要及时。第五,谈话方式要委婉。家访时,班主任要用真诚、平等的心态与家长交流,要用公正、客观的语言进行叙述。第六,巩固家访效果。家访后,班主任要关注学生的表现,时刻了解其思想动向,并与家长就学生家访后的表现进行交流。[①]

(二) 家长会

《教育百科辞典》对家长会的定义是:"班主任对学生家长集体工作的一种基本形式。它是学校和家长互通信息、统一思想和认识,共同对学生进行教育的主要形式。"[②]《中国小学教学百科全书·教育类》提出家长会是:"学校与家庭联系的必要形式……班主任应根据具体的教育任务,以及全校家长工作计划提出的任务,规定一学年中召开家长会的次数、时间和内容,列入班级工作计划。"[③]从上述定义中可知,家长会是教师,尤其是班主任和家长围绕特定目标开展的、面对面的、以口头形式为主,旨在促进教师、家长和学生有效沟通的一种群体性活动。从活动目标上看,可以把家长会大致划分为如下类型:

1. 推介型家长会

推介型家长会的目的是让家长和学生了解班级概况,尽快融入班集体。班主任在家长会上重点介绍如下内容:班级教师构成及特长、个人教育理念、班级建设目标、班级工作计划等。由于这种家长会面对是全部家长,为了节省时间成本和提高交流效率,这种家长会适合集体召开。

2. 了解型家长会

了解型家长会分两种情况:一是班主任需要了解学生及其家庭情况,掌握学生的成长环境,如家庭成员构成、家长文化水平、职业、性格等。对一般情况的了解可以集中召开家长会,对重点学生或特殊的或不便在公开场合讲的,班主任可以找家长个别谈话。二是家长需要了解学生近期的表现,一般情况下可以集中召开家长会介绍学生情况,针对特殊学生,也可以采取个别谈话的方法进行沟通。由于学生及其家庭有可能存在比较特殊的情况,因此,了解型家长会可以用比较灵活的方式召开。

3. 培训型家长会

为了保证教育成效,班主任需要对家长进行有关教育理念、教育方法的培训。培训型家长会可以通过专家报告、网络学习、实践感悟和讨论交流等方式。为了巩固培训效果,培训型家长会要定期召开。

---

① 徐明霞.小学教师家访情况调查研究——以枣庄师范附属小学为例[D].山东师范大学硕士学位论文,2012:29-32.
② 张念宏.教育百科辞典[Z].北京:中国农业科技出版社,1988:75-76.
③ 李春生.中国小学教育百科全书·教育卷[Z].沈阳:沈阳出版社,1993:231.

4. 活动型家长会

根据活动内容,活动型家长会可以分为两类:一是居家类活动,如主题阅读;二是非居家活动,如学校组织的课外活动。这种家长会主题单一、目标明确,可以根据需要适时召开。

5. 问题解决型家长会

某些学生在学习中会出现某个共同性问题,如部分学生违反学校纪律、部分学生学习存在困难,等等。针对部分同学的共同性问题,班主任可以动态分类召开家长会,专门针对各类学生的具体问题进行分析,找准症结,制定方案,号召家长配合学校帮助学生提高成绩。

6. 激励型家长会

班主任往往需要激励家长参与学生教育、学生管理,参与班级建设、班级服务、班级管理。为了沟通方便,这类家长会可以在线上召开。

7. 综合性家长会

有的家长会在内容、参加人员以及形式上具有一定的综合性,这类家长会要根据会议的内容、参会人员和形式的具体情况认真设计会议的程序和方式,以便集中解决问题。①

(三) QQ、微信

21 世纪以来,人类大步迈进了互联网时代。互联网时代的来临改变了人与人之间传统的沟通方式,人们之间的互动变得更加的高效、便捷。目前,即时通信软件在人们的交流中被广泛使用,这些软件中最具代表性的当属 QQ 和微信。CNNIC(中国互联网络信息中心)2016 年 4 月发布的《2015 年中国社交应用用户行为研究报告》显示,作为使用率最高的社交应用类型,即时通信的使用率高达 90.7%,其中 QQ、微信是人们最常用的即时通信工具,使用率分别为 90.3%、81.6%,与其他即时通信工具之间拉开较大差距。②

伴随着网络的普及和通信方式的改变,家校之间的沟通方式也更多地由线下转移到线上。目前,在家校沟通过程中,QQ、微信的使用最为普遍。班主任在使用 QQ、微信和家长沟通交流中存在如下问题:第一,部分班级没有创建 QQ、微信公众号。第二,消息更新滞后,反馈机制有待进一步完善。第三,QQ 群、微信群中无关紧要的消息过多。第四,由于面对人数较多,教师与家长不能及时、有效沟通。

针对上述问题,班主任在与家长的沟通中要做到以下几点:第一,积极建立班级 QQ、微信公众号,为教师与家长的沟通提供平台支撑。第二,班主任根据自己班级情况,对推送的消息进行分类,并对消息分类的合理性和有效性进行适时跟踪,为后期优化做好基础。第三,用图片、文字、语音、视频等多种形式推送消息,使推送的消息更加具有吸引力。

---

① 鲁自力. 家长会召开形式的选择[J]. 教学与管理,2019(13):29-30.
② 中国互联网络信息中心. 2015 年中国社交应用用户行为研究报告[R/OL]. http://www.cac.gov.cn/2016-04/09/c_1121534296.htm. 2016-04-09.

第四,建立反馈机制,归纳、整理家长在 QQ、微信平台上反馈的意见,并根据意见提出相应的调整措施。第五,及时告知家长 QQ 群、微信群交流规则,减少无关信息的刷屏。①

课后思考题

1. 简述科任教师在班队管理中的作用。
2. 简述班主任与科任教师沟通的策略。
3. 简述班主任与少先队的关系。
4. 简述生命教育的原则、内容及实施途径。
5. 围绕生命教育,家庭和学校如何展开合作?

---

① 杨庆庆.小学家校沟通中微信使用现状研究——基于传播学的研究视角[D].上海师范大学硕士学位论文,2017:32-36.

第十章
小学班级管理突发事件的处理

学习目标

1. 掌握突发事件的类型与特点。
2. 掌握并善于运用突发事件的处理原则。
3. 掌握突发事件的处理方法。

第一节 突发事件的类型与特点

在班级日常管理过程中,常常会遇到一些偶发性事件,例如打架斗殴、失窃、情感纠纷、顶撞老师等,我们把这些偶发性的事件称之为班级管理中的突发事件。如何处理班级管理中的突发事件,不仅是对班主任管理能力和教育机智的考验,同时也关系到一个班级的和谐、稳定和发展。突发事件与教学计划、教学目的无关并影响正常教学秩序的进行,如果处理得当,则班主任威信大增,班级会更具有凝聚力;如果稍有不慎,班主任轻则颜面扫地,重则还要承担相应的民事责任。

一、突发事件的类型

根据突发事件的性质,可把突发事件划分为如下几类:

(一)离校出走事件

近年来,学生离校出走的事件时有发生(见案例10-1)。小学生离校出走的原因大致有如下几点:学业压力大;无法承受父母或老师的批评;沉溺网络,无心学习,等等。学生离校出走,对于学校、家庭、教师和学生本人来说均有极大的消极影响。学生离校出走事件会造成以下几个方面的影响:影响学校的声誉;破坏正常的教学秩序;严重影响班主任正常的工作和生活;学生父母和亲戚的生活受到干扰;学生自己人身财产安全受到潜在威胁;等等。

【案例 10-1】

开学第二周的一个早读,我正在自己所带另一个班上巡视学生的读书情况,我班一个学生跑过来慌张地说:"老师,××正在教室门口和英语老师吵架呢,你快过去看一下吧。"我一听又是那个学生,一下子来气了。走过去,英语老师气愤地向我说道:"××经常性地在自习期间上厕所,连假也不请,这简直太不像话了,眼中还有没有我这个老师?"我一听也气不打一处来,根本没给他进行辩解的机会,就把他拉到办公室。这个学生是这学期刚从其他学校转来的,开学一周内就没有给任何老师留下什么好印象,课堂睡觉、玩手机、看课外书,随意迟到旷课。到办公室后我也没有听他任何辩解,就对其之前的种种不良形迹横加指责,后来他也不甘示弱,大声跟我嚷嚷,最后他愤怒且充满挑衅地说道:"我不念了,看你还能把我怎样?"随后,摔门而去。这时,我有些慌了,一想要是他真的离校出走了,万一出个什么事,自己该如何向学校和他家长交代呀?像他这样顽劣的学生我必须亲手将其交给家长。于是我赶紧赶了出去,我到教室门口时他已经把书本整理好了,抱着自己的课本正准备往外走。我把他拦了下来,问他要干什么去,他说不念了。这时班上学生也停止了读书,看到他的这个举动便哄堂大笑。为了改变这种尴尬的局面,也为了尽可能地拖延他待在学校的时间以待他家长的到来,我说:"学校是有规章制度的,岂能容你想来就来想走就走,不愿意继续念书也可以,等把离校手续办完再走,现在开学不久,兴许还能给你退一部分费用。"他回到自己的座位放下手中抱的书本,再次来到教室门口,表示愿意和我一起去办理退学手续。我给主管教学的校长打了个电话,把情况简单叙述了一下,校长要我们马上过去找他。下楼的时候他走在我前面,快到一楼的时候他突然加快了步伐,一口气跑出校门,门卫也没来得及阻拦。

随即,我通过电话把大致情况说给了他的家长,他父亲来学校了解了具体情况后,说他现在就发动自己的家人、亲戚朋友先把孩子找回来再说。他的父亲还不断地安慰我,让我不要担心,他的孩子他了解,跑不了几天自动就回来了。还给我讲起暑假时他孩子在地里干活不好好干,最后被狠狠地打了一顿,结果他的孩子撒腿就跑,不过第二天就自动回来了。

尽管他父亲这样说,但我还是希望早点把这个学生找回来。可是一连三天过去了,仍然没有关于这个学生下落的确切消息。这三天来我几乎每天都要多次和他的家里通电询问是否有消息,每次打开电脑都要在网络上仔细寻找他在网上留下的蛛丝马迹,可一次又一次都没有结果。尽管当时我是心急如焚,但在其他学生面前我仍然表现得镇定自若。我又私下要求经常和他在一起的学生,一旦有这个学生的消息马上报告给我或是他的家长。一天晚上有个学生告诉我,听说这个学生这一段时间在网吧待过,我听后我赶紧把这个消息告诉了他的父亲,并和他父亲一起去县城的各个网吧寻找,可是当晚一直找到深夜也没有找到这个学生。这件事的发生已经严重影响到我正常的工作生活了,为此我也不断地反思着自己的教育行为,确实在很多地方值得改进。

当我正被此事搞得心神不定时，一个学生跑来告诉我说这个学生昨晚深夜还回宿舍了，换了件衣裳，早上起床的时候又不见了。晚上还跟宿舍同学说他在网上认识了一个网友，是深圳那边的，他现在准备借钱去深圳那边，让那个网友给自己找个工作。当时宿舍其他人都劝他不要去，他还说自己早就不想念书了，是家里人硬逼着自己来学校。在获知这个消息后我赶紧联系了家长，他父亲马上通知了县城周边的所有亲戚，不要借钱给他的孩子。

已经到了礼拜天的休息时间，我那颗悬着的心仍然没有放下。突然接到他父亲打来的电话，说是孩子已经找到了，现在正在家里进行教育。同时还是希望能在下一周来学校继续上学。尽管在电话中我提到他孩子这次离校出走的诸多不良影响，但考虑到家长对此事的态度，最后还是答应给他孩子一次机会。经过这一翻折腾之后，他父亲再次把他送到我面前时，他之前的那种桀骜不驯的神态已经完全不在了。经过我和他父亲长达一个多小时的教育，最后我们签订了一项协议，大致内容是今后无论因何原因，如若再发生类似出走事件，责任自负，并且还要求他当面向英语老师道歉。他表示愿意接受这些要求，还保证今后一定要努力改变自己，争取做一个合格的学生。

【案例分析与点评】

解决学生离校出走的关键不在于事件发生后应该怎么补救，而在于采取多种举措预防此类事件的发生。在上述案例中，该名班主任工作有以下几点失误：1. 未深入了解该名同学的性格特征。例如，该生暑假干活时因为被父亲教训了一顿就离家出走。如果班主任在家访时知道这件事，就可以推断出该生性格比较偏激，进而在处理问题时能够冷静应对。2. 在该生与英语老师发生口角冲突后，班主任没有认真了解事情的前因后果，而是凭借该生以往的不良表现对其横加指责，这种做法无疑会激起该名同学的激烈对抗。3. 该生顶撞英语老师后，班主任应该让其先回座位，待其冷静并在了解事情的前因后果后再让他向英语老师道歉。班主任在办公室的横加指责激起了该生的愤怒和挑衅，进而回到教室整理书籍准备退学。也许该名同学这时还没有坚持要退学，但在其他同学的注视下，班主任当众说出让该名同学办理退学手续，这让该名同学骑虎难下，不得不跟随班主任去办理退学手续。走到楼梯口，该名同学料想退学的事情难以向家长交代，也许还会因为此事被父亲狠狠地教训一顿，故而逃离学校，以缓解心中的恐惧。由此可见，本来是一件该名同学向英语老师道歉的小事，因为班主任处理问题的方法不当，进而激化为学生离校出走的大事。

（可参见，班级突发事件处理策略（三则），http://www.docin.com/p-586086537.html.）

班主任在处理类似事件时，应该做到以下几点：

第一，积极预防。班主任既要关注班级内所有学生的内心世界，赢得学生的信任和依赖，另一方面更要重点关注班级中的特殊群体，用爱心、耐心、细心了解并尽力解决经济困难群体、学习困难群体、人际交往群体等特殊群体遇到的种种问题。在预防阶段，班主任要积极构建班主任、家长、科任教师和学生干部四位一体的教育管理体系:通过家长了解学生近期的心理状况;通过科任教师了解学生上课的行为表现;积极发动学生干部,对有出走征兆的学生要耐心劝阻并建立及时报告制度,等等。

第二,全力寻找。一旦发生学生离校出走事件,班主任要做的第一件事情是发动可以发动的一切力量,全力寻找学生。这样做一方面有利于缩短学生离校出走的时间,降低学生外出风险,另一方面有利于尽快弄清学生离校出走原因,为后续问题处理找到依据和方案。

第三,向上级有关部门汇报。一旦发生学校离校出走事件,班主任要及时向上级主管领导和有关部门进行汇报,隐瞒不报会使问题更加复杂,这是应对突发事件的大忌。上级主管领导和有关部门在了解情况后,可以给予具体指导并协调多方行动,这有利于快速化解危机。

第四,及时与家长沟通。当发生学生离校出走事件后,班主任要及时与家长进行沟通。这样做既可以通过家长了解学生近期状况和离校出走的原因,也可以通过家长增加一些寻找线索,与此同时也可以发动家长一起寻找学生。可以认为,及时与家长沟通是顺利解决学生离校出走事件必不可少的重要步骤。

第五,了解离校出走原因。离校出走既是小学生对现实生活的一种逃避,也是对成人权威的无声抗议。引发小学生离校出走的原因较为多样,例如学业负担过重,人格异常与逆反心理,无法抵抗外界的诱惑,等等。作为班主任,只有深入了解学生离校出走的原因,才能从根本上防患于未然。

第六,以人为本,依规处理。待学生返校后,班主任首先要做的事情是安抚学生的情绪,待其冷静下来后给予学生正确的指导,使其从心底真正认识到自己的错误。同时,班主任也要根据事情的性质及影响,按照校纪校规的规定,对学生的离校行为做出恰当的处理。

(二) 意外伤害事件

在日常校园学习生活中,意外伤害事件或事故时有发生,例如交通事故、溺水、窒息、中毒、烧(烫)伤,等等。对于农村孩子来说,意外伤害事故主要包括以下几类:溺水(7、8月份发生率居高)、由动物造成的伤害(猫狗咬伤)、运动造成的伤害、烧(烫)伤,等等。针对意外伤害事件(事故),除了要向儿童普及安全知识外,教师特别是班主任还要熟练掌握意外伤害的急救知识,以便及时施救。另外,教师还要了解相关法律法规,当意外事故发生后,能够严格按照法律法规处理问题(见文后附录1)。

【案例10-2】

一天下午体育课上,诸老师组织学生进行立定跳远训练。诸老师选择学校校园内的水泥场地作为训练场,首先带领学生进行训练前准备运动,接着通过示范讲解,讲清要领和注意事项,然后让学生分组进行立定跳远训练。在训练过程中,学生小敏不慎摔倒了,诸老师发现后马上将小敏扶起,并关切地询问小敏伤了没有、疼不疼,在确知小敏无事的情况下,继续进行了她的课堂教学。第二天早上,诸老师得知小敏昨天体育课摔倒造成手腕骨折正在医院治疗的消息后,立即向校长进行汇报,校长派诸老师和小敏的班主任老师到医院进行了慰问,当时在看护小敏的爷爷对学校给予小敏关心表示感谢。事后,小敏的家长来校反映,要求学校赔偿所有医疗费,并提出签字承诺"十年内,小敏骨折处生长发育时造成骨质增生,学校须承担一切后果"的要求。其理由是,学校领导未亲自去医院慰问学生小敏,诸老师教学时选择的教学场地和教学方法不正确,因此造成小敏摔倒后手腕骨折。学校领导对小敏伤害事故非常重视,并由分管学校安全工作的副校长负责协商处理此事。首先,校方与小敏的家长进行沟通,了解家长对解决此事的真实意图;其次,校方查找《学生伤害事故处理办法》有关处理条款,请教律师,掌握处理小敏伤害事故处理办法;同时,请人民医院骨科主治医师进行医学鉴定。在此基础上,学校和家长就医疗费赔偿和后续问题进行了友好协商,使"小敏校园伤害事故"得到了圆满的解决。

【案例分析与点评】

学校对该事故处理的做法是正确的,具体体现在以下几方面:

1. 符合情理。发生事故后,学校主动派教师到医院慰问受伤学生小敏;家长提出培养要求和签订有关承诺协议时,学校派副校长与家长进行沟通,协商赔偿等事宜,得到了家长的宽容。

2. 符合法律规范。①《学生伤害事故处理办法》第二章第八条规定:"学生伤害事故的责任,应当根据相关当事人的行为与损害后果之间的因果关系依法确定。因当事人的行为是损害后果发生的非主要原因,承担相应的责任。"诸老师的教学行为符合教学常规,此次学生受伤不是诸老师的教学所造成的。②《校园伤害事故处理办法》第二章第九条规定,因下列情形之一造成的学生伤害事故,学校应当依法承担相应的责任:"学校的校舍、场地、其他公共设施,以及学校提供给学生使用的学具、教育教学和生活设施、设备不符合国家规定的标准,或者有明显不安全因素的";"学校组织学生参加教育教学活动或者校外活动,未对学生进行相应的安全教育,并未在可预见的范围内采取必要的安全措施的";"学生在校期间突发疾病或者受到伤害,学校发现,但未根据实际情况及时采取相应措施,导致不良后果加重的"。第三章第十五条规定:"发生学生伤害事故,学校应当及时救助受伤害学生,并应当及时告知未成年学生的监护人;有条件的,应当采取紧急救援等方式救助。"

案例中立定跳远场地材质为水泥场地,但上级教育行政部门没有规定此类场地不允许进行立定跳远训练,而且教育局组织中考体育测试也采用此场地。另外,诸老师在组织此次训练时已对学生进行了安全教育。从第二章第九条相关条款看,学校不必承担责任。但从第二章第九条相关条款和第三章第十五条规定看,学校应承担相应的责任。因为课后、放学前诸老师没有再去询问小敏的情况,也没有主动向小敏的班主任和监护人通报情况。

(可参见,校园安全事故成功案例,https://www.360kuai.com/pc/9353a4d0d1f92ae51?cota=4&kuai_so=1&tj_url=so_rec&sign=360_57c3bbd1&refer_scene=so_1。)

通过上述案例,笔者认为班主任在应对校园意外伤害事件时应考虑以下几点:

第一,建立安全责任制,加强安全防范工作。教师在组织活动时要注意场地形式、内容的安全防范。教师在选择立定跳远的场地时最好不要选择水泥场地。

第二,建立安全事故报告制、安全事故预案制。发生学生伤害事故,教师应立即向学校汇报,学校应当及时救助受伤害学生,并应当及时告知未成年学生的监护人。

第三,处理校园安全事故要注意合情、合理、合法,做到以人为本,以得到受害人及其家属的谅解,使校园伤害事故得到圆满的解决。

(三)突发性疾病事件

在教育教学过程中,教师通常会遇到两类突发性疾病事件:一类是个体性事件。通常表现为患有先天或后天疾病,或存在严重的疾病隐患的学生,在经过剧烈运动或急剧的情绪变化后出现哮喘、癫痫、昏厥等问题。另一类是群体性事件。大体上可以把群体突发性疾病事件分为非常规事件与常规事件。非常规事件的发生没有规律性和明显的前兆特征,采用常规管理方式难以应对处置。例如,2000年以来,我国经历了两场较为严重的突发性疾病事件,一场为2002年在广东发生,后来扩散至全国乃至全球的SARS事件,另一场则为2019年12月以来爆发,大规模肆虐全球的新型冠状病毒事件,这两场突发性疾病事件均为非常规事件。常规事件具有一定的规律性和周期性,人们可以对其发生作出超前的预判。例如,秋冬季节容易爆发的流行性感冒就是教育教学中较为常见的一种常规群体类突发性疾病事件。

针对突发性疾病事件,班主任要积极构建预防为主、防治结合的长效管理与应急处理机制,提高快速反应与应急处理能力,将防控工作科学化、规范化,从而更好地保障广大学生的身体健康和生命安全,确保教育教学秩序有序进行。

【案例10-3】

可怕的发烧百度
——记一次孩子突发状况的处置案例

"周老师,小谢说头很疼!"吃完饭,我刚回到办公室坐下来,班里的一位同学就急匆匆跑来跟我说。由于不清楚小谢的情况到底是轻微的头痛还是发烧的那种剧烈的头痛,于是我打算放下手头的工作先去教室看看情况。

正当我离开办公室走向教室时,刚才那位报告的同学又跑来了,这次声音似乎更加着急了:"周老师,小谢倒在地上了!"这时我意识到了问题的严重性,快步跑到教室,冲到小谢旁边。只见他头贴着地,整个人缩成一团趴在地上。我把他的身体翻过来,发现他的目光呆滞,嘴巴旁边有白沫。我在他眼前晃了晃手叫了叫他,他仍旧没反应。由于他整个人坐不起来,于是我先找了一个书包让他头靠在书包上平躺着,再让周围的学生散开,保持空气的流通。

接下来我快速拨通了学校领导的电话,就在这时最让我着急的事情发生了,他的家长手机关机,我一时联系不到。由于他们家只留了一个电话号码,唯一的办法只能问小谢的哥哥。等到校领导过来后,我赶紧跑到他哥哥的班级问到了他家长的电话,并及时通知到了他们。等我带着他哥哥再次赶到小谢旁边时,他躺在垫子上,不远处有他吐出来的东西。体育老师正在给他做一些急救措施,周围的同学也把桌椅移开腾出了尽量大的空间。不一会儿救护车也过来了,医护人员把孩子抱上了车,我跟随着来到了附近的滨海医院。在车上,我忐忑的心仍不能平静,小谢的意识还不是非常清醒,护士给他插氧气孔他也会抵抗,护士摸了摸他的额头,初步判断是发高烧。到了医院,医生给他量了体温,抽了血,测了血压,确认了是39.8度的高烧,医生立即给他打了支退烧针。

医生表示,一般来说,5岁以后由于发烧而引起抽搐或痉挛的现象不太常见,而该孩子已经10岁了还会出现这种现象,建议去大医院再做脑电波的检查。孩子的意识一点点地恢复了,烧也慢慢退下来了。此时家长也赶到了,说出了孩子读小学二年级时在家里也发生过一次类似的事情,当时也做过脑电波的检查,没什么问题,当时医生建议要密切关注这个孩子,不能让他发烧。这次又发生这样的事情,为了孩子的安全着想,我们都建议还是带他到较好的医院再做一次脑电波的检查,以防万一,家长也同意了我们的建议。

于是下午一点左右,我陪同他们来到了县中心医院。在途中我们都一直观察小谢的状况,他的意识已经比较清醒了,只是烧还没有完全退下来。到达医院后小谢做了20分钟的脑电波检查,医生表示,从检查结果来看没有问题,但10岁的孩子还会由于高烧而引起抽搐这个问题值得关注,并建议再带他到杭州知名的神经科医院做一次彻底的检查。事后我也多次联系家长,建议他们听从医生的话,确保无事了再来上学,家长也表示认同。

【案例分析与点评】

在上述案例中,值得借鉴的有以下几点:① 当事情发生时,学校立即通知孩子家长并时刻关注孩子身体情况,发现情况不妙时立即将学生送到医院救治。这说明不论是学校层面还是教师个人对学生安全工作都十分重视。② 每学期初,学校都会对孩子的身体健康状况进行全面摸排并告知任课教师,这说明学校安全管理措施落实比较到位。③ 如果不是同学们一次又一次的报告,也许班主任会忽视该意外情况而延误对小谢的治疗,这说明班级内构建了良性的生生关系。

与此同时,班主任在遇到类似事件时,需要做到以下几点:① 增强未雨绸缪的意识。当天早上天气阴冷,小谢穿的衣服较为单薄,身体也禁不住抖动,如果班主任多加注意,也许意外就不会发生。② 学习急救知识。面对突发性疾病事件,如果班主任能掌握一定的急救知识,就可以在送医救治前采取措施延缓孩子病情,甚至在关键时刻挽救孩子的性命。③ 主动向家长了解孩子身体健康状况。从案例中可以看出,小谢不是第一次出现上述意外情况。如果班主任在了解学生过程中多加关注孩子的身体健康情况,也许意外事件就不会发生。

（四）顶撞老师事件

在日常教学与管理过程中,有时会发生学生顶撞教师的事件。他们或对老师的批评置若罔闻,或对老师的建议置之不理,甚至当面向教师挑衅。学生之所以顶撞教师,大致有两方面的原因:一方面的原因在于教师对学生或事件本身缺乏足够的了解,另一方面的原因在于学生情绪急躁、性格偏激。此类事件如果不及时控制,不但教师威信扫地,而且会对今后的教学和管理工作造成非常不利的影响。

【案例10-4】

"老师,老师,教室里又打起来了,您快去看看吧。"我正在食堂吃早餐,碗里的米线还没吃到一半,班长就气喘吁吁地跑来找我。我知道肯定又是小伟带的头。放下手中的筷子,我三步并作两步冲向教室。刚到教室门口,就听到教室里乱哄哄的一片,还夹杂着"打""用力打""打得好"的叫喊声。我冲进教室一把拉开小伟,大声喝道:"住手!"起哄的学生被震住了,多达数孩子都退回到自己座位上。我正想把打架的两个孩子带回办公室问话,没想到小伟冲着我就喊:"我不是你的学生,我不要你管!"说完转身就冲出了教室。看着小伟怒气冲冲的背影,我不禁想到第一次见他的情景。

第一次接手这个班,我走进教室时,一个矮矮壮壮的男孩就吸引了我的注意。其他的孩子都睁着无邪的大眼睛,好奇地打量我这个新老师,只有那个男孩看起来工于心计、少年老成,非常漠然地看着我,那眼神分明有一种"挑衅"的东西在闪动,他就是小伟。以后小伟的这种表现让我不得不更加注意他了,因为他的故意顶撞常常让我心里堵得慌。一次,我走进教室,看到地板上赫然躺着几张揉皱了的纸团。我问谁扔的,一个男孩说是小伟扔的。我转向他,顺口问是不是他扔的?为什么不扔到门口的垃圾桶里?我话音刚落,小伟马上喊起来:"是我扔的,怎么样?"还有一次,正在听写。其他学生都在低头写着,小伟还不紧不慢的玩弄着手中的圆珠笔。我走到他身边,用手敲了敲他的桌子。没想到他一抬头就瞪着眼睛冲我大声喊道:"你干什么,神经病!"他的大嗓门吓了我一大跳。

在学习上,他从来都是应付了事。尤其在书写方面,我只能把他写的字叫作"天书"。每次批改他的作业,就像是考古似的很费眼力。我在他的作业本上没少写"书写不工整"这几字,他却把我的评语作为描红的字帖,很细心地把那几个字描了一遍。我指着他描过的字责问他,他可是很大方地说:"老师,您的字很潇洒,我这是在练字呢!"

在我们老师心中,他实在不是招人喜欢的孩子。可他却特别有号召力,身边总有一群"仰慕"他的孩子跟随左右。今天的打架事件,仅仅是因为同学之间一个小小的玩笑,小伟为他的"哥们"打抱不平。而那些起哄的孩子也多是他的"仰慕者"。事情过后,小伟变得更加沉默寡言,除了他的"弟兄",谁的话他都不听,谁叫他都不理。

我决定对这件事情"冷处理",对他的这种行为暂时不追究,这会儿我和他说什么,他都是听不进去的。但暗地里我开始多方了解小伟的情况。我还找到他以前的班主任,知道小伟属于那种经常无故顶撞老师的学生。只要能引起老师对他的注意,哪怕带来的是同学的起哄,老师的惩罚,他都感到很满足。所以,他理所当然地成了班主任心中的一块"顽疾"。

从学生口中我知道小伟的成绩一直不理想,老师们都不喜欢他,只要他一闯祸,老师们除了惩罚还是惩罚,班里的活动老师也不愿让他参加。可小伟在男生中的威信越来越高,因为他是一个很讲义气的人。看来这个孩子的心地并不坏。要转化他,还得让他感受到老师对他的真切关怀。而我,平时对他的关怀就不够,和其他老师一样,只要他犯错,同样也是简单的说教加没得商量的惩罚。何况教育好他,就等于带动了一大片,他毕竟是男孩子心中的"老大"。

从其他同学口中我知道小伟家是卖鸭蛋的。我叫一个孩子带我到市场,找到了他家的鸭蛋摊,见到了小伟白发苍苍的老奶奶,她正躬着腰给客人数鸭蛋。老奶奶见老师来了,感动地说:"谢谢老师对小伟的关心!这还是老师第一次上门啊!这孩子从小就不服管教,性格倔强。父母又没文化,还要打理家里的养鸭场。这孩子让我们一家人操碎了心啊!"望着老奶奶的白发,听着她颤颤巍巍的话,我心里不是感动,却多了一份自责——对小伟的关心太少了、太晚了。

【案例分析与点评】

在上述案例中,小伟故意顶撞老师的事情发生了不止一次:老师想把两个打架的男生带回办公室问话,小伟怒气冲冲地转身就跑;老师刚接手这个班,小伟就用漠然的眼神向他发起挑衅;小伟故意向地板上扔纸团,在被询问时公然和老师对抗;小伟在听写时玩弄圆珠笔,在被提醒时冲他大喊大叫;小伟把老师的评语作为描红的字帖,在被责问时敷衍塞责,等等。小伟顶撞老师的行为会产生如下后果:破坏正常的教学秩序,师生关系恶化,班主任权威下降,等等。小伟之所以做出顶撞教师的行为,其原因大致包括如下两点:① 缺乏家庭关爱。小伟的父母文化水平不高,平时还要打理家里的养鸭场。父母对小伟的疏于管教造成小伟从小就不服管教,性格倔强。② 吸引老师的关注。据小伟以前的班主任描述,小伟属于那种经常无故顶撞老师的学生。小伟顶撞老师的目的在于引起老师对他的关注,即使这样做会引发同学的起哄和受到老师的惩罚也无所谓。③ 通过顶撞老师树立个人"威信"。在班级里,小伟有一批"仰慕者",他的"威信"一方面来自比较讲义气,另一方面恐怕就与他敢公然顶撞老师有关。在一部分同学(包括小伟)看来,敢与老师对着干的人通常有莫大的勇气。在他们眼中,这样的人就是英雄。

(可参见,小伟的故事,https://www.doc88.com/p-1116367025133.html。)

在处理类似事件时,教师通常要做到如下几点:第一,保持克制和冷静。面对公然顶撞自己的学生,很多老师会忍不住大动肝火。盛怒之下,他们或者会把学生赶出教室,或者会让学生叫家长,有的老师甚至会忍不住与学生动手。殊不知,这种做法不但解决不了问题,反而会激化师生矛盾,导致事态进一步恶化。第二,换位思考。面对学生的顶撞,教师首先要做的事情不是强制学生承认错误,而是先搁置冲突,这样做既能保存学生在同学中的颜面,又让自己有台阶可下。第三,消除学生的对立情绪。要消除学生的对立情绪,教师要做到以下几点:平等对待所有学生,尊重学生的人格、个性和情感,用心去聆听和理解他们的内心世界;避免给学生贴上"差生"标签和用有色眼镜看待这部分学生;避免用训斥、嘲笑、辱骂、体罚等方式处罚所谓的"差生"。第四,捕捉学生身上的闪光点。每一个学生都有优点和缺点,作为教师,要善于发现学生身上的闪光点。如果可能,还可以对学生"委以重任",以激发他们的上进心。

(五)财物损失事件

小学生好奇心较重,当他特别想要某种新奇的文具或事物而又无法得到满足时,就有可能采取偷窃的方式达到目的,例如在学校,学生丢失橡皮、铅笔、笔记本等事件时有发生。另外,小学生生性好动,加之缺乏安全意识,极有可能在课外活动或嬉笑打闹时中损坏对方财物。财物损失事件虽是少数同学所为,但处理不好就会破坏班级风气,或者影响同学们之间的关系。因此,此类事件一旦出现,班主任就要采取措施,严肃、公平、公正地进行处理。

【案例10-5】

刚上小学二年级,班里已经有了好几个"小眼镜",我不禁有些担忧,既为孩子们的身体,也为他们的安全。可我还没来得及采取什么措施,就出事了。一天下午,两个小朋友扶着小K急匆匆地来找我,说小K的眼镜被踩坏了。我拿来一看,镜架坏了,但镜片没有碎。我连忙找三名"肇事者"了解情况,他们承认是自己弄坏的。因为急着上课,我没有细问,只是告诉他们需要承担换眼镜框的费用,让他们回家后告诉父母。

放学时,我把这件事告诉了小K妈妈。小K妈妈看了看眼镜,说:"只换个镜框花不了多少钱,不用他们赔了。"既然不用赔偿,我就未向三名"肇事者"家长说明情况。一周后,小K妈妈突然一脸为难地找到我,说:"镜片被踩花了,孩子眼睛近视高达1500度,实在看不清楚,只好去眼科医院重新配了一副,花了2500元,这笔费用让我一个人承担有点吃不消。"我一下子蒙了:不是只用换镜架吗?怎么又需要换片了?还花了这么多钱?我不敢自己做主,连忙联系三名"肇事者"家长来校协商解决。其中两位家长如约而至,只有小D妈实在没时间来不了。家长们很快就赔偿金额达成协议,我也将结果告知了小D妈妈。

本以为事情顺利解决了,不料第二天,小D妈妈却打来电话说:"孩子告诉我,不是他推了小K,而是他先倒在地,小K没看到,跑过来被他绊倒了,眼镜就这样摔了出去。我们愿意赔钱,但不想孩子被冤枉。"挂了电话之后,我打电话把小D妈妈的话告诉小K妈妈,但她认定小k是被人推倒的、因为小K自始至终都是那么和她说的。一时间,事件变得复杂了起来。后来,虽经多方努力,事情勉强摆平,但几位家长之间已经产生了深深的隔阂,并且她们对我也产生了一定的看法。

【案例分析与点评】

通过上述案例,我们认为在班级管理中需要注意以下几点:1. 教育无小事。小K眼镜近视度数高达1500度,没有眼镜,他几乎什么都看不见。对于小K妈妈而言,这副专门配制的眼镜高达2500元,自己实在无法承受这笔费用。相信不论对于小K或小K妈妈而言,这都是一件比较严重的事情,但该班主任却忽略了事情的严重性。2. 不要错过最佳教育时机。在发生这件事之后,班主任没有及时向孩子们询问事情的详细经过,以至于"战线"拉得过长,到最后孩子们已记不清事情的详细情况。另外,事情发生后班主任也没有及时与学生家长联系,这为后面家长的不理解埋下了隐患。3. 很多事情需要当面说清楚。当意外事件,特别是涉及多人的意外事件发生时,应该约请所有的当事人到场共同协商,以达成共识。这次事件中,小D妈妈没有参与商谈,导致她对处理结果产生了异议。而小K妈妈在得知小D妈妈的意思后,内心也产生了负面情绪和抵触心理。由于没有当面说清楚这件事,几位家长之间已经产生了深深的隔阂,并且她们对班主任也产生了一定的看法。

如果能回到过去,该采取什么措施呢?首先,当事情发生时,班主任应该第一时间向孩子们了解事情的经过,必要时,还可以回到事发地点对事情进行重现,务必做到客观、公正。其次,班主任应该向小K妈妈询问眼镜维修的情况,并和小K妈妈商定解决问题的办法。最后,班主任应该召集所有当事人坐在一起,大家当面把事情讲清楚,并就问题的解决达成一致意见。必要时,还可以签订调解协议书,以对家长们的权利和责任进行规约。

(来源:黄燕.学生眼镜被踩坏之后——处理班级突发事件失败后的反思[J].班主任,2013(11).)

(六)打架斗殴事件

打架斗殴事件是发生在学生与学生之间,或校外人员与学生之间的一种对他人身心造成伤害的校园暴力事件。在遇到打架斗殴事件时,班主任首先要在第一时间制止该事件,并确保学生的人身安全。如果有学生受伤,视受伤严重程度采取相应的救治措施。其次,班主任要保持清醒的头脑,在全面了解情况之后做出审慎处理,切勿武断。最后,班主任要借机在班会中对打架斗殴事件进行原因分析,总结教训,以免类似事件再次发生。

【案例10-6】

卢某,四年级的学生,在我刚接手上课的第一天,就有学生频频来报告:"老师某某人打我。"问他们原因,又好像没有什么大事,就是在一起玩玩就打了。于是我就找他教育了一番,可是接下来天天都是这样,难道是他生来就有这个爱好?喜欢打人?怎么办呢?于是我找来了他的父母,了解一些情况,令我感到惊讶的是,他父母告诉我:"老师,孩子不乖,你打他好了,他就是这样,我们也没有办法教他了,只能是打他。"看着他们,我想孩子喜欢打人的毛病要改掉,还要连同他的父母的这种错误的想法一起改掉。其实这个孩子一点也不笨,脑子还挺聪明的,就是爱打人,于是我的心里就暗暗下了决心:一定要让他改掉这毛病。

可以看出,这位姓卢的同学有喜欢打人的坏习惯,只要他有空,他就会找任何理由,任何方法,随时随地去打人。或许他有一点攻击性的行为。通过学习有关资料,我知道了所谓攻击性行为就是指因为欲望得不到满足,采取有害于他人、毁坏他人物品的行为。儿童攻击性行为常表现为:

1. 好胜心强,喜欢与人争执。这类孩子见不得别人比自己强,事事都要与人争第一。一旦同学在某个方面超过自己,他就会表现出反常行为,与人争执、打斗,发泄内心的不满。

2. 爱惹事,自控能力很差。这类孩子平时管不住自己的手脚,言行举止不分时间、场合,课堂上坐不住,爱惹是生非,影响其他同学。课间常因自控能力差而与同学发生摩擦,导致出现攻击性行为。

3. 情绪不稳定,好冲动,时常乱发脾气。这类孩子往往在家中娇生惯养,家长拿他没办法,稍有不顺,便要性子,自我中心意识强,容不得别人的批评。

综上所述,可以判断这位姓卢的同学还不具有攻击性行为,而是一般的打闹行为,是可以逐步改变、改好的。对照上面的理论阐述,针对这个孩子的行为特点,我采取了以下做法:

1. 我作为老师,我没有讨厌、歧视这个学生,而是多关心,多理解,使其感到温暖而有触动,有悔意,为教育引导打下基础。

2. 通过调查,我认为这位同学的行为形成的原因之一应该是家庭不良的教育因素影响。针对他的情况,我实施了一些干预措施。首先改变其家庭教育环境。我同他父母进行了一次诚恳的谈心。通过谈话使他们明白,孩子的成长离不开良好的家庭教育。要求他的父母多抽一些时间来关心他的学习和生活。当孩子有错时,应耐心地开导、教育,而不应采取辱骂、踢打的教育方式。

3. 利用集体的力量影响他,使其养成良好的行为习惯。他打人,被扣分了,我告诉他,他的行为影响了全班的荣誉,也让他明白,打骂同学的行为是可耻的,与同学团结友好地相处是光荣的。同时我也让全班同学都关心他,安排懂事、有礼貌的学生与他同坐,一有进步就表扬他,使他对自己有自信心,使他在大家的善意帮助下,在众多的榜样示范下,逐步向好的方面发展。

4. 善于发挥孩子的长处,改善孩子的打人毛病。经过多次观察,我发现他写作业的速度比以前快了,而且还比较喜欢帮助周边的同学,也经常乐意帮助老师拿作业本、教具等。于是,我就看好了他的这些优点,经常表扬、鼓励他,让他写好作业后去帮助班中需要帮助的同学,这样孩子有了事情干了,随意打人的机会减少了。渐渐地他能够和大家友好相处了。班中的同学看到了他的优点,也渐渐忘记了他以前打人的缺

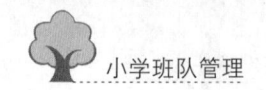

点,都经常与他交朋友,一起玩了。

【案例分析与点评】

1. 作为教师要注意运用适用于儿童心理发展水平的方法。对于有这种行为的学生,千万不要采用简单、粗暴的办法处理,这样往往会使孩子产生抵触情绪和逆反心理,甚至会强化这种错误行为。这样,孩子会对老师所提出的要求表现出一种消极的态度,使老师合理的道德行为规范要求无法让孩子理解,也就无法转化为孩子内在的行为动机。

2. 外国一位哲学家曾经有过一个木桶理论:用长短不一的木板箍成一个木桶,当倒进水后,水会从最短的木板处流出来。俗话说:"十个手指有长短,一母同胞有愚贤。"一个班级中总有这样那样的同学,只要我们认真地对待每一个学生,认真地关心每一个学生,相信任何问题都是有解决的方法的。上述案例中的这位同学,经过班主任的努力,以及他父母的帮助,终于从一个问题孩子变成了老师的小帮手,也变成了学生的学习榜样。虽然他偶尔还有反复的现象,但是他真的变了,渐渐变好了。

(来源:覃绍兰.国家教师科研基金十一五阶段性成果集(广西卷)[C].2010:596-597.)

二、突发事件的特点

作为教育教学过程中突然发生的意外事件,班级突发事件一般而言具有如下特点:

(一) 偶然性

所谓偶然性指班级突发事件的发生具有较大的隐蔽性和不确定性,我们无法预知事件发生的时间和地点,也无法预知事件的类型和性质。突发事件的发生往往是通过一定的契机诱发的,而这种契机以什么方式出现,在什么时候出现则是偶然的,这就决定了突发事件发生的具体时间、具体态势和影响深度是难以完全预测和把握的。对于班级突发事件而言,其诱发性契机可能是教师的疏忽,可能是学生自身存在的健康隐患,也可能是校外的不安全因素。尽管班级突发事件是一种小概率事件,但它的出现不但会扰乱正常的教育教学秩序,还可能对青少年的健康成长产生较为深远的影响。

(二) 突发性

班级突发事件的出现往往是突然的,表现出不可预料和突发的特点。在城市化进程快速推进的过程中,农村大批青壮年劳动力涌向城市,广大农村地区出现了大量的留守儿童。在留守儿童中,往往存在着不同程度自卑、自私、虚荣等不良现象。在日常的班级管理过程中,这些不良现象容易导致偷窃、逃学、打架等突发事件的发生。这些突发事件通常具有如下特点:第一,随机性。在事件发生之前,很难发现明显的先兆。第二,情绪化。也许教师或同学的一个不经意的眼神或动作,就可能会引发当事同学的误会,成为其不良情绪的宣泄口。第三,破坏性。突发事件往往会对学生人身造成伤害,甚至引发家庭和学校的矛盾,从而扰乱正常的教育教学秩序。

(三) 复杂性

从涉及主体看，班级突发事件可能发生在学生之间，师生之间，也可能发生在学生与社会人员之间；从事件类型上看，班级突发事件包括离校出走事件、意外伤害事件、突发性疾病事件、顶撞教师事件、财物损失事件、打架斗殴事件等多种类型；从发生场合来看，突发事件可能发生在校内，也可能发生在校外；从动机上来看，有的突发事件是学生有意为之，有的突发事件则是学生的无心之失；从成因上看，诱发突发事件的契机可能来自教师的疏忽，可能来自学生自身存在的健康隐患，也可能是校外的不安全因素；从危害程度上看，可以分为轻度、中度和重度。班级突发事件可能给学生个人、班集体甚至学校带来严重的伤害，班主任对突发事件的复杂性要具有充分的心理准备。

(四) 紧迫性

突发事件往往发生突然，并且影响范围广泛，一旦发生必须马上予以处理，否则可能引发一系列后果，例如学生身心健康受到危害、师生关系恶化、生生之间严重对立、班级组织混乱、班集体荣誉受损、教学活动难以为继，等等。班级突发事件的紧迫性要求班主任在最短的时间内迅速而准确地做出判断，找到解决问题的最佳方式，以降低突发事件的危害。

第二节 突发事件的处理原则

所谓班级突发事件处理的原则，是指班主任在处理班级突发事件时应该自觉遵守的基本行为准则。在原则的规约下，班主任不仅可以快速有效地平息事端，保证教育教学活动的顺利进行，而且也可以借机施展教育机智，从而促进学生的健康成长。如果违背原则，不仅无法妥善处理班级突发事件，反而会带来严重的负面影响，轻则班主任威信下降、师生关系恶化，重则会引发更加严重的连锁反应。一般而言，班主任在处理班级突发事件时，需要自觉遵守如下原则。

(一) 以人为本原则

苏格拉底曾经说过："我的朋友不是城外的树木，而是城内的人。"在人本理念影响下，苏格拉底开创了哲学研究的新的领域，使哲学"从天上回到了人间"。我国思想家管仲也曾提出"以人为本"的理念："夫霸王之所始也，以人为本。本理则国固，本乱则国危。"管仲认为，君王只有以人民为根本，才能治理好天下。党的十六届三中全会上曾指出，将以人为本作为科学发展观的基本原则和内涵，这充分体现了管理工作中以人为本的重要性。以人为本的教育理念是时代发展的产物，它主张把人放在第一位，以人作为教育教学的出发点，顺应人的禀赋，提升人的潜能，完整而全面地促进人的发展，其根本所在就是以人为尊，以人为中，以人为先。

在应对突发事件时，坚持以人为本体现了班主任教育理念的价值目标。在处置突发事件时，班主任要始终坚持以人为本，以学生的生命健康作为处置突发事件的首要任务。可以说，以人为本既是处理突发事件的出发点，也是处理突发事件的落脚点。对于班主任来说，在突发事件发生后，在时间紧、任务重的情况下，能否把以人为本教育理念贯彻到底，是检验班主任班级管理水平的关键标准。现在的小学生大多是家里的独生子女，他们做事情我行我素，性格张扬，班主任在处理突发事件时，应该对学生们充满耐心与宽容，以包容的心态维护学生身心健康和促进学生的个性化发展。

（二）教育性原则

心理学的相关研究成果表明：平时学生的心理处于相对平衡状态，突发事件的出现往往打破学生的心理平衡状态，这时学生对周围信息的反应比较敏感，抓住这些时机，常常可以收到意想不到的教育效果。因此，突发事件不仅是一次班级管理的危机，也是一次教育学生的良好契机。对于班主任来说，处理突发事件不仅仅要解决某个具体的矛盾，教育某个具体的学生，而且要通过对突发事件的处理，使大多数学生总结教训，提高认识，受到教育。突发事件的出现容易造成学生心理失衡，而心理疏导是打开孩子心理门户，解决青少年心理失衡等心理问题的有效策略和手段。

第一，在突发事件发生时，要及时了解学生们的心理动态。既要着重关注突发事件对当事学生的心理冲击，也要普遍了解突发事件对班级其他学生的心理影响。在了解学生的心理动态时，可以采用谈话法，也可运用心理测试、问卷调查、跟踪研究、个案分析等手段来诊断学生心理失衡的具体症状，查找突发事件发生的背景，综合概括出引发突发事件的深层次原因。第二，及时解决学生学习中的困惑和生活中的困难。学生学习中的困惑和生活中的困难，有时是导致突发事件发生的重要外因。班主任要随时关注埋藏在学生心灵深处的迷茫和困惑，并采取各种措施解决学生学习中的困惑和生活中的困难，以减轻学生的精神压力与心理负担。第三，时刻保持宽容之心。当突发事件发生时，班主任要保持理智和宽容的态度，既要对学生严格要求，又要以宽容之心引导青少年自我反思、自我认识和改正错误。苏联教育家苏霍姆林斯基在《教育的艺术》一书中提道："一般来说，我谅解犯错误、做蠢事的孩子。这种谅解能够触动孩子自尊心的最为敏感的一角，使孩子心灵中产生一种促使他纠正错误的积极向上的意志力。孩子不仅深深悔恨过去所犯的错误，而且以积极的行动将功补过……常有这种情况：比起那种情况可能采取的惩罚行动来，谅解所产生的道德感召力要强烈的多。"可见，有时谅解比惩罚更能直达学生心灵深处，达到事半功倍的教育效果。

（三）预防性原则

应对突发事件花费成本最少、最简便的方法是预防突发事件的发生。这就要求班主任把"居安思危、预防为主"作为应对突发事件的出发点。班主任要在突发事件孕育和萌芽时期，通过深入细致的观察和研究，及早做出各种防范和准备，最大限度地将突发事件扼杀在萌芽状态。这需要班主任对所有学生、特别是对存在特殊情况的学生的信息了如指掌。对存在特殊情况的学生，如来自单亲家庭、经济条件困难、身心发展障碍的学生，班主任需要倾注更多的爱心和耐心,在日常的工作中注重对学生进行心理健康教育,并加强学生安全意识的警示教育。当然,由于突发事件多种多样,有些突发事件是无法避免的。对无法避免的突发事件,班主任可以提前采取各种预防性措施,以减轻突发事件的危害。例如,班主任可以系统学习一些急救的基本知识,当孩子出现危及生命的情况时,可以在第一时间给予正确的救治;班主任也可以提前制定突发事件的应急方案,当突发事件发生时,可以依据应急方案迅速、有序地开展行动,可参见案例10-7。

【案例10-7】

小学班级突发事件应急预案①

为了确保班级师生的安全,确保在发生突发事件情况下能够及时有效、有序进行处置,尽最大能力减少事件对师生的伤害,制定本预案。

一、班内突发事件的确认

根据班内学生实际情况以及历年内学校发生的突发事件,将班级内可能发生的突发事件总结为以下几项:

1. 地震
2. 火灾
3. 学生突然晕倒
4. 有传染性疾病
5. 有坏人突然进入
6. 发生拥挤踩踏事件

二、成立应急处置小组

组长:班主任

副组长:各任课老师

成员:班长等班干部

主要职责:

1. 在发生突发事件时,按照预案规定程序分工进行处置,将危险和损失降到最低;
2. 日常进行安全检查,发现有突发事件预兆及时进行报告处理;
3. 发生突发事件时,以保护学生安全为目的,及时组织学生撤离险区。
4. 教育学生风险意识,组织学生进行预案的学习演练,使学生熟悉各项突发事件的处置程序,做好应对准备。

三、针对性处置方案

(一)地震处置方案

1. 发现地震来临时,任课老师立即发出命令:"地震了,全部钻入桌子下方";

---

① 可参见,小学班级突发事件应急预案,http://blog.sina.com.cn/s/blog_14fb35b540102wrsp.html。

2. 第一次震动过后,任课老师发出撤离命令:"分前后两组按顺序一排一排往操场走",学生们分前后两组从离教室门最近的一排开始逐排从前后门快速走出教室,并沿楼梯靠右侧快速下楼,到达操场指定位置,任课老师站讲台上观察学生撤离情况最后离开;学生要快速行走,不准跑步推挤;

3. 班主任若不在教室,撤离出后应及时到操场与本班学生在一起,保持学生秩序,稳定学生情绪;

4. 班主任在操场清点学生人数,若有学生未撤出,须确认未撤离学生姓名和人数,并及时汇报校领导;

5. 若有未撤离的学生,须视震情进行搜寻,若有房屋倒塌,则只能等待救援,若未发生倒塌,须在第一时间内将学生找回并向校领导汇报情况;

6. 若有学生受伤,班主任要及时与校医联系处置,若情况严重则打120进行救护,并同时电话通知家长。

(二)火灾处置方案

1. 教室外发生火灾

(1)接到本楼内火灾消息时,任课老师立即出教室察看,确定着火位置,并迅速确定学生安全撤离的路线;

(2)返回教室,告知学生撤离路线,命令学生将各自的小毛巾倒水淋湿,分前后两组从离教室门最近的一排开始逐排从前后门快速走出教室,捂口鼻弯腰沿楼梯靠右侧快速下楼,到达操场指定位置,老师最后撤离,学生要弯腰快速行走,不准跑步推挤;

(3)班主任若不在教室,撤离出后应及时到操场与本班学生在一起,保持学生秩序,稳定学生情绪;

(4)班主任在操场清点学生人数,若有学生未撤出,须确认未撤离学生姓名和人数,并及时汇报校领导;

(5)若有未撤离的学生,则只能等待救援;

(6)若有学生受伤,班主任要及时与校医联系处置,若情况严重则打120进行救护,并同时电话通知家长;

(7)事后对学生进行安抚或做一些心理辅导,稳定学生情绪。

2. 本教室发生火灾

(1)任课老师立即命令学生从前后门撤离,距离着火点最近的学生开始分头撤离,沿楼梯右侧快速到达操场;

(2)首先撤出的学生要大喊"着火了",通知其他教室人员,并要求附近老师拨打119报警;

(3)所有学生撤出后,若火情不大,任课老师持灭火器进行灭火,否则快速撤离;

(4)班主任若不在教室,撤离出后应及时到操场与本班学生在一起,保持学生秩序,稳定学生情绪;

(5) 班主任在操场清点学生人数,若有学生未撤出,须确认未撤离学生姓名和人数,并及时汇报校领导;

(6) 若有未撤离的学生,则只能等待救援;

(7) 若有学生受伤,班主任要及时与校医联系处置,若情况严重则打120进行救护,并同时电话通知家长;

(8) 事后对学生进行安抚或做一些心理辅导,稳定学生情绪。

(三) 学生突然晕倒处置方案

1. 任课老师第一时间到达晕倒学生身边,命令周围学生将课桌挪开到足够宽敞的空间;

2. 让学生平躺于地上,观察情况,若有抽搐呕吐,则命令四个学生手扶孩子两手两脚,防止碰伤,将头侧卧,让呕吐物流出,并及时拨打120呼叫救护车;

3. 班长立即跑去向班主任汇报;

4. 学习委员立即去相邻教室叫老师帮忙;

5. 班主任到达后立即电话通知家长、通知校领导;

6. 120到达后,校领导派一名老师跟随救护车去医院检查;

7. 若家长未能及时赶到学校,班主任要及时将情况告知家长;

8. 班主任或代课老师回教室对学生进行安抚或做一些心理辅导,稳定学生情绪。

(四) 传染性疾病处置方案

发现学生有×例同样病症时,即可定为传染性疾病发生,采取以下程序进行处置。

1. 立即通知家长将发病学生带离学校进行治疗;

2. 通知校领导班内学生发病和处置情况;

3. 对其他学生进行观察,有症状的通知家长给予预防;

4. 根据学校安排,在教室内、走廊内喷洒消毒液杀菌;

5. 发病学生痊愈后才可返校。

(五) 有坏人突然进入的处置方案

1. 任课老师要沉着冷静,自然面对突发情况,若有学生被劫持,更要沉着应对,进行劝说;

2. 离另一门最近的一学生悄悄出门到相邻教室求救,然后去老师办公室说明情况;

3. 所有学生钻入桌子底下,视情况及时安全撤离;

4. 相邻教室老师立即报警并通知校领导;

5. 校领协助警察进行处置;

6. 若有学生被劫持,班主任立即通知学生家长;

7. 事件结束后班主任对学生进行安抚或做一些心理辅导,稳定学生情绪。

(六) 发生拥挤踩踏事件处置方案

1. 现场学生立即向班主任汇报发生拥挤踩踏事件;

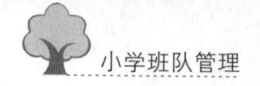

2. 班主任到达现场后,立即控制现场情况,让在场学生原地不动,看有无学生受伤;若无学生受伤,安顿学生进行有秩序的活动;若有学生受伤,要及时与校医联系处置,若情况严重则打120进行救护,并同时电话通知校领导、家长;

3. 让受伤学生平躺,不要乱动,检查学生状况;

4. 120到达后,校领导派一名老师跟随救护车去医院检查;

5. 若家长未能及时赶到学校,班主任要及时将情况告知家长。

四、防范措施

1. 禁止学生带打火机、火柴等引火器材;

2. 楼梯上划分道线,教育学生上下楼梯应分左右行走,不在楼梯上打闹、追逐,养成习惯;

3. 教育学生不触摸电线、开关等电器设备设施;打扫卫生要注意保护电器,切忌用湿布去抹电线和灯泡灯管、插座等电器;

4. 在课间做正当游戏,不得在教室内追逐打闹,不得在楼栏处拥挤,更不得做危险性游戏;

5. 利用主题班队会、黑板报、健康教育课等多种形式,加强对学生进行安全教育;

6. 学习地震逃生小常识;

7. 经常检查教室内电线线路、电器设备,发现问题及时通知校电工处理;

8. 班主任及任课老师熟悉灭火器材的位置,学会使用灭火器,会分析火势方向,会辨别逃生路线;

9. 每天检查询问学生身体状况,发现不适者及时与家长联系说明;

10. 适时对教室、楼道喷洒消毒液,预防传染病的发生;

11. 上课期间,教室前后门不得上锁,保证随时能打开。

五、应急预案演练

每学期,班主任要组织学生进行突发事件应急处置的演练活动,做好活动计划,分次将本预案当中各项突发事件的处置方案进行演练,使老师、学生熟悉各项突发事件处置程序,分工明确,并形成习惯,达到在突发事件发生时能够按照既定方案进行处置,起到安全、有序、减少伤害的目的。

演练程序:

1. 将某项预案的处置方案步骤告诉学生,并明确分工;

2. 组织学生进行演练;

3. 演练完后对演练情况进行讲评,提出不足之处;

4. 每项突发事件处置方案可多次演练,直到学生基本熟悉为止。

注意事项:

每次演练应考虑到可能发生的意外,并有预先的防范措施,告诉学生注意事项,确保安全。

(四) 公正性原则

所谓公正性原则,指教师在处理突发事件时根据学生特质采取相应措施,从而使学生获得个体上的充分发展。这里的公正包括两层含义:一是多重标准上的公正。学生在性格上存在差异,例如有的学生乐天达观、有的学生成熟稳重,有的学生脾气暴躁,有的学生多愁善感。学生性格上的差异要求班主任在处理突发事件时,要根据学生不同的性格特点进行区别对待。例如,在处理打架斗殴事件时,班主任就要充分考虑学生的个性特点。对性格外向的同学,暴风骤雨式的当头棒喝可能会起到立竿见影的效果,而对性格内向的同学,也许和风细雨式的谆谆教诲更加有效。另外,在处理当事学生时,还要特别注意学生的性别差异。女孩子思维缜密,心理承受能力较弱,一般要晓之以理、动之以情;而男孩子往往外向开朗,心理承受能力较强,一般要疾言厉色、义正词严。二是单一标准上的公正。所谓单一标准上的公正,指针对同一性质的突发事件,班主任对不同的同学应该采取相同或类似的惩处措施,而不能有所偏袒,有失公允。例如,后进生当堂顶撞老师,结果可能是叫家长,甚至是被开除,理由是扰乱课堂秩序;而成绩优秀者当堂顶撞老师,结果可能是不了了之,甚至被称赞有质疑精神。班主任在处理突发事件时,必须实事求是地进行分析和处理,而不能采用双重标准判断是非对错。

(五) 及时性原则

所谓及时性原则,指当具有一定危险性的突发事件发生时,班主任采用适当的方式,在最短时间内处理突发事件,并将突发事件对学生的伤害和财物损失降到最低。突发事件发生时,时效性往往决定了应急管理的最终效果。当突发事件来临,班主任需要在最短的时间到位,了解整个事件的信息,并尽一切努力控制事态发展,稳定学生情绪,防止情况恶化。例如,针对食物中毒事故,班主任需要做到如下几点:第一,第一时间向学校领导和相关部门报告,并组织全部力量展开救治;第二,保护现场,便于查明真相;第三,及时联系家长,如实告知情况,并对家长提出的疑问及时澄清,避免误会;第四,安抚同学们的恐慌情绪,避免盲目猜测;第五,及时总结经验教训,并开展安全教育。

第三节 突发事件的处理方法

有人曾经说过:"我们不但要提出任务,而且要解决完成任务的方法问题。我们的任务是过河,但是没有桥或没有船就不能过。不解决桥或船的问题,过河就是一句空话。不解决方法问题,任务也只是瞎说一顿。"在这里用过河要有桥或船的形象比喻,生动而又深刻地说明了解决方法问题对于完成任务、做好工作的重要性。当突发事件发生时,掌握并运用合适的方法可以在最短的时间内达到理想的效果。

(一) 降温处理法

所谓降温处理法,是指突发事件发生后,教师不急于做出结论或者粗暴地把学生置于自己的对立面,而是采取淡化的方式搁置争议,等待时机成熟后再做处理的方法。采用这种方法的理由如下:第一,突发事件发生后,班主任容易心理失衡,从而缺乏充分的教育准备和冷静细致的分析;第二,突发事件发生后,学生情绪激动,容易产生抵触和对立情绪,因此很难心平气和地接受教育;第三,班主任需要时间调查事情真相,这对妥善处理突发事件非常重要。运用降温处理法时需要注意两点:第一,班主任虽然不要轻易下结论,但要对突发事件做一个预处理,并让学生理解这样处置的理由;第二,突发事件的处置时间不能拖得太久,否则将降低教育成效。

【案例10-8】

课间,两个学生在教室的走廊上打架,值日班长急忙喊我到"战场"。此时,两人正你揪着我的头,我抓你的衣领。他们已意识到我站在身边,但谁也不愿先放下手,仿佛谁先放下手,谁就是理亏的一方。于是,我用平静的口气说:"怎么能打架呢?都把手放下来!"两人几乎同时放开对方,随我走进办公室。两个学生眉宇间都透着怒气,大有一触即发之势。此时,我若有半句责问的话,便会在办公室引发一场火辣辣的争辩;我若提出批评,他们又没有申辩的机会,问题也一下子处理不了。片刻,我用十分平静的语气说:"你们先各自想一想,看自己有哪些不对的地方。"我把"自己"二字强调得很重,说完,便改起作业来,借改作业之机留心他们的神情和举止。起初,一个仰面朝天,一个扭头望窗外,互不相视。一会儿,他们偷偷地看我改作业,此时,他们的情绪缓和了一些。良久,当他们都意识到我似乎不问他们的事,只是忙于改作业时,都低下头沉思起来。再过一会儿,两人露出好像都想偷偷地看对方的神情,当两人视线碰在一起时,几乎禁不住一齐"噗嗤"一声笑起来。此时,我放下笔,不无幽默地说:"你们平时本来是一对要好的朋友,一定是为了鸡毛蒜皮的小事才动手。我看,一个巴掌打不响嘛,是不是?"没等我把话讲完,两人便争先恐后地检讨自己的错误,主动向对方认错,并保证今后再也不打架了。

(来源:秦启轩.小学班队管理实务与案例分析[M].南京:南京大学出版社,2018:127.)

(二) 以退为进法

所谓以退为进法,指在处理突发事件时,班主任以退让的姿态作为进取的阶梯。退是一种表面现象,由于形式上的退让,学生或家长心理上得到了满足,思想上放松了戒备,这时学生或家长通常会满足班主任的某些要求,而这些要求正是班主任的真实目的。在处理突发事件时,班主任以退为进,有利于增强自己在同学们心中的威信,有利于事件向好的方向发展。

【案例10-9】

小荣来自四川农村,几个星期前随同在苏州打工的父母来苏并插入我班。因他进班较晚,班级男生非正式小团伙已经形成,加上他的蜀音难懂,性格又偏内向,所以,一时间没能融入群体,在班里常常显得形单影只。我也忽略了这一情况。

一天体育课自由活动时,班上几个男生在打篮球,小荣孤身于圈外待着。两队争球中恰巧篮球滚到小荣脚边,他捡到球就跳起投篮,由于脚下打滑不慎摔倒,右手在撑地时手臂轻微受伤,经过多方紧急处理,并请家长带到医院检查也无大碍。我本以为事情已得到解决,没想到,从医院回来后,家长就找到我说要追究一起打篮球同学的责任,让他们赔偿医药费,并声称绝不动用医保。眼看家长越说越激动,情绪已经有些失控,我知道考验我班级管理智慧的时刻到了。

虽然我知道在小荣受伤问题上其他学生是无辜的,但此刻不是理论是非曲直的时候,因为辩解只会更加激怒家长,让家长认为班主任护短,最后惹火上身。当务之急就是消除家长的无名火,控制好家长的情绪。经过思考,我采取了如下措施。

无为:

不做任何辩解,倾听家长呼声。班主任必须拥有这样的胸襟:虽然不赞同你的意见,但坚决维护你讲话的权利。果然,从家长的话语中我听出,家长在认定其他学生应该为小荣受伤承担责任的同时,也为孩子在班里"孤苦伶仃"的处境心痛,因此声称必须让这些学生付出一些代价。原来家长内心里一直为孩子在班级遭到孤立而怄气,借此机会便一根筋地想狠狠地出一口气。

然而,尽情发泄一番后,当家长看到我无辜地跟着受气,却没有任何辩解和怨言时,也觉得有点不好意思,气自然消了一半。这就为本次事故大事化小,小事化了,和平解决打下了良好基础。

预设:

站在家长立场,等待家长意见。待家长冷静一些后,我问家长:"小荣的'下家'找好了吗?因为追究那些同学责任后,小荣就必须转学了。"家长急忙向我表示,并没有打算让孩子转学,他们感觉学校的学习环境很好。

我便告诉家长,追究同学责任后,小荣必然会被人为地孤立起来。之前他的被孤立可能是因为生疏和磨合,还没来得及融入男生小团体。如果家长执意追究同学责任,就可能导致其他同学以后会抱着"惹不起还躲不起"的想法而远离小荣,小荣不就只能孤独到毕业吗?

我又具体地给家长做了一个假设:几个同学正在打篮球,见小荣一走近,他们就抱着篮球像避瘟神一样"落荒而逃",小荣心理能够承受吗?这样的结果不正是家长出足了气,孩子受够了罪吗?家长听我说得有道理,默不作声了。显然,我假设的情况是家长发飙时所没想到的。

听到这样做的可能后果,家长也不禁倒吸一口凉气,庆幸这件事只是在班主任这里闹一闹,班级学生还不知道。随后家长央求我为这件事保密,不要让其他学生和家长知道。看见家长气也消了,脾气也没了,我采取第三项措施的时机就成熟了。

讲述:

还原事实真相,消除家长误解。我先把自己调查了解的事故经过向家长讲述一遍,然后找来小荣,让他向家长还原事故真相。其实之前小荣已经把事情经过向家长讲了,还说当时那几个同学马上跑过来把他扶起,并搀扶他与班主任一起赶到医院。但家长就是不相信,认为小荣是怕得罪人,便把事情都揽在自己身上,因此小荣越是把责任向自己身上揽,家长就越不相信,火气也就越大,最后导致"火山爆发",出现前面描述的失控状态。

承诺:

承担自己责任,解除家长忧患。现在家长担心两个问题,迫在眉睫的是小荣手臂受伤,在学校生活不便;其二就是小荣必须打破与其他同学的隔阂和孤立,融入这个班级。为此,我首先承认自己工作有过失,明确表示会努力促进同学之间建立良好关系。

其次,我告诉家长,在小荣受伤瞬间,同学们就自动分成三拨:一部分同学搀扶小荣,一部分同学到办公室找我,还有一部分同学到医务室找校医,即使到了医院也还有几个同学一直陪着他,由此我劝家长大可放心。至于小荣伤愈之间可能遇到的一些不便,我也会安排其他同学帮忙照顾。听到我的担责和承诺,家长感动得热泪盈眶,连说"谢谢老师,谢谢班级"。

随后我找到班级几个男生,把需要他们帮助小荣的事讲给他们,他们都非常痛快地答应了。就这样,以小荣受伤为契机,我和班级同学共同努力,终于使他融入了班级群体中,也赢得了家长的信任。

在班级管理过程中,面对家长的任性"维权",班主任不要挑战家长的"底线",而要以大局为重,忍辱负重;然后根据具体情况采取有效措施,使事态向好的方向转化。

(来源:王德明. 面对家长"任性维权":退为进,巧妙化解[EB/OL]. https://www.sohu.com/a/132471272_508481.)

(三)借题发挥法

所谓借题发挥法,指班主任把课堂教学中的突发事件巧妙地融进自己的教学中,利用课堂教学中出现的意外情况,借题发挥"大做文章"。借题发挥是班主任必须掌握和经常运用的手段。在班级管理中,班主任应当适时抓住各种时机对学生进行教育,提高他们的认识。

【案例10-10】

王老师正讲课,小明脱下自己的外套,递向后面的同学。在老师的注视下,这件衣服经过了四个学生终于来到了最后排小刚的手里。在衣服到达目的地后,王老师慢慢地走向了小刚,虽然心里很生气,但是还是尽量克制自己。

王老师问道:"是你不舒服吗?"

"是觉得有些冷。"小刚轻轻地说。

"哦,觉得自己冷要件衣服,你这个要求很正当。"其他学生全笑开了,大家轻松了很多。

王老师:"虽然你的出发点是合理的,但我觉得你的方式是错的,下面你站起来给大家说说,你的行为为什么不合适?"

小刚:"我影响了大家的学习。"

教师(进一步发挥):"是啊,你的这种方式确实影响了大家的学习。第一,合理的理由更应该选择合理的方式。古人云:'君子爱财,取之有道。'想拥有钱,但不能去偷去抢。第二,传递的同学免不了'知法犯法'的罪。大家刚才都看到了,这件衣服在老师和同学的眼皮底下传递到目的地,经过了好几位同学,他们应该知道上课是不允许传递东西的,可他们还是在做自己知道不能做的事情,这不是'知法犯法'吗?"

课后小明和小刚来到讲台,主动向王老师承认了错误。

(四)因势利导法

因势利导一词出自《史记·孙子吴起列传》:"善战者,因其势而利导之。"指顺着事情发展的趋势,向有利于实现目的的方向加以引导。所谓因势利导法,指在处理偶发事件时,要注意发现和挖掘事件本身所表现出来的积极意义,然后或顺势把学生引向正路,或逆势把学生拉向正轨。因势利导法要求班主任要善于发现学生的个性特点,利用好学生个性资源中有价值的因素,营造出和谐、健康的班级氛围来提高学生的学习和生活质量,引导学生树立正确的人生观和价值观。

【案例10-11】

学生在粉笔盒里放了一条冬眠的蛇,希望给新接班的李老师一个下马威。

待同学们安静下来后,李老师带着余悸平缓地说:"据说每位接我们班的新老师,都收到一份大家赠送的'特殊礼物',王老师的灰老鼠、郑老师的大王蜂……而我呢,你们送了一条水蛇。"她微微笑了笑,指着那条蛇说:"我是第一次这么近看到蛇,刚才还摸到它,着实吓了一跳。不过我觉得捕捉这条蛇的同学挺勇敢,至少有一定的捕蛇经验……我相信,凭他们的能力,不仅仅能做到勇敢,还应该做出点其他什么,老师相信你们。"那几个调皮的学生没料到老师表扬了自己,只是呆呆地听老师讲有关蛇的知识……

第二天早晨,当李老师踩着铃声走进教室的时候,一股清香扑鼻而来。她惊喜地看到,讲台上的粉笔盒里插着一束野菊花,教室里鸦雀无声……从此,这个班变了。

（五）幽默化解法

在班级管理中，由于师生在价值观、立场等方面有所差异，所以两者之间的冲突在所难免。师生冲突不可怕，可怕的是由于处置方式不当而造成师生关系的破裂或疏远。当面对师生冲突的僵局时，幽默的沟通方式不仅可以顺利地表达自己的观点，也可以有效地增进师生之间的亲密程度。要掌握幽默的沟通方式，班主任不仅要做好情绪管理工作，还要做到如下几点：第一，养成豁达的胸襟。班主任在日常的生活中，要以平和、乐天的心态去看待学生，思维不保守、固执。第二，接纳学生情绪。每个人都有情绪，学生自然也有，事件发生时可以容许学生宣泄情绪。第三，事后澄清不可省略。幽默可以避开僵局和尴尬，但之后教师应该就事论事，及时阐明自己的观点，以达到教育学生的目的。

【案例 10-12】

某个活动需面粉打浆糊，班主任要求每人带点面粉。有同学喊道："我家揭不开锅了。"教室里哄堂大笑之后一片宁静，等着挨训吧！班主任对那个学生说："放学后你不要回家。"大家紧张地等待下文，班主任这时却说道："反正你家揭不开锅了，到我家去吃饭，饿坏了您，我们可心疼呀！"听到这话，大家如释重负，教室里一片欢声笑语！

对比下面这个案例：

一进教室，王老师就看见讲桌上有一堆橘子。橘子外观完好，但似乎不太寻常，就随口问道："这些橘子做什么用的？"学生回答："请老师的！"王老师含笑称谢。不料当王老师拿起一个橘子准备吃的时候，竟然发现橘子里塞满了卫生纸，学生顿时哄堂大笑。王老师满面通红，大声呵斥到："开什么玩笑！值日生，把这些垃圾统统丢到垃圾桶里去！"整节课就在闷闷沉沉中结束了。

（来源：秦启轩.小学班队管理实务与案例分析[M].南京：南京大学出版社，2018：128.）

课后思考题

1. 简述突发事件的类型与特点。
2. 简述突发事件的处理原则。
3. 简述突发事件的处理方法。

【附　录】

附录1　学生伤害事故处理办法

中华人民共和国教育部令第12号

《学生伤害事故处理办法》已于2002年3月26日经部务会议讨论通过，现予发布，自2002年9月1日起施行。

部　长　陈至立
二〇〇二年六月二十五日

学生伤害事故处理办法

第一章　总则

第一条　为积极预防、妥善处理在校学生伤害事故，保护学生、学校的合法权益，根据《中华人民共和国教育法》《中华人民共和国未成年人保护法》和其他相关法律、行政法规及有关规定，制定本办法。

第二条　在学校实施的教育教学活动或者学校组织的校外活动中，以及在学校负有管理责任的校舍、场地、其他教育教学设施、生活设施内发生的，造成在校学生人身损害后果的事故的处理，适用本办法。

第三条　学生伤害事故应当遵循依法、客观公正、合理适当的原则，及时、妥善地处理。

第四条　学校的举办者应当提供符合安全标准的校舍、场地、其他教育教学设施和生活设施。

教育行政部门应当加强学校安全工作，指导学校落实预防学生伤害事故的措施，指导、协助学校妥善处理学生伤害事故，维护学校正常的教育教学秩序。

第五条　学校应当对在校学生进行必要的安全教育和自护自救教育；应当按照规定，建立健全安全制度，采取相应的管理措施，预防和消除教育教学环境中存在的安全隐患；当发生伤害事故时，应当及时采取措施救助受伤害学生。

学校对学生进行安全教育、管理和保护，应当针对学生年龄、认知能力和法律行为能力的不同，采用相应的内容和预防措施。

第六条　学生应当遵守学校的规章制度和纪律；在不同的受教育阶段，应当根据自身的年龄、认知能力和法律行为能力，避免和消除相应的危险。

第七条　未成年学生的父母或者其他监护人（以下称为监护人）应当依法履行监护职责，配合学校对学生进行安全教育、管理和保护工作。

学校对未成年学生不承担监护职责，但法律有规定的或者学校依法接受委托承担相应监护职责的情形除外。

第二章　事故与责任

第八条　学生伤害事故的责任，应当根据相关当事人的行为与损害后果之间的因果关系依法确定。

因学校、学生或者其他相关当事人的过错造成的学生伤害事故，相关当事人应当根据其行为过错程度的比例及其与损害后果之间的因果关系承担相应的责任。当事人的行为是损害后果发生的主要原因，应当承担主要责任；当事人的行为是损害后果发生的非主要原因，承担相应的责任。

第九条　因下列情形之一造成的学生伤害事故，学校应当依法承担相应的责任：

（一）学校的校舍、场地、其他公共设施，以及学校提供给学生使用的学具、教育教学和生活设施、设备不符合国家规定的标准，或者有明显不安全因素的；

（二）学校的安全保卫、消防、设施设备管理等安全管理制度有明显疏漏，或者管理混乱，存在重大安全隐患，而未及时采取措施的；

（三）学校向学生提供的药品、食品、饮用水等不符合国家或者行业的有关标准、要求的；

（四）学校组织学生参加教育教学活动或者校外活动，未对学生进行相应的安全教育，并未在可预见的范围内采取必要的安全措施的；

（五）学校知道教师或者其他工作人员患有不适宜担任教育教学工作的疾病，但未采取必要措施的；

（六）学校违反有关规定，组织或者安排未成年学生从事不宜未成年人参加的劳动、体育运动或者其他活动的；

（七）学生有特异体质或者特定疾病，不宜参加某种教育教学活动，学校知道或者应当知道，但未予以必要的注意的；

（八）学生在校期间突发疾病或者受到伤害，学校发现，但未根据实际情况及时采取相应措施，导致不良后果加重的；

（九）学校教师或者其他工作人员体罚或者变相体罚学生，或者在履行职责过程中违反工作要求、操作规程、职业道德或者其他有关规定的；

（十）学校教师或者其他工作人员在负有组织、管理未成年学生的职责期间，发现学生行为具有危险性，但未进行必要的管理、告诫或者制止的；

（十一）对未成年学生擅自离校等与学生人身安全直接相关的信息，学校发现或者知道，但未及时告知未成年学生的监护人，导致未成年学生因脱离监护人的保护而发生伤害的；

（十二）学校有未依法履行职责的其他情形的。

第十条　学生或者未成年学生监护人由于过错，有下列情形之一，造成学生伤害事故，应当依法承担相应的责任：

（一）学生违反法律法规的规定，违反社会公共行为准则、学校的规章制度或者纪律，实施按其年龄和认知能力应当知道具有危险或者可能危及他人的行为的；

（二）学生行为具有危险性，学校、教师已经告诫、纠正，但学生不听劝阻、拒不改正的；

（三）学生或者其监护人知道学生有特异体质，或者患有特定疾病，但未告知学校的；

（四）未成年学生的身体状况、行为、情绪等有异常情况，监护人知道或者已被学校告知，但未履行相应监护职责的；

（五）学生或者未成年学生监护人有其他过错的。

第十一条　学校安排学生参加活动，因提供场地、设备、交通工具、食品及其他消费与服务的经营者,或者学校以外的活动组织者的过错造成的学生伤害事故,有过错的当事人应当依法承担相应的责任。

第十二条　因下列情形之一造成的学生伤害事故,学校已履行了相应职责,行为并无不当的,无法律责任:

（一）地震、雷击、台风、洪水等不可抗的自然因素造成的;

（二）来自学校外部的突发性、偶发性侵害造成的;

（三）学生有特异体质、特定疾病或者异常心理状态,学校不知道或者难于知道的;

（四）学生自杀、自伤的;

（五）在对抗性或者具有风险性的体育竞赛活动中发生意外伤害的;

（六）其他意外因素造成的。

第十三条　下列情形下发生的造成学生人身损害后果的事故,学校行为并无不当的,不承担事故责任;事故责任应当按有关法律法规或者其他有关规定认定:

（一）在学生自行上学、放学、返校、离校途中发生的;

（二）在学生自行外出或者擅自离校期间发生的;

（三）在放学后、节假日或者假期等学校工作时间以外,学生自行滞留学校或者自行到校发生的;

（四）其他在学校管理职责范围外发生的。

第十四条　因学校教师或者其他工作人员与其职务无关的个人行为,或者因学生、教师及其他个人故意实施的违法犯罪行为,造成学生人身损害的,由致害人依法承担相应的责任。

第三章　事故处理程序

第十五条　发生学生伤害事故,学校应当及时救助受伤害学生,并应当及时告知未成年学生的监护人;有条件的,应当采取紧急救援等方式救助。

第十六条　发生学生伤害事故,情形严重的,学校应当及时向主管教育行政部门及有关部门报告;属于重大伤亡事故的,教育行政部门应当按照有关规定及时向同级人民政府和上一级教育行政部门报告。

第十七条　学校的主管教育行政部门应学校要求或者认为必要,可以指导、协助学校进行事故的处理工作,尽快恢复学校正常的教育教学秩序。

第十八条　发生学生伤害事故,学校与受伤害学生或者学生家长可以通过协商方式解决;双方自愿,可以书面请求主管教育行政部门进行调解。

成年学生或者未成年学生的监护人也可以依法直接提起诉讼。

第十九条　教育行政部门收到调解申请,认为必要的,可以指定专门人员进行调解,并应当在受理申请之日起60日内完成调解。

第二十条　经教育行政部门调解,双方就事故处理达成一致意见的,应当在调解人员的见证下签订调解协议,结束调解;在调解期限内,双方不能达成一致意见,或者调解过程中一方提起诉讼,人民法院已经受理的,应当终止调解。

调解结束或者终止,教育行政部门应当书面通知当事人。

第二十一条　对经调解达成的协议,一方当事人不履行或者反悔的,双方可以依法提起诉讼。

第二十二条　事故处理结束,学校应当将事故处理结果书面报告主管的教育行政部门;重大伤亡事故的处理结果,学校主管的教育行政部门应当向同级人民政府和上一级教育行政部门报告。

第四章 事故损害的赔偿

第二十三条 对发生学生伤害事故负有责任的组织或者个人,应当按照法律法规的有关规定,承担相应的损害赔偿责任。

第二十四条 学生伤害事故赔偿的范围与标准,按照有关行政法规、地方性法规或者最高人民法院司法解释中的有关规定确定。

教育行政部门进行调解时,认为学校有责任的,可以依照有关法律法规及国家有关规定,提出相应的调解方案。

第二十五条 对受伤害学生的伤残程度存在争议的,可以委托当地具有相应鉴定资格的医院或者有关机构,依据国家规定的人体伤残标准进行鉴定。

第二十六条 学校对学生伤害事故负有责任的,根据责任大小,适当予以经济赔偿,但不承担解决户口、住房、就业等与救助受伤害学生、赔偿相应经济损失无直接关系的其他事项。

学校无责任的,如果有条件,可以根据实际情况,本着自愿和可能的原则,对受伤害学生给予适当的帮助。

第二十七条 因学校教师或者其他工作人员在履行职务中的故意或者重大过失造成的学生伤害事故,学校予以赔偿后,可以向有关责任人员追偿。

第二十八条 未成年学生对学生伤害事故负有责任的,由其监护人依法承担相应的赔偿责任。

学生的行为侵害学校教师及其他工作人员以及其他组织、个人的合法权益,造成损失的,成年学生或者未成年学生的监护人应当依法予以赔偿。

第二十九条 根据双方达成的协议、经调解形成的协议或者人民法院的生效判决,应当由学校负担的赔偿金,学校应当负责筹措;学校无力完全筹措的,由学校的主管部门或者举办者协助筹措。

第三十条 县级以上人民政府教育行政部门或者学校举办者有条件的,可以通过设立学生伤害赔偿准备金等多种形式,依法筹措伤害赔偿金。

第三十一条 学校有条件的,应当依据保险法的有关规定,参加学校责任保险。

教育行政部门可以根据实际情况,鼓励中小学参加学校责任保险。

提倡学生自愿参加意外伤害保险。在尊重学生意愿的前提下,学校可以为学生参加意外伤害保险创造便利条件,但不得从中收取任何费用。

第五章 事故责任者的处理

第三十二条 发生学生伤害事故,学校负有责任且情节严重的,教育行政部门应当根据有关规定,对学校的直接负责的主管人员和其他直接责任人员,分别给予相应的行政处分;有关责任人的行为触犯刑律的,应当移送司法机关依法追究刑事责任。

第三十三条 学校管理混乱,存在重大安全隐患的,主管的教育行政部门或者其他有关部门应当责令其限期整顿;对情节严重或者拒不改正的,应当依据法律法规的有关规定,给予相应的行政处罚。

第三十四条 教育行政部门未履行相应职责,对学生伤害事故的发生负有责任的,由有关部门对直接负责的主管人员和其他直接责任人员分别给予相应的行政处分;有关责任人的行为触犯刑律的,应当移送司法机关依法追究刑事责任。

第三十五条 违反学校纪律,对造成学生伤害事故负有责任的学生,学校可以给予相应的处分;触犯刑律的,由司法机关依法追究刑事责任。

第三十六条 受伤害学生的监护人、亲属或者其他有关人员,在事故处理过程中无理取闹,扰乱学校正常教育教学秩序,或者侵犯学校、学校教师或者其他工作人员的合法权益的,学校应当报告公安机关依法处理;造成损失的,可以依法要求赔偿。

第六章 附 则

第三十七条 本办法所称学校,是指国家或者社会力量举办的全日制的中小学(含特殊教育学校)、各类中等职业学校、高等学校。

本办法所称学生是指在上述学校中全日制就读的受教育者。

第三十八条 幼儿园发生的幼儿伤害事故,应当根据幼儿为完全无行为能力人的特点,参照本办法处理。

第三十九条 其他教育机构发生的学生伤害事故,参照本办法处理。

在学校注册的其他受教育者在学校管理范围内发生的伤害事故,参照本办法处理。

第四十条 本办法自 2002 年 9 月 1 日起实施,原国家教委、教育部颁布的与学生人身安全事故处理有关的规定,与本办法不符的,以本办法为准。

在本办法实施之前已处理完毕的学生伤害事故不再重新处理。

附录2 中小学教育惩戒规则(试行)

中华人民共和国教育部令第 49 号

《中小学教育惩戒规则(试行)》已经 2020 年 9 月 23 日教育部第 3 次部务会议审议通过,现予公布,自 2021 年 3 月 1 日起施行。

教育部部长　陈宝生

2020 年 12 月 23 日

中小学教育惩戒规则(试行)

第一条　为落实立德树人根本任务,保障和规范学校、教师依法履行教育教学和管理职责,保护学生合法权益,促进学生健康成长、全面发展,根据教育法、教师法、未成年人保护法、预防未成年人犯罪法等法律法规和国家有关规定,制定本规则。

第二条　普通中小学校、中等职业学校(以下称学校)及其教师在教育教学和管理过程中对学生实施教育惩戒,适用本规则。

本规则所称教育惩戒,是指学校、教师基于教育目的,对违规违纪学生进行管理、训导或者以规定方式予以矫治,促使学生引以为戒、认识和改正错误的教育行为。

第三条　学校、教师应当遵循教育规律,依法履行职责,通过积极管教和教育惩戒的实施,及时纠正学生错误言行,培养学生的规则意识、责任意识。

教育行政部门应当支持、指导、监督学校及其教师依法依规实施教育惩戒。

第四条　实施教育惩戒应当符合教育规律,注重育人效果;遵循法治原则,做到客观公正;选择适当措施,与学生过错程度相适应。

第五条　学校应当结合本校学生特点,依法制定、完善校规校纪,明确学生行为规范,健全实施教育惩戒的具体情形和规则。

学校制定校规校纪,应当广泛征求教职工、学生和学生父母或者其他监护人(以下称家长)的意见;有条件的,可以组织有学生、家长及有关方面代表参加的听证。校规校纪应当提交家长委员会、教职工代表大会讨论,经校长办公会议审议通过后施行,并报主管教育部门备案。

教师可以组织学生、家长以民主讨论形式共同制定班规或者班级公约,报学校备案后施行。

第六条　学校应当利用入学教育、班会以及其他适当方式,向学生和家长宣传讲解校规校纪。未经公布的校规校纪不得施行。

学校可以根据情况建立校规校纪执行委员会等组织机构,吸收教师、学生及家长、社会有关方面代表参加,负责确定可适用的教育惩戒措施,监督教育惩戒的实施,开展相关宣传教育等。

第七条　学生有下列情形之一,学校及其教师应当予以制止并进行批评教育,确有必要的,可以实施教育惩戒:

（一）故意不完成教学任务要求或者不服从教育、管理的；

（二）扰乱课堂秩序、学校教育教学秩序的；

（三）吸烟、饮酒，或者言行失范违反学生守则的；

（四）实施有害自己或者他人身心健康的危险行为的；

（五）打骂同学、老师，欺凌同学或者侵害他人合法权益的；

（六）其他违反校规校纪的行为。

学生实施属于预防未成年人犯罪法规定的不良行为或者严重不良行为的，学校、教师应当予以制止并实施教育惩戒，加强管教；构成违法犯罪的，依法移送公安机关处理。

第八条 教师在课堂教学、日常管理中，对违规违纪情节较为轻微的学生，可以当场实施以下教育惩戒：

（一）点名批评；

（二）责令赔礼道歉、做口头或者书面检讨；

（三）适当增加额外的教学或者班级公益服务任务；

（四）一节课堂教学时间内的教室内站立；

（五）课后教导；

（六）学校校规校纪或者班规、班级公约规定的其他适当措施。

教师对学生实施前款措施后，可以以适当方式告知学生家长。

第九条 学生违反校规校纪，情节较重或者经当场教育惩戒拒不改正的，学校可以实施以下教育惩戒，并应当及时告知家长：

（一）由学校德育工作负责人予以训导；

（二）承担校内公益服务任务；

（三）安排接受专门的校规校纪、行为规则教育；

（四）暂停或者限制学生参加游览、校外集体活动以及其他外出集体活动；

（五）学校校规校纪规定的其他适当措施。

第十条 小学高年级、初中和高中阶段的学生违规违纪情节严重或者影响恶劣的，学校可以实施以下教育惩戒，并应当事先告知家长：

（一）给予不超过一周的停课或者停学，要求家长在家进行教育、管教；

（二）由法治副校长或者法治辅导员予以训诫；

（三）安排专门的课程或者教育场所，由社会工作者或者其他专业人员进行心理辅导、行为干预。

对违规违纪情节严重，或者经多次教育惩戒仍不改正的学生，学校可以给予警告、严重警告、记过或者留校察看的纪律处分。对高中阶段学生，还可以给予开除学籍的纪律处分。

对有严重不良行为的学生，学校可以按照法定程序，配合家长、有关部门将其转入专门学校教育矫治。

第十一条 学生扰乱课堂或者教育教学秩序，影响他人或者可能对自己及他人造成伤害的，教师可以采取必要措施，将学生带离教室或者教学现场，并予以教育管理。

教师、学校发现学生携带、使用违规物品或者行为具有危险性的，应当采取必要措施予以制止；发现学生藏匿违法、危险物品的，应当责令学生交出并可以对可能藏匿物品的课桌、储物柜等进行检查。

教师、学校对学生的违规物品可以予以暂扣并妥善保管，在适当时候交还学生家长；属于违法、危险物品的，应当及时报告公安机关、应急管理部门等有关部门依法处理。

第十二条 教师在教育教学管理、实施教育惩戒过程中，不得有下列行为：

（一）以击打、刺扎等方式直接造成身体痛苦的体罚；

（二）超过正常限度的罚站、反复抄写，强制做不适的动作或者姿势，以及刻意孤立等间接伤害身

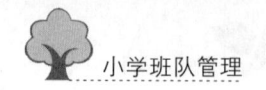

体、心理的变相体罚；

（三）辱骂或者以歧视性、侮辱性的言行侵犯学生人格尊严；

（四）因个人或者少数人违规违纪行为而惩罚全体学生；

（五）因学业成绩而教育惩戒学生；

（六）因个人情绪、好恶实施或者选择性实施教育惩戒；

（七）指派学生对其他学生实施教育惩戒；

（八）其他侵害学生权利的。

第十三条 教师对学生实施教育惩戒后，应当注重与学生的沟通和帮扶，对改正错误的学生及时予以表扬、鼓励。

学校可以根据实际和需要，建立学生教育保护辅导工作机制，由学校分管负责人、德育工作机构负责人、教师以及法治副校长（辅导员）、法律以及心理、社会工作等方面的专业人员组成辅导小组，对有需要的学生进行专门的心理辅导、行为矫治。

第十四条 学校拟对学生实施本规则第十条所列教育惩戒和纪律处分的，应当听取学生的陈述和申辩。学生或者家长申请听证的，学校应当组织听证。

学生受到教育惩戒或者纪律处分后，能够诚恳认错、积极改正的，可以提前解除教育惩戒或者纪律处分。

第十五条 学校应当支持、监督教师正当履行职务。教师因实施教育惩戒与学生及其家长发生纠纷，学校应当及时进行处理，教师无过错的，不得因教师实施教育惩戒而给予其处分或者其他不利处理。

教师违反本规则第十二条，情节轻微的，学校应当予以批评教育；情节严重的，应当暂停履行职责或者依法依规给予处分；给学生身心造成伤害，构成违法犯罪的，由公安机关依法处理。

第十六条 学校、教师应当重视家校协作，积极与家长沟通，使家长理解、支持和配合实施教育惩戒，形成合力。家长应当履行对子女的教育职责，尊重教师的教育权利，配合教师、学校对违规违纪学生进行管教。

家长对教师实施的教育惩戒有异议或者认为教师行为违反本规则第十二条规定的，可以向学校或者主管教育行政部门投诉、举报。学校、教育行政部门应当按照师德师风建设管理的有关要求，及时予以调查、处理。家长威胁、侮辱、伤害教师的，学校、教育行政部门应当依法保护教师人身安全、维护教师合法权益；情形严重的，应当及时向公安机关报告并配合公安机关、司法机关追究责任。

第十七条 学生及其家长对学校依据本规则第十条实施的教育惩戒或者给予的纪律处分不服的，可以在教育惩戒或者纪律处分作出后15个工作日内向学校提起申诉。

学校应当成立由学校相关负责人、教师、学生以及家长、法治副校长等校外有关方面代表组成的学生申诉委员会，受理申诉申请，组织复查。学校应当明确学生申诉委员会的人员构成、受理范围及处理程序等并向学生及家长公布。

学生申诉委员会应当对学生申诉的事实、理由等进行全面审查，作出维持、变更或者撤销原教育惩戒或者纪律处分的决定。

第十八条 学生或者家长对学生申诉处理决定不服的，可以向学校主管教育部门申请复核；对复核决定不服的，可以依法提起行政复议或者行政诉讼。

第十九条 学校应当有针对性地加强对教师的培训，促进教师更新教育理念、改进教育方式方法，提高教师正确履行职责的意识与能力。

每学期末，学校应当将学生受到本规则第十条所列教育惩戒和纪律处分的信息报主管教育行政部门备案。

第二十条 本规则自2021年3月1日起施行。

各地可以结合本地实际，制定本地方实施细则或者指导学校制定实施细则。

附录3　教育部关于印发《中小学班主任工作规定》的通知

教基一〔2009〕12号

各省、自治区、直辖市教育厅(教委),新疆生产建设兵团教育局:

为了进一步加强中小学班主任工作,发挥班主任在中小学教育中的重要作用,保障班主任的合法权益,全面推进素质教育,特制定《中小学班主任工作规定》,现印发给你们,请遵照执行。

附件:中小学班主任工作规定

中华人民共和国教育部
二〇〇九年八月十二日

附件:

中小学班主任工作规定

第一章　总　则

第一条　为进一步推进未成年人思想道德建设,加强中小学班主任工作,充分发挥班主任在教育学生中的重要作用,制定本规定。

第二条　班主任是中小学日常思想道德教育和学生管理工作的主要实施者,是中小学生健康成长的引领者,班主任要努力成为中小学生的人生导师。

班主任是中小学的重要岗位,从事班主任工作是中小学教师的重要职责。教师担任班主任期间应将班主任工作作为主业。

第三条　加强班主任队伍建设是坚持育人为本、德育为先的重要体现。政府有关部门和学校应为班主任开展工作创造有利条件,保障其享有的待遇与权利。

第二章　配备与选聘

第四条　中小学每个班级应当配备一名班主任。

第五条　班主任由学校从班级任课教师中选聘。聘期由学校确定,担任一个班级的班主任时间一般应连续1学年以上。

第六条　教师初次担任班主任应接受岗前培训,符合选聘条件后学校方可聘用。

第七条　选聘班主任应当在教师任职条件的基础上突出考查以下条件:

(一)作风正派,心理健康,为人师表;

(二)热爱学生,善于与学生、学生家长及其他任课教师沟通;

(三)爱岗敬业,具有较强的教育引导和组织管理能力。

第三章 职责与任务

第八条 全面了解班级内每一个学生,深入分析学生思想、心理、学习、生活状况。关心爱护全体学生,平等对待每一个学生,尊重学生人格。采取多种方式与学生沟通,有针对性地进行思想道德教育,促进学生德智体美全面发展。

第九条 认真做好班级的日常管理工作,维护班级良好秩序,培养学生的规则意识、责任意识和集体荣誉感,营造民主和谐、团结互助、健康向上的集体氛围。指导班委会和团队工作。

第十条 组织、指导开展班会、团队会(日)、文体娱乐、社会实践、春(秋)游等形式多样的班级活动,注重调动学生的积极性和主动性,并做好安全防护工作。

第十一条 组织做好学生的综合素质评价工作,指导学生认真记载成长记录,实事求是地评定学生操行,向学校提出奖惩建议。

第十二条 经常与任课教师和其他教职员工沟通,主动与学生家长、学生所在社区联系,努力形成教育合力。

第四章 待遇与权利

第十三条 学校在教育管理工作中应充分发挥班主任的骨干作用,注重听取班主任意见。

第十四条 班主任工作量按当地教师标准课时工作量的一半计入教师基本工作量。各地要合理安排班主任的课时工作量,确保班主任做好班级管理工作。

第十五条 班主任津贴纳入绩效工资管理。在绩效工资分配中要向班主任倾斜。对于班主任承担超课时工作量的,以超课时补贴发放班主任津贴。

第十六条 班主任在日常教育教学管理中,有采取适当方式对学生进行批评教育的权利。

第五章 培养与培训

第十七条 教育行政部门和学校应制订班主任培养培训规划,有组织地开展班主任岗位培训。

第十八条 教师教育机构应承担班主任培训任务,教育硕士专业学位教育中应设立中小学班主任工作培养方向。

第六章 考核与奖惩

第十九条 教育行政部门建立科学的班主任工作评价体系和奖惩制度。对长期从事班主任工作或在班主任岗位上做出突出贡献的教师定期予以表彰奖励。选拔学校管理干部应优先考虑长期从事班主任工作的优秀班主任。

第二十条 学校建立班主任工作档案,定期组织对班主任的考核工作。考核结果作为教师聘任、奖励和职务晋升的重要依据。对不能履行班主任职责的,应调离班主任岗位。

第七章 附则

第二十一条 各地可根据本规定,结合当地实际情况,制定中小学班主任工作的具体实施办法。

第二十二条 本规定自发布之日起施行。

来源:教育部网站

http://www.moe.gov.cn/srcsite/A06/s3325/200908/t20090812_81878.html

中少发[2015]11号关于印发《少先队活动课程指导纲要(试行)》的通知

附录4 关于印发《少先队活动课程指导纲要(试行)》的通知

中少发[2015]11号

各省、自治区、直辖市少工委:

2012年9月《教育部关于加强中小学少先队活动的通知》下发以来,各地依托《少先队活动课指导纲要(试行)》推进少先队活动课程建设,取得积极成效。

为深入贯彻落实党的十八大以来中央的有关要求,深入贯彻落实习近平总书记对少年儿童和少先队工作的一系列重要指示精神,贯彻落实中央党的群团工作会议精神,贯彻落实共青团十七大和第七次全国少代会精神,经认真研究,充分吸收各方面的意见建议,全国少工委组织修订形成了《少先队活动课程指导纲要(试行)》。

现将《少先队活动课程指导纲要(试行)》印发给你们,请组织各级少工委面向基层中小学少先队组织推广使用好。使用过程中取得的好经验、典型案例、发现的问题和意见建议,请及时报全国少工委办公室,以不断完善,开展好少先队活动课程建设。

全国少工委
2015年9月22日

少先队活动课程指导纲要(试行,2015年9月)

《教育部关于加强中小学少先队活动的通知》(教基二[2012]3号)规定:少先队活动要作为国家规定的必修的活动课,小学1年级至初中2年级每周安排1课时。为深入学习贯彻习近平总书记系列重要讲话精神,贯彻落实党中央对当代少年儿童和少先队工作的希望和要求,贯彻落实中央党的群团工作会议精神、第七次全国少代会精神,促进加强未成年人思想道德建设和全面实施素质教育,教育引导亿万少年儿童为实现中华民族伟大复兴的中国梦时刻准备着,更好地为少年儿童健康成长服务,制定本指导纲要。

一、少先队活动课程的性质

少先队是中国共产党创立和领导的少年儿童群众组织,是少年儿童学习中国特色社会主义和共产主义的学校,是建设社会主义和共产主义的预备队。为中国特色社会主义事业培养合格建设者和可靠接班人是少先队组织的根本任务。少先队教育是中国特色社会主义教育事业的重要组成部分。少先队活动课程是少先队把握组织属性,通过特有的组织形式、集体生活和活动方式对少年儿童进行思想引导的活动课程。

1. 政治性。以理想信念教育为根本,以"五爱"教育为基础,以中国梦和社会主义核心价值观教育为主线,注重党、团、队组织意识和教育内容的衔接,培养少年儿童对党和社会主义祖国的朴素感情,培养少年儿童严和实的品德,团结、教育、带领少年儿童听党的话,跟党走,从小学习做人、从小学习立志、从小学习创造，养成好思想、好品行、好习惯，时刻准备着为实现中华民族伟大复兴中国梦的美好未来努力奋斗。

2. 儿童性。充分尊重少年儿童主体地位，遵循少年儿童的年龄特点，认真把握少年儿童的情感、意识、信念形成的基本规律，以少年儿童为开发和实施主体，发挥少年儿童自主作用、创造精神和少先队集体的力量，精选与少年儿童学习、生活经验密切相关的教育内容，采取少年儿童易于接受的方式，以校园为基础、家庭为补充、社会为天地，组织开展丰富多彩的实践性、体验性活动，努力增强少先队活动的吸引力和实效性。

二、少先队活动课程的目标与内容

1. 组织意识。教育引导少先队员遵守少先队的章程，牢记党是少先队的创立者和领导者，认识党的伟大、光荣和正确，理解队的性质、队的目的等队的基本知识，懂得少先队的历史，珍惜少先队员称号，履行队员权利和义务，遵守纪律，服从队的决议，积极参加队的活动，努力完成队组织交给的任务，热心为大家服务，学会合作，培养集体主义精神，增强光荣感和组织归属感，培养党、团、队相衔接的组织意识。

2. 道德养成。教育引导少年儿童从小学习做人。养成严和实的品德。做一个好人，有品德、有知识、有责任，坚持品德为先。学会做人的准则，学习和传承中华民族传统美德，学习和弘扬社会主义新风尚，热爱生活，懂得感恩，与人为善，明礼诚信，争当学习和实践社会主义核心价值观的小模范。记住要求，心有榜样，从小做起，接受帮助。培养法治意识，养成守法习惯。爱护生态环境。

3. 政治启蒙。教育引导少年儿童从小学习立志。认识和理解党的"两个一百年"的奋斗目标和中华民族伟大复兴的中国梦。把自己的志向同祖国和人民联系在一起。培养追求真理、报效祖国的志向，爱祖国、爱人民、爱劳动、爱科学、爱社会主义，时刻把祖国和人民放在心中，从小听党的话、跟着党走，努力做祖国和人民需要的好孩子，做祖国和人民事业发展的接班人。牢记正义必胜、和平必胜、人民必胜。增强国防意识和国家安全观念。自觉维护中华民族大团结。

4. 成长取向。教育引导少年儿童从小学习创造。学习用新理念、新知识、新本领去适应和创造新生活。争当勤奋学习、自觉劳动、勇于创造的小标兵。敢于有梦、勇于追梦、勤于圆梦。培养科学精神，激发科学梦、创造梦、报国梦。培养媒介素养，从小争当中国好网民。积极参加体育锻炼，培养良好心理素质和意志品质。培养阅读习惯、审美意识和情趣，阳光生活，快乐成长，全面发展。

三、少先队活动课程的途径

1. 组织教育。通过大、中、小队的组织形式，运用少先队仪式、主题队会、主题队日、少代会等载体，发挥少先队队旗、队徽、队歌、标志、队礼、呼号、作风、入队誓词、鼓号等作用，抓住重要契机和时间节点开展时代感强的集体活动，注重榜样引导，注重相互帮助，注重分层教育，丰富少先队组织生活。

2. 自主教育。在辅导员的引导下，发挥少先队小干部的带头作用和队集体的作用，放手锻炼少先队小骨干的自主活动能力，注重自我教育、同伴教育，鼓励全体少年儿童动脑动手，自己的组织自己建，自己的活动自己搞，自己的事情自己做，人人做主人，人人都探究，人人都创造，培养自主意识和自主能力。

3. 实践活动。以体验教育为基本途径，在校园内外、家庭、社区和社会上积极开展主题鲜明、生动活泼、丰富多彩、独具特色的实践体验活动，帮助少年儿童接触社会生活、接触大自然、体验伟大的时代，注重情感体验，丰富成长经历，实现少先队教育和学校教育、家庭教育、社会教育相互融合、相互促进。

四、少先队活动课程的实施方式

少先队活动课程以中队活动为基本形式常态开展，也可以大队集中开展，或以小队、红领巾小社团等形式灵活开展。

1. 队会。结合重大事件、重要教育契机,组织集中性主题队会。也可结合本中队、大队实际,确定一个主题,通过学习、讨论、交流、分享等多种方式开展。队会要有出旗、唱队歌、鼓号、呼号、退旗等少先队礼仪。

2. 队课。在少先队辅导员或高年级队干部的指导下,学习党对少年儿童的希望和要求,学习队章和少先队基本知识,学习少先队礼仪,学习时事。参加少年团校,学习团章和共青团知识,开展推优入团。

3. 队仪式。在少年儿童成长过程中的重要时间节点,在国家节庆日、纪念日和建队纪念日、重大事件时,举行入队仪式、初中建队仪式、离队仪式、升旗仪式、颁章仪式等少先队仪式。探索健全队仪式体系。

4. 队组织生活。组建少先队大、中、小队和红领巾小社团,设立服务岗位,建设和管理活动阵地。集体讨论决定重要事项。民主选举少先队小干部,轮换任职。选树和学习榜样。开展队的奖励,开展批评和自我批评。参与少先队各级代表大会。

5. 队实践活动。组织参观、访问、野营、旅行、故事会,开展文化科学、娱乐游戏、军事体育等各种有意义有趣味的活动,以及参加力所能及的公益劳动和社会实践。开展岗位体验、考察、寻访、小课题、小研究、小志愿者等和假日、夏(冬)令营活动。

6. 队品牌活动。系统开展"红领巾心向党""红领巾相约中国梦""祖国发展我成长""核心价值观记心中""争当美德小达人""优秀传统文化在我身边""民族团结代代传""手拉手""劳动实践""少年科学院""少年军校""平安行动""雏鹰争章"等少先队品牌活动。

五、少先队活动课程的评价激励

1. 对少先队活动课的评价。一要主题鲜明,紧紧围绕党中央对少年儿童和少先队工作的希望和要求开展活动。二要目标科学,根据中小学不同年龄段少年儿童的特点深入开展分层教育。三要内容集中,注重组织意识、道德养成、政治启蒙和成长取向的培养。四要特性突出,通过少先队组织教育、自主教育、实践活动来开展。五要元素丰富,既充分体现少先队特有的标识、仪式、文化的独特作用,又传承和吸收中华优秀传统文化的当代价值。六要形式多样,不限定在课堂上,在操场上、校园里、街道社区、田间地头、厂矿车间、博物馆、科技馆等等都可以开展。七要时代感浓郁,综合运用童谣、游戏、歌曲、动漫、音视频、新媒体等多种方式方法。八要评价科学,不以考试和分数为评价手段,充分发挥雏鹰奖章的评价激励作用。

2. 对少年儿童的激励。以雏鹰奖章为主要激励方式,鼓励少年儿童通过定章、争章、评章、颁章、护章,不断确立新的目标、追求进步。坚持公正、民主、平等,自评、互评、他评相结合,由中、小队和大队组织。根据少先队活动课程的目标内容,一般各年级设雏鹰奖章年级进步章1枚、基础章8枚(向日葵章、五星红旗章、接力章、美德章、民族团结章、创造章、健康章、成长章)。各年级奖章可以颜色区分。鼓励各地少工委和基层中小学少先队组织结合本地特点和校本特色,创设丰富多彩、灵活多样的地方奖章和校本奖章。探索制定少先队雏鹰奖章条例。

3. 对少先队集体的激励。注重对少先队集体在少先队活动课程中的发展进步情况进行整体评价。评价主体是上级少先队组织,主要激励载体是评选全国、地市、区县、学校各级优秀少先队集体。

4. 对少先队辅导员的评价。上级少先队组织对辅导员组织实施少先队活动课程的能力和实效进行评价,纳入各级优秀少先队辅导员评选,推动纳入中小学教师绩效考核和职称评聘。

5. 对学校的评价。各级团委、少工委争取本级教育部门的支持,对中小学校落实少先队活动的课时安排、活动管理、辅导员队伍建设等情况进行综合评价,开展督导检查、互观互检,组织命名红领巾示范校等。

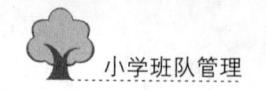

六、少先队活动课程的实施要求

1. 确保少队活动课时。小学1年级至初中2年级每周安排1课时,专门用于开展少先队活动课。视具体活动,少先队活动课时也可集中安排。与学校其他教育教学活动有机结合开展少先队活动课。

2. 一纲多本,鼓励创造。围绕本纲要,根据城市和农村的不同特点,鼓励各地中小学少先队组织因地制宜,积极开展符合国家要求、具有地方特点和学校特色的少先队活动课。把握少先队组织属性,紧跟时代发展步伐,激发基层组织活力,推动少先队活动课程开放、创新、可持续发展,让少先队活动课程为广大少年儿童更加喜欢,帮助少年儿童成长得更好。

3. 研发少先队活动课程资源。根据少先队活动课程的目标内容,研发少先队活动课程各种资源。开发用好多种形式、少年儿童喜闻乐见的文化艺术作品和产品。建好用好学校红领巾广播站、电视台、宣传栏、壁报、黑板报等。发挥少先队报刊、少年儿童书报刊和电视、广播等大众传媒的支持作用。运用互联网、移动终端等新媒体开展线上线下活动。注重发挥家长和各行各业少先队志愿辅导员的作用。加强少先队活动基地建设,充分调动社会各方面的积极性,挖掘各种社会资源,有效整合、利用各级各类校外教育机构,包括校外活动场所、社会实践基地等教育资源,为少先队活动的开展提供必要的条件保障。

4. 开展少先队活动课程教研。建立各级少先队活动课程教育研究机制,指导中小学成立教研组,组织大队辅导员、中队辅导员定期开展教研和课题研究。根据队员特点和学校特色,帮助队员创造性地策划实施少先队活动课。普遍开展少先队活动课程交流展示活动。

七、少先队活动课程的管理保障

1. 争取各级教育部门支持,切实保障少先队活动课程有效实施。将每周1课时的少先队活动课列入各级义务教育课程设置方案并在中小学普遍落实,将雏鹰奖章评价机制纳入中小学生综合素质评价体系,将少先队活动课程指导用书、器材等纳入生均经费保障范畴,将少先队活动课程实施情况纳入学校办学质量评估指标体系。在教育部门教研机构中建立少先队教研队伍。

2. 各级团委、少工委要大力推进少先队活动课程实施。将少先队活动课程实施情况作为对各级少先队组织工作考核的基本内容。做好各级少先队总辅导员、少先队辅导员、少先队小干部小骨干的培训指导。建设少先队活动课程示范区,普及少先队活动课程示范校,区域化推进少先队活动课程建设与发展。发挥各级少先队工作学会和高校相关学科研究和作用,联合社会专业力量,对少先队活动课程实施提供有效支持。

3. 推动中小学校实施好少先队活动课程。认真落实教育部门有关要求,保证每周1课时少先队活动课列入中小学课表,不得挤占少先队活动的课时。落实相应的教研力量、经费和资源、阵地保障。以提升少先队活动课程质量为重点和牵动,活跃课内外、校内外少先队活动,推动少先队教育与学校教育教学改革深入融合。

4. 加强少先队辅导员队伍建设。切实做好少先队辅导员的选拔、聘任、培训等工作,不断提高辅导员队伍的整体素质。发挥好大队辅导员和中队辅导员在实施少先队活动课程中的重要作用。聘请关心少年儿童成长的社会各界人士做校外辅导员,参与组织学校少先队活动。推动将少先队辅导员培训纳入中小学教师继续教育体系,将辅导员组织实施少先队活动课程的实效纳入中小学教师绩效考核和职称评聘工作。积极组织开展各地少先队辅导员的相互交流和学习。

附件:

1.《少先队活动课程基本内容》(可扫码目录处学生服务入口二维码获取)

2.《少先队活动课程分年级实施参考》(可扫码目录处学生服务入口二维码获取)

来源:中国少年先锋队

http://zgsxd.k618.cn/zyb/201801/t20180105_14912646.html